개정판

관세법

이양기

Customs Law

박영사

최근 들어 한국 수출입에서 절대적인 비중을 차지하는 G2국가의 대내외 통상정책이 WTO/FTA의 자유무역정책에서 자국 경제의 성장과 안정을 도모하는 보호무역정책으로 선회하고 있다. 특히 우리나라의 경우 미국뿐만 아니라 중국과의 무역에 있어서도 사드 전략에 대한 영향으로 많은 난관이 예상되는 상황이다.

트럼프 행정부의 미국 우선주의 통상정책에서는 기체결한 FTA에 대한 철폐 또는 전면적인 재협상을 골자로 하는 강력한 보호무역주의 성향이 표출되었다. 미국의 FTA 정책의 변화 기조는 향후 대미 무역에 있어 중요한 변수가 될 것임은 자명하다.

중국 정부 또한 한반도에 사드 배치가 결정된 2016년 7월 이후 즉각 반대의 입장을 표명하고 소방법 위반 등을 빌미로 롯데 등 한국 기업에 대한 불공정한 보복조치를 취하고 있다. 두 나라 모두 한국 수출입에서 차지하는 비중이 매우 크기 때문에 앞으로 한국의 통상정책에 많은 난관이 예상된다.

세계경제환경과 국제통상정책의 변화에 따라 우리나라 관세법에도 매년 변화가 발생되고 있다. 2014년 관세법 초판이 발간된 이후 삼 년여 정도의 시간이 지났지만 기존의 내용을 현행 관세법에 일치시킬 필요가 있어 개정판을 출간하게 되었다.

현행 관세법의 개정 사유는 특수 관계에 있는 자가 수입하는 물품의 과세가격 결정방법을 보완하고, 덤핑방지관세 및 상계관세 부과 시 고려사항을 추가하며, 관세조사의 사전통지 기한을 연장하는 등 현행 제도의 운영상 나타난 일부 미비점을 개선·보완하려는 취지이며, 이에 따른 주요 개정 내용을 간략하게 요약하자면 다음과 같다.

특수 관계에 있는 자가 수입하는 물품의 과세가격 결정방법을 보완(제37조의4)하였으며, 덤핑방지관세 및 상계관세 부과 시 고려사항을 추가(제52조제2항 및 제58조제2항)하여 국내 시장의 독과점이 심화될 가능성이 있는지 여부 등 국내의 시장구조에 관한 사항을 조사하여 반영할 수 있도록 개정되었다.

관세조사의 사전통지 기한이 7일 전에서 10일 전으로 연장(제114조제1항)되었고 소액의 불복청구에 대한 대리인 범위가 확대(제126조제2항 신설)되어 대리인 선임에 따른 납세자의 비용부담이 경감되었다.

보세구역에서 채취한 견본품에 대한 비과세를 확대(제161조제3항)하고, 특허보세구역의 특허 취소 요건을 완화(제178조제2항제4호)하여 물품의 반입실적이 없어 특허보세구역의 특허를 취소하는 경우 반입실적이 없는 기간을 1년에서 2년으로 연장하여 수출입 여건의 악화 등에 따라 특허가 취소되는 경우를 줄임으로써 특허보세구역의 운영에 대한 부담이 완화되었다.

보세공장에 반입하는 외국물품에 대한 증명의무가 완화(제186조제2항)되었고, 반도체 제조용 장비를 제조 또는 수리하기 위하여 사용하는 부분품과 원재료에 대한 관세 감면의 감축 유예(법률 제11602호 관세법 일부개정법률 부칙 제14조제2항)로 중소기업 이외의 기업에 대한 반도체 제조용 장비를 제조 또는 수리하기 위하여 사용하는 부분품과 원재료에 대한 관세 감면 기간을 2018년 12월 31일까지에서 2019년 12월 31일까지로 연장하고, 관세 감면율을 2017년에 수입신고하는 분에 대해서는 100분의 60, 2018년 분은 100분의 40, 2019년 분은 100분의 20으로 각각 정하여 반도체 제조용 장비 산업의 경쟁력이 강화될 수 있도록 개정되었다. 끝으로「통일상품명 및 부호체계에 관한 국제협약」에 따라 변경된 품목분류기준 등이 관세율표(별표)에 반영되었다.

저자가 재직 중인 대학에서는 2000년 이후 무역법규 교과목이 WTO 통상법으로 대체되면서 국내무역법규만을 다루는 교과목이 편성되지 못했다. 학부생들은 무역실무교과목의 한 장에서 다루어지는 통관과 관세의 내용 정도만 학습할 수 있었다. 이런 체계로는 관세공무원, 관세사, 무역영어, 국제무역사 시험을 준비하는 수험생들의 요구에 부응하는 것이 어려웠다. 오랜 노력 끝에 무역학부의 교과과정 개정으로 관세법을 전공필수 교과목으로 신설하여 2017년 2학년 2학기 괴목으로 첫 강의를 하게 되었다. 개강에 맞추어 부지런히 오류를 바로잡고 개정된 내용을 반영하고 편집과 디자인에 최선을 다하여 초판의 부족함을 보완하고자 하였으나 처음의 의도와는 달리 미흡한 부분이 적지 않다. 개정판의 부족함은 학생들과 강의와 토론을 통하여 지속적으로 보완해 나가고자 하며 이 책을 마주하게 될 선후배 교수님들과 독자 여러분의 지속적인 관심과 조언을 부탁드린다.

본 개정판의 출간을 독려해 주신 박영사 안종만 회장님을 비롯하여 저서의 디자인과 편집에 최선을 다해주신 안상준 상무님과 전은정 편집자님께 감사드리며, 개정내용을 꼼꼼하게 체크해 주신 CS Networks의 이기영 관세사님과 교정을 도와준 석사과정 제자 김진수 조교에게 고마움을 전한다.

2017년 8월

이양기

세계경제의 부흥과 교역의 증가를 통하여 세계평화에 기여할 목적으로 설립된 GATT의 구현원리인 무차별원칙에 투명성의 원칙, 시장접근보장의 원칙을 더하여, 상품분야뿐만 아니라 서비스, 지식재산권 분야까지 그 기능을 확대한 WTO가 출범한 지도 벌써 20년이 되었다. WTO의 설립은 GATT의 기능에 법인격까지 부여함으로써 명실상부한 무역분야의 UN의 지위를 얻었다고 평가되고 있으며, 지속가능한 경제성장과 공정한 무역을 구현할 주춧돌이 될 것으로 기대를 모으고 있다. 지난 20년 동안 세계무역의 총규모가 1995년 미화 10조 2천억 불에서 2012년 미화 36조 3천억 불로 눈부시게 증가하였고, 세계경제의 상호의존성이 높아 한 국가 또는 지역에서 발생하는 경제위기가 곧 세계경제를 위협할 정도로 변모하였다. 이러한 결과를 보면 WTO를 통한 교역의 증대라는 중요한 목표는 달성된 것으로 보인다.

그런데, 지구촌 또는 세계화로 표현되는 WTO시대에 예상을 뛰어넘는 변수도 등장하였다. 큰 목표를 달성하기 위하여 중간기착지로서 인정해 왔던 지역무역협정이 WTO 출범 이후에 오히려 더욱 급증하였고, 각국간에 경쟁적으로 증가하고 있다. 더구나 그동안 거대경제권간에는 지지부진했던 FTA의 체결이 근래 들어 미국을 중심으로 한 환태평양경제동반자협정(Trans-Pacific Partnership: TPP), 미국과 EU간에 이루어지고 있는 범대서양 무역투자동반자협정(Transatlantic Trade and Investment Partnership: TTIP), 중국을 중심으로 한 중화경제권의 경제동반자협정의 대두 등 이전과는 다른 양상으로 변화함으로써, 그동안 FTA체결에 국력을 결집시켰던 대한민국은 진퇴양난의 어려움에 처해지고 있는 모양새이다.

국가간의 교역이 자국의 자원과 자본의 유출입과 밀접한 관계가 있다는 점을 감안할 때 각국이 관세법 등을 통하여 자국의 국제수지의 균형을 달성하거나 약간은 흑자의 기조를 유지하고 싶어 하는 것은 너무나 당연한 순리라 할 수 있다. 무역의존도가 100%를 넘나드는 대한민국은 외국과의 무역거래를 통하여 국민경제를 발전시키는 방법 이외에는 별다른 대안이 없다. 무역거래는 매매계약이 성립된 후 매도인이 물품을 인도하고 대금을 지급받기까지 많은 비용이 들고 운송 및 보험에 대한 전문적인 지식과 실전경험이 요구되는 복잡한 분야이다. 또한 무역관련 각종 법규 규정에 대한 정확한 지식이 요구된다. 특히 관세법은 무역관련 법규 중 서류와 관련된 제반 절차와 통관 및 과세에 관한 내용을 다루는 법으로 관세직 공무원뿐만 아니라 무역관련 종사자들 모두 숙지하여야 하는 중요한 무역 관련 기본법이다. 또한 자유무역협정(FTA)은 협정을 체결한 국가간에 상품/서비스 교역에 대한 관세 및 무역장벽을 철폐함으로써 배타적인 무역특혜를 서로 부여하는 협정으로 수출입에 종사하는 기업들에게는 관세법과 더불어 자유무역협정의 이행을 위한 관세법의 특례에 관한 법률 시행규칙에 대한 전반적인 이해가 필요하다.

본서는 관세법 전체에 대한 이해를 돕기 위하여 관세법의 규정 순서에 입각하여 집필하였고, 관련되는 부가 설명을 통하여 관세 행정에 대한 접근을 용이하도록 하였다. 무역 관련 기본법으로 관세법은 수출입을 위해 현장에 있는 물품과 이에 대한 행정을 위한 서류와의 일치성 여부를 판단하는 관세 행정에 관한 기본법이다.

관세법을 이해하는 데 있어서 가장 중요한 부분은 제2장의 과세요건과 제9장 통관 단원이다. 특히 제2장은 관세의 4대 과세요건뿐만 아니라 과세가격 결정을 위한 관세평가가 다루어지는 부분으로 관세의 과세표준을 결정하는 데 사용되는 결정 원칙을 다루고 있다. 수입물품의 저가신고를 방지하여 관세수입을 확보하고, 부정무역 및 불공정무역을 방지하고, 또한 고가신고로 인한 부당한 외화도피 및 조세회피와 합법무역거래를 가장한 불법자금 세탁행위를 방지함으로써 공평하고 적정한 과세확보를 도모하는 것이 관세평가의 목적이다. 현재 우리나라의 관세평가제도는 국제적으로 합의된 공정한 방법에 의하여 과세가격을 결정하도록 되어 있다. 따라서 관세법을 이해하는 데 있어 제2장은 매우 중요하다고 할 수 있다. 또한 제9장 통관은 수출입 대상이 되는 물품의 행정적 처리를 위한 실무적 절차이면서 밀수출입과 건전한 무역질서 확립을 위한 제도적 장치라고 볼 수 있다.

관세법은 관세의 부과와 징수 및 수출입물품의 통관을 적정하게 하고 관세수입을 확보함으로써 국민경제의 발전에 이바지함을 목적으로 하고 있다. 본서는 관세법규에 규정된 내용을 이해하고 이를 실무에 적용하는 데 있어 필요한 제반 지식과 내용을 중점적으로 다루고 있다. 또한 최근 다수의 FTA 협정이 동시다발적으로 발효되어 관련 정책들이 증가함으로써 업계나 학계에서는 관세에 대한 보다 정확한 이해가 필요하게 되었다. 이에 본서는 자유무역협정의 이행을 위한 관세에 관한 법률 규정도 첨부하였다.

아무쪼록 WTO와 FTA가 공존하는 복잡다단한 시기에 본서가 세관, 통관, 물류 및 무역업계에 종사하는 기업들과 대학에서 무역계통의 학문을 전공하는 학생들에게 관세분야의 기본적 지침서로 활용되어 전문적 소양과 실무능력 향상에 도움이 되길 바

라며, 관세법 관련 각종 시험에 응시하고자 하는 수험생들에게도 관세법을 이해하는 지름길이 되길 간절하게 소망한다.

끝으로 이 책이 간행되기까지 많은 조언과 격려를 아끼지 않으신 선후배 및 동료 교수님들께 감사드리며 연구에 몰두할 수 있도록 배려해 준 나의 가족에게도 고마움을 표한다. 이 책의 교정을 도와 준 부산대학교 대학원 석사과정의 최지호, 박지은, 강경래, 이진호 석과과정생들의 수고에 고마움을 전한다. 특히 본 도서의 출간에 많은 도움을 주신 박영사 안종만 회장님, 최준규 부산지사장님 그리고 나경선 차장님과 편집에 수고해 주신 여러분들께 깊은 감사를 드리며, 독자 여러분들의 많은 지도 편달을 부탁드린다.

2014년 4월 20일
저자 **이양기**

차 례 Contents

제 2 장   과세가격과 관세의 부과·징수 등 / 25

제 3 장　세율 및 품목분류 / 135

제 4 장   감면·환급 및 분할납부 등 / 187

제 5 장 납세자의 권리 및 불복절차 / 221

제 **6** 장 운송수단 / 237

제 7 장 보세구역 / 249

제 8 장 운 송 / 279

제 9 장 통 관 / 287

제 10 장   세관공무원의 자료 제출 요청 등 / 323

제 11 장   벌 칙   329

제**12**장   조사와 처분 / 343

제13장 보 칙 / 353

제1장   총 칙

관세행정, 즉 관세의 부과와 징수 및 수출입물품의 통관절차에 관한 모든 사항을 포괄적으로 규정하고 있는 관세법은 별표로써 관세율표가 부속되어 있는데, 이 장은 관세법의 제1장 총칙으로서 관세법의 목적, 용어의 정의, 관세법 해석의 기준, 소급과세금지의 원칙을 담고 있다.

총칙을 학습하는 데 있어 가장 중요한 것은 관세법만이 갖는 독특한 관세선(관세영역)의 개념과 수입에 대한 용어를 이해하고 관세법상 규제의 대상이 되는 수입물품의 성격을 이해하는 것이다.

01   관세의 의의

1) 관세의 개념

관세란 관세선(관세영역)을 출입하는 수입물품에 대하여 부과 및 징수하는 반대급부가 없는 국세이다. 여기서 관세영역이란 관세선에 둘러싸여 있는 지역으로 관세법이 적용되는 영역을 의미한다.

한 나라의 주권이 미치는 범위를 국경이라고 부르는데 이러한 국경과 관세선은 일치하는 경우도 있고 일치하지 않는 경우도 있다. 우리나라의 경우는 관세선과 국경이 일치하지 않는다. 이러한 관세선을 출입하는 수입물품에 대해서 우리나라는 관세를 부과하고 징수한다. 즉 관세는 수출세, 수입세, 통과세로 구분할 수 있는데 우리나라는 수입세를 부과하고 있다. 현행 우리나라의 관세법에서는 수입물품에는 관세를 부과한다고 규정하여 관세 부과의 대상이 수입물품임을 명확히 하고 있다.

관세가 출현하기 위해서는 대외무역이라는 것이 존재하여야 한다. 즉 강제적으로

부과되는 국세이기 때문에 반대급부도 없다. 따라서 대외무역과 공권력이 존재해야 한다는 전제가 있다.

2) 관세의 기능

관세의 부과로 한 나라의 경제는 동종 외국산 물품의 수입이 억제될 수 있다. 따라서 대부분의 국가에서는 자국 산업 보호 목적으로 관세를 부과한다. 또한 관세의 부과로 인한 정부의 세입이 증대되는 현상이 발생하기 때문에 개발도상국에서는 재정수입 확보 수단으로 관세에 상당히 의존한다. 관세의 부과로 인한 경제적인 효과는 다음과 같다.

① 국내산업 보호(선진국의 관세부과 이유): 관세율인상－보호기능의 강화
② 재정수입의 확보(점차 약화되는 추세)
③ 소비억제(사치품, 고급품 등)－가격탄력성이 클수록 소비억제 효과가 크다.
④ 수출촉진 및 교역조건의 개선
⑤ 수입대체 및 국제수지의 개선

0 2 관세법의 목적

제1조(목적) 이 법은 관세의 부과·징수 및 수출입물품의 통관을 적정하게 하고 관세수입을 확보함으로써 국민경제의 발전에 이바지함을 목적으로 한다.

관세가 발생한 초기 당시에 있어서 관세의 역할은 교역의 장벽으로서의 경제적 작용만이 중요시되었으나, 오늘날 관세의 기능은 경제정책 특히 무역정책의 하나로서, 자유무역의 기본이념 아래 시장원리의 보완책으로서의 역할뿐 아니라, 관세율의 양허와 인상 등의 방법을 통한 국제협력의 수단으로서의 역할을 동시에 수행하게 되었다. 이를 통하여 궁극적으로는 국민경제의 발전이라는 목적을 달성할 수 있게 된다.

관세는 조세이기 때문에 국가의 재정수입을 목적으로 한다. 그러나, 1949년 관세법의 공포 이후 우리나라의 관세는 국제협력을 통한 교역의 확대 등을 목적으로 지

속적으로 인하되어 국가재정에서 관세가 차지하는 비중은 60년대에 비하여 크게 줄었으나, 관세부과의 원초적인 목적은 국가재정수입의 확보에 있다고 말할 수 있다. 이와 같이 관세법은 국민경제발전에 이바지 하는 것을 궁극적인 목적으로 하고 있으므로, 현행 관세법에서는 그 목적을 관세의 부과와 징수 및 수출입 물품의 통관을 적정하게 하고 관세 수입을 확보함으로써 국민 경제의 발전에 이바지함을 규정하고 있는 것이다.

03   관세법의 성격

관세에 관한 규제법으로서의 관세법은 관세의 과세요건, 관세평가, 세율의 조정, 관세의 채권·채무의 확정, 감면 및 분할납부, 환급 등에 관하여 규정하고, 관세의 징수권 확보를 위하여 보세제도, 운송, 담보, 납세의무자의 확장, 운송기관에 대한 규제, 벌칙 등을 규정하고 있다.

조세법[1]으로서의 관세법은 실체법과 절차법적인 양면성을 가지고 있다. 즉, 평가의 요건과 함께 평가의 절차를 규정하고, 또한 환급의 요건을 규정하는 동시에 환급의 절차를 규정하고 있다.

또한 관세법은 수출입물품의 통관을 적정히 하는 데 그 목적이 있다고 하였으므로 이는 관세법의 통관법적 성격에 대하여 명시한 것이라 볼 수 있다. 통관이란 수출입물품과 관련한 제반법률의 규제내용을 수출, 수입, 반송신고 수리과정에서 신고서류와 현품 등을 확인하여 수출, 수입, 반송하는 것을 말한다. 즉, 실제적인 물품의 이동에 대한 규제사항을 현실적으로 물품을 확인할 수 있는 세관장에게 규제의 내용을 집행, 구체화하도록 하는 것이 통관이라 할 수 있다.

관세법은 소비세법적 성격도 지니고 있다. 관세는 궁극적 대상인 수입물품이 소비되는 경우에 부과되는 세금으로 납세자와 담세자가 서로 상이하다는 측면에서 간접소비세의 성격을 지니고 있으며 생필품 경과 사치품 중과의 원칙에 의해 부과 징수된다.

---

1 관세는 현금납부를 원칙으로 하고 재정수입을 목적으로 부과하는 세금으로 징수주체가 국가이며 법률이나 조약에 의거하여 반대급부가 없이 강제로 징수된다는 측면에서 관세법은 조세법적 성격을 지니고 있다.

또한 우리나라 관세법에서는 관세범에 대한 벌칙과 조사 및 처분에 관한 규정을 두고 있기 때문에 관세형법이라고도 한다. 관세의 부과와 징수 및 통관의 적정성을 확보하기 위한 수단으로 관세법에서는 관세범에 대한 별도의 처벌법규를 두고 있다. 그러나 벌금형, 통고처분 등의 일부규정을 제외한(형법규정의 적용배제) 관세형법상의 규정은 일반 형사법규인 형법 및 형사소송법을 준용하도록 규정하고 있다.

관세법은 수입물품을 규제 대상으로 하고 있으며 관세선을 기준으로 한다는 특수한 성격도 지니고 있다. 관세는 국가(권력집단)의 존재를 전제로 하고 있지만, 국가의 국경선이 항상 관세선과 일치하지는 않는다. 예를 들면, 관세동맹의 경우나 마산의 수출자유지역과 같이 법령이나 조약에 의하여 명시한 관세선의 예외사항이 있기 때문이다. 이러한 지역의 경우 관세에 있어서는 외국과 같은 취급을 하게 된다. 외국무역선의 경우도 또한 그러하여 우리나라의 항구에 정박하여 있다 하더라도 외국으로 간주하여 세관의 감시·단속이 이루어지게 되는 것이다.

표 1-1 관세법의 성격

조세법적 성격	관세의 부과와 징수, 감면
통관법적 성격	통관제도
재정법적 성격	관세수입의 확보
형사법적 성격	벌칙, 조사와 처분, 관세형법
국제법적 성격	관세평가제도, 지식재산권보호
소송법적 성격	납세자권리구제, 심사와 심판
행정법적 성격	이의신청, 심판청구, 심사청구
특수 성격	관세선(관세영역), 수입물품을 대상

04 관세법의 체계

관세법은 관세행정의 기본법이다. 관세가 국세의 하나이기는 하나, 국세에 관한 기본법인 국세기본법이나 국세징수법은 관세행정에 관하여는 관세법에서 특별히 준용하는 경우를 제외하고는 적용하지 아니한다. 관세법은 관세법시행에 필요한 사항, 관세법에서 위임한 사항을 규정한 대통령령인 관세법시행령과 관세법과 동 시행령의

시행에 필요한 사항과 관세법시행령이 위임한 사항을 규정한 기획재정부령인 관세법
시행규칙으로 관세법령상의 체계를 이루고 있다.

05 용어의 정의(법 제2조)

1) 수입

(1) 수입의 정의

제2조(정의) 이 법에서 사용하는 용어의 뜻은 다음과 같다.
1. "수입"이란 외국물품을 우리나라에 반입(보세구역을 경유하는 것은 보세구역으로부터
   반입하는 것을 말한다)하거나 우리나라에서 소비 또는 사용하는 것(우리나라의 운송
   수단 안에서의 소비 또는 사용을 포함하며, 제239조 각 호의 어느 하나에 해당하는
   소비 또는 사용은 제외한다)을 말한다.

   관세법상 수입이란 "외국물품을 우리나라에 반입(보세구역을 경유하는 것은 보세구역
으로부터 반입하는 것을 말한다)하거나 우리나라에서 소비 또는 사용하는 것(우리나라의
운송수단 안에서의 소비 또는 사용을 포함하며, 제239조 각호의 1에 해당하는 소비 또는 사용
을 제외한다)을 말한다."라고 규정되어 있다.

   수입의 대상이 되는 물품은 외국물품을 의미하며, 여기서 물품이라 함은 유형적
재화로서 이동할 수 있는 것으로서, 민법상의 동산과 일치한다. 일반적으로 수입이라
는 개념은 외국으로부터 우리나라로 물품이 이동하는 사실행위를 말하지만, 관세법
에서의 수입이라는 것은 이 사실행위 중에서도 최종단계인 국내로 물품을 반입하는
시점을 말한다.

   여기서 말하는 '우리나라'라 함은 우리나라의 영역인 영토 이외에 영해를 포함하
므로 영토와 영해 12해리까지를 의미한다. 그러므로 보세구역을 경유하여 반입되지
않는 것은 우리나라의 영역에 그 외국물품이 들어옴으로써 수입이 이루어진다고 할
수 있다.

   그러나 우리나라의 영역인 영해에 들어왔다 하더라도 그 물품이 외국무역선(기)에

적재되어 있을 경우에는 수입이 된 것이 아니고 외국무역선(기)으로부터 우리나라에 반입하기 위하여 하역하는 경우에 비로소 수입이 이루어진다고 할 수 있다.

또한 보세구역을 경유하여 우리나라에 반입하는 것도 수입이라고 한다. 이 경우 보세구역에 입고 후에 수입신고가 수리되어 내국물품화되고 보세구역에서 반출되어 국내로 반입하는 것을 수입이라고 한다.

현행 입항전 수입신고는 물품을 하역하여 보세구역에 반입하기 전에 수입신고를 하고 우범화물자동선별시스템(C/S)의 결과 검사물품으로 지정되지 않는 한, 부두에서 직통관이 되어 보세구역에 반입되지 않는다. 그러므로 비검사물품은 외국물품이 입항되기 전에도 수입신고 및 수입신고가 수리될 수도 있어 외국물품이 외국무역선에 적재되어 있을 경우에도 법적으로는 내국물품이 될 수 있다.

외국의 선박에 의하여 공해에서 포획되어 채집된 수산물 등이 우리나라에 도착이 되어 수입의 신고가 수리되기 전의 상태의 물품도 수입신고 수리가 이루어지면 내국 물품이 되어 소비의 대상이 된다. 즉 관세는 소비세이기 때문에 소비라는 전제하에서 수입의 개념을 이해하여야 한다. 밀수품의 경우 국가의 정식적인 절차를 거치지 않고 몰래 국내에 반입이 된 물품이기 때문에 관세법을 위반하였지만 반입이 되어 소비가 되고 있기 때문에 밀수품도 수입으로 볼 수 있다. 반입에 대한 견해는 다음과 같이 세 가지 설이 있다.

(2) 반입

① 수입신고수리설

이는 반입을 수입신고수리와 같은 것으로 보고 외국물품을 내국물품화하는 법률 상의 변동이라고 설명한다. 그러나 이 설로는 밀수품이나 도난된 물품의 경우의 반입을 설명할 수 없다.

② 초경설

초경설은 일반적으로 관세선과 일치하는 국경을 통과하여 물품을 반입하는 사실 행위라는 측면에서 반입을 설명한다.

③ 자유유통화설

자유유통화설은 일본의 통설로서 반입이란 관세법상의 규제에서 벗어나 자유유통의 상태에 이르게 되는 것을 말한다. 자유유통화설의 경우 정상적인 수입통관의 절차를 거친 수입품의 경우에는 반입의 개념을 설명할 수 있으나, 정상적인 수입물품이 아닌 밀수품이나 보세구역에서 수입신고수리 전 도난당한 외국물품의 경우에는 실제로 수입은 이루어졌으나 관세법의 구속에서 벗어나 자유유통상태에 있다고 할 수 없기 때문에 이 자유유통화설은 우리나라 관세법을 해석하는 데는 충분하지 못하다.

결론적으로 '반입'을 설명하면, 정상적인 수입의 경우에는 수입신고수리설이 타당하며, 밀수입 등의 비정상적인 수입의 경우에는 초경설이 타당하다고 볼 수 있다. 각 사안별 구체적인 반입시점은 다음과 같다.

ㄱ 정상수입물품: 수입신고수리 당시

ㄴ 우편물품: 수취인에게 교부된 때

ㄷ 매각물품: 매수인이 매수한 때

ㄹ 선박·항공기: 우리나라 국적을 취득한 후 처음 사용한 시점과 수입신고수리의 시점 중 빠른 시점

ㅁ 밀수입품: 국내로 양륙되었을 때

(3) 수입의 의제

다음의 하나에 해당하는 것은 통관절차를 거치지 않았으나 적법하게 반입이 되어 수입신고가 수리되어 내국물품이 된 것으로 간주하고 관세를 징수하지 않는다.

제240조(수입의 의제)

① 다음 각 호의 어느 하나에 해당하는 외국물품은 이 법에 따라 적법하게 수입된 것으로 보고 관세 등을 따로 징수하지 아니한다.

1. 체신관서가 수취인에게 내준 우편물

2. 이 법에 따라 매각된 물품

3. 이 법에 따라 몰수된 물품

4. 제269조, 제272조, 제273조 또는 제274조제1항제1호에 해당하여 이 법에 따른 통고처분으로 납부된 물품

5. 법령에 따라 국고에 귀속된 물품

6. 제282조제3항에 따라 몰수를 갈음하여 추징된 물품

---

① 체신관서가 수취인에게 교부한 우편물

우편물 중 대외무역법의 수출입 승인의 규정에 의하여 수입승인이 된 것 이외에는 통관우체국을 통하여(서신은 제외) 수입신고의 수리절차 없이(세관공무원의 검사와 관세 납부를 한 후) 수취인에게 교부함으로써 수입신고가 수리된 것으로 보고 해당 물품은 내국물품화된다.

② 이 법에 따라 매각된 물품

장치기간이 경과된 경우로서 장치기간 경과 물품의 매각의 규정에 의하여 매각하거나 몰수품 등의 처분의 규정에 의하여 몰수 또는 국고 귀속된 물품을 매각한 경우와 같이 관세법령에 의하여 매각한 경우에는 그 매각대금에서 관세 등을 충당할 수 있으므로 당해 매각물품은 수입신고가 수리된 것으로 간주되어 내국물품화된다.

③ 이 법에 따라 몰수된 물품

범죄공용물품 몰수 등의 벌칙규정에 의하여 밀수품 및 밀수에 공용된 물품을 몰수한 경우에는 그 몰수로서 관세채권은 소멸되고 당해 물품은 수입신고가 수리된 것으로 간주되어 내국물품화된다.

④ 이 법에 따른 통고처분으로 납부된 물품

통고처분의 규정에 의하여 관세청장 또는 세관장이 몰수에 해당되는 물품의 납부의 경우 관세법에서 통고를 이행하여 납부가 이루어지면 국고에 귀속되고 이와 동시에 수입신고가 수리된 것으로 간주되어 내국물품화된다.

⑤ 법령에 따라 국고에 귀속된 물품

국고귀속이 되는 외국물품은 장치기간이 경과하여 매각하였으나 매각이 되지 않아 화주 등에게 반출할 것을 통보하여도 1월 내에 반출하지 않은 물품, 밀수출입죄 내지 밀수품의 취득죄 등의 벌칙에 의하여 몰수한 밀수품과 밀수에 공용한 물품 및 통고처분으로 몰수에 해당하는 물품을 납부한 것 등인데, 이와 같이 국고에 귀속된 물품은 국고귀속조치로서 관세채권은 소멸되고 당해 물품은 수입신고가 수리된 것으로 간주되어 내국물품화된다.

⑥ 몰수를 갈음하여 추징된 물품

몰수할 물품(밀수품 및 밀수장물)이 이미 처분되거나 해중투기·폐기되어 이를 몰수할 수 없게 된 때에는 그 물품의 범칙당시 국내도매가격에 상당한 금액을 범인으로 부터 추징한다고 규정하고 있는바 이와 같이 몰수에 갈음하여 추징이 된 물품은 그 추징으로서 관세 등의 채권이 실행된 결과가 되어 당해 물품은 수입통관이 된 것으로 간주된다.

(4) 수입으로 보지 아니하는 소비 또는 사용

수입의 대상이 되는 외국물품이 수입의 형태는 갖추고 있다고 볼 수는 있으나 수입의 경제적 효과가 발생되지 않기 때문에 관세를 징수하지 않는 경우가 있는데 이를 수입으로 보지 아니하는 소비 또는 사용이라고 하며 외국물품의 소비나 사용이 다음 각 호의 어느 하나에 해당하는 경우에는 이를 수입으로 보지 아니한다.

제239조(수입으로 보지 아니하는 소비 또는 사용)
외국물품의 소비나 사용이 다음 각 호의 어느 하나에 해당하는 경우에는 이를 수입으로 보지 아니한다.
1. 선용품·기용품 또는 차량용품을 운송수단 안에서 그 용도에 따라 소비하거나 사용하는 경우
2. 선용품·기용품 또는 차량용품을 세관장이 정하는 지정보세구역에서 「출입국관리법」에 따라 출국심사를 마치거나 우리나라에 입국하지 아니하고 우리나라를 경유하여 제3국으로 출발하려는 자에게 제공하여 그 용도에 따라 소비하거나 사용하는 경우
3. 여행자가 휴대품을 운송수단 또는 관세통로에서 소비하거나 사용하는 경우
4. 이 법에서 인정하는 바에 따라 소비하거나 사용하는 경우

---

① 선용품·기용품 또는 차량용품을 운송수단 안에서 그 용도에 따라 소비하거나 사용하는 경우

선(기)용품이 외국물품이고 이를 내국적외국무역선(기)에 적재하여 그 선박(또는 항공기)이 국내항구에 정박 중에 소비하는 것이라도 그 용도에 따라 소비하는 것이면 통관이나 과세의 대상이 되지 않는다. 그러나 외국에서 선박을 수리 또는 부분품을 개체한 경우는 과세대상으로 간이세율이 적용된다. 선박수입 시 적재하고 있는 잔류연료가 외국무역선의 자격으로서 당해 선박에 사용 소비될 경우도 선용품으로서 상기의 적용대상이 된다.

② 선용품·기용품 또는 차량용품을 세관장이 정하는 지정보세구역에서 「출입국관리법」에
   따라 출국심사를 마치거나 우리나라에 입국하지 아니하고 우리나라를 경유하여 제3국
   으로 출발하려는 자에게 제공하여 그 용도에 따라 소비하거나 사용하는 경우

③ 여행자가 휴대품을 운송수단 또는 관세통로에서 소비하거나 사용하는 경우

여행자가 우리나라에 출입국하는 운송기관에서 사용, 소비하는 휴대품은 수입통관
이나 과세의 대상에서 제외하고 있다.

④ 이 법에서 인정하는 바에 따라 소비하거나 사용하는 경우

2) 수출 및 반송

제2조(정의) 이 법에서 사용하는 용어의 뜻은 다음과 같다.
2. "수출"이란 내국물품을 외국으로 반출하는 것을 말한다.
3. "반송"이란 국내에 도착한 외국물품이 수입통관절차를 거치지 아니하고 다시 외국으
   로 반출되는 것을 말한다.

대외무역법상의 수출이라 함은 국내에서 물품을 외국에 판매하는 것 또는 국내에
서 물품을 외국으로 이동시키는 것을 말하나, 관세법상의 수출이라 함은 내국물품을
외국으로 반출하는 것을 말한다(법 제2조제2항).

> **반출시점**
>
> ① 정상수출물품은 외국무역선(기)에 적재한 시점
> ② 선박(항공기)은 외국을 향하여 운항을 개시 시점
> ③ 우리나라 선박이 공해에서 채취한 수산물 등을 공해에서 직접 수출하는 때에는
>   외국을 향하여 운항을 개시한 때 또는 외국으로 향하는 선박에 이적한 시점
> ④ 우편물은 체신관서에서 세관검사를 완료한 시점

3) 외국물품

제2조(정의) 이 법에서 사용하는 용어의 뜻은 다음과 같다.

4. "외국물품"이란 다음 각 목의 어느 하나에 해당하는 물품을 말한다.

  가. 외국으로부터 우리나라에 도착한 물품[외국의 선박 등이 공해(공해, 외국의 영해
      가 아닌 경제수역을 포함한다. 이하 같다)에서 채집하거나 포획한 수산물 등을
      포함한다]으로서 제241조제1항에 따른 수입의 신고(이하 "수입신고"라 한다)가
      수리(受理)되기 전의 것

  나. 제241조제1항에 따른 수출의 신고(이하 "수출신고"라 한다)가 수리된 물품

---

(1) 외국으로부터 우리나라에 도착한 물품으로서 수입신고가 수리되기 전의 것

외국으로부터 우리나라에 도착한 물품으로서 수입신고가 수리되기 전의 것은 일
반적으로 하륙 전으로서 외국무역선(기)에 적재되어 있거나 보세구역 또는 타소장치
장에 있다. 그러나 입항 전 수입신고에서 C/S(C/S; Cargo Selectivity 우범화물 선별시스템)
결과 비검사물품으로 지정되어 입항 전에 수입신고수리가 된 경우에는 선박이 입항
하기 전에도 선상에서 외국물품이 내국물품화되는 경우도 있다.

(2) 외국의 선박 등에 의하여 공해에서 채포한 수산물 등으로서 수입신고가 수리되기
    전의 것

공해에서 채포된 수산물 중에서 우리나라 선박에 의하여 채포된 것은 내국물품이
나, 외국선박에 의해서 채포된 수산물은 경제적 관점에서 보면 외국에서 들어오는
일반화물과 다를 바가 없기 때문에 외국물품으로 본다. 그리고 '수산물 등'이라 한
것은 외국선박에 의하여 공해에서 채포한 수산물 이외에 발굴장비에 의하여 공해에
서 발굴된 천연가스나 석유 같은 광물자원도 여기에 포함되기 때문이다.

(3) 수출신고가 수리된 물품

수출신고의 수리를 받은 물품은 그 물품이 우리나라 안에 있다 하더라도 외국물품
으로 취급된다. 그러므로 수출신고가 수리되어 아직 선적이 되지 않은 물품을 수출
하지 않고 국내에서 사용하려면 다시 수입신고 수리를 받아야 한다.

(4) 수입물품과 외국물품

일반적으로 수입물품이란 수입신고의 수리여부와 관계없이 외국으로부터 우리나라에 반입된 물품을 말하고, 외국물품이란 외국에서 도착한 물품들 중에서 수입신고가 수리되기 전의 것과 수출신고가 수리된 물품을 말하는 것이므로, 국산품이라도 수출신고가 수리된 것은 외국물품이 된다. 또한 보세공장에서 외국물품과 내국물품을 혼합하여 만든 제품은 외국으로부터 우리나라에 도착된 외국물품으로 본다. 그리고 보수작업으로 외국물품에 부가된 내국물품도 외국물품으로 본다.

외국물품

① 외국으로부터 우리나라에 도착된 물품(외국의 선박 등에 의하여 공해에서 채집 또는 포획된 수산물 등을 포함한다)으로서 수입의 신고가 수리되기 전의 것
② 수출의 신고가 수리된 물품
③ 보수작업의 결과 외국물품에 부가된 내국물품
④ 보세공장에서 내국물품과 외국물품을 원재료로 하여 만든 물품

4) 내국물품

제2조(정의) 이 법에서 사용하는 용어의 뜻은 다음과 같다.
5. "내국물품"이란 다음 각 목의 어느 하나에 해당하는 물품을 말한다.
    가. 우리나라에 있는 물품으로서 외국물품이 아닌 것
    나. 우리나라의 선박 등이 공해에서 채집하거나 포획한 수산물 등
    다. 제244조 제1항에 따른 입항전 수입신고(이하 "입항전수입신고"라 한다)가 수리된 물품
    라. 제252조에 따른 수입신고수리 전 반출승인을 받아 반출된 물품
    마. 제253조 제1항에 따른 수입신고 전 즉시반출신고를 하고 반출된 물품

우리나라의 선박(외국으로부터 나용선하거나 임대차한 선박을 포함한다)에 의하여 공해에서 채포한 수산물을 내국물품으로 보는 것은 경제적 관점에서 보아 국내에서 생산

한 물품과 차이가 없기 때문이다.

또한 입항전 수입신고가 수리된 물품을 내국물품으로 보는 것은 물품의 신속한 유통을 위하여 당해 선박(항공기)이 입항하기 전에 수입신고하여 화물검색(C/S) 결과, 비검사물품으로 지정되었을 때에는 신고 즉시 신고수리되어 부두에서 하역과 동시에 국내로 반입할 수 있도록 하고 있는 현재 수입통관 제도의 결과이다. 이 경우에 입항전 수입신고가 수리된 물품은 우리나라에 도착된 것으로 본다.

이와 같은 내국물품에 대하여는 관세법상 규제를 하지 않는 것이 원칙이다. 그러나 ① 내국물품을 외국무역선으로 운송하는 내국운송을 할 때, ② 수입신고가 수리되어 외국물품이 내국물품으로 되어 보세구역에서 반출될 때까지, ③ 보세구역 안에 내국물품장치신고(승인)를 하고 내국물품을 반입할 때, ④ 내수용 보세공장에서 내국물품만을 원재료로 하여 내국(물품)작업을 할 때 등에는 세관의 감시하에 있게 된다.

내국물품

① 우리나라에 있는 물품으로 외국물품이 아닌 것
② 우리나라의 선박 등에 의하여 공해에서 채집 또는 포획된 수산물 등
③ 입항전수입신고가 수리된 물품
④ 수입신고수리 전 반출승인을 얻어 반출된 물품
⑤ 수입신고 전 즉시반출신고를 하고 반출된 물품
⑥ 수입의 의제에 해당하는 경우

---

5) 외국무역선(기)

제2조(정의) 이 법에서 사용하는 용어의 뜻은 다음과 같다.
6. "외국무역선"이란 무역을 위하여 우리나라와 외국 간을 운항하는 선박을 말한다.
7. "외국무역기"란 무역을 위하여 우리나라와 외국 간을 운항하는 항공기를 말한다.
8. "내항선"(內航船)이란 국내에서만 운항하는 선박을 말한다.
9. "내항기"(內航機)란 국내에서만 운항하는 항공기를 말한다.

관세법에서 "외국무역선(기)"이라 함은 무역을 위하여 우리나라와 외국 간을 왕래

하는 선박(항공기)을 말한다. 여기서 무역이란 협의의 무역뿐만 아니라 관세법상의 수출 또는 수입의 대상이 되는 물품의 국제 간의 이동도 포함한다.

외국무역선(기)은 외국물품을 적재한 채로 국내에 정박(운항)을 할 수 있는 것으로서 관세법상 그 내부는 외국 또는 보세구역과 같은 성격을 가진 곳이므로 입출항 보고를 해야 하며, 국내에 있는 동안은 입항수속 시 검색을 받고 출항하기 전까지 계속 세관감시를 받게 된다. 여기에는 무역을 목적으로 하지 않는 군함, 군용선(기)이나 해기연습선, 병원선, 감시선, 경찰경비정은 포함되지 않는다.

6) 내항선(기)

국내에서만 운항하는 선박(항공기)을 말한다. 내항선(기)이란 연안무역을 위하여 국내연안만 운항하는 선박을 말하는 것으로 내항선(기)는 특별한 경우 이외에는 세관의 감시와 규제대상이 되지 않는다. 그러나 내항선이 재해 기타 부득이한 사유로 외국에 기항하고 우리나라에 귀착하였을 때와 내항선이 외국무역선으로 자격을 변경할 때에 한하여 관세법의 규제를 받는다. 내항선(기)이 외국무역선(기)으로 자격변경하기 위해서는 선장(기장)은 세관장에게 선박 또는 항공기의 자격변경을 신청하여 승인을 얻어야 한다.

7) 선(기)용품

제2조(정의) 이 법에서 사용하는 용어의 뜻은 다음과 같다.
10. "선용품"(船用品)이란 음료, 식품, 연료, 소모품, 밧줄, 수리용 예비부분품 및 부속품, 집기, 그 밖에 이와 유사한 물품으로서 해당 선박에서만 사용되는 것을 말한다.
11. "기용품"(機用品)이란 선용품에 준하는 물품으로서 해당 항공기에서만 사용되는 것을 말한다.
12. "차량용품"이란 선용품에 준하는 물품으로서 해당 차량에서만 사용되는 것을 말한다.

선(기)용품은 모두 선박 자체에 사용되거나 여객 또는 승무원이 사용하는 물품들이다. 그러므로 선(기)용품은 관세법상의 물품에 해당된다. 그러나 선박을 운항할 때 선박 그 자체 또는 승무원에게 절대적으로 필요한 것이므로 필요한 일정 범위 내의

것은 그 특성으로 인하여 일반물품과는 별도로 취급할 필요가 있기 때문에 그 정의를 명백히 규정하고 있다.

일반물품은 그 적재절차에 있어서 수출신고수리를 받은 후에 외국무역선(기)에 적재할 수 있으나, 선(기)용품의 경우는 내국물품의 경우에는 수출신고수리를 받지 아니하고 세관장의 적재허가만으로 적재할 수 있으며, 외국으로부터 우리나라에 도착한 외국물품을 외국무역선(기)에 선(기)용품으로 적재하고자 할 때에는 반송의 신고수리를 받지 아니하고 세관장의 적재허가만으로 외국물품을 그대로 적재할 수 있고, 선(기)용품을 외국무역선 내에서 그 용도에 따라 소비 또는 사용하는 경우에는 수입으로 보지 않기 때문에 소비 또는 사용에 따른 관세를 징수하지 아니한다.

그리고 선용품 중 수리용 예비부분품 및 부속품이라 함은 '당해선박의 시설 중 전체를 아닌 시설의 일부가 소모 또는 마모되어 수리 및 교체가 예상되는 물품의 부분품 및 부속품'으로서 항해 도중 선원에 의해 자체적으로 수리 및 교체에 사용되어지는 물품을 말한다.

■ 선용품

① 음료, 식품, 연료, 소모품, 밧줄, 수리용 예비부분품 및 부속품, 집기 기타 이와 유사한 물품으로서 해당 선박(항공기)에서만 사용되는 것을 말한다.
② 수리용에 한하여 인정되며 대체품은 포함하지 않는다.
③ 항해중 선원에 의해 자체 수리 가능한 물품
④ 선수품[2], 신변용품 등은 선용품이 아니다.
⑤ 선용품은 수출입통관절차 없이 적재허가만 받으면 해당 선박에 적재할 수 있다.

---

8) 통관

제2조(정의) 이 법에서 사용하는 용어의 뜻은 다음과 같다.

13. "통관"(通關)이란 이 법에 따른 절차를 이행하여 물품을 수출·수입 또는 반송하는 것을 말한다.

---

2 원양어선 등에서 사용하는 망이나 그물 등을 선수품이라고 한다.

통관이란 이 법의 규정에 의한 절차를 이행하여 물품을 수출·수입 또는 반송하는 것을 말한다. 반송은 외국으로부터 우리나라에 도착한 외국물품을 수입신고수리절차를 밟지 않고 외국물품 상태로 두었다가 다시 외국으로 반출하는 것을 말한다.

즉, 반송은 그 절차의 시기부터 종기까지가 외국물품인 데 반하여, 수출은 내국물품을 외국물품화 하여 외국으로 반출하는 것이라는 점에서 반송과 수출의 차이점이 있다.

또한 반송은 수입신고가 수리되기 전에 보세구역에서 외국으로 반출하는 것인 데 반하여, 재수출은 일단 수입신고가 수리된 물품을 외국에 반출하는 것을 말한다. 다시 말하면 반송은 외국물품을 외국물품 상태 그대로 외국으로 반출하는 것을 말하며, 재수출은 외국물품이 내국물품화 되었다가 다시 외국물품으로 전환되어 외국으로 반출되는 것을 말한다.

통관절차라 함은 "이 법에서 규정한 대조·확인의 절차"를 말하는데, 광의와 협의의 개념이 상이하다. 광의의 통관절차는 보세구역 등에 물품을 장치한 후, 수출입신고를 하고 수출입신고수리를 받아 물품을 반출하는 절차를 말하며, 협의의 통관절차는 이 중에서 수출입신고에서 신고수리까지의 절차를 말한다.

반송 VS 재수출

반송: 외국물품 → 외국물품
재수출: 외국물품 → 내국물품 → 외국물품

---

9) 환적

환적이란 동일한 세관관할구역 안에서 입국 또는 입항하는 운송수단에서 출국 또는 출항하는 운송수단으로 물품을 옮겨 싣는 것을 말한다.

cf) 복합환적: 입국 또는 입항하는 운송수단의 물품을 다른 세관의 관할구역으로 운송하여 출국 또는 출항하는 운송수단으로 옮겨 싣는 것을 말한다.

10) 운영인

"운영인"이란 다음의 어느 하나에 해당하는 자를 말한다.

① 특허보세구역의 설치·운영에 관한 특허를 받은 자
② 종합보세사업장의 설치·운영에 관한 신고를 한 자

06 부과[3]와 징수[4]

1) 관세징수의 우선

제3조(관세징수의 우선)
① 관세를 납부하여야 하는 물품에 대하여는 다른 조세, 그 밖의 공과금 및 채권에 우선하여 그 관세를 징수한다.
② 국세징수의 예에 따라 관세를 징수하는 경우 체납처분의 대상이 해당 관세를 납부하여야 하는 물품이 아닌 재산인 경우에는 관세의 우선순위는 「국세기본법」에 따른 국세와 동일하게 한다.

관세를 납부하여야 할 물품에 대하여는 다른 조세 기타의 공과 및 채권에 우선하여 그 관세를 징수한다. 이는 수입물품 중에서 무세품이 아닌 물품으로서 관세를 납부하지 않은 물품에 대하여 다른 조세나 공과금이 부과되거나 사법상의 채권, 채무관계가 성립되어 있는 경우에 이 물품에 대한 여러 가지 채권 중에서 관세가 우선적으로 징수되고 잔여분이 있을 경우에 다른 조세나 공과금 등이 징수되거나 다른 채권이 행사되는 것을 말한다.

2) 내국세 등의 부과·징수

① 수입물품에 대하여 세관장이 부과·징수하는 부가가치세, 지방소비세, 개별소비세, 주세, 교육세, 교통·에너지·환경세 및 농어촌특별세(이하 "내국세 등"이라

---

3 조세법상 채권과 채무 관계를 형성하는 권한을 의미한다.
4 부과권이 형성된 후 채권자가 채무자로부터 채무 상환을 요구하는 권한을 행사하는데 이를 징수라고 한다.

하되, 내국세 등의 가산금·가산세 및 체납처분비를 포함한다)의 부과·징수·환급 등에 관하여 「국세기본법」, 「국세징수법」, 「부가가치세법」, 「지방세법」, 「개별소비세법」, 「주세법」, 「교육세법」, 「교통·에너지·환경세법」 및 「농어촌특별세법」의 규정과 이 법의 규정이 상충되는 경우에는 이 법의 규정을 우선하여 적용한다.

② 수입물품에 대하여 세관장이 부과·징수하는 내국세 등의 체납이 발생하였을 때에는 징수의 효율성 등을 고려하여 필요하다고 인정되는 경우 대통령령으로 정하는 바에 따라 납세의무자의 주소지(법인의 경우 그 법인의 등기부에 따른 본점이나 주사무소의 소재지)를 관할하는 세무서장이 체납세액을 징수할 수 있다.

③ 이 법에 따른 가산금·가산세 및 체납처분비의 부과·징수·환급 등에 관하여는 이 법 중 관세의 부과·징수·환급 등에 관한 규정을 적용한다.

④ 수입물품에 대하여 세관장이 부과·징수하는 내국세 등에 대한 담보제공 요구, 국세충당, 담보해제, 담보금액 등에 관하여는 이 법 중 관세에 대한 담보 관련 규정을 적용한다.

내국세 등의 부과·징수

① 내국세 등: 내국세, 가산금, 가산세, 체납처분비를 포함한다.
② 세관장이 부과·징수하는 내국세 등 — 부가가치세,. 지방소비세, 개별소비세, 주세, 교육세, 교통·에너지·환경세 및 농어촌특별세 등이다.
③ 법인세, 특별소비세는 해당되지 아니한다.

---

07 법 적용의 원칙 등

관세법상의 법 해석의 기준 및 소급과세의 금지의 규정은 국민의 재산권보장 및 조세의 세목과 세율은 법률로서 정한다는 헌법상의 규정에 대한 조세법의 해석과 적용에 관한 원칙을 정한 훈시적인 규정으로서, 다른 여타의 조세법에 있어서도 이 규정은 준용되고 있다.

제5조(법 해석의 기준과 소급과세의 금지)

① 이 법을 해석하고 적용할 때에는 과세의 형평과 해당 조항의 합목적성에 비추어 납세자의 재산권을 부당하게 침해하지 아니하도록 하여야 한다.

② 이 법의 해석이나 관세행정의 관행이 일반적으로 납세자에게 받아들여진 후에는 그 해석이나 관행에 따른 행위 또는 계산은 정당한 것으로 보며, 새로운 해석이나 관행에 따라 소급하여 과세되지 아니한다.

③ 제1항 및 제2항의 기준에 맞는 이 법의 해석에 관한 사항은 「국세기본법」 제18조의2에 따른 국세예규심사위원회에서 심의할 수 있다.

④ 이 법의 해석에 관한 질의회신의 처리 절차 및 방법 등에 관하여 필요한 사항은 대통령령으로 정한다.

1) 법 해석의 기준과 소급과세의 금지[5]

(1) 법 해석의 기준

이 법을 해석하고 적용할 때에는 과세의 형평과 해당 조항의 합목적성에 비추어 납세자의 재산권을 부당하게 침해하지 아니하도록 하여야 한다. 여기서 과세의 형평이란 과세자와 납세자 간의 형평뿐만 아니라 서로 다른 납세자 간의 형평도 포함하는 것이다.

두 번째 기준은 합목적성의 원칙인데, 합목적성의 원칙이란 법규에 있어서의 개개 조항의 형식이나 법조문의 문리해석에만 집착하지 말고, 당해 법조항이 추구하고자 하는 목적에 비추어서 해석·적용하여야 한다는 것이다.

(2) 소급과세금지의 원칙[6]

관세법에는 '관세법의 해석 또는 관행이 일반적으로 납세자에게 받아들여진 후에는 그 해석 또는 관행에 의한 행위 또는 계산은 정당한 것으로 보며, 새로운 해석 또는 관행에 의하여 소급하여 과세되지 아니한다.'라고 규정하고 있다.

---

5 이 법의 해석에 관한 사항은 「국세기본법」 제18조의2에 따른 국세예규심사위원회에서 심의할 수 있다. 동법 제5조 제3항.

6 국세를 납부할 의무가 성립한 소득, 수익, 재산, 행위 또는 거래에 대하여는 그 성립 이후의 새 법률에 의하여 소급해 과세하지 아니한다. 국세기본법 제18조.

국세기본법 18조의 규정에 의하여 국세를 납부할 의무가 성립한 소득, 수익, 재산, 행위 또는 거래에 대하여는 그 성립 이후의 새 법률에 의하여 소급해 과세하지 아니한다고 규정하고 있다. 이는 일반적으로 세법의 소급 적용으로 인한 납세자의 재산권 침해를 방지하고 납세자가 자신에게 부과되는 세금의 종류와 규모를 사전에 예측하여 합리적으로 대비할 수 있도록 하려는 제도적 차원의 배려를 담고 있는 것으로 해석되지만 납세의무가 경감되는 변경의 경우에도 역시 소급할 수 없는 것은 마찬가지이다.

즉, 법의 해석 또는 관행이 일반적으로 납세자에게 받아들여진 이후에는 그 해석 또는 관행에 의한 행위 또는 계산은 정당한 것으로 보며, 새로운 해석 또는 관행에 의하여 소급과세되지 아니함을 의미한다.

국민의 재산권을 침해하는 조세의 부과 및 징수는 법률에 의해서만 가능한데, 이를 조세법률주의라고 한다. 이러한 조세법률주의의 내용에는 소급하여 과세할 수 있는 법률을 만드는, 소급과세입법을 금지하는 것까지 포함된다. 또한 조세법규를 해석하는 데 있어서도 새로운 해석을 소급적용함으로써 소급과세를 하는 것은 이와 같은 원칙 때문에 있을 수 없는 일이다.

따라서 법의 새로운 해석에 의한 소급과세를 금지하는 것은 근대법치행정원리의 당연한 귀결이라고 할 수 있다. 예를 들어 조세실무에서는 어떤 물품의 세번을 분류함에 있어 오랜 기간 동안 저세율에 해당하는 세번으로 분류하여 시행하여 오다가 어떤 시점에서 새로운 해석을 하여 고세율에 해당하는 세번으로 분류하게 되면 이 새로운 해석이 과거로 소급 적용되어 추징을 하는 경우가 생길 수 있기 때문에 이러한 사례를 없애자는 의미에서 이러한 원칙을 명문화하고 있다.

조세법을 포함한 모든 법률은 헌법의 조세법률주의 및 소급입법 제한의 원칙에 의하여 일반적으로 소급입법을 하지 아니하므로, 조세법 자체에 의하여 소급 과세되는 경우는 거의 없다.

그러나 새로운 해석에 의한 소급과세를 금지하는 것은 과거의 해석이나 관행이 일반적으로 납세자에게 받아들여져서 관례화된 이후여야 한다는 전제가 붙기 때문에 과거의 해석이 특정의 상황에만 적용되는 것이 아직 관례라고까지는 이르지 못한 경우에는 이 소급과세금지 원칙이 적용되지 아니한다.

> **법해석의 기준과 소급과세 금지의 원칙**
>
> ① 이 법의 해석 및 적용에 있어서는 과세의 형평과 당해 조항의 합목적성에 비추어 납세자의 재산권이 부당하게 침해되지 아니하도록 하여야 한다.
> ② 이 법의 해석이나 관세행정의 관행이 일반적으로 납세자에게 받아들여진 후에는 그 해석 또는 관행에 의한 행위 또는 계산은 정당한 것으로 보며, 새로운 해석 또는 관행에 의하여 소급하여 과세되지 아니한다(법률불소급의 원칙).

2) 신의성실

납세자가 그 의무를 이행할 때에는 신의에 따라 성실하게 하여야 한다. 세관공무원이 그 직무를 수행함에 있어서도 또한 같다.

3) 세관공무원의 재량의 한계

세관공무원은 그 재량에 의하여 직무를 수행함에 있어서는 과세의 형평과 이 법의 목적에 비추어 일반적으로 타당하다고 인정되는 한계를 엄수하여야 한다(권력남용과 자의적 해석 방지).

08 납부기한

제8조(기간 및 기한의 계산)
① 이 법에 따른 기간을 계산할 때 제252조에 따른 수입신고수리전 반출승인을 받은 경우에는 그 승인일을 수입신고의 수리일로 본다.
② 이 법에 따른 기간의 계산은 이 법에 특별한 규정이 있는 것을 제외하고는 「민법」에 따른다.
③ 이 법에 따른 기한이 공휴일(「근로자의 날 제정에 관한 법률」에 따른 근로자의 날과 토요일을 포함한다) 또는 대통령령으로 정하는 날에 해당하는 경우에는 그 다음 날을 기한으로 한다.

④ 제327조에 따른 국가관세종합정보망 또는 전산처리설비가 대통령령으로 정하는 장애로 가동이 정지되어 이 법에 따른 기한까지 이 법에 따른 신고, 신청, 승인, 허가, 수리, 교부, 통지, 통고, 납부 등을 할 수 없게 되는 경우에는 그 장애가 복구된 날의 다음 날을 기한으로 한다.

1) 기간과 기한의 계산

① 기산일: (~부터) 그 다음날
② 만료일: 일인 경우 → 일자로 계산
③ 만료일: 월인 경우 → 해당 월의 일자
④ 기한이 공휴일, 휴일 → 그 다음날을 기한으로 한다.
⑤ 수입신고수리 전 반출승인을 얻은 때에는 그 승인일을 수입신고의 수리일로 본다.
⑥ 국가관세종합정보망 또는 전산처리설비가 대통령령이 정하는 장애로 인하여 가동이 정지되어 이 법의 규정에 의한 신고·신청·승인·허가·수리·교부·통지·통고·납부 등을 할 수 없게 되는 때에는 그 장애가 복구된 날의 다음날을 기한으로 한다.
⑦ 이 법에 따른 기한이 공휴일(「근로자의 날 제정에 관한 법률」에 따른 근로자의 날과 토요일을 포함한다) 또는 대통령령으로 정하는 날에 해당하는 경우에는 그 다음날을 기한으로 한다.
⑧ 특별한 규정이 없으면 민법의 규정을 적용한다.

2) 관세의 납부기한

① 신고납부: 납세신고수리일로부터 15일 이내
② 부과고지: 고지서 받은 날로부터 15일 이내
③ 수입신고 전 즉시반출신고: 수입신고일로부터 15일 이내
④ 사전납부: 납세의무자는 수입신고가 수리되기 전에 당해 세액을 납부할 수 있다.
⑤ 월별납부: 세관장은 납세실적 등을 고려하여 관세청장이 정하는 요건을 갖춘

성실납세자가 신청을 하는 경우 납부기한이 동일한 달에 속하는 세액에 대하여 그 기한이 속하는 달의 말일까지 일괄하여 납부하게 할 수 있다. 이 경우 세관장은 필요하다고 인정하는 경우에는 납부할 관세에 상당하는 담보를 제공하게 할 수 있다.

3) 기한의 연장

세관장은 천재지변이나 그 밖에 대통령령으로 정하는 사유(다음의 하나에 해당하는 사유)로 이 법에 따른 신고, 신청, 청구, 그 밖의 서류의 제출, 통지, 납부 또는 징수를 정하여진 기한까지 할 수 없다고 인정되는 경우에는 1년을 넘지 아니하는 기간을 정하여 대통령령으로 정하는 바에 따라 그 기한을 연장할 수 있다. 이 경우 세관장은 필요하다고 인정하는 경우에는 납부할 관세에 상당하는 담보를 제공하게 할 수 있다.
① 전쟁, 화재 등
② 사업에 현저한 손실을 입은 경우
③ 사업이 중대한 위기에 처한 경우
④ 기타 세관장이 인정하는 경우
⑤ 납부기한 종료 전에 세관장에게 신청
  (※ 이 때, 세관장이 납세고지를 하며 담보 제공을 요구할 수 있다.)

4) 서류의 송달

① 납세고지서는 납세의무자에게 직접 교부하는 경우를 제외하고는 인편 또는 우편으로 송달한다.
② 세관장은 관세의 납세의무자의 주소·거소·영업소 또는 사무소가 모두 불명하여 관세의 납세고지서를 송달할 수 없는 때에는 당해 세관의 게시판 기타 적당한 장소에 납세고지사항을 공시할 수 있다.
③ 납세고지사항을 공시한 때에는 공시일부터 14일이 경과함으로써 관세의 납세의무자에게 납세고지서가 송달된 것으로 본다.

5) 서류의 보관

이 법에 따라 가격신고, 납세신고, 수출입신고, 반송신고, 보세화물반출입신고, 보세운송신고를 하거나 적하목록을 제출한 자는 신고 또는 제출한 자료(신고필증을 포함한다)를 신고 또는 제출한 날부터 5년의 범위에서 대통령령으로 정하는 기간 동안 보관하여야 한다.

① 수입관련 서류-5년, 수출관련 서류-3년, 보세관련 서류-2년

② 의무 위반 시 2천만원 이하의 벌금에 처한다.

③ 과실의 경우에도 3백만원 이하의 벌금에 처한다.

제 2 장 과세가격과 관세의 부과·징수 등

제1절 과세요건

01 과세요건

1) 과세요건

관세란 국가가 재정수입 확보를 목적으로 법률, 조약 등에 의해서 국회에서 정한 범위 내에서 관세영역을 출입하는 수입물품에 대하여 강제적으로 부과·징수하는 반대급부가 없는 국세이다.

세금을 부과하는 데 있어 갖추어야 할 몇 가지 조건을 과세요건이라고 한다. 관세법을 비롯한 모든 세법에는 과세요건에 관한 규정이 있으며, 이러한 과세요건을 갖추지 아니하면 세금을 부과할 수 없다. 즉, 과세요건을 갖추었을 때 비로소 국가는 세금을 부과할 권리가 발생하고 상대방은 세금을 내어야 할 의무가 발생한다.

그리고 조세의 과세권자와 납세의무자간에 발생하는 법률관계는 행정법상의 채권·채무관계의 성립이라고 볼 수 있는데, 여기서 세금을 부과·징수할 수 있는 권리를 조세채권이라고 하고 세금을 납부해야할 의무를 조세채무라고 한다. 물론 이러한 경우에 조세를 부과하려면 법률에 의하지 않으면 안된다(조세법률주의).

2) 4대 과세요건

관세의 과세요건은 일반적으로 4대 요건이라 하는데, 과세물건, 납세의무자, 세율 및 과세표준이 이에 해당된다. 관세의 조세채권이 성립하려면 이 네 가지 과세요건이 갖추어져야 한다.

관세의 4대 과세요건

① 과세물건
② 납세의무자
③ 관세율
④ 과세표준

02 과세물건

1) 과세물건

제14조(과세물건) 수입물품에는 관세를 부과한다.
제15조(과세표준) 관세의 과세표준은 수입물품의 가격 또는 수량으로 한다.

과세물건이란 과세의 대상이 되는 목적물 즉, 조세가 부과되는 객체를 말한다. 현행 우리나라의 관세법에서는 "수입물품에는 관세를 부과한다."고 규정하고 있다. 즉, 다시 말하면 관세의 과세물건은 수입물품인데 그 이유는 우리나라의 경우 수출세나 통과세는 부과하지 않기 때문이다. 한편, 관세율표상의 무세품과 관세법상의 각종 면세품은 관세를 납부하지 않아도 되는데, 이는 관세법 자체에서 수입품의 과세원칙에 대한 예외를 인정한 것이다.

관세법 이외에 타법에서 관세를 감면하는 경우가 있는데, 이들 법들은 관세에 관한 일반법인 관세법에 대한 특별법이 되기 때문에 특별법 우선적용의 원칙에 의거 관세법에서는 과세하도록 되어 있더라도 이들 특별법상의 관세에 관한 감면규정이 우선 적용되기에 관세를 부과하지 아니한다.

■
과세물건

① 과세의 객체 또는 과세대상을 말한다.
② "수입물품에 대해서 관세를 부과한다."고 규정

2) 수입물품의 범위

관세의 과세객체는 수입물품인데, 이 수입물품에는 유체물과 무체물이 있다. 그 중에서 유체물만이 과세객체가 되고, 유체물 가운데도 무가치물(예: 시신)은 과세대상이 되지 않는다.

이와 같이 무형재산은 원칙적으로 과세대상이 아니지만 특허권, 상표권, 의장권, 실용신안권 기타 이와 유사한 권리를 사용함에 따른 대가가 수입물품의 가격에 포함되어 있을 때에는 관세법의 규정에 의거 과세가격을 산출할 때 그러한 권리의 대가도 합산하여야 할 것이므로 무형재산도 과세대상이 되는 경우가 있다.

(1) 의의

① 과세물건은 우리나라에 수입되는 물품이다.
② 유체물과 무체물로 구분할 수 있다.

(2) 유체물

① 유체물로서 이동할 수 있는 것
② 무가치물은 과세대상이 되지 않는다(예: 시체).

(3) 무체물

① 원칙적으로 무체물은 과세대상이 아니다.
② 지식재산권이 수입물품의 가격에 산입되어 있는 경우에는 관세평가의 제1방법 (관세법 제30조)에 의하여 과세대상이 되며, 관세가 부과되는 결과를 초래한다.

03 과세물건의 확정시기

관세는 수입신고(입항전 수입신고를 포함한다. 이하 이 조에서 같다)를 하는 때의 물품의 성질과 그 수량에 따라 부과한다.[1] 즉, 관세의 과세물건의 확정시기는 수입신고시점이 원칙이다.

---

1 동법 제16조.

제16조(과세물건 확정의 시기)

관세는 수입신고(입항전 수입신고를 포함한다. 이하 이 조에서 같다)를 하는 때의 물품의 성질과 그 수량에 따라 부과한다. 다만, 다음 각 호의 어느 하나에 해당하는 물품에 대하여는 각 해당 호에 규정된 때의 물품의 성질과 그 수량에 따라 부과한다.

1. 제143조 제4항(제151조 제2항에 따라 준용되는 경우를 포함한다)에 따라 관세를 징수하는 물품: 하역을 허가받은 때

2. 제158조 제5항에 따라 관세를 징수하는 물품: 보세구역 밖에서 하는 보수작업을 승인받은 때

3. 제160조 제2항에 따라 관세를 징수하는 물품: 해당 물품이 멸실되거나 폐기된 때

4. 제187조 제6항(제195조 제2항과 제202조 제3항에 따라 준용되는 경우를 포함한다)에 따라 관세를 징수하는 물품: 보세공장 외 작업, 보세건설장 외 작업 또는 종합보세구역 외 작업을 허가받거나 신고한 때

5. 제217조에 따라 관세를 징수하는 물품: 보세운송을 신고하거나 승인받은 때

6. 수입신고가 수리되기 전에 소비하거나 사용하는 물품(제239조에 따라 소비 또는 사용을 수입으로 보지 아니하는 물품은 제외한다): 해당 물품을 소비하거나 사용한 때

7. 제253조 제1항에 따른 수입신고전 즉시반출신고를 하고 반출한 물품: 수입신고전 즉시반출신고를 한 때

8. 우편으로 수입되는 물품(제258조 제2항에 해당하는 우편물은 제외한다): 제256조에 따른 통관우체국(이하 "통관우체국"이라 한다)에 도착한 때

9. 도난물품 또는 분실물품: 해당 물품이 도난되거나 분실된 때

10. 이 법에 따라 매각되는 물품: 해당 물품이 매각된 때

11. 수입신고를 하지 아니하고 수입된 물품(제1호부터 제10호까지에 규정된 것은 제외한다): 수입된 때

1) 과세물건의 확정시기가 중요한 이유

운송 중에 당해 물품의 중량이나 수량이 감소되거나 부패, 변질 또는 손상될 수 있기 때문에 어느 시점의 물품의 성질과 상태에 따라 관세를 부과하느냐는 매우 중요하다고 할 수 있다. 관세는 소비를 전제로 부과하는 조세이므로 유통기한이 있거나 외부환경에 따라 부패 또는 변질이 되는 물품의 경우 등 소비가 발생하지 않는 경우에 관세를 부과한다면 선의의 수입업자가 피해를 보는 경우가 발생할 수도 있다.

2) 원칙적인 경우

즉, 관세의 과세물건의 확정시기는 수입신고시점이 원칙이다. 수입신고시점을 과세물건의 확정시기로 한 것은 이 시점이 화주가 수입통관을 하겠다는 의사표시를 한 시점이고 또 세관의 수입검사가 이루어지는 가장 가까운 시점이란 점 등으로 가장 적당한 시점으로 보기 때문이다.

> **과세물건의 확정시기**
>
> ① 수입신고할 때의 성질과 수량에 따라 부과
> ② 과세물건 확정시기는 수입신고시점
> ③ 수입신고는 수입자의 수입 의사표시의 최초시점

3) 원료과세 물품

내수용 보세공장에서 제조, 가공된 물품 중 원료과세에 해당하는 물품에 대하여는 수입신고 할 때의 성질과 수량에 의하지 아니하고, 보세공장에 반입하여 사용 전에 사용신고를 한 때의 원료의 성질과 수량에 의하여 관세를 부과한다.

4) 특수한 경우에 해당하는 물품

관세는 수입신고(입항전 수입신고를 포함)를 하는 때의 물품의 성질과 그 수량에 따라 부과한다. 다만, 다음 각 호의 어느 하나에 해당하는 물품에 대하여는 각 해당 호에 규정된 때의 물품의 성질과 그 수량에 따라 부과한다.[2]

① 선(기)용품을 허가대로 적재하지 않아 관세를 추징하는 경우에는 그 하역허가를 받은 때
  선용품 또는 기용품을 외국무역선 또는 외국무역기에 적재하고자 하는 자는 세관장의 허가를 받아야 하는데 외국으로부터 우리나라에 도착한 외국물품인 선용품 또는 기용품을 하역허가를 받은 바에 따라 운송수단에 적재하지 아니한 때에는 그 허

---

2 동법 제16조.

가를 받은 자로부터 즉시 관세를 징수하게 되어있는바, 이 경우에는 그 하역허가를 받은 때의 그 외국물품의 성질·수량에 의거 관세를 부과한다.

② 보세구역장치 물품의 멸실·폐기에 따라 관세를 추징하는 경우에는 해당 물품이 멸실되거나 폐기된 때

보세구역에 장치된 외국물품이 멸실되거나 폐기된 경우는 그것이 재해 등 부득이한 사유로 멸실되거나 사전에 세관장의 승인을 얻어 폐기한 경우 이외에는 그 보세구역 운영인 또는 보관인으로부터 즉시 그 외국물품에 대한 관세를 징수하게 되는바, 이때는 해당 물품이 멸실되거나 폐기된 때의 당해 외국물품의 성질·수량에 의거 과세한다.

③ 보세공장외 작업기간을 경과한 보세공장물품에 대해 관세를 추징하는 경우(보세건설장 외 작업 또는 종합보세구역 외 작업 포함)에는 보세공장 외 작업의 허가를 받은 때(보세건설장 외 작업 또는 종합보세구역 외 작업을 허가받거나 신고한 때)

보세공장 내의 외국물품을 세관장의 허가를 얻어 공장 외에서 작업을 하는 경우 그 허가를 받아 역외작업을 할 수 있는 기간이 넘도록 그 외국물품이나 그 제품이 보세공장에 돌아오지 않고 그 지정된 장소에 있을 때에는 당해 외국물품에 대한 관세를 그 보세공장 운영인으로부터 즉시 징수하도록 되어 있는데, 이 경우는 그 역외작업의 허가를 받은 때의 외국물품의 성질·수량에 의거 과세한다.

보세건설장 내의 외국물품을 세관장의 허가를 얻어 그 건설장 외에서 작업을 하는 경우 지정공장까지 그 외국물품이 당해 역외작업장에 있으면 당해 외국물품에 대한 관세를 보세건설장 운영인으로부터 즉시 징수하게 되는데, 이 경우에도 그 역외작업의 허가를 받은 때의 그 외국물품의 성질·수량에 의거 과세한다.

④ 보세구역 밖에서 하는 보수작업을 승인받은 물품이 역외 보수작업 기간을 경과하여 관세를 징수하는 경우에는 보세구역 밖에서 하는 보수작업을 승인받은 때

해당 외국물품의 성질·수량에 의거 과세한다.

⑤ 보세운송기간 경과물품에 대해 관세를 추징하는 경우에는 보세운송 신고를 하거나 승인을 얻은 때

보세운송의 신고 또는 승인을 받고 운송하는 외국물품이 지정된 기간을 경과하여도 목적지에 도착하지 않았을 때에는 즉시 관세를 징수하는데, 이 경우에는 그 운송

의 신고를 하거나 승인을 얻었을 때의 그 외국물품의 성질·수량에 의거 과세한다.

⑥ 수입신고가 수리되기 전에 소비하거나 사용하는 물품(제239조에 따라 소비 또는 사용을 수입으로 보지 아니하는 물품은 제외한다)의 경우에는 해당 물품을 소비하거나 사용한 때

외국물품의 소비 또는 사용이 선용품·기용품 또는 차량용품을 운송수단 내에서 그 용도에 따라 사용소비하거나, 여행자가 휴대품을 관세통로 등에서 사용·소비하거나, 관세법규정에 의거 인정된 바에 따라 소비·사용하는 경우라면 이를 수입으로 보지 아니하고, 따라서 과세도 아니하는 것이나 이와 같은 사용이나 소비에 해당하지 아니하는 소비물품이나 사용물품은 소비되거나 사용된 때의 성질·수량에 의거 과세한다.

관세법 제239조(수입으로 보지 아니하는 소비 또는 사용)

외국물품의 소비나 사용이 다음 각 호의 어느 하나에 해당하는 경우에는 이를 수입으로 보지 아니한다.

1. 선용품·기용품 또는 차량용품을 운송수단 안에서 그 용도에 따라 소비하거나 사용하는 경우
2. 선용품·기용품 또는 차량용품을 관세청장이 정하는 지정보세구역에서 「출입국관리법」에 따라 출국심사를 마치거나 우리나라에 입국하지 아니하고 우리나라를 경유하여 제3국으로 출발하려는 자에게 제공하여 그 용도에 따라 소비하거나 사용하는 경우
3. 여행자가 휴대품을 운송수단 또는 관세통로에서 소비하거나 사용하는 경우
4. 이 법에서 인정하는 바에 따라 소비하거나 사용하는 경우

---

⑦ 우편에 의하여 수입되는 물품은 통관우체국에 도착된 때

우편물은 간이한 절차로 통관이 되기 때문에 원칙적으로 수입신고절차가 없다. 따라서 우편수입품에 대한 관세는 그 물품이 통관우체국에 도착한 때의 성질·수량에 의거 과세한다.

⑧ 도난물품이나 분실물품에 대해서는 도난되거나 분실된 때

우리나라에 반입된 외국물품이 도난 또는 분실되었을 때에는 보세구역운영인, 화물관리인, 보세운송신고인, 보관인, 취득인 등으로부터 당해 물품에 대한 관세를 징수하게 되는데 이 경우에는 도난 또는 분실된 때의 성질·수량에 의거 과세한다.

⑨ 관세법에 의하여 매각된 물품에 대하여는 매각된 때

보세구역의 장치기간이 경과하도록 반출되지 아니한 물품은 일정한 절차를 거쳐 매각하며 이와 같이 매각되는 물품에 대하여는 매각대금에서 관세 등을 공제하고 잔금을 화주에게 교부하는데, 이때 당해 외국물품의 관세의 산출은 매각된 때의 그 물품의 성질·수량에 의거 산출한다.

⑩ 수입신고를 하지 아니하고 수입된 물품 중 전술한 내용에 해당하지 않는 물품에 대하여는 수입된 때

수입신고를 하지 않고 수입된 경우란 위에서 열거한 것 이외에 밀수입의 경우가 있다. 밀수입이 발각되어 추징을 하는 경우에는 그 수입이 이루어진 때(우리나라의 영역에 반입된 때 또는 보세구역에서 신고수리없이 반출된 때)의 그 물품의 성질·수량에 의거 세액을 산출한다.

⑪ 수입신고전 즉시반출신고를 하고 반출한 물품의 경우에는 수입신고전 즉시반출신고를 한 때

해당 물품의 성질·수량에 의거 세액을 산출한다.

04 적용법령

1) 의의

수입물품의 수입절차과정은 수입계약 → 수입승인 → 수출국 출항 → 운송 → 입항 → 하역 → 보세구역 반입 → 수입신고 → 물품검사 → 수입신고수리 → 보세구역 반출 → 신고수리 후 사후세액심사 등 많은 절차와 과정을 거치게 되고 이러한 절차가 진행되는 동안 관세 및 관세율에 관계되는 법령이 변경될 수도 있다.

따라서 관세법에서는 어느 때에 시행되는 법령을 적용하여 관세를 과세할 것인가에 대하여 명확하게 규정하고 있다.

제17조(적용 법령)

관세는 수입신고 당시의 법령에 따라 부과한다. 다만, 다음 각 호의 어느 하나에 해당하는 물품에 대하여는 각 해당 호에 규정된 날에 시행되는 법령에 따라 부과한다.

1. 제16조 각 호의 어느 하나에 해당되는 물품: 그 사실이 발생한 날
2. 제192조에 따라 보세건설장에 반입된 외국물품: 사용 전 수입신고가 수리된 날

제18조(과세환율)

과세가격을 결정하는 경우 외국통화로 표시된 가격을 내국통화로 환산할 때에는 제17조에 따른 날(보세건설장에 반입된 물품의 경우에는 수입신고를 한 날을 말한다)이 속하는 주의 전주(前週)의 외국환매도율을 평균하여 관세청장이 그 율을 정한다.

2) 원칙적인 경우

관세의 적용법령에 대해서는 법에서 "수입신고 당시의 법령에 의하여 부과한다."라고 규정하고 있어 과세물건확정시기와 같이 수입신고 시점을 채택하고 있다.

따라서 수입신고라는 것은 과세물건의 확정과 적용법령의 기준시점이 되며 뒤에 설명할 과세가격결정의 기준시점이 된다는 점 등으로 보아 수입통관절차에 있어서 가장 중요한 과정이라 할 수 있다.

3) 보세건설장 반입물품

① 보세건설장에 반입된 물품은 일반수입물품과는 달리 수입신고가 수리된 날에 시행되는 법령에 의하여 부과한다. 이는 수입신고를 하고 검사 후 보세건설공사를 완료하여 수입신고를 수리받게 될 때까지는 상당한 기간이 소요되기 때문에 그 기간 동안 법령이 개정되었을 경우에는 새로이 개정된 법령, 관세율, 관세감면, 분할납부 등을 적용받게 되면 합리적이기 때문이다. 즉, 미조립된 개개의 반입물품을 수입신고하여 과세하는 것보다 조립이나 건설을 거쳐 단위 동종별로 하나의 세번을 통해 과세하는 것이 간편하다. 그러나 보세건설장 반입물품이라 하더라도 과세환율의 적용시점은 다른 일반 수입물품과 동일하게 수입신고일이 속하는 주의 전 주의 외국환은행의 매도율을 평균하여 관세청장

이 정하는 환율을 적용한다.

② 보세건설장에 한해서 예외적으로 수입신고수리시점을 적용법령 시점으로 보고 있다.

③ 보세건설장이라도 과세물건과 과세환율은 수입신고시점을 기준으로 하고 있다.

결론적으로 보세건설장 반입물품에 대하여는 관세율, 적용법령, 감면세 및 분할납부코드 등은 수입신고수리시점의 것을 적용하고, 과세물건의 확정시기와 과세환율은 수입신고시점으로 한다.

4) 특수한 경우에 해당하는 물품

관세는 수입신고 당시의 법령에 의하여 부과한다. 다만, 다음 각 호의 하나에 해당되는 것은 그날에 시행되는 법령에 의하여 부과한다.

① 선(기)용품을 허가대로 적재하지 않아 관세를 추징하는 경우에는 그 하역허가를 받은 때

② 보세구역장치 물품의 멸실·폐기에 따른 관세를 추징하는 경우에는 해당 물품이 멸실되거나 폐기된 때

③ 보세공장외 작업기간을 경과한 보세공장물품에 대해 관세를 추징하는 경우(보세건설장 외 작업 또는 종합보세구역 외 작업 포함)에는 보세공장외 작업의 허가를 받은 때(보세건설장 외 작업 또는 종합보세구역 외 작업을 허가받거나 신고한 때)

④ 보세구역 밖에서 하는 보수작업을 승인받은 물품이 역외 보수작업 기간을 경과하여 관세를 징수하는 경우에는 보세구역 밖에서 하는 보수작업을 승인받은 때

⑤ 보세운송기간 경과물품에 대해 관세를 추징하는 경우에는 보세운송 신고를 하거나 승인을 얻은 때

⑥ 수입신고가 수리되기 전에 소비하거나 사용하는 물품(제239조에 따라 소비 또는 사용을 수입으로 보지 아니하는 물품은 제외한다)의 경우에는 해당 물품을 소비하거나 사용한 때

⑦ 우편에 의하여 수입되는 물품은 통관우체국에 도착된 때

⑧ 도난물품이나 분실물품에 대해서는 도난되거나 분실된 때

⑨ 관세법에 의하여 매각된 물품에 대하여는 매각된 때

⑩ 수입신고를 하지 아니하고 수입된 물품 중 전술한 내용에 해당하지 않는 물품

에 대하여는 수입된 때

⑪ 수입신고전 즉시반출신고를 하고 반출한 물품의 경우에는 수입신고전 즉시반출신고를 한 때

05 과세표준

과세물건이 확정되면 과세표준을 결정하여야 하는데 관세의 과세표준이란 세액결정에 기준이 되는 수입물품의 가격과 수량을 말한다. 수입물품의 가격을 과세표준으로 과세하는 경우를 종가세라 하고 수입물품의 수량을 과세표준으로 하여 과세하는 경우를 종량세라고 한다.

현행 우리나라 관세법에서는 종가세를 원칙으로 하고 일부 예외적인 경우에 한하여 종량세를 적용하고 있다.3 관세율은 법령에 의하여 정해지지만 과세가격은 그때그때의 과세물건에 의거하여 결정되기 때문에 관세행정에 있어 과세가격의 결정은 대단히 중요한 사항이다. 과세표준은 세율과 함께 세액결정의 중요한 요소 중의 하나이다.

현행 우리나라의 관세법은 원칙적으로 종가세를 채택하고 있으며, 일부 예외적인 경우에 한하여 종량세를 채택하고 있는데, 대부분이 종가세 대상품목이고, HS 3706의 영화용 필름과 HS 8523.29−2231의 녹화된 비디오 테이프(폭이 6.5밀리미터를 초과하는 것. 20원/표준속도. 매분)에 대하여는 종량세를 적용하고 있다. 그러므로, 관세의 과세표준이란 주로 종가세의 과세표준이 되는 가격을 말한다.

1) 종가세

'물품가격×세율＝세액' 즉, 물품의 가격을 과세표준으로 정하는 방법이다.

---

3 종량세 대상물품도 수입물품에 부과되는 내국세(부가가치세, 개별소비세 등)의 과세표준이 수입물품의 가격으로 결정되기 때문에 사실상 모든 수입물품은 관세평가의 대상이 된다. 관세청, 『관세평가실무』, 국세공무원교육원, 2007, p. 3.

① 장점

㉠ 관세의 부담이 종량세에 비해 균등, 공평하다.

㉡ 시장가격의 등락에도 과세부담 균형을 유지할 수 있다(인플레하에서 효과).

② 단점

㉠ 과세가격 산출이 어렵다(평가).

㉡ 수출국에 따라 관세의 부과차이가 발생한다.

2) 종량세

수량을 기준으로 과세표준을 산출하는 방법이다.

① 장점

과세방법이 간단하고, 행정상 편리하다.

② 단점

㉠ 물가변동에 따른 세율의 적용이 불가능하다.

㉡ 중량선정, 계량단위 등을 통일하는 것이 어렵다.

㉢ 관세부담의 공평성이 상실된다.

㉣ 인플레이션하에서 재정수입의 확보가 곤란하다.

3) 혼합세(복합관세)

종가세와 종량세를 동시에 산출한 세액으로 우리나라에서는 활용하고 있지 않다.

4) 선택관세

종량세와 종가세를 정해놓고 그 중 세액이 높은 쪽에 관세부과하는 방법으로 수입을 억제하는 데는 가격하락 시 종량세를, 상승 시에는 종가세를 부과하는 것이 효과적이다. 우리나라의 경우 FTA협정 적용을 받는 물품의 경우 선택관세가 적용이 되는 물품들이 있다.

06 납세의무자

납세의무자란 직접적으로 법률상 납세의무를 부담하는 자를 말한다. 납세의무자와 담세자는 상이하다. 즉 소득세와 같은 직접세인 경우는 납세의무자와 담세자가 일치한다. 그러나 관세와 같이 간접세인 경우는 납세의무자에게 부과된 세금은 실제의 담세자에게 전가되기 때문에 납세의무자와 담세자는 상이하다.

수입신고를 한 물품의 경우에는 수입신고하는 때의 화주이다. 다만, 예외적으로 연대납세의무자, 특별납세의무자, 납세보증인, 제2차 납세의무자(청산인, 법인 등)가 납세의무자가 되는 경우가 있으며, 양도담보권자의 납세의무에 대해서도 별도로 규정하고 있다.

1) 원칙적인 납세의무자

수입신고를 한 물품의 경우에는 수입신고하는 때의 화주이다. 다만, 수입신고가 수리된 물품 또는 수입신고수리 전 반출승인을 받아 반출된 물품에 대하여 납부하였거나 납부하여야 할 관세액에 미치지 못하는 경우 해당 물품을 수입한 화주의 주소 및 거소가 분명하지 아니하거나 수입신고인이 화주를 명백히 하지 못하는 경우에는 그 신고인이 해당 물품을 수입한 화주와 연대하여 해당 관세를 납부하여야 한다.

원칙적인 납세의무자

① 수입신고가 수리되기 전 보세구역 등에 장치된 물품을 양도한 때에는 그 양수인.
② 대행수입의 경우는 그 물품 수입을 위탁한 자.
③ 정부 조달 물품의 경우에는 실수요 부처의 장 또는 실수요자.
④ 통상적으로 선화증권, 송품장상에 표시된 수화인.

---

2) 특별납세의무자

수입신고를 한 물품의 경우에는 그 물품을 수입신고하는 때의 화주가 납세의무자
이다. 그리고 수입신고가 수리된 후 관세를 추징할 사유가 발생되는 경우로서 수입
화주가 행방불명된 때에는 수입신고인인 관세사 등도 연대하여 납세의무를 진다. 다
만, 정상수입이 아닌 경우로서 수입신고없이 사실상 수입되는 등 특수한 경우에는
다음과 같은 자가 납세의무자가 된다.

① 선(기)용품을 허가대로 적재하지 않아 징수하는 경우는 그 하역 허가를 받은 자
② 보세구역 장치물품의 멸실·폐기에 따라 관세를 추징하는 경우: 보세구역의 운
영인 또는 보관인
③ 보세공장 외 작업 시 작업허가 기간의 경과로 인하여 추징하는 경우(보세건설장
외 작업 또는 종합보세구역 외 작업 포함): 작업허가를 받거나 신고한 자
④ 보세구역 밖에서 하는 보수작업 시 지정기간이 경과하여 추징하는 경우: 보수
작업의 승인을 받은 자
⑤ 보세운송기간이 경과하여 추징하는 물품은 보세운송 신고인 또는 승인받은 자
⑥ 도난 또는 분실 물품의 경우 특허 보세구역장치 중 발생하면 특허 보세구역운
영인, (지정 보세구역의 경우 화물관리인), 보세운송 중 발생하면 보세운송 신고인
또는 보세운송 승인 받은 자, 기타의 경우 그 보관인 또는 취급인
⑦ 우편으로 수입되는 물품: 그 수취인
⑧ 수입신고 수리 전 소비, 사용물품(제239조에 따라 소비, 사용을 수입으로 보지 않는
물품 제외): 소비, 사용자
⑨ 수입신고 전 즉시반출신고를 하고 반출한 물품: 즉시 반출한 자
⑩ 관세법 또는 타 법률의 규정에 의해 납세의무자로 규정된 자
⑪ 위 사항 이외에 기타 수입품의 소유, 점유자

3) 납세의무의 경합

원칙적인 납세의무자와 특별납세의무자가 경합할 때는 특별납세의무자가 우선적
으로 납세의무를 진다.

4) 확장된 납세의무자

(1) 연대납세의무자

① 신고인

수입신고가 수리되어 반입한 물품 등의 규정에 의하여 반출된 물품에 대하여 납부하였거나 납부할 관세액에 부족이 있을 경우에 당해 물품을 수입한 화주의 주소 및 거소가 불명하거나, 신고인이 화주를 명백히 하지 못할 때에는 그 신고인은 당해 물품을 수입한 화주와 연대하여 당해 관세를 납부하여야 한다. 여기서 신고인이란 수입신고를 신청한 수입신고서상에 기재된 통관절차를 수행하는 자로서 화주 또는 관세사 등(관세사, 관세사법인, 통관취급법인)을 말한다.

따라서 화주가 신고인이 아닌 경우에는 관세사 등이 화주를 대리하여 신고인이 되어 통관절차를 대리하게 된다. 그런데 만약 수입신고한 물품에 대한 세율적용상의 잘못이 신고수리 또는 반출 후에 발견되면 관세를 추징하게 되는 경우가 발생되는데, 이 경우 납세의무자인 화주가 행방불명되어 화주로부터 추징을 할 수 없을 때에는 신고인인 관세사 등이 화주와 연대하여 납세의무를 지게 된다.

② 2인 이상의 특별납세의무자가 있는 경우 등

관세·가산금·가산세 및 체납처분비에 대해서는 다음 각 호에 규정된 자가 연대하여 납부할 의무를 진다.

ㄱ 제수입신고물품이 공유물이거나 공동사업에 속하는 물품인 경우 그 공유자 또는 공동사업자인 납세의무자

ㄴ 물품에 대한 납세의무자가 2인 이상인 경우 그 2인 이상의 납세의무자

③ 법인이 분할 등이 되는 경우

법인이 분할 또는 분할합병하거나 그렇게 되어 해산하거나 신회사가 설립되는 경우에는 분할되는 법인이나 분할 또는 분할합병으로 설립되는 법인, 존속하는 분할합병의 상대방 법인 및 신회사가 관세·가산금·가산세 및 체납처분비를 연대하여 납부할 의무를 진다.

④ 민법 준용

관세·가산금·가산세 및 체납처분비를 연대하여 납부할 의무에 관하여 관세법에서

규정하는 사항 외에는 「민법」 제413조부터 제416조까지, 제419조, 제421조, 제423조 및 제425조부터 제427조까지의 규정을 준용한다.

(2) 납세의무의 승계

법인이 합병하거나 상속이 개시된 경우에는 관세·가산금·가산세 및 체납처분비의 납세의무를 승계한다.

(3) 제2차 납세의무자

① 관세법에서는 관세의 담보로 제공된 물품이 없고, 납세의무자와 관세의 납부를 보증한 자가 납세의무를 이행하지 않을 때에는 제2차 납세의무자에게 납세의 무를 규정하고 있는데, 이는 국세기본법상의 규정을 준용한 것이다.

② 법인이 해산하는 경우 청산인 또는 잔여 재산의 분배, 인도를 받은 자는 일정 범위 내에서 제2차 납세의무를 진다.

③ 법인의 관세에 대한 납세의무에 대해서 무한책임사원이나 과점주주 등의 출자 자가 제2차 납세의무를 진다.

④ 무한책임사원이나 과점주주의 재산으로도 관세 징수 충당이 되지 않은 경우 일정한 형식에 의거해 법인이 제2차 납세의무를 진다.

⑤ 사업의 양수가 있는 경우에 양도인의 관세에 대한 납세의무에 대해서 사업양 수인이 제2차 납세의무를 진다.

국세기본법의 규정은 관세의 징수에 관하여 이를 준용한다. 국세기본법의 규정에 의한 제2차 납세의무자는 관세담보로 제공된 물품이 없고, 관세납부의무자와 관세의 납부를 보증한 자가 납세의무를 이행하지 아니할 때에 납세의무를 진다.

국세기본법에는 국세의 제2차 납세의무자를 규정하고 있는바, 관세(가산금·가산세 체납처분비 포함)에 관하여도 내국세와 똑같이 제2차 납세의무제도를 적용하자는 것이다. 제2차 납세의무자의 종류는 다음과 같다.

① 청산인 등의 제2차 납세의무

법인이 해산한 경우에 그 법인에게 부과되거나, 그 법인이 납부할 관세·가산금·가산세 및 체납처분비를 납부하지 아니하고 잔여재산을 분배 또는 인도한 때에 그 법인에 대하여 체납처분을 집행하여도 징수할 금액에 부족한 경우에는 청산인, 또는 잔여재산의 분배 또는 인도를 받은 자는 그 부족액에 대하여 제2차 납세의무를 진다.

전술한 바에 의한 제2차 납세의무는 청산인에 있어서는 분배 또는 인도한 재산의 가액을, 그 분배 또는 인도를 받은 자에 있어서는 각자가 받은 재산의 가액을 한도로 한다.

② 출자자의 제2차 납세의무

법인의 재산으로 그 법인에게 부과되거나 그 법인이 납부할 관세·가산금·가산세와 체납처분비에 충당하여도 부족한 경우에는 그 국세의 납세의무의 성립일 현재 다음의 하나에 해당하는 자는 그 부족액에 대하여 제2차 납세의무를 진다.

㉠ 무한책임사원

㉡ 과점주주 중 다음의 하나에 해당하는 자

㉮ 주식을 가장 많이 소유하거나 출자를 가장 많이 한 자

㉯ 법인의 경영을 사실상 지배하는 자

㉰ 앞의 ㉮ 및 ㉯에 규정하는 자와 생계를 함께 하는 자

㉱ 대통령령이 정하는 임원

③ 법인의 제2차 납세의무

관세의 납부기한 종료일 현재 법인의 무한책임사원 또는 과점주주의 재산으로 그 출자자가 납부할 관세·가산금·가산세와 체납처분비에 충당하여도 부족한 경우에는 당해 법인은 다음의 하나에 해당하는 경우에 한하여 그 출자자의 소유주식 또는 출자지분의 가격을 한도로 그 부족액에 대하여 제2차 납세의무를 진다.

㉠ 정부가 출자자의 소유주식 또는 출자지분을 재공매하거나 수의계약에 의하여 매각하려 하여도 매수희망자가 없는 때

㉡ 출자자의 소유주식 또는 출자지분이 법률 또는 그 법인의 정관에 의하여 양도가 제한된 때

전술한 법인의 제2차 납세의무는 그 법인의 자산총액에서 부채총액을 공제한 가액을 그 법인의 발행주식총액 또는 출자총액으로 나눈 가액에 그 출자자의 소유주식금액 또는 출자액을 곱하여 산출한 금액을 한도로 한다.

④ 사업양수인의 제2차 납세의무

사업의 양도·양수가 있는 경우에 양도일 이전에 양도인의 납세의무가 확정된 당

해 사업에 관세·가산금 및 가산세와 체납처분비를 양도인의 재산으로 충당하여도 부족이 있는 때에는 대통령령이 정하는 사업의 양수인은 그 부족액에 대하여 양수한 재산의 가액을 한도로 제2차 납세의무를 진다.

이상과 같이 관세에 관한 제2차 납세의무는 내국세의 경우와 같이 네 가지 경우에 발생하는데, 이러한 제2차 납세의무는 관세의 담보가 없고, 본래의 납부의무자 또는 납세보증자가 납세의무를 불이행한 때에 한하여 의무를 지도록 하고 있다.

(4) 납세보증인

관세법 또는 다른 법령이나 조약 협정 등의 규정에 의하여 관세의 납부를 보증한 자는 보증한 금액의 범위 안에서 그 관세의 납세의무를 진다.

표 2-1 납세보증인

신용보증기금 보증서	신용보증기금
기술신보 보증서	기술신용보증기금
은행의 지급보증	은행
납세보증보험증권	보증보험회사

(5) 물적 양도 담보재산

관세를 체납한 경우에 그 납세의무자에게 양도담보재산이 있을 때에는 그 납세의무자의 다른 재산에 대하여 체납처분을 집행하여도 징수할 금액이 부족한 경우에 한하여 국세징수법이 정하는 바에 의하여 그 양도담보재산으로써 납세의무자의 관세·가산금과 체납처분비를 징수할 수 있다. 다만, 그 관세의 납세신고일 또는 부과고지하는 경우에는 그 납세고지서의 발송일 전에 담보의 목적이 된 양도담보재산에 대하여는 그러하지 아니한다.

여기서 양도담보재산이란 당사자 간의 계약에 의하여 납세자가 그 재산을 양도한 때에 실질적으로 양도인에 대한 채권담보의 목적이 된 재산을 말한다.

국세징수법에서 규정한 양도담보권자로부터의 징수절차를 보면, 양도담보권자로부터 납세자의 국세 등을 징수하고자 할 때에는 양도담보권자에게 납세고지를 하여야 하며, 이때 양도담보권자의 주소 또는 거소를 관할하는 세무서장에게 그 뜻을 통지하도록 되어 있다.

5) 관세법 또는 다른 법률규정에 의하여 다음과 같이 별도로 납세의무자로
규정된 경우

① 외교관 면세규정에 의한 양수 제한품목의 양수－양수자로부터 면제된 관세를 징수
② 용도세율적용물품 또는 관세감면물품의 용도 외 사용－용도 외로 사용자 또는 양도
인으로부터 관세를 징수하며, 양도인으로부터 관세를 징수할 수 없는 양수인으로부터 관
세를 징수
③ 분할납부승인물품의 경우

동일한 용도로 양도	양수인
용도 외에 사용자에게 양도	양도인(양수인)
법인이 합병	합병 후 설립법인
파산선고를 받은 경우	파산관재인
법인이 해산	청산인

④ 시설대여업자가 관세감면물품 또는 분할납부되는 물품 수입 시 대여시설 이용자를
납세의무자로 수입신고 가능. 관세징수 시 대여시설이용자로부터 추징이 불가능한 경우
시설대여업자로부터 관세를 징수

07 관세율

1) 관세율의 의의

세율이란 세액을 결정하기 위하여 과세표준에 대하여 적용되는 비율(과세표준×세
율＝세액)을 말한다. 그러므로 세율은 과세표준과 같이 세액을 결정하는 가장 중요한
요인 중의 하나가 된다. 종가세의 경우는 백분율로, 종량세의 경우는 1단위 수량당
금액으로 나타난다.

관세율은 헌법상의 조세법률주의에 의하여 관세법의 일부인 별표로서 국회의 의
결을 거쳐 법률로 정하는 것이 원칙이나 경제여건 등의 변동에 좀 더 신속히 대응할
수 있도록 법률에서 위임된 범위 안에서 대통령령 또는 기획재정부령으로 탄력관세
율을 정할 수도 있고, 외국과의 조약이나 협약 등에 의하여 양허관세율을 정할 수도

있다.

또한 휴대품, 우편물, 탁송품 또는 별송품, 외국에서 선박 또는 항공기의 일부를 수리 또는 개체하기 위하여 사용된 물품 등에 대하여는 별도의 대통령령으로 정한 간이세율을 적용하도록 하고 있다.

관세는 국내산업보호, 재정수입, 소비억제, 수입대체효과 등의 기능을 가지고 있는데, 이러한 기능은 주로 관세율의 조정에 의하여 가능하다.

일국의 관세율을 결정할 때에는 그 나라의 경제여건, 소득수준, 재정상태, 물품의 가공도, 국제경쟁력수준, 외국과의 정치적·경제적 관계, 국민경제의 중요성 및 WTO, UNCTAD 등 국제기구와의 관계 등을 종합적으로 고려하여 결정한다.

2) 관세율표

(1) 의의

관세의 세율은 관세법 별표인 관세율표에 의한다. 우리나라는 관세율표상의 품목분류를 종전에는 CCCN방식을 사용했는데, 이 CCCN은 1950년에 제정하여 1956년에 발효된 관세율표상 물품분류를 위한 품목분류에 관한 협약의 부속서로서 이는 동 가입국이 의무적으로 관세율표에 채택해 온 품목분류방식이다. 우리나라도 1968년 동 협약에 정식으로 가입하였으며, 1986년 말까지 세계 153개국이 이를 사용해왔다.

CCCN은 상품을 가공단계별로 분류하였기 때문에 관세율도 가공단계별로 차이를 둘 수 있다는 점에서 관세율표로 활용하는 데 있어서 많은 장점을 가지고 있었으며, 국제 간에 이동이 가능한 모든 물품을 21부·97류 및 1011호로 분류하여 4단위 분류체계를 기초로 하되 5단위 이하는 각국이 임의로 분류·사용하도록 하고 있었으며, 우리나라는 4단위를 세분하여 전체 8단위로 운영해 왔었다.

그러나 세계무역량이 급증함에 따라 국제무역의 원활화를 도모하고자, 즉 관세율표뿐만 아니라 통계목적에 이용하는 데도 합리적인 품목분류방식이 필요하게 되어 CCC(관세협력이사회)에서 새로운 연구단을 구성하여 1973년 HS(Harmonized Sysyem) 전문위원회를 설립하고 당시까지 국가 및 산업부문별로 다양하게 되어 있던 상품분류체계, 즉 SITC, CCCN, TSUSA(미국관세율표) 등을 국제적으로 통일·적용하기 위하여 CCCN을 골격으로 하여 간단하고 정확한 품목분류방식을 제정하였다. 그리하여 1983년 6월 총회에서 세관·무역관계자들의 오랜 숙원이었던 다목적 상품분류표가

정식협약으로 채택되었고, 우리나라도 이에 가입함으로써 1988년부터 HS에 의하여 관세율표를 시행하게 되었다.

HS(Harmonized Commodity Description and Coding System)는 전체 21부·97류·1,241호로 분류되며 우리나라의 관세율표(HSK)는 기본단위 6단위 이하를 다시 세분화하여 10단위까지 통계부호를 붙여 사용하고 있다.

(2) 품목분류의 수정

관세법의 별표인 관세율표상의 품목분류에 관하여 HS에 의한 관세협력이사회의 권고 또는 결정이 있거나, 새로운 상품이 개발되어 그 품목분류를 변경하거나 다시 분류할 필요가 있을 때에는 그 세율을 변경함에 있어 대통령령이 정하는 바에 의하여 새로운 품목분류를 하거나 다시 품목분류를 할 수 있다.

제2절 관세의 부과와 징수

관세의 납세의무는 법률이 정하는 과세요건이 충족됨에 따라 추상적으로 발생하는 것이지만 그 내용을 구체적으로 확정하여야만 현실적으로 납세가 실현된다.

관세의 확정방식에는 신고납부방식과 부과고지방식의 두 가지가 있다. 신고납부방식이란 납세의무자 스스로가 세액을 결정하는 방식으로서 납세자가 스스로 세액을 결정하여 신고하고 스스로 납부한다는 의미에서 이를 자진신고납부제도라고도 한다.

부과고지방식이란 세액을 처음부터 세관장이 결정하여 이를 고지하면 납세자가 고지를 받은 날로부터 고지된 세액을 소정의 기일 내에 납부하는 제도이다.

우리나라는 종전에 부분적으로만 신고납부방식을 실시해 왔었으나 1978년 12월에 관세법이 개정되면서 현재 부과고지방식은 일부 예외적인 경우에만 이용되고 신고납부방식에 의한 관세의 부과징수를 원칙으로 하고 있다.

01 관세의 납부

세관장은 납부하여야 하는 세액이 1만원 미만인 때에는 징수하지 아니한다(징수금액의 최저한).

1) 신고납부제도(법 제38조)

(1) 신고납부제도의 의의

관세의 확정방식에는 신고납부방식과 부과고지방식4의 두 가지가 있다. 정부에서는 1996년 7월 1일 이후 수입면허제를 수입신고제로 전환하여 수입통관절차를 대폭 간소화하고, 수입신고수리 후 관세납부제도를 도입하여 통관절차와 과세절차를 분리하고 있다.5 신고납부방식이란 납세의무자 스스로가 세액을 결정하는 방식으로서 납세자가 스스로 세액을 결정하여 신고하고 스스로 납부한다는 의미에서 자진신고납부제도라고도 한다. 현재 부과고지방식은 일부 예외적인 경우에만 이용되고 신고납부방식에 의한 관세의 부과징수를 원칙으로 하고 있다.

관세의 납세의무는 법률이 정하는 과세요건이 충족됨에 따라 추상적으로 발생하는 것이지만 그 내용을 구체석으로 확성하여야만 현실적으로 납세가 실현된다. 즉, 납세의무의 확정은 관세의 납부 또는 징수를 위하여 관세법이 정하는 일련의 절차에 따라 납부할 세액을 납세의무자 또는 과세관청이 구체적으로 확인하는 것으로 납세의무 성립 후 납세자의 신고에 의하여 또는 과세관청의 결정이나 고지에 의하여 확정하는 것이다.

제38조(신고납부)
① 물품(제39조에 따라 세관장이 부과고지하는 물품은 제외한다)을 수입하려는 자는 수입신고를 할 때에 세관장에게 관세의 납부에 관한 신고(이하 "납세신고"라 한다)를 하여

---

4 관세법 제39조(부과고지). 부과고지방식이란 세액을 처음부터 세관장이 결정하여 이를 고지하면 납세자가 고지를 받은 날로부터 고지된 세액을 소정의 기일 내에 납부하는 제도이다. 부과고지의 대상은 과세가격 결정에 관한 자료가 불충분한 여행자 또는 승무원의 휴대품 및 별송품, 우편물 등이 여기에 해당된다.
5 부산경제진흥원, 『중소기업 무역실무』, 2008, p. 154.

야 한다.

② 세관장은 납세신고를 받으면 수입신고서에 기재된 사항과 이 법에 따른 확인사항 등을 심사하되, 신고한 세액에 대하여는 수입신고를 수리한 후에 심사한다. 다만, 신고한 세액에 대하여 관세채권을 확보하기가 곤란하거나, 수입신고를 수리한 후 세액심사를 하는 것이 적당하지 아니하다고 인정하여 기획재정부령으로 정하는 물품의 경우에는 수입신고를 수리하기 전에 이를 심사한다.

③ 세관장은 제2항 본문에도 불구하고 납세실적과 수입규모 등을 고려하여 관세청장이 정하는 요건을 갖춘 자가 신청할 때에는 납세신고한 세액을 자체적으로 심사(이하 "자율심사"라 한다)하게 할 수 있다. 이 경우 해당 납세의무자는 자율심사한 결과를 세관장에게 제출하여야 한다.

④ 납세의무자는 납세신고한 세액을 납부하기 전에 그 세액이 과부족(過不足)하다는 것을 알게 되었을 때에는 납세신고한 세액을 정정할 수 있다. 이 경우 납부기한은 당초의 납부기한(제9조에 따른 납부기한을 말한다)으로 한다.

⑤ 납세신고, 자율심사 및 제4항에 따른 세액의 정정과 관련하여 그 방법 및 절차 등 필요한 사항은 대통령령으로 정한다.

⑥ 관세의 납부에 관하여는 「국세기본법」 제46조의2를 준용한다.

(2) 납세신고

물품을 수입하고자 하는 자는 수입신고하는 때에 세관장에게 관세의 납부에 관한 신고를 하여야 한다. 즉, 납세의무자는 수입신고하는 때에 수입물품의 품명, 수량, 세율, 납부세액 등에 관한 신고를 하여야 하는데 이를 납세신고라 한다. 수입신고는 입항 전에도 할 수 있고 입항 후 보세구역 등에 장치한 후에도 할 수 있는데, 수입통관절차는 여기서부터 시작된다. 실제로는 수입신고와 납세신고는 동시에 이루어진다.

① 물품을 수입하고자 하는 자는 수입신고를 하는 때에 세관장에게 납세신고를 하여야 한다.

② 사후세액심사 수입신고를 수리한 후에 심사 ⇒ 부족세액에 대해서는 사후추징한다.

※ 사후세액심사의 목적 – 신속한 통관

③ 자율심사

세관장은 납세실적과 수입규모 등을 고려하여 관세청장이 정하는 요건을 갖춘 자가 신청할 때에는 납세신고한 세액을 자체적으로 심사(이하 "자율심사"라 한다) 하게 할 수 있다. 이 경우 해당 납세의무자는 자율심사한 결과를 세관장에게 제출하여야 한다.

④ 납세신고한 세액을 납부하기 전에 과부족이 있는 것을 안 때에는 세액을 정정할 수 있다. 이 경우 납부기한은 당초의 납부기한으로 한다(납세신고 수리 후 15일 이내).
⑤ 월별납부 – 성실납세자가 월별납부 신청하는 경우 납부기한이 동일한 세액에 대하여 말일까지 일괄납부하게 하는 제도

(3) 관세의 납부

납세의무자는 납세신고가 수리된 날부터 15일 이내에 당해 세액을 세관장에게 납

관세법

부하여야 한다. 이 경우 납세의무자는 수입신고 수리 전에도 당해 세액을 납부할 수 있다.

이와 같이 납기를 15일로 정한 것은 관세의 조기징수와 당해 수입물품의 조기 수입신고수리에 의한 유통의 촉진, 보세구역의 체화방지 등의 목적 때문이다. 따라서 15일의 납기 내에 관세를 납부하지 않으면 가산금이 부과된다. 납기의 계산은 교부받은 날로부터 15일로 규정되어 있기 때문에 세관장이 납부서를 발부한 날과 그 교부받은 날이 상이할 경우 분쟁의 발생소지가 있지만, 일반적으로 발부와 동시에 교부가 되고 있다. 신고납부서 또는 납세고지를 교부받은 날은 다음과 같다.

① 신고인이 납부서를 세관장으로부터 직접 수교한 날
② 우편 송부 시에는 배달증명서에 의해 통지받은 날

그리고 기간의 계산에 있어서는 기간의 만료일이 세관 휴일 또는 대통령령이 정하는 날인 때에는 기간은 그 익일로 만료된다.

2) 세액의 보정

제38조의2(보정)

① 납세의무자는 신고납부한 세액이 부족하다는 것을 알게 되거나 세액산출의 기초가 되는 과세가격 또는 품목분류 등에 오류가 있는 것을 알게 되었을 때에는 신고납부한 날부터 6개월 이내(이하 "보정기간"이라 한다)에 대통령령으로 정하는 바에 따라 해당 세액을 보정(補正)하여 줄 것을 세관장에게 신청할 수 있다.

② 세관장은 신고납부한 세액이 부족하다는 것을 알게 되거나 세액산출의 기초가 되는 과세가격 또는 품목분류 등에 오류가 있다는 것을 알게 되었을 때에는 대통령령으로 정하는 바에 따라 납세의무자에게 해당 보정기간에 보정신청을 하도록 통지할 수 있다. 이 경우 세액보정을 신청하려는 납세의무자는 대통령령으로 정하는 바에 따라 세관장에게 신청하여야 한다.

③ 삭제

④ 납세의무자가 제1항과 제2항 후단에 따라 부족한 세액에 대한 세액의 보정을 신청한 경우에는 해당 보정신청을 한 날의 다음 날까지 해당 관세를 납부하여야 한다.

⑤ 세관장은 제1항과 제2항 후단에 따른 신청에 따라 세액을 보정한 결과 부족한 세액이 있을 때에는 납부기한(제9조에 따른 납부기한을 말한다) 다음 날부터 보정신청을 한

날까지의 기간과 금융회사의 정기예금에 대하여 적용하는 이자율을 고려하여 대통령령으로 정하는 이율에 따라 계산한 금액을 더하여 해당 부족세액을 징수하여야 한다. 다만, 다음 각 호의 어느 하나에 해당하는 경우에는 그러하지 아니하다.
1. 제41조제4항에 따라 가산금 및 중가산금을 징수하지 아니하는 경우
2. 신고납부한 세액의 부족 등에 대하여 납세의무자에게 정당한 사유가 있는 경우

① 신고납부한 날부터 6개월 이내에 당해 세액의 보정을 세관장에게 신청할 수 있다.
② 세관장은 신고납부한 세액이 부족하다는 것을 알게 되거나 세액산출의 기초가 되는 과세가격 또는 품목분류 등에 오류가 있다는 것을 알게 되었을 때에는 대통령령으로 정하는 바에 따라 납세의무자에게 해당 보정기간에 보정신청을 하도록 통지할 수 있다. 이 경우 세액보정을 신청하려는 납세의무자는 대통령령으로 정하는 바에 따라 세관장에게 신청하여야 한다.
③ 납세의무자가 부족한 세액에 대한 세액의 보정을 신청한 경우에는 해당 보정신청을 한 날의 다음 날까지 해당 관세를 납부하여야 한다.
④ 세관장은 신청에 따라 세액을 보정한 결과 부족한 세액이 있을 때에는 납부기한 다음 날부터 보정신청을 한 날까지의 기간과 금융회사의 정기예금에 대하여 적용하는 이자율을 고려하여 대통령령으로 정하는 이율에 따라 계산한 금액을 더하여 해당 부족세액을 징수하여야 한다. 다만, 다음 각 호의 어느 하나에 해당하는 경우에는 그러하지 아니하다.
㉠ 가산금 및 중가산금을 징수하지 아니하는 경우
㉡ 신고납부한 세액의 부족 등에 대하여 납세의무자에게 정당한 사유가 있는 경우

정정

납세신고한 세액에 과부족이 있음을 알고 정정을 하는 경우로 가산세를 징수하지 않으며, 납부기한은 당초의 기한으로 한다.

3) 수정 및 경정

(1) 수정신고

수정신고는 이미 신고한 세액이 부족하여, 이를 사후에 알고 수정하려는 경우 또는 기타 신고사항을 수정하려는 경우 등에 할 수 있다.

① 납세자가 신고납부세액에 부족한 것을 안 때
② 보정기간이 경과한 후에 관세부과제척기간이 끝나기 전까지 세액부족을 안 경우
③ 수정신고한 날의 다음날까지 관세를 납부

(2) 경정청구

① 납세의무자는 신고납부한 세액이 과다한 것을 알게 되었을 때에는 최초로 납세신고를 한 날부터 5년 이내에 대통령령으로 정하는 바에 따라 신고한 세액의 경정을 세관장에게 청구할 수 있다.

② 다만 납세의무자는 최초의 신고 또는 경정에서 과세표준 및 세액의 계산근거가 된 거래 또는 행위 등이 그에 관한 소송에 대한 판결(판결과 같은 효력을 가지는 화해나 그 밖의 행위를 포함한다)에 의하여 다른 것으로 확정되는 등 대통령령으로 정하는 사유가 발생하여 납부한 세액이 과다한 것을 알게 되었을 때에는 ①에 따른 기간에도 불구하고 그 사유가 발생한 것을 안 날부터 2개월 이내에 대통령령으로 정하는 바에 따라 납부한 세액의 경정을 세관장에게 청구할 수 있다.

③ 세관장은 경정의 청구를 받은 날부터 2개월 이내에 세액을 경정하거나 경정하여야 할 이유가 없다는 뜻을 그 청구를 한 자에게 통지하여야 한다.

④ 경정을 청구한 자가 2개월 이내에 통지를 받지 못한 경우에는 그 2개월이 되는 날의 다음 날부터 관세법 제5장에 따른 이의신청, 심사청구, 심판청구 또는 「감사원법」에 따른 심사청구를 할 수 있다.

⑤ 세관장은 납세의무자가 신고납부한 세액, 납세신고한 세액 또는 경정청구한 세액을 심사한 결과 과부족하다는 것을 알게 되었을 때에는 대통령령으로 정하는 바에 따라 그 세액을 경정하여야 한다.

(3) 경정

세관장은 납세의무자가 신고납부한 세액, 납세신고한 세액 또는 경정청구한 세액

을 심사한 결과 과부족하다는 것을 알게 되었을 때에는 대통령령으로 정하는 바에 따라 그 세액을 경정하여야 한다.

> ■
> 경정
>
> ① 세관장의 세액심사의 결과
> ② 경정청구 세액의 심사결과
> ③ 사전세액심사대상의 신고수리 전 세액심사결과
> ④ 세관장이 납부세액 과부족이 있음을 안 경우

(4) 수입물품의 과세가격 조정에 따른 경정

제38조의4(수입물품의 과세가격 조정에 따른 경정)
① 납세의무자는 「국제조세조정에 관한 법률」 제4조제1항에 따라 관할 지방국세청장 또는 세무서장이 해당 수입물품의 거래가격을 조정하여 과세표준 및 세액을 결정·경정 처분하거나 같은 법 제6조제3항 단서에 따라 국세청장이 해당 수입물품의 거래가격과 관련하여 소급하여 적용하도록 사전승인을 함에 따라 그 거래가격과 이 법에 따라 신고납부·경정한 세액의 산정기준이 된 과세가격 간 차이가 발생한 경우에는 그 결정·경정 처분 또는 사전승인이 있음을 안 날(처분 또는 사전승인의 통지를 받은 경우에는 그 받은 날)부터 2개월 또는 최초로 납세신고를 한 날부터 5년 내에 대통령령으로 정하는 바에 따라 세관장에게 세액의 경정을 청구할 수 있다.
② 제1항에 따른 경정청구를 받은 세관장은 대통령령으로 정하는 바에 따라 해당 수입물품의 거래가격 조정방법과 계산근거 등이 제30조부터 제35조까지의 규정에 적합하다고 인정하는 경우에는 세액을 경정할 수 있다.
③ 세관장은 제1항에 따른 경정청구를 받은 날부터 2개월 내에 세액을 경정하거나 경정하여야 할 이유가 없다는 뜻을 청구인에게 통지하여야 한다.
④ 제3항에 따른 세관장의 통지에 이의가 있는 청구인은 그 통지를 받은 날(2개월 내에 통지를 받지 못한 경우에는 2개월이 경과한 날)부터 30일 내에 기획재정부장관에게 국세의 정상가격과 관세의 과세가격 간의 조정을 신청할 수 있다. 이 경우 「국제조세조정에 관한 법률」 제10조의3을 준용한다.
⑤ 청구인은 제3항에 따라 2개월 이내에 통지를 받지 못한 경우에는 그 2개월이 되는 날의 다음 날부터 제5장에 따른 이의신청, 심사청구, 심판청구 또는 「감사원법」에 따른

심사청구를 할 수 있다.

⑥ 세관장은 제2항에 따라 세액을 경정하기 위하여 필요한 경우에는 관할 지방국세청장 또는 세무서장과 협의할 수 있다.

① 납세의무자는 「국제조세조정에 관한 법률」에 따라 관할 지방국세청장 또는 세무서장이 해당 수입물품의 거래가격을 조정하여 과세표준 및 세액을 결정·경정 처분하거나 국세청장이 해당 수입물품의 거래가격과 관련하여 소급하여 적용하도록 사전승인을 함에 따라 그 거래가격과 이 법에 따라 신고납부·경정한 세액의 산정기준이 된 과세가격 간 차이가 발생한 경우에는 그 결정·경정 처분 또는 사전승인이 있음을 안 날(처분 또는 사전승인의 통지를 받은 경우에는 그 받은 날)부터 2개월 또는 최초로 납세신고를 한 날부터 5년 내에 대통령령으로 정하는 바에 따라 세관장에게 세액의 경정을 청구할 수 있다.

② 경정청구를 받은 세관장은 대통령령으로 정하는 바에 따라 해당 수입물품의 거래가격 조정방법과 계산근거 등이 관세법 제30조부터 제35조까지의 규정에 적합하다고 인정하는 경우에는 세액을 경정할 수 있다.

③ 세관장은 경정청구를 받은 날부터 2개월 내에 세액을 경정하거나 경정하여야 할 이유가 없다는 뜻을 청구인에게 통지하여야 한다.

④ 세관장의 통지에 이의가 있는 청구인은 그 통지를 받은 날(2개월 내에 통지를 받지 못한 경우에는 2개월이 경과한 날)부터 30일 내에 기획재정부장관에게 국세의 정상가격과 관세의 과세가격 간의 조정을 신청할 수 있다. 이 경우 「국제조세조정에 관한 법률」 제10조의3을 준용한다.

⑤ 세관장은 세액을 경정하기 위하여 필요한 경우에는 관할 지방국세청장 또는 세무서장과 협의할 수 있다.

4) 가산세와 가산금

(1) 가산세

가산세란 세법상 납세의무자의 의무 위반에 과세관청에서 부과하는 세금으로 관세법상 세관장은 수정과 경정의 규정 등에 의하여 부족한 관세액을 징수하는 경우

가산세를 징수한다.

(2) 과소신고에 따른 가산세

① 세관장은 부족한 관세액을 징수할 때에는 다음 각 호의 금액을 합한 금액을 가산세로 징수한다. 다만, 잠정가격신고를 기초로 납세신고를 하고 이에 해당하는 세액을 납부한 경우 등 대통령령으로 정하는 경우에는 대통령령으로 정하는 바에 따라 그 전부 또는 일부를 징수하지 아니한다.

    ㉠ 해당 부족세액의 100분의 10

    ㉡ 다음의 계산식을 적용하여 계산한 금액

        해당 부족세액×당초 납부기한의 다음 날부터 수정신고일 또는 납세고지일까지의 기간×금융회사 등이 연체대출금에 대하여 적용하는 이자율 등을 고려하여 대통령령으로 정하는 이자율

② 상기에도 불구하고 납세자가 부당한 방법(납세자가 관세의 과세표준 또는 세액계산의 기초가 되는 사실의 전부 또는 일부를 은폐하거나 가장하는 것에 기초하여 관세의 과세표준 또는 세액의 신고의무를 위반하는 것으로서 대통령령으로 정하는 방법을 말한다)으로 과소신고한 경우에는 세관장은 해당 부족세액의 100분의 40에 상당하는 금액과 제1항제2호의 금액을 합한 금액을 가산세로 징수한다.

(3) 무신고에 따른 가산세

세관장은 물품에 대하여 관세를 부과·징수할 때에는 다음 각 호의 금액을 합한 금액을 가산세로 징수한다. 다만, 제241조제5항에 따라 가산세를 징수하는 경우와 천재지변 등 수입신고를 하지 아니하고 수입한 데에 정당한 사유가 있는 것으로 세관장이 인정하는 경우는 제외한다.

    ① 해당 관세액의 100분의 20(밀수출입죄에 해당하여 처벌받거나 통고처분을 받은 경우에는 100분의 40)

    ② 다음의 계산식을 적용하여 계산한 금액

        해당 관세액×수입된 날부터 납세고지일까지의 기간×금융회사 등이 연체대출금에 대하여 적용하는 이자율 등을 고려하여 대통령령으로 정하는 이자율

(4) 가산금(제41조)

관세를 소정기간 내에 납부하지 않았을 때에는 가산금을 징수하는데, 이러한 가산금징수제도는 관세를 소정의 납부기간에 납부하도록 자금상의 압박을 주어 관세의 체납을 방지하려는 데 그 목적이 있다. 관세의 가산금은 1차 가산금과 중가산금(2차 가산금)이 있다. 즉, 납부기간이 경과한 후에 1차로 징수하고 이를 한 번만 징수하는 것이 아니고 납부기간이 경과한 후 일정기간이 경과되면 다시 가산금을 추가하는 중가산금까지 부과하도록 함으로써 관세의 체납방지를 위하여 강력히 대처하고 있다.

① 1차 가산금: 체납된 관세에 대하여 100분의 3

② 2차 가산금

납부기한이 경과한 날부터 매 1월이 경과할 때마다 체납된 관세의 1만분의 75를 1차 가산금에 다시 가산하여 징수한다. 이 경우 중가산금을 가산하여 징수하는 기간은 60월을 초과하지 못한다.

③ 중가산금은 체납관세가 100만원(내국세 포함) 미만인 경우 적용하지 않는다.

④ 가산금 부적용 대상

㉠ 국가 또는 지방자치단체(지방자치단체조합을 포함한다. 이하 같다)가 직접 수입하는 물품과 국가 또는 지방자치단체에 기증되는 물품

㉡ 우편물. 다만, 법 제241조의 규정에 의하여 수입신고를 하여야 하는 것은 제외한다.

표 2-2 가산세와 가산금

가산세	가산금
• 세법상의 의무위반 • 성실 신고 또는 납부를 하지 않은 경우 • 세법상 보고의무소홀 • 행정상의 제재조치로 세금을 부담시키는 것 • 성실신고의 유도	• 납부기한 내에 세금납부를 하지 않은 경우 • 손해보상의 상징 • 일정의 연체세 • 관세체납방지가 목적

02 부과고지

1) 의의

부과고지란 세액을 처음부터 세관장이 결정하여 이를 고지하는 방법으로 납세의무자가 고지를 받은 날로부터 고지된 세액을 소정의 기일(15일) 내에 납부하는 제도이다. 우리나라는 관세법의 개정(1978년 12월 5일 법률 제3109호)으로 1979년부터 대부분의 수입물품에 대하여 신고납부방식에 의한 관세징수를 원칙으로 하고 있기 때문에 현재는 일부 예외적인 수입물품에 대하여만 부과고지방식을 적용하고 있다. 따라서 부과고지의 대상은 과세가격 결정에 관한 자료가 미비한 무환수입물품이나 심사에 신중을 요하는 탄력관세 적용물품 등의 특수한 경우에 한하고 있는데, 이러한 물품들에 대하여는 납세의무자가 정확한 세액결정을 할 수 없는 것으로 간주하여 처음부터 세관에서 세액을 결정하여 고지하는 것이다.

2) 대상

① 예외적 과세물건확정시기에 해당하는 물품
   ※ 수입신고전 즉시반출물품의 경우 수입신고기한 내에 수입신고해야 하는 신고납부대상
② 보세건설장에서 건설된 시설로서 수입신고가 수리되기 전에 가동된 경우
③ 보세구역에 반입된 물품이 수입신고가 수리되기 전에 반출된 경우
④ 납세의무자가 관세청장이 정하는 사유로 과세가격·관세율 등을 결정하기 곤란하여 부과고지를 요청하는 경우
⑤ 수입신고전 즉시 반출한 물품을 기간 내에 수입신고를 하지 아니하여 관세를 징수하는 경우
⑥ 휴대품, 우편물, 별송품

3) 추징

세관장은 과세표준, 세율, 관세의 감면 등에 관한 규정의 적용착오 기타 사유로 이

미 징수한 금액에 부족이 있는 것을 안 때에는 그 부족액을 징수한다.

신고납부서나 납세고지서를 발부하여 관세를 징수한 후에 과세표준, 세율, 감면 등에 착오가 있어 징수한 세액에 부족이 있었다는 것을 사후에 알고 그 부족액을 징수하는 것을 "추징"이라 한다. 추징을 하려면 부과고지의 방식에 의거하여 납세고지를 하여야 한다.

표 2-3 징수기관과 수납기관

징수기관	세관장
수납기관	출납공무원, 한국은행, 체신관서

관세의 신고납부의 경우에는 물론이고 부과고지의 경우에도 관세를 징수하고자 할 때에는 서면으로 신고납부서 또는 납세고지서를 발부하는 것이 원칙이다. 따라서 납세의무자는 이와 같은 납부서 또는 고지서에 의거해서 납부를 하게 된다. 이와 같이 신고납부서 또는 납세고지서를 발부하는 기관을 징수기관이라 한다. 관세의 세입징수관은 세관장이 되고 필요한 경우에는 분입세입징수관이 된다.

또한, 관세의 납부는 수납기관에 의해 행하여지는데, 예산회계법상으로는 징수기관과 수납기관이 겸하는 것을 원칙으로 금지하고 있다. 따라서 관세의 수납기관으로서 세입징수관과는 별도로 출납공무원이 임명된다. 세관의 출납공무원은 세관장이 아닌 다른 공무원이 임명되고, 또한 관세의 수납기관은 출납공무원 이외에 한국은행과 정보통신관서(체신관서)가 된다.

한국은행은 국고금을 수납할 의무가 있고 한국은행의 본지점에는 각 세관장의 세입금계정을 설치하여 당해 세관장 소관의 관세 등 제반 국고수입을 그 계정에 입금하도록 되어 있다. 또한, 한국은행은 일반 시중은행을 국고 또는 국고수납대리점으로 지정하여 국고금의 수납을 대행할 수 있게 하고 있으며, 관세의 납부는 일반적으로 세관의 인근에 있는 한국은행 또는 한국은행 국고수납대리점은행에 납부하고 그 영수증을 세관의 출납공무원에게 제시하도록 되어있다.

그리고 이러한 정상적인 관세의 징수절차 이외에 ① 여행자의 휴대품, ② 조난선박으로부터 하선한 물품으로서 보세구역이 아닌 장소에 장치한 물품 등에 대하여는 물품 검사공무원이 현장에서 관세를 수납하여 제도(현장수납제도)도 있다.

4) 관세환급금의 환급

세관장은 관세·가산금·가산세 또는 체납처분비의 과오납금 또는 이 법에 따라 환급하여야 할 환급세액의 환급을 청구할 때에는 이를 관세환급금으로 결정하고 30일 이내에 환급하여야 한다.

과오납금의 환급은 착오로 납부하여야 할 세액보다 과대한 세액을 납부하였음을 사후에 발견하여 세관장이 납세자에게 이를 돌려주는 것을 말하는데, 이는 부적법한 납부로서 일종의 부당이득에 속하기 때문에 납세자는 이러한 부당이득의 반환을 청구할 권리가 있다. 따라서 과오납의 경우에 환급청구권은 공법상의 부당이득 환급청구권이라 할 수 있다. 그리고 환급받을 수 있는 과오납금은 다른 납세의무에 충당할 수 있으며, 이러한 환급청구권은 타인에게 양도할 수도 있다. 또한, 세관장이 환급금을 지급한 후에 그 환급액이 과다하였음을 사후에 발견하였을 때에는 과다지급된 금액을 다시 징수한다.

하여야 하며, 세관장이 확인한 관세환급금은 납세의무자가 환급을 청구하지 아니하더라도 환급하여야 한다.

② 세관장은 제1항에 따라 관세환급금을 환급하는 경우에 환급받을 자가 세관에 납부하여야 하는 관세와 그 밖의 세금, 가산금, 가산세 또는 체납처분비가 있을 때에는 환급하여야 하는 금액에서 이를 충당할 수 있다.

③ 납세의무자의 관세환급금에 관한 권리는 대통령령으로 정하는 바에 따라 제3자에게 양도할 수 있다.

④ 제1항에 따른 관세환급금의 환급은 「국가재정법」 제17조에도 불구하고 대통령령으로 정하는 바에 따라 「한국은행법」에 따른 한국은행의 해당 세관장의 소관 세입금에서 지급한다.

(1) 과오납금의 환급요건

① 납부세액을 초과하여 납부한 경우(오납)
② 납세자의 청구가 있거나
③ 세관장이 안 경우(과납)
④ 이중납부(오납)이 발생한 경우
⑤ 세관장이 과오납을 확인한 경우
※ 과오납금권리를 제3자에게 양도할 수 있다.

(2) 과오납금의 충당

세관장은 과오납금을 환급하는 경우에 환급받을 자가 세관에 납부하여야 하는 관세 및 제세·가산금·가산세 또는 체납처분비가 있는 때에는 환급하여야 하는 금액에서 이를 충당할 수 있다.

(3) 과다환급관세의 징수

① 과오납금의 환급에 있어서 그 환급액이 과다한 것을 안 때에는 과다지급된 금액을 당해 관세·가산금·가산세 또는 체납처분비의 환급을 받은 자로부터 징수하여야 한다.

② 관세·가산금·가산세 또는 체납처분비의 과다환급액을 징수하는 때에는 과다환급한 날의 다음날부터 징수결정을 하는 날까지의 기간에 대하여 대통령령이

정하는 이율에 따라 계산한 금액을 과다환급액에 가산하여야 한다.

(4) 환급가산금

세관장은 과오납금을 환급 또는 충당하는 때에는 과오납부한 날의 다음날부터 환급 또는 충당결정을 하는 날까지의 기간과 대통령령이 정하는 이율에 따라 계산한 금액을 환급금에 가산하여야 한다.

5) 고지서의 송달

(1) 인편·우편에 의한 송달

관세의 납세고지서는 납세의무자에게 직접 교부하는 경우를 제외하고는 인편 또는 우편으로 송달한다. 고지서의 송달로서 구체적인 납세의무가 발생하고, 납기의 계산이 시작되고 관세의 징수 시효기간이 기산된다는 점에서 그 송달은 확실히 하여야 한다. 고지서를 발부하여 즉시 직접 납세의무자에게 교부하는 경우에는 문제가 없겠으나 인편이나 우편으로 송달하는 경우에는 송달일로부터의 납기계산과 관련하여 문제가 있다. "받은 날"에 대해서 수입통관 사무처리 요령에서는 납부고지서를 직접 수교한 날 또는 우편송달의 경우에는 배달증명서에 의해 교부한 날로 해석하고 있다.

우편으로 발송한 청구서 등이 세관장 또는 기획재정부장관에게 기간을 지나서 도달한 경우 그 기간의 만료일에 신청·신고 또는 청구된 것으로 본다.

(2) 공시송달

세관장은 납세의무자의 주소·거소·영업소 또는 사무소가 모두 불명한 때에는 당해 세관의 게시판이나 기타 적당한 장소에 납세고지사항을 공시할 수 있으며, 공시일로부터 14일이 경과되면 송달된 것으로 본다.

03 납세의무의 소멸

1) 납세의무의 소멸사유

관세, 가산금 또는 체납처분비를 납부하여야 하는 의무는 다음 각 호의 어느 하나에 해당되는 때에는 소멸한다.

① 관세를 납부하거나 관세에 충당한 때
② 관세부과가 취소된 때
③ 관세징수권의 소멸시효가 완성된 때
④ 관세부과의 제척기간이 만료된 때
⑤ 우편물의 반송

2) 관세법상 시효제도

시효제도는 원래 진실한 법률관계가 어떤가를 불문하고 일정한 기간 계속한 사실상태를 존중하여 법률생활의 안정을 가져오려는 것을 목적으로 하여 사법에서나 공법에서나 모두 채용하고 있는 제도이다.

공법상의 시효제도로는 예산회계법에 공법상의 금전채권의 소멸시효에 관한 일반규정을 두고 있는 이외에, 각 특별법에 특별규정을 두고 있는데, 관세법에도 관세부과의 제척기간과 과세징수권 및 환급청구권의 소멸시효와 시효의 중단에 관하여 특별히 규정하고 있다.

(1) 부과권과 징수권

① 부과권
  ㉠ 국가가 관세를 부과할 수 있는 권한
  ㉡ 납세의무를 구체적으로 확정하는 권리
  ㉢ 형성권
② 징수권
  ㉠ 부과권에 의해 납세의무의 이행이 확정된 경우 이의 이행을 요구하는 과세권자 권리

  ⓗ 청구권

(2) 관세부과의 제척기간

제21조(관세부과의 제척기간)

① 관세는 해당 관세를 부과할 수 있는 날부터 5년이 지나면 부과할 수 없다. 다만, 부정한 방법으로 관세를 포탈하였거나 환급 또는 감면받은 경우에는 관세를 부과할 수 있는 날부터 10년이 지나면 부과할 수 없다.

② 다음 각 호의 어느 하나에 해당하는 경우에는 제1항에도 불구하고 제1호부터 제5호까지의 결정·판결이 확정되거나 회신을 받은 날부터 1년, 제6호에 따른 경정청구일 및 제7호에 따른 결정통지일로부터 2개월이 지나기 전까지는 해당 결정·판결·회신 또는 경정청구에 따라 경정이나 그 밖에 필요한 처분을 할 수 있다.

1. 제5장제2절(제119조부터 제132조까지)에 따른 이의신청, 심사청구 또는 심판청구에 대한 결정이 있는 경우
2. 「감사원법」에 따른 심사청구에 대한 결정이 있는 경우
3. 「행정소송법」에 따른 소송에 대한 판결이 있는 경우
4. 제313조에 따른 압수물품의 반환결정이 있는 경우
5. 이 법과 「자유무역협정의 이행을 위한 관세법의 특례에 관한 법률」 및 조약·협정 등이 정하는 바에 따라 양허세율의 적용여부 및 세액 등을 확정하기 위하여 원산지증명서를 발급한 국가의 세관이나 그 밖에 발급권한이 있는 기관에게 원산지증명서 및 원산지증명서확인자료의 진위 여부, 정확성 등의 확인을 요청하여 회신을 받은 경우
6. 제38조의3제2항·제3항 또는 제38조의4제1항에 따른 경정청구가 있는 경우
7. 제38조의4제4항에 따른 조정 신청에 대한 결정통지가 있는 경우

  제척기간이란 관세채권을 확정할 수 있는 기간으로 관세는 해당 관세를 부과할 수 있는 날부터 5년이 지나면 부과할 수 없다. 다만, 부정한 방법으로 관세를 포탈하였거나 환급 또는 감면받은 경우에는 관세를 부과할 수 있는 날부터 10년이 지나면 부과할 수 없다.

  다음 각 호의 어느 하나에 해당하는 경우에는 상기에도 불구하고 제1호부터 제5호까지의 결정·판결이 확정되거나 회신을 받은 날부터 1년, 제6호에 따른 경정청구일 및 제7호에 따른 결정통지일로부터 2개월이 지나기 전까지는 해당 결정·판결·회신 또는 경정청구에 따라 경정이나 그 밖에 필요한 처분을 할 수 있다.

1. 이의신청, 심사청구 또는 심판청구에 대한 결정이 있은 경우
2. 「감사원법」에 따른 심사청구에 대한 결정이 있은 경우
3. 「행정소송법」에 따른 소송에 대한 판결이 있은 경우
4. 압수물품의 반환결정이 있은 경우
5. 이 법과 「자유무역협정의 이행을 위한 관세법의 특례에 관한 법률」 및 조약·협정 등이 정하는 바에 따라 양허세율의 적용여부 및 세액 등을 확정하기 위하여 원산지증명서를 발급한 국가의 세관이나 그 밖에 발급권한이 있는 기관에게 원산지증명서 및 원산지증명서확인자료의 진위 여부, 정확성 등의 확인을 요청하여 회신을 받은 경우
6. 경정청구가 있는 경우
7. 수입물품의 과세가격 조정에 따른 경정 규정에 따른 조정 신청에 대한 결정통지가 있는 경우

(3) 관세징수권 등의 소멸시효

① 관세의 징수권은 이를 행사할 수 있는 날부터 다음 각 호의 구분에 따른 기간 동안 행사하지 아니하면 소멸시효가 완성된다.
　㉠ 5억원 이상의 관세(내국세를 포함한다. 이하 이 항에서 같다): 10년
　㉡ 상기 외의 관세: 5년
② 납세자의 과오납금 또는 그 밖의 관세의 환급청구권은 그 권리를 행사할 수 있는 날부터 5년간 행사하지 아니하면 소멸시효가 완성된다.
③ 관세의 징수권과 과오납금 또는 그 밖의 관세의 환급청구권을 행사할 수 있는 날은 대통령령으로 정한다.

(4) 시효의 중단 및 정지

시효의 중단이란 시효가 진행되다가 시효의 기초인 사실상태와 부합되지 않은 사실의 발생으로 인하여 시효의 진행을 중지하는 것을 말하는데, 이 제도는 징수권의 확보, 환급권의 확보 등으로 권리자를 보호하는 데 목적이 있다. 따라서 시효가 중단되면 중단사유가 발생한 날까지의 시효는 효력이 소멸되고, 당해 중단사유가 끝난 날부터 시효가 다시 진행이 되어 당해 사유가 끝난 날의 다음 날이 시효의 기산일이 된다.

① 관세징수권의 소멸시효의 중단
　　㉠ 납세고지
　　㉡ 경정처분
　　㉢ 납세독촉(납부최고를 포함한다)
　　㉣ 통고처분
　　㉤ 고발
　　㉥ 특정범죄가중처벌 등에 관한 법률의 규정에 의한 공소제기
　　㉦ 교부청구
　　㉧ 압류
② 환급청구권의 소멸시효는 환급청구권의 행사로 인하여 중단된다.
③ 관세징수권의 소멸시효는 관세의 분할납부기간·징수유예기간·체납처분유예기
　간 또는 사해행위 취소소송의 기간 중에는 진행하지 아니한다.
④ 사해행위 취소소송으로 인한 시효정지의 효력은 소송이 각하·기각 또는 취하
　된 경우에는 효력이 없다.
⑤ 관세징수권과 환급청구권의 소멸시효에 관하여 관세법에 규정이 있는 것을 제
　외하고는 민법의 규정을 준용한다.

(5) 체납자료의 제공

① 세관장은 관세징수 또는 공익목적을 위하여 필요한 경우로서 「신용정보의 이
　용 및 보호에 관한 법률」에 따른 신용정보회사 또는 신용정보집중기관, 그 밖
　에 대통령령으로 정하는 자가 다음 각 호의 어느 하나에 해당하는 체납자의 인
　적사항 및 체납액에 관한 자료(이하 "체납자료"라 한다)를 요구한 경우에는 이를
　제공할 수 있다. 다만, 체납된 관세 및 내국세 등과 관련하여 이 법에 따른 이
　의신청·심사청구 또는 심판청구 및 행정소송이 계류 중인 경우나 그 밖에 대
　통령령으로 정하는 경우에는 체납자료를 제공하지 아니한다.
　　㉠ 체납 발생일부터 1년이 지나고 체납액이 대통령령으로 정하는 금액 이상인 자
　　㉡ 1년에 3회 이상 체납하고 체납액이 대통령령으로 정하는 금액 이상인 자
② 체납자료의 제공 절차 등에 필요한 사항은 대통령령으로 정한다.
③ 체납자료를 제공받은 자는 이를 업무 목적 외의 목적으로 누설하거나 이용하
　여서는 아니 된다.

관세체납정리위원회

① 관세(세관장이 징수하는 내국세 등을 포함)의 체납정리에 관한 사항을 심의하게 하기 위하여 세관에 관세체납정리위원회를 둘 수 있다.
② 설치: 세관
③ 위원장: 세관장
④ 관세체납정리위원회는 위원장 1인을 포함한 5인 이상 7인 이내의 위원으로 구성한다.
⑤ 관세체납정리위원회의 위원장은 세관장이 되며, 위원은 다음 각호의 자중에서 세관장이 임명 또는 위촉한다.
  1. 세관공무원
  2. 변호사·관세사·공인회계사·세무사
  3. 상공계의 대표
  4. 기획재정에 관한 학식과 경험이 풍부한 자

제3절 관세평가제도

Ⅰ 관세평가제도

01 관세평가(과세가격결정 방법)의 의의

1) 관세평가의 의의

과세물건이 확정되면 과세표준을 결정하여야 하는데 관세의 과세표준이란 세액결정에 기준이 되는 수입물품의 가격과 수량을 말한다. 수입물품의 가격을 과세표준으로 과세하는 경우를 종가세[6]라 하고 수입물품의 수량을 과세표준으로 하여 과세하는

---

6 동일한 물품에 대하여 동일한 비율의 관세를 부과하더라도 그 물품의 가격이 상승하면 관세수입

경우를 종량세라고 한다.

현행 우리나라 관세법에서는 종가세를 원칙으로 하고 일부 예외적인 경우에 한하여 종량세를 적용하고 있다. 관세율은 법령에 의하여 정해지지만 과세가격은 그때그때의 과세물건에 의거하여 결정되기 때문에 관세행정에 있어 과세가격의 결정은 대단히 중요한 사항이다.

종가세 대상 물품의 경우 관세액을 산출하기 위한 과세표준은 수입물품의 가격인데, 이 가격을 과세표준으로 하는 수입물품에 대하여 정하여진 원칙에 따라 관세의 과세가격을 결정하는 일련의 절차를 관세평가라 한다.

수입물품에 대한 관세평가법은 관세액 산정에 중요한 영향을 미치므로 평가방법에 따라 자의적인 관세인상과 동일한 결과를 초래하여 무역왜곡효과를 유발시킬 수 있다.[7]

따라서 수입물품의 과세가격을 적정하게 포착하지 못하여 관세가 과소부담된다면 관세수입의 확보와 국내산업보호의 효과는 기대할 수 없으며, 반대로 수입물품에 대한 과다한 관세가 부담된 경우 국제적 통상마찰과 조세저항 그리고 국내산업의 비능률적인 보호로 인하여 결국 국내소비자의 이익을 침해하는 결과를 초래하게 된다. 또한 관세평가가 신속하고 정확하게 이루어지지 않는 경우 그 자체가 비관세장벽이 되어 국제무역의 저해 요인으로 작용하게 된다.[8]

2) 관세평가의 목적

수입물품의 저가신고를 방지하여 관세수입을 확보하고, 부정무역 및 불공정무역을 방지하고, 또한 고가신고로 인한 부당한 외화도피 및 조세회피와 합법무역거래를 가장한 불법자금 세탁행위를 방지함으로써 공평하고 적정한 과세확보를 도모하는 것이 관세평가의 목적이다.[9]

현재 우리나라의 관세평가제도는 국제적으로 합의된 공정한 방법에 의하여 과세가격을 결정하도록 되어 있다. 관세평가 즉, 과세가격결정 방법은 다음과 같은 목적이 있다.

도 많아지며, 가격이 하락하면 관세수입이 적어지는 것이 특징이다. 윤광운, 『국제무역상무론』, 삼영사, 1998, p. 498.

7 박종수, 『국제통상원론』, 박영사, 1997, p. 126.

8 조덕구 외, 『무역학연습』, 홍익출판사, 1996, p. 590.

9 홍정식, 『관세법(Ⅰ)』, 두남, 1996, p. 270.

(1) 무역 장애 요소의 제거

관세제도는 국가적으로 관세의 징수를 통한 재정수입의 확보와 함께 국내 산업을 보호하는 산업정책적인 기능을 가지고 있다. 반면에, 외국수출자의 입장에서는 관세는 넘어야 하는 무역장벽이기 때문에 가급적 과세가격이 낮게 책정되기를 원한다. 관세평가제도는 일부 개발도상국에서와 같이 관세수입이 국가재정수입에서 중요한 비중을 차지하는 경우에는 국가경제에 매우 큰 중요성을 가지며, 또 관세당국이 고액의 관세가 부과되도록 하는 경우는 하나의 보호무역장벽으로 이용될 수 있다.10

현재 WTO 회원국들은 각국의 관세평가방법을 WTO 관세평가협약에 의하여 통일시켜 적용하고 있다. 과거 국제적으로 통일된 관세평가제도가 없을 때에는 각국이 수입물품에 대한 가격을 자국에 유리한 방향으로 운용하여 왔는데, 이러한 관세평가 행정의 국제적 불일치는 무역확대의 장애요인이 되어 왔으며, 무역 분쟁의 대상이 되기도 하였다.

따라서 과세가격결정방법에 대한 국제적 통일은 무역마찰을 줄이고 예정된 수출입이 가능하게 하여 자유무역의 진흥에 기여하고 있다.

(2) 저가신고 방지를 통한 관세수입확보

과세당국이 수입물품의 가격을 포착하는 명확한 기준이 없다면 동일한 물품의 가격을 다르게 파악할 수 있다. 실례로 수입자가 수입물품의 가격을 고의로 낮게 신고하고 그것을 과세당국이 밝혀내지 못하거나, 가격결정기준에 관하여 분쟁이 발생한다면 관세포탈이 발생하거나 행정력의 낭비가 초래될 것이다.

따라서 과세당국이나 납세의무자 모두가 합리적으로 수용할 수 있는 명확한 기준을 가지고 수입물품의 가격을 결정하면 저가신고로 인한 관세포탈을 미연에 방지할 수 있다.

하지만 납세의무자에게 다양하고 복잡한 방식으로 수입되는 오늘날과 같은 무역 거래에 있어 과세가격결정과 관련된 평가기법을 정확하게 적용한다는 것은 어느 정도 무리가 있다고 할 수 있다. 이로 인하여 성실한 납세의무자도 본의 아니게 저가신고를 할 수 있어 많은 납세의무자가 재산상의 피해를 입는 경우가 발생하고 있다.

---

10 관세는 여전히 각 국가 간의 자유로운 무역을 저해하는 가장 확실하고 효과가 큰 수입규제수단으로 사용되고 있다. 박종수, 『국제통상론』, 박영사, 1997, p. 122.

(3) 고가신고 방지를 통한 외화유출 및 불공정무역의 방지

외화를 불법유출할 목적으로 수입자가 외국의 수출자와 결탁하여 수입물품의 가격을 고가로 신고하여 수입하였다면 그 수입의 대가로 국내에서 해외로 지불하는 외화금액은 그 물품의 진정한 가치보다 더 많은 금액이므로 외화가 불법적으로 해외로 유출될 수 있으며, 합법적 무역을 가장한 불법적인 자금세탁행위가 발생할 수 있다.

특정물품의 수입증가로 국내 산업이 피해를 받는 경우에는 관세율을 인상하여 그 물품의 수입을 억제하려 한다. 그러나 관세율을 인상하여도 그 물품이 부당하게 낮은 가격으로 수입된다면 관세율 인상의 효과는 상쇄될 수밖에 없다. 따라서 적정한 가격을 포착하지 못하면 관세율을 인상하거나 인하하는 관세율 정책은 실효성을 거둘 수 없게 된다.

관세평가의 목적

① 무역 장애 요소의 제거
② 저가신고 방지를 통한 관세수입확보
③ 고가신고 방지를 통한 외화유출
④ 불공정무역의 방지
⑤ 공평하고 적정한 과세확보를 도모하는 것

---

3) 관세평가에 관한 국제규범

(1) GATT협정 제7조

관세평가에 대한 국제적인 합의가 이루어진 것은 1947년 제네바에서 개최된 무역 및 고용에 관한 UN회의라고 볼 수 있으며 1947년 제네바 회의 결과 관세와 무역에 관한 협정(GATT)에서 구체화하게 되었다.

GATT 제7조에서는 수입물품의 과세가격은 '실제가격(Actual value)'에 기초하여야 한다는 내용을 포함하여 관세평가의 일반원칙(the general principles of valuation)을 회원국이 관세평가에 관한 국내법을 제정할 때 준수해야 할 기준을 정하고 있다. 각 GATT협정 회원국이 자국의 관세평가 규정을 제7조의 기준에 부합하는 내용으로 정

함으로써 적어도 GATT협정 체약국 간에는 관세평가에 관하여 어느 정도 통일된 기준을 갖게 되었다.

그러나 GATT 제7조 자체는 직접 집행력을 갖는 규범이 아닐 뿐만 아니라 이를 기준으로 한다고 하더라도 각 국가의 평가규정이 통일되지 않은 이상 관세평가제도가 무역장벽이 된다는 종래의 문제가 완전히 해결된 것은 아니었다. 즉, GATT 제7조는 관세평가에 적용할 일반적인 원칙만 정하여 국제적인 통용규범이 되지 못하였다.

(2) 브뤼셀 관세평가협약

교역증대를 통한 세계경제발전을 이루기 위하여 교역에 장애가 되는 관세율 인하 교섭이 꾸준히 이루어지고 있듯이 관세평가에 대한 국제적 통일화가 교역확대에 중요하다는 것을 인식하였기 때문에 1950년 관세협력이사회에서 브뤼셀 평가협약(Brussel's Definition of Valuation: B.D.V)이 채택되었다.

GATT협약 제7조의 제정 이후 평가제도에 관한 국제적인 발전은 유럽관세동맹 연구단에 의하여 이루어졌다. 이 연구단은 관세동맹에 사용할 CIF 평가정의를 기초로 하여 이 평가정의를 적용할 방법과 절차를 연구하여 과세가격은 상거래를 저해하지 않도록 단순 공평한 원칙에 기초를 두고 결정되어야 한다는 등 9개 항목의 브뤼셀 평가원칙이 작성되었다. 동 협약의 부속서 I 로 첨부되어 있는 가격의 정의(definition of value)는 일반적으로 브뤼셀 평가정의(Brussels Definition of Value: B.D.V)[11]라고 불리며, 3개의 조문으로 구성되어 있으며, 이에 대한 주해가 별도의 부속서 II 로 첨부되어 있다.

이 브뤼셀 평가정의가 GATT 신평가체제가 출범하기 전까지 가장 광범위하게 적용되었던 브뤼셀 평가제도의 핵심적 요소를 규정하고 있다. 그러나 브뤼셀 평가체제는 정상가격이라는 관념적 가격[12]에 기초한 CIF가격을 기준으로 하였기 때문에 FOB가격을 기준으로 하는 미국, 캐나다 및 호주 등은 동협약에 가입하지 않고 독자적 관세평가제도를 고수하였다. 추후에 이를 수용하기 위해 FOB가격도 인정하는 등의 노

---

11 거래가격 우선 원칙이 적용되는 관세평가협정의 실증적 가격개념으로 정상가격에 기초한 가격이다. 손정준, "위탁 생산을 위하여 수입하는 원료 의약품의 관세평가 방법 고찰", 관세학회지 제8권 제1호, 2007, p. 70.

12 관념적 가격(notional price)이란 평가대상물품이 일정 조건 하에서 판매되는 것이 마땅한 가격(price at which goods would be sold)을 의미한다. 한상현, "수입화물 라이센스료에 대한 중국의 과세가격평가에 관한 법리연구", 남서울대학교논문집 vol. 11-1, 2005, p. 403.

력을 하였으나 미국과 캐나다 등이 계속 가입을 하지 않고 GATT가 추구하는 세계자
유무역화 추진에 반하는 비관세장벽으로 간주되기에 이르렀다.

이러한 이유로 미국이 주도한 GATT 제7차 다자간 협상(동경 라운드)에서 GATT
제7조의 이행에 관한 협정(일명 GATT 신평가협약)을 채택하여 B.D.V의 의미는 퇴색
되었다.

(3) GATT 신평가협약(New Valuation Code: NVC)

1973년 미국이 주도한 동경라운드의 무역협상에서 새로운 평가협정의 추진을 시
도하여 1979년 최종 타결되어 1981년 1월 1일 GATT 제7조의 규정에 관한 협약(일명
GATT신관세평가협약)이 발효되었다. 신관세평가 협약은 실증가격을 가격개념으로 하
여 가격의 형태는 체약국이 자유로이 선택하도록 하였다. 그러나 이 협약에 가입하
는 것은 각국 자유에 맡겨져 있어서 가입률이 저조하였고 협약의 목적은 달성되지
못하였다.

(4) WTO 관세평가협정

제8차 무역협상인 우루과이 라운드의 결과로 WTO 체제가 1995년 1월 1일 출범
할 때에는 신평가협약을 WTO 체제에 완전히 편입시킴으로써 신평가협약에 가입하
지 않고서는 WTO에 가입할 수 없도록 하였다. 이러한 WTO 체제로의 편입으로 관
세평가제도의 국제적인 통일이라는 당초의 목적달성에 큰 계기를 이루었다고 할 수
있다.

WTO 체제의 출범으로 WTO 체제에 편입된 GATT 1994를 구성하는 신평가협약
과 종전의 GATT 관세평가협약을 구분하기 위하여 GATT 제7조 이행에 관한 협약
1994(약칭 GATT 신관세평가협약 1994 또는 신평가협약 1994)라고 불리게 되었는데 구체
적인 내용은 동일하게 규정되어 있어 본질적으로는 동일하다고 하겠다.[13]

WTO 관세평가협약(Customs Valuation Agreement)은 1995년도에 WTO라는 국제기
구가 설립된 후, 전세계 WTO 가입국가들이 의무적으로 국내법에 수용하여 시행하
여야 하는 협약으로서 수입물품의 과세가격을 결정하는 절차와 방법을 기술한 것으
로 무역 규제수단으로 관세만을 허용하고 있으며 관세협상을 통하여 각 품목의 관세

---

13 윤광운·신정환, 『관세법』, 삼영사, 2000. p. 155.

율을 점진적으로 인하할 것을 목표로 하고 있다.14

WTO 관세평가협약의 구성은 제1부(관세평가원칙), 제2부(관리, 협의 및 분쟁해결), 제3부(특별 및 차등대우), 제4부(최종조항), 부속서1(주해), 부속서2(관세평가에 관한 기술위원회), 부속서3으로 되어있다.15

그리고 WCO(세계관세기구)에서 동 협약과 관련하여 세관당국에서 수입물품 관세평가 실무에 공통적으로 적용될 지침이나 해석에서는 결정(Decisions), 권고의견(Advisory Opinions), 예해(Commentaries), 해설(Explanatory), 사례연구(Case Study), 연구(Studies) 등으로 구성되어 있다.

(5) 평가기구

① 관세평가위원회

WTO 평가협정 제18조에서 두 개의 위원회를 설립하고 있다. 제1항은 관세평가위원회에 관한 것으로 관세평가위원회는 모든 협정 가입국 대표로서 구성되며, 의장을 선출하고, 이 협정의 운영 또는 목적의 증진에 영향을 미칠 수 있는 특정 회원국의 평가제도의 시행과 관련된 사항을 협의하며, 또한 회원국에 의해 위원회에 부여되는 그 밖의 임무를 수행할 목적으로 회합한다.16 관세평가위원회는 WTO 주관하에 제네바에서 회합하며, WTO 사무국이 이 위원회의 사무국 역할을 담당한다.

관세평가 위원회는 1981년 1월 첫 번째 회합에서 국제관세기구(WCO)에게 그 특별한 책무 또는 기능이라는 관점에서 상임 옵저버 자격을 부여하였다.

---

14 이은섭, 『국제통상거래법』, 신영사, 2000. p. 536.

15 WTO 이전의 GATT 관세평가협정은 1995년 WTO협정의 발효와 함께 총 4부 24조의 분문 규정, 주해·관세평가기술위원회·종전의 의정서 등 3개 부속서로 그 체계가 변경되었다. 나성길, "WTO 관세평가협정 이행 이슈에 대한 논의동향과 대응방안", 한국관세학회지, 제4권 제1호, 2003, p. 22.

16 WTO 관세평가협정 Article 18−1. There is hereby established a Committee on Customs Valuation (referred to in this Agreement) composed of representatives from each of the Members. The Committee shall elect its own Chairman and shall normally meet once a year, or as is otherwise envisaged by the relevant provisions of this Agreement, for the purpose of affording Members the opportunity to consult on matters relating to the administration of the customs valuation system by any Member as it might affect the operation of this Agreement or the furtherance of its objectives and carrying out such other responsibilities as may be assigned to it by the Members. The WTO secretariat shall act as the secretariat to the Committee.

② 관세평가기술위원회(WCO)

WTO 평가협정 제18조 제2항은 관세평가기술위원회에 관한 것으로 세계관세기구 주관하에 동 협정 부속서2에 규정된 임무를 수행한다.[17] 관세평가위원회는 제네바에 있고, 무역정책적 측면에 관한 기구로 각 회원국대표로 구성되는 데 반하여 관세평가기술위원회는 브뤼셀에 있고 관세 당국의 협정운용에 관한 기구이며, 정부 간 기구 및 무역기구뿐만 아니라 각 회원국 및 옵저버의 관세당국 대표로서 구성되며 또한 관세평가기술위원회는 기술적 차원에서 이 협정이 해석 및 적용의 동일성을 보장하기 위한 것이다. 평가기술위원회의 공식화된 결정사항, 즉, 결정(decision), 권고의견(advisory opinions), 예해(commentaries), 해설(explanatory notes), 연구(studies) 및 보고서 등은 관세행정당국과 이해 당사자들이 지침서로서 가제식의 요약(compendium) 형태로 세계관세기구에 의해 발간되어 회원국에 배포된다.[18]

4) 우리나라의 평가제도

(1) 우리나라의 평가제도

우리나라는 1968년 7월 브뤼셀 관세평가협약에 가입하여 BDV를 관세법령에 구체화 시켜 운영하여 왔다. 이후 GATT 신평가협약이 시행되자 1981년 1월 6일자로 5년간 시행유보를 조건으로 동 협약에 가입하여 1986년 2월 5일부터 동 협약의 시행을 시작으로 1989년 2월 5일부터는 동 협약을 전면 시행하게 되었다. 그리고 WTO 관세평가협약에는 1994년 12월 30일 WTO 설립을 위한 마라케쉬 협정에 가입함으로써 동 협약에 자동으로 가입하게 되었다. 이에 따라 우리나라는 종전의 BDV에서 1982년 4월 탈퇴하였다.[19] 현행 우리나라의 관세법에서는 WTO 관세평가협약을 수용하여 과세가격 결정방법을 정하고 있다. 관세평가방법은 과세가격 결정의 결정원

---

17 WTO 관세평가협정 Article 18−2. There shall be established a Technical Committee on Customs Valuation(referred to in this "the Technical Committee") under the auspices of the Customs co−operation Council referred to in this Agreement as "the CCC"), which shall carry out the responsibilities described in Annex Ⅱ to this Agreement and shall operate in accordance with the rules of procedure contained therein.

18 홍정식, 『관세법』, 두남, 1999, p. 276.

19 노승혁, 『관세론』, 형설출판사, 1997, p. 223.

칙인 제1방법(당해 물품의 거래가격을 기초로 한 결정방법) 내지 제6방법에 의한다.

(2) 관세평가협약과 관세법상 관세평가제도의 관계

WTO 관세평가협정은 우리나라 관세법과 동일한 효력을 가진다고 할 수 있다.[20] 이러한 경우 WTO 관세평가협정과 우리나라 관세법 규정이 상이한 경우 어느 규정이 우선하는가의 문제가 발생하지만 헌법 이론에 의한 신법 우선, 특별법 우선의 원칙에 의하여 WTO 관세평가협정을 우선 적용한다.

실제로 우리나라는 WTO 관세평가협정과 평가기술 위원회의 각종 결정을 그대로 수용하여 관세법에 반영하고 있기 때문에 근본적인 충돌은 있을 수 없다. 그러나 번역상의 어려움 등으로 WTO 관세평가협정과 관세법 규정이 상이하게 해석될 소지가 있으나 법률적 해석에 있어서는 WTO 관세평가협정의 각 규정의 본래의 취지를 그대로 고려하여 실무에 적용하여야 할 것이다.

02 과세가격의 형태

종가세 대상 물품의 경우, 관세액을 산출하기 위한 과세표준은 수입물품의 가격인데, 이 가격을 과세표준으로 하는 수입물품에 대하여 정하여진 원칙에 따라 관세의 과세가격을 결정하는 일련의 절차를 평가라 한다. 관세액은 세율과 과세가격에 의하여 결정되므로, 적정한 관세율을 책정하였다 하더라도 진정한 과세가격의 포착이 어렵다면 공정한 관세부과의 목적을 달성할 수 없을 것이다. 이런 견지에서 과세가격을 제2의 세율이라고도 한다.[21]

평가의 목적은 수입물품의 저가신고를 방지하여 관세수입을 확보하고 고가신고로 인한 부당한 외화도피와 조세회피를 방지함으로써 공평하고 적정한 관세수입의 확보를 도모하는 데 그 목적이 있다.

---

20 헌법 제6조 제1항. 헌법에 의하여 체결·공포된 조약과 일반적으로 승인된 국제법규는 국내법과 동일한 효력을 가진다고 규정하고 있다.
21 김용일 외 2인, 『관세평가실무편람』, 한국무역경제, 1994, p. 5

(1) 발송가격(FOB가격)

FOB가격주의는 관세의 과세가격에 운임과 보험료를 포함하지 않은 가격조건으로 매도인이 본선에 계약화물을 인도함으로써 면책되고 계약화물은 매매계약서에서 지정된 선적항에서 매도인에 의하여 본선상에 반입된다.[22]

이는 과세가격이 낮아 관세부담이 적고, 이로 인한 수입가격의 인하효과가 있으며, 근거리 수입품이나 장거리 수입품이 똑같은 조건으로 과세되어 수입선 전환효과를 가진다. 또한 관세를 산출하기 위해 운임이나 보험료를 합산하는 시간과 절차가 없어지므로 관세액을 쉽게 계산할 수 있어 신속 통관의 장점을 가지나, 도착가격주의(CIF가격주의)에 비해 관세수입이 적다는 단점이 있다.[23] 이 형태는 미국·호주·캐나다·뉴질랜드 등에서 채택하고 있다.

① 본선인도가격
② 과세가격이 낮아 관세부담이 적다.
③ 수입가격의 인하효과가 있다.
④ 관세액을 쉽게 계산할 수 있다.
⑤ 신속 통관의 장점
⑥ CIF가격에 비해 관세수입이 적다.
⑦ 미국·호주·캐나다·뉴질랜드 등에서 채택

(2) 도착가격(CIF가격)

CIF가격은 FOB가격에 목적항에 물품을 운송함에 소요되는 운임과 보험료를 가산한 것이다.[24] 이는 FOB가격에 비하여 과세가격이 높아 납세자의 관세부담이 커지기 때문에 재정수입의 증대에 기여하지만, 운임과 보험료가 적게 드는 근거리 수입품이 원거리 수입품보다 적게 과세되어 근거리 수입이 조장되는 결과를 초래한다. 우리나라, 일본, 태국, 대만, 중국 등 대다수 국가들의 관세평가는 CIF가격주의를 채택하고 있다.

① FOB가격에 비하여 과세가격이 높다.
② 재정수입의 증대에 기여하지만

---

22 정현우, 『무역관리론』, 학문사, 1993, p. 36.
23 신동수, 『관세법』, 법경사, 1996, p. 216.
24 강원진, 『국제상무론』, 법문사, 2007, p. 127.

③ 근거리 수입이 조장되는 결과를 초래

④ 우리나라, 일본, 중국 등 대다수 국가들

(3) 법정가격

법정가격은 어느 기간 중에 국내시장의 평균가격을 조사하여 그 가격을 과세가격으로 정하는 것으로 과세가격 결정이 간편한 반면 과거 일정기간 내의 평균가격을 기초로 하기 때문에 실제 수입 당시의 가격과는 차이가 생기며, 그 결과 과세의 공평을 기할 수 없다는 단점이 있다.

① 과거 일정기간 내의 평균가격을 기초

② 실제 수입 당시의 가격과는 차이가 발생

③ 과세가격 결정이 간편하다

④ 과세의 공평을 기할 수 없다

(4) 시가역산가격(도착지시장가격)

이는 수입물품과 동종·동질 물품의 도착지의 국내 도매시장 가격에서 수입제세와 수입관련비용, 수입 후 판매할 때까지의 정상판매비용과 정상이윤을 공제한 것을 과세가격으로 하는 방법을 말한다. 우리나라도 여행자 휴대품 등의 과세가격 평가에서 시가 역산가격을 사용하는 경우도 있다. 이러한 관세평가의 동일한 형태의 가격도 시간과 장소, 그리고 거래수량에 따라 상이해진다.

따라서 여러 가지 가격 중에서 어떤 가격을 과세가격으로 채택하고 이들 가격을 수입물품에 대하여 구체적으로 어떻게 결정하는가 하는 것은 관세액을 결정하는 데 있어 중요한 사항이다. 관세율은 법령에 의하여 정하여지지만 과세가격은 그때그때의 과세물건에 의거 결정되기 때문에 관세행정을 하는 데 있어 과세가격의 결정은 대단히 중요한 사항이다.

① 정상판매비용과 정상이윤을 공제한 가격

② 동일한 형태의 가격도 시간과 장소, 거래수량에 따라 상이해진다.

③ 우리나라 여행자 휴대품 등에 사용

(5) 발송가격(FOB가격)주의와 도착가격(CIF가격)주의 비교

CIF주의와 FOB주의 문제는 수입물품을 수입항까지의 운송에 소요된 운임·적재비·

보험료 등을 과세표준에 포함시킬지의 여부에 대한 제도상의 차이에 의하여 발생하는 것으로서 CIF주의는 이를 포함시키는 제도이고 FOB주의는 이를 포함시키지 않는 주의이다. CIF주의는 수입항까지의 운임과 보험료를 과세가격에 포함하여 운임 등의 부담이 적은 인접국가로부터 수입하는 것이 유리하게 되어 근거리 수입을 촉진한다. 따라서 관세동맹을 체결하는 등 인근국가 간에 경제적 통합관계를 구축한 유럽의 국가들은 CIF주의를 선호하는 반면, 미국·캐나다·호주 등과 같이 교역상대국과 지리적으로 멀리 떨어진 국가는 교역상대국과의 거리가 과세가격에 영향을 미치지 않는 FOB주의를 선호하게 된다. 결국 CIF주의를 택하느냐 FOB주의를 택하느냐는 각국의 역사적 전통에 기인한 것이다. 그러나 이를 다른 제도로 전환하는 경우 과거와 동일한 관세부담 또는 관세수입을 유지하기 위해서는 반드시 관세율의 조정이 수반되어야 한다. FOB주의를 CIF주의로 전환하는 경우에는 과세표준이 커지므로 관세율 인하 조치를 하여야 하고, 그 반대의 경우에는 관세율 인상 조치를 하여야 한다. 그러나 국제적인 무역협상하에서 양허하기로 합의한 관세율을 조정하는 것은 실질적으로 어려우며 사실상 불가능에 가깝다. 이는 농산물·원자재 등과 같은 물품들은 무게 및 부피가 커서 그 자체의 가격은 낮은 반면 운임 등의 부담률이 높은 물품의 경우에는 수출입 당사국 간의 이해관계가 상충되기 때문이다.

Ⅱ 가격신고

01 가격신고

1) 가격신고

제27조(가격신고)
① 관세의 납세의무자는 수입신고를 할 때 대통령령으로 정하는 바에 따라 세관장에게 해당 물품의 가격에 대한 신고(이하 "가격신고"라 한다)를 하여야 한다. 다만, 통관의 능률을 높이기 위하여 필요하다고 인정되는 경우에는 대통령령으로 정하는 바에 따라 물

품의 수입신고를 하기 전에 가격신고를 할 수 있다.

② 가격신고를 할 때에는 대통령령으로 정하는 바에 따라 과세가격의 결정에 관계되는 자료(이하 "과세가격결정자료"라 한다)를 제출하여야 한다.

③ 과세가격을 결정하기가 곤란하지 아니하다고 인정하여 기획재정부령으로 정하는 물품에 대하여는 가격신고를 생략할 수 있다.

화주가 제출한 송장과 거래관계에 관한 과세가격결정자료와 세관의 이전 실적을 가지고 과세 가격을 결정하는 것을 평가라고 하는데, 물품을 수입하고자 하는 자는 부과고지대상물품을 제외하고는 수입신고 및 입항전 수입신고의 규정에 의하여 규격, 수량, 가격 등의 사항을 기재한 수입신고서를 세관장에게 제출하여야 한다.

이 경우 당해 수입물품의 가격신고와 함께 납세신고[25]를 하여야 한다. 가격신고는 납세의무자가 스스로 과세가격을 결정하여 신고 납부하는 현행 관세법상의 자진신고 납부방식에 있어서는 납세의무자의 성실하고 정확한 가격신고가 있어야만 실효를 거둘 수 있으며, 동 가격신고에는 적용 평가방법의 결정근거가 되는 거래상황, 과세가격 계산내용, 가격결정방법 등이 포함되어야 한다.[26]

① 수입신고를 하는 때 가격신고를 하여야 한다.

② 수입신고 이전에 가격신고를 할 수 있다.

③ 가격신고의 경우 과세가격결정자료를 제출해야 한다.

③ 과세가격의 결정에 곤란이 없다고 인정하는 경우 가격신고를 생략할 수 있다.

■ 가격신고 생략물품

관세의 납세의무자는 부과고지대상 물품을 제외하고는 수입신고를 하는 경우 세관장에게 당해 물품의 가격에 대한 신고를 하여야 하나, 과세가격의 결정에 곤란이 없다고 인정되는 물품에 대하여는 가격신고를 생략할 수 있다.

① 방위산업용 기계와 동 부분품 및 원재료

---

25 관세법 제38조. 부과고지 대상물품을 제외하고 물품을 수입하고자 하는 자는 수입신고를 하는 때에 세관장에게 관세의 납부에 관한 신고를 하여야 하는데, 납세신고의 시점은 수입신고하는 때이며, 수입신고는 입항 전에도 할 수 있고 입항 후 보세구역 등에 물품을 장치한 후에도 할 수 있다. 실제로는 수입신고와 납세신고는 일체가 되어 이루어진다.

26 관세청, 『관세평가실무』, 2007, p. 96.

② 정부 또는 지방자치단체가 수입하는 물품

③ 정부조달물품

④ 수출용 원재료

⑤ 특정연구기관이 수입하는 물품

⑥ 관세 및 내국세 등이 부과되지 않는 물품

⑦ 공공기관이 수입하는 물품

⑧ 과세가격이 미화 1만불 이하인 물품으로 관세청장이 정하는 물품

⑨ 관세청장이 인정하는 물품

■ **가격신고 생략 불가물품**

① 부과고지 대상물품

② 관세를 체납하고 있는 자가 신고하는 물품

③ 불성실 신고인이 신고하는 물품

④ 과세가격을 결정함에 있어서 금액을 가산하여야 하는 물품

⑤ 잠정가격신고 대상물품

⑥ 물품의 가격변동이 크거나 기타 수입신고 수리 후에 세액을 심사하는 것이 적합하지 아니하다고 인정하여 관세청장이 정하는 물품

⑦ 과세가격을 결정함에 있어서 법 제30조제1항제1호 내지 제5호의 규정에 의한 금액을 가산하여야 하는 물품

2) 가격신고의 방법

(1) 수입신고 시의 가격신고 및 사전가격신고

관세의 납세의무자는 수입신고를 하는 때에 대통령령이 정하는 바에 의하여 세관장에게 당해 물품의 가격에 대한 신고(이하 "가격신고"라 한다)를 하여야 한다. 다만, 통관의 능률화를 위하여 필요하다고 인정하는 경우에는 대통령령이 정하는 바에 의하여 물품의 수입신고일 이전에 가격신고를 할 수 있다.

관세의 신고납부제도를 실시함에 따라서 납세의무자는 납부해야 할 관세액을 스스로 결정하여 신고하여야 하고 그 세액을 결정함에 있어서는 과세가격 산출근거가 명백하여야 하는데, 이와 같은 과세가격 산출근거도 수입신고와 함께 신고하게 하고

있는바 이것이 신고제도 또는 평가신고제도이다.

가격신고를 하고자 하는 자는 수입관련거래에 관한 사항, 과세가격산출내용에 관한 사항, 과세가격 결정에 관계되는 과세자료를 세관장에게 제출하여야 한다. 다만, 동일한 물품을 반복적으로 수입하거나 수입항까지의 운임·보험료 외에 우리나라에 수출·판매되는 물품에 대하여 구매자가 실제로 지급하였거나 지급하여야 할 가격에 가산할 금액이 없는 등 과세가격결정에 곤란이 없다고 인정하여 관세청장이 정하는 경우에는 당해 서류의 전부 또는 일부를 제출하지 아니하게 할 수 있다.[27]

그리고 관세의 납세의무자는 수입신고와 함께 가격신고를 하는 방법 이외에 통관이 능률화를 위하여 필요하다고 인정되는 경우에는 물품의 수입신고를 하기 전에 가격신고를 할 수 있다. 이 경우 그 사유 및 위의 사항을 기재한 신고서를 세관장에게 제출하여야 한다.

(2) 과세자료

화주가 가격신고를 할 때에는 과세가격 결정에 관계되는 자료(이하 "과세가격결정자료"라 한다)를 제출하여야 한다.

다만, 당해 물품의 거래내용, 과세가격결정방법 등에 비추어 과세가격결정에 곤란이 없다고 세관장이 인정하는 경우에는 송품장, 계약서, 각종 비용의 금액 및 산출근거를 나타내는 증빙자료, 기타 가격신고의 내용을 입증하는 데 필요한 자료 등 과세자료의 일부를 제출하지 아니할 수 있다.

02 잠정가격의 신고 등

제28조(잠정가격의 신고 등)
① 납세의무자는 가격신고를 할 때 신고하여야 할 가격이 확정되지 아니한 경우로서 대통령령으로 정하는 경우에는 잠정가격으로 가격신고를 할 수 있다. 이 경우 신고의 방법과 그 밖에 필요한 사항은 대통령령으로 정한다.
② 납세의무자는 제1항에 따른 잠정가격으로 가격신고를 하였을 때에는 대통령령으로

---

27 관세법시행령 제15조 제2항.

정하는 기간 내에 해당 물품의 확정된 가격을 세관장에게 신고하여야 한다.

③ 세관장은 납세의무자가 제2항에 따른 기간 내에 확정된 가격을 신고하지 아니하는 경우에는 해당 물품에 적용될 가격을 확정할 수 있다.

④ 세관장은 제2항에 따라 확정된 가격을 신고받거나 제3항에 따라 가격을 확정하였을 때에는 대통령령으로 정하는 바에 따라 잠정가격을 기초로 신고납부한 세액과 확정된 가격에 따른 세액의 차액을 징수하거나 환급하여야 한다.

거래관행상 거래성립 시부터 일정기간이 경과된 후에 가격이 정해지는 물품에 대하여 수입신고 시에는 잠정가격으로 가격신고를 하여[28] 해당세액을 납부하고, 사후 확정가격을 기초로 과부족세액을 징수 또는 환급하는 제도로 납세의무자의 책임이 아닌 사유로 수입신고수리일까지 가격이 확정되지 아니한 경우에는 잠정가격으로 가격신고를 할 수 있는 제도이다.[29]

예를 들어 수입물품의 가격에 가산·조정할 권리사용료가 당해 물품의 국내에 판매된 이후에야 금액이 정해지는 경우 또는 중동산 원유의 가격이 계약 당시에 정해지지 않고 중동산 원유가격과 동남아산과 연동이 되는 경우 사실상 수입신고 시에 정확한 가격신고를 할 수 없는 경우가 많다. 잠정가격은 거래가격은 존재하지만 그 확정시기가 수입신고 이후에 이루어진다는 점에서 거래가격이 없거나 배제되는 수입물품과 차이가 있다.[30]

① 신고해야 할 가격이 확정되지 아니한 경우 잠정가격으로 가격신고를 할 수 있다.

② 잠정가격으로 가격신고를 한 자는 2년의 범위 안에서 구매자와 판매자 간의

---

28 평가의 지연을 이유로 물품의 통관을 지연시켜 국제무역을 저해하는 일이 없도록 하려는 것이 근본 취지이다. 김기인, 『관세평가정해』, 관세자료연구원, 1995, p. 289.

29 관세법 제28조(잠정가격신고).

30 WTO 관세평가협약 제13조에 의하면 수입품의 과세가격을 결정하는 과정에서 과세가격의 최종결정의 지연이 불가피한 경우 당해 물품의 수입자는 담보가 요구된다면 당해 수입물품이 궁극적으로 납부해야 할 세율을 충분히 충족시키는 각종 형태의 담보를 제공하고 당해 물품을 세관으로부터 반출시킬 수 있어야 하며, 각 회원국의 입법당국은 이러한 경우에 대한 국내규정을 제정하여야 한다고 규정하고 있다. 우리나라에서도 법 제28조에 납세의무자가 당해물품의 가격신고를 함에 있어서 신고하여야 할 가격이 확정되지 아니한 경우에는 일단 잠정가격으로 신고하고 일정기간 경과 후 확정가격으로 신고할 수 있도록 하고 있다. 즉, 담보없이 잠정가격 신고시 추정되는 세액을 잠정적으로 납부한 후 사후에 세액을 정산하는 점에서 협약 제13조보다 진일보한 제도라 할 것이다. 관세청, 『관세평가실무』, 2007, p. 97.

거래계약의 내용 등을 고려하여 세관장이 지정하는 기간 내에 확정된 가격(이
하 이 조에서 "확정가격"이라 한다)을 신고하여야 한다.
③ 세관장은 확정된 가격의 신고를 하지 아니하는 때에는 당해 물품에 적용될 가
격을 확정할 수 있다.
④ 세관장은 잠정가격을 기초로 신고납부한 세액과 확정된 가격에 의한 세액과의
차액을 징수 또는 환급하여야 한다.

잠정가격신고대상

① 거래관행상 거래가 성립된 때부터 일정기간이 경과된 후에 가격이 정해지는 물품
② 수입물품의 가격에 가산 조정하여야 할 금액이 수입신고일부터 일정기간이 경과
된 후에 정해지는 경우
③ 특수관계가 있는 자들 간에 거래되는 물품으로 사전심사를 신청한 경우
④ 계약특성상 잠정가격신고가 불가피한 경우

03 가격조사보고

기획재정부장관 또는 관세청장은 과세가격을 결정하기 위하여 필요하다고 인정되
는 때에는 수출입업자에게 과세가격결정에 필요한 자료의 제출을 요청할 수 있으며
그 요청을 받은 자는 정당한 사유가 없는 한 이에 응하여야 한다.

04 확정가격의 신고

납세의무자는 잠정가격으로 가격신고를 한 후 당해물품의 가격이 확정된 것을 안
때에는 2년의 범위 안에서 구매자와 판매자 간의 거래 계약의 내용 등을 고려하여
확정된 가격을 세관장에게 신고하여야 한다.[31]

---

31 확정가격신고 시 유의할 사항은 확정가격신고 시 가산되는 외화금액에 적용되는 과세환율은
각각의 잠정가격신고일에 해당되는 신고가격에 가산되므로 잠정가격신고일의 과세환율이 적용
된다는 점이다. 확정가격신고는 납부하여야 할 세액 즉, 신고납부의 확정이라고 할 수 있으므

세관장은 확정된 가격의 신고를 받거나 가격을 확정한 때에는 잠정가격을 기초로 신고납부한 세액과 확정된 가격에 의한 세액과의 차액을 징수 또는 환급하여야 한다.

이 경우 수정신고 과오납금의 환급신청 등의 규정을 준용한다. 또한 과다세액에 대하여 환급을 하는 경우 환급가산금을 지급하지 않으며 부족세액을 징수하는 경우 가산세를 징수하지 않는다.[32]

Ⅲ 과세가격결정원칙

01 과세가격의 결정원칙

관세의 과세가격이란 수입물품의 가격을 말하는데, 과세가격의 결정이란 과세가격에 관한 자료를 가지고 관세법상의 요건을 충족시키는 과세가격을 확정하는 일련의 절차를 말한다. 과세가격의 결정을 통상 평가(評價)라고 한다. 평가의 기초자료는 화주가 제출한 송품장[33]과 가격신고서 등 거래관계사항에 관한 과세자료가 되는데, 실제로 세관 자체가 가지고 있는 평가에 관한 자료(과거에 수입된 물품의 송품장, 과거에 평가 처리한 실적 등)도 평가에 많이 활용되고 있다. 그리하여 평가의 원칙과 방향을 규정한 구체적인 평가의 실무에 관하여는 관세평가시행세칙에서 구체적으로 규정하고 있다.

로 확정가격신고일을 수입신고일로 보아 확정가격신고일의 다음날이 관세를 부과할 수 있는 (추징) 관세부과제척기간의 기산일이 된다. 따라서, 확정가격신고 후 신고가격의 누락사항이 발견되면 확정가격신고시점에서 최고 10년간 세액경정(추징)이 가능하다. 관세청, 『관세평가 실무』, 2007, p. 100.

32 추가징수되는 경우 납세의무자가 관세납부의무를 소홀히 하는 등의 귀책사유에 의한 추가징수가 아니기 때문에 가산세가 없다. 또한 환급의 경우 차액을 징수 또는 환급함에 있어 영 제33조(수정신고), 제34조 제2항 내지 제4항(경정), 제50조(과오납금의 환급신청) 내지 제54조(과오납금의 환급절차)의 규정이 준용되기 때문에 가산금 없다.

33 송장을 의미하며, 송장은 그 용도에 따라 상업송장과 공용송장으로 대별할 수 있는데, 상업송장은 매도인측의 입장에서는 무역대금결제에 필수적인 서류일 뿐만 아니라 출화안내 및 과세자료, 수출수속절차상 세관 등에 제공하게 되는 서류가 되며, 매수인측에서도 수입통관수속에 필수적인 서류가 되기 때문에 정확하게 작성되어야 한다. 강원진, 『무역실무』, 박영사, 2008, p. 472.

① 관세의 과세가격이란 수입물품의 가격
② 과세가격의 결정이란 과세가격에 관한 자료를 가지고 관세법상의 요건을 충족
   시키는 과세가격을 확정하는 일련의 절차
③ 과세가격의 결정을 통상 평가라고 한다.
④ 관세평가시행세칙에서 구체적으로 규정

평가 기초자료

① 화주가 제출한 송장
② 가격신고서
③ 거래관계사항에 관한 과세자료
④ 세관이 가지고 있는 과거 평가 처리실적

1) 해당물품의 거래가격을 기초로 한 과세가격의 결정

제1방법은 해당 물품의 거래가격을 기초로 하여 과세가격을 결정하는 방법으로서 가장 기본적이고 원칙적인 방법이다. 이 경우 거래가격이라 함은 수입국에 수출·판매되는 물품에 대하여 구매자가 판매자[34] 또는 판매자를 위하여 직접 또는 간접으로 실제로 지급하였거나 지급할 금액에 수입항까지의 운임·보험료 등의 가산요소와 연

---

[34] 구매자와 판매자에 대한 정의는 우리나라 관세법에서는 명확하게 규정하고 있지 않다. 특히 수입대행자를 구매자로 볼 수 있는가에 대하여 관세평가상 문제가 발생할 수 있다. 일본의 관세정률법에 의하면 다음과 같이 구매자와 판매자에 대하여 정의하고 있다. 일본의 관세정률법 제4조 제1항에서는 수입물품의 과세가격은 당해 수입물품의 수입거래가 이루어진 때에 「구매자」가 「판매자」에 대하여 또는 「판매자」를 위하여 당해 수입물품에 대하여 실제지불하였거나 지불하여야할 가격의 총액(실제지불가격)에 기초하여 결정함을 원칙으로 하고 있다. 따라서, 과세가격의 결정에 있어서는 수입거래에 관여하는 者 중, 「판매자」와 「구매자」를 구별하는 것이 중요하다. 수입거래에 있어서 「판매자와 구매자」란 실질적으로 자신의 계산과 위험 부담 하에 수입거래를 하는 자를 말한다. 구체적으로는 판매자와 구매자는 수입거래에 있어서 스스로 수입물품의 품질·수량·가격 등을 결정하고, 하자·수량부족·사고·불량채권 등의 위험을 부담한다.(정률법 기본통달 4-2(1)전형적인 수입거래에 있어서는 물품의 수출자 및 수입자가 각각 판매자 및 구매자가 되지만, 수출자 및 수입자는 단순히 물품의 발송인 및 수취인이고 당해물품을 실제로 판매 또는 구입하는 자가 따로 존재하는 때에는 당해판매 또는 구입하는 자가 각각 판매자 및 구매자가 된다. 수출자 및 수입자 이외에 당해물품을 실제로 판매 또는 수입할 자가 따로 존재하는 때는 당해 판매 또는 구입할 자가 각각 판매자 및 구매자가 된다. 판매자와 구매자는 당해물품의 거래가격을 결정하는 자이다. 따라서, 수입대행자는 구매자가 아니다.)

불이자 등의 공제요소를 조정한 가격을 말하며 조건·사정 등에 영향을 받지 않는 등 거래가격 성립요건을 갖춘 가격을 과세가격으로 결정하는 방법이다.

① 실거래가격을 기초로 과세가격을 결정
② 가장 기본적이고 원칙적인 방법

거래가격

① 수입국에 수출·판매되는 물품에 대하여
② 구매자가 판매자 또는 판매자를 위하여 직접 또는 간접으로 실제로 지급하였거나 지급할 금액에
③ 수입항까지의 운임·보험료 등의 가산요소와 연불이자 등의 공제요소를 조정한 가격으로
④ 조건·사정 등에 영향을 받지 않는 등 거래가격 성립요건을 갖춘 가격

※ 거래가격의 성립요건
① 특수관계가 가격에 영향을 미치지 않을 것
② 금액으로 환산가능한 사후귀속이익이 없을 것
③ 우리니리에 수출판매된 물품일 것
④ 해당물품에 대한 거래의 성립 또는 가격의 결정이 금액으로 계산할 수 없는 조건 또는 사정에 의하여 영향을 미친 사유가 없을 것
⑤ 구매자가 해당물품의 처분 또는 사용함에 있어 어떠한 제한이 없을 것

가산요소 금액

1. 수수료 및 중개료: 구매자가 부담하는 금액 (구매수수료 제외)
2. 생산지원비용: 수입물품의 생산 및 수출거래를 위하여 구매자가 판매자에게 제공하는 무료 또는 인하된 가격의 물품과 용역, 인하된 가격으로 제공할 경우 차액 및 무상으로 공급하는 해외 위탁가공용 원료의 가액 등
3. 특허권 등 권리의 대가(로얄티): 수입물품과 관련되고 수입물품의 거래조건으로 지급하는 로얄티의 금액으로서 구매자가 수입물품에 대한 구매선택권이 없는 경우
4. 사후귀속 이익금액: 수입물품의 판매, 처분, 사용에 따른 이익의 일부가 직접 또

는 간접으로 판매자에게 귀속되는 금액

5. 운임, 보험료 및 운송관련비용: 수입물품이 수입항에 도착할 때(수입항에 도착하여 본선하역준비가 완료될 때)까지 실제 소용되는 운임, 보험료, 및 기타 운송관련 비용

※ 보험료는 수입물품에 대하여 실제로 보험에 부보된 경우에만 과세가격 포함.

공제요소 금액

1. 수입항 도착이후 발생한 운송비용: 해당 수입물품의 운임에 포함되어 있고 그 금액이 명백하게 구분표시 되어 있는 경우
2. 공제받은 선적항 조출료: 수입통관시에 그 금액을 확인할 수 있는 경우
3. 실제 지급금액에 다음에 해당하는 금액이 포함되어 있고 이를 구분할 수 있는 경우
   - 수입항 도착 후에 해당 수입물품의 건설, 설치, 조립, 유지보수에 필요한 비용
   - 수입항 도착 후에 해당 수입물품의 운송에 필요한 운임, 보험료 및 기타 운송관련 비용
   - 연불수입 조건의 경우 해당 수입물품에 대한 연불이자

2) 동종·동질물품의 거래가격을 기초로 한 과세가격의 결정

수입물품이 수출판매에 해당되지 아니하거나 수입물품 거래가격이 계약상 특별한 어떤 조건이나 사정에 영향을 받았거나, 특수 관계의 영향을 받은 경우와 같이 제1 평가방법을 적용할 수 없는 때에는 제2방법 및 제3방법을 순차적으로 적용한다.

제2방법이란 과세가격으로 인정된 사실이 있는 동종·동질물품의 거래가격을 해당 수입물품의 과세가격으로 결정하는 방법을 말한다. 여기에서 동종·동질물품(Identical Goods)이라 함은 동일한 국가에서 생산된 것으로서 물리적 특성, 품질 및 소비자의 평판 등 모든 면에서 동일한 것을 말하며 가격의 비교시점은 평가하고자 하는 물품과 거의 같은 시기에 선적된 것이어야 하고, 거래단계, 거래수량, 운송거리, 운송형태에 차이가 있는 때에는 객관적인 자료에 의해 조정하여 과세가격으로 결정하는 방법이다.

① 수입물품이 수출판매에 해당되지 아니하거나

② 수입물품 거래가격이 계약상 특별한 어떤 조건이나 사정에 영향을 받았거나,

③ 특수 관계의 영향을 받은 경우

④ 제1평가방법을 적용할 수 없는 때

⑤ 과세가격으로 인정된 사실이 있는 동종·동질물품의 거래가격을 수입물품의 가격으로 결정

동종·동질물품

① 동일한 국가에서 생산된 것

② 물리적 특성, 품질 및 소비자의 평판 등 모든 면에서 동일한 것

③ 가격의 비교시점은 평가하고자 하는 물품과 거의 같은 시기에 선적된 것

④ 거래단계, 거래수량, 운송거리, 운송형태에 차이가 있는 때에는 객관적인 자료에 의해 조정하여 과세가격으로 결정하는 방법

---

3) 유사물품의 거래가격을 기초로 한 과세가격의 결정

제3방법이란 과세가격으로 인정된 사실이 있는 유사물품의 거래가격을 해당 수입물품의 과세가격으로 결정하는 방법을 말한다.[35] 여기에서 유사물품이란 동일한 국가에서 생산된 것으로서 모든 면에서 동일하지는 않더라도 동일한 기능을 수행하고 대체사용이 가능할 정도로 비슷한 특성과 구성요소를 가진 물품을 말하며, 가격의 비교시점은 평가하고자 하는 물품과 거의 같은 시기에 선적된 것이어야 하고, 거래단계, 거래수량, 운송거리, 운송형태에 차이가 있는 때에는 객관적인 자료에 의해 조정하여 과세가격으로 결정하는 방법이다.

---

35 WTO 관세평가협정 제3조 1. (a) If the customs value of the imported goods cannot be determined under the provisions of Articles 1 and 2, the customs value shall be the transaction value of similar goods sold for export to the same time at the goods being valued.

■
유사물품

① 동일한 국가에서 생산된 것
② 모든 면에서 동일하지는 않더라도 동일한 기능을 수행하고 대체사용이 가능할 정도로 비슷한 특성과 구성요소를 가진 물품
③ 가격의 비교시점은 평가하고자 하는 물품과 거의 같은 시기에 선적된 것
④ 거래단계, 거래수량, 운송거리, 운송형태에 차이가 있는 때에는 객관적인 자료에 의해 조정하여 과세가격으로 결정하는 방법

4) 국내판매가격을 기초로 한 과세가격의 결정

제1방법 내지 제3방법에 의거 과세가격을 결정할 수 없는 때에는 제4방법을 적용하는데 제4방법이란 해당 수입물품, 동종·동질물품, 유사물품이 국내에서 판매되는 가격에서 통상의 이윤 및 일반경비, 수입항 도착 후 운임·보험료, 기타 운송관련비용, 납부할 관세나 제세 공과금 등을 공제한 가격을 과세가격으로 결정한다.[36]

① 해당 수입물품, 동종·동질물품, 유사물품이 국내에서 판매되는 가격에서 통상의 이윤 및 일반경비, 수입항 도착 후 운임·보험료, 기타 운송관련비용, 납부할 관세나 제세 또는 공과금 등을 공제한 가격

② 요건
동일한 상태, 수입신고일과 동시, 특수한 관계없고, 가장 많은 수량, 수입 후 최초의 거래단계에서 판매된 가격

③ 수입 후 추가가공을 거치는 경우에는 법적 공제요소에다 국내가공에 따른 부가가치 공제

④ 수입자는 제4방법을 적용하기 전에 제5방법의 적용을 요청할 수 있는 선택권을 갖는다.

---

36 WTO 관세평가협정 제5조 1. (a) If the imported goods or identical or similar imported goods are sold in the country of importation in the condition as imported, the customs value of the imported goods under the provisions of this Article shall be based on the unit price at which the imported goods or identical or similar imported goods are so sold in the greatest aggregate quantity, at or about the time of the importation of the goods being valued, to persons who are not related to the persons from whom they buy such goods, subject to deductions

5) 산정가격을 기초로 한 과세가격의 결정

제5방법은 외국생산자의 원가계산서를 검토하여 과세가격을 결정하는 방법이다. 이 방법을 적용하기 위해서는 해당물품 수출국의 생산자가 수입국 세관에 원가계산서를 제출하여야 하며 세관에서 의문이 있는 경우에는 외교경로를 통하여 수출자의 동의를 받고 현지에 출장하여 확인할 수도 있다. 원가계산서의 검토내용은 수입물품의 생산에 사용된 원자재비용 및 조립 기타 가공비용 및 가격과 해당물품과 동종 또는 동류의 물품을 수입국에 판매 시 통상적으로 계산하는 이윤 및 일반경비금액, 수출국에서 수입항까지의 운임·보험료 기타 운송관련 비용을 합산한 금액을 과세가격으로 하는 방법이다.

① 수출국의 외국제조업자가 수입국 세관에 제시한 제품의 원가계산서를 검토하여 생산하는 데 소요되는 비용을 산정하여 산출한 가격
② 요건
　원자재 조립, 가공비용＋통상적 이윤 및 일반경비＋수입항까지 운임·보험료
③ 이 방법을 적용하기 위해서는 해당물품 수출국의 생산자가 수입국 세관에 원가계산서를 제출하여야 하며 세관에서 의문이 있는 경우에는 외교경로를 통하여 수출자의 동의를 받고 현지에 출장하여 확인할 수 있다.

6) 합리적 기준에 따른 과세가격의 결정

제1방법 내지 제5방법에 의거 과세가격을 결정할 수 없는 때에는 제1방법 내지 제5방법의 적용요건을 확대해석하여 합리적[37]이라고 판단되는 기준에 따라 과세가격을 결정한다.

예를 들면 수입물품의 가격에 영향을 미친 사유가 있고 그 금액을 확정할 수 있는 자료가 없는 때에는 제1방법을 적용할 수는 없으나 제6방법을 적용하는 때에는 이러한 불명확한 요소를 합리적이라고 인정되는 범위 내에서 추정, 계산할 수 있다. 또한 제2방법 및 제3방법을 확대 적용하는 경우에는 다른 생산국의 동종·동질, 유사물품

---

37 여기서, 합리적인 기준이란 전술한 과세가격 결정방법을 적용함에 있어서 신축성을 부여하여 당해 규정들을 탄력적으로 해석 및 적용하는 것을 의미한다. 윤광운·신정환, 『관세법』, 삼영사, 2000, p. 172.

의 거래가격도 적용가능하고, 거래의 시기도 해당물품 선적일 전후 90일 이내 까지 확대적용이 가능하다.

상기에서와 같이 과세가격 결정방법의 적용은 순차적이다. 즉 제1방법을 가장 먼저 적용하여야 하고, 제1방법을 적용할 수 없을 때에는 제2방법을, 제2방법을 적용할 수 없는 때에는 제3방법을 적용하는 방법으로 과세가격을 결정할 수 있을 때까지 순차적으로 평가방법을 적용해 나간다.

다만, 수입자는 제4방법을 적용하기 전에 제5방법의 적용을 요청할 수 있는 선택권 (Importer's Option)을 갖는다. 만약 수입자가 요청하였으나 제5방법에 의하여 과세가격을 결정할 수 없을 때에는 제4방법(이 방법이 가능한 경우)에 의하여 과세가격을 결정한다.

① 제1방법 내지 제5방법의 적용요건을 확대해석하여 합리적이라 판단되는 기준에 따라 결정

② 수입물품의 가격에 영향을 미친 사유가 있고 그 금액을 확정할 수 있는 자료가 없는 때에는 제1방법을 적용할 수는 없으나 제6방법을 적용하는 경우 이러한 불명확한 요소를 합리적이라고 인정되는 범위 내에서 추정, 계산할 수 있다.

③ 제2방법 및 제3방법을 확대 적용하는 경우 다른 생산국의 동종·동질, 유사물품의 거래가격도 적용가능하고, 거래의 시기도 해당물품 선적일 전후 90일 이내 까지 확대적용이 가능하다.

④ 사용 불가능인 가격
　㉠ 우리나라에서 생산된 물품 및 수출국의 국내판매가격, 선택 가능한 가격 중 반드시 높은 가격을 과세가격으로 하여야 한다는 기준에 따라 결정하는 가격
　㉡ 동종·동질, 유사물품에 대하여 산정가격방법에 의하여 생산비용을 기초로 가격을 결정하는 방법 외에 다른 방법으로 생산비용을 기초로 결정된 가격
　㉢ 우리나라 외 국가에 수출가격, 특정최저가격, 자의적·가공적 가격

7) 특수한 거래에 해당하는 경우(이전가격)

① 신고 전 변질·손상된 물품
② 여행자 휴대품
③ 임차수입물품 또는 중고물품(중고자동차)

④ 범칙물품

⑤ 제품과세에 있어 외국물품으로 보는 물품 등

02 관세평가시 적용기준

1) 과세환율과 통화

송품장 등 과세가격을 결정하는 자료에는 일반적으로 외국통화로 가격이 표시되어 있다. 이와 같이 외국통화로 표시된 가격을 우리나라 통화로 환산하려면 환율이 필요한데 과세가격결정에 소요되는 환율을 과세환율이라 한다.[38]

과세환율은 주로 외국환은행이 전 주 월요일부터 토요일까지 적용한 대고객전신환매도율을 평균하여 결정한다. 이 경우 외국환은행에서 적용하는 환율자리수와 동일하게 산정하되 동자리 수 미만에서 사사오입하여 산정하며, 외국환은행이 소액거래에 적용하는 특별매도율은 과세환율결정의 기초로 사용하지 아니한다.

그리고 과세환율이 결정 시달되지 아니한 외국통화로 표시된 가격은 전술한 미화환율과 국제통화기금이 동 외국통화를 미화를 기준으로 평가한 율의 전 주 평균에 의하여 내국통화로 환산하며, 국제통화기금의 평가율을 알 수 없는 경우에는 한국외환은행에서 결정한 평가율에 의하여 내국통화로 환산한다.[39]

수입물품의 과세가격 결정 시 외국통화로 표시된 가격을 내국통화로 환산하는 때에는 관세법 제17조에 규정한 날(보세건설장에 반입된 물품에 대하여는 수입신고를 한 날)이 속하는 주의 전주의 외국환매도율을 평균하여 관세청장이 그 율을 정하여 시달하고 있다.[40]

구체적으로 동 규정에 의거 관세청장은 시중의 주요외국환은행의 전주 월요일부터 금요일까지 매일 최초 고시하는 대고객 전신환매도율을 평균하여 과세환율을 결정하

---

38 신동수, 『관세법』, 법경사, 1996, p. 231.

39 WTO 관세평가협약 제9조. 협약에서는 수입물품의 과세가격 결정을 위하여 통화환산이 필요한 경우에 사용할 환율은 관련 수입국의 권한 있는 당국에 의하여 가능한 한 그 현재가치를 유효하게 반영하여야 하며 또한 사용할 환율은 각 체약국에서 규정하는 바에 따라 수출 시 또는 수입 시의 유효환율이 되어야 한다고 규정하고 있다.

40 관세법 제18조.

며, 이 경우 외국환은행에서 적용하는 환율자리수와 동일하게 산정하되 동 자릿수 미만에서 사사오입하여 산정한다. 수출신고가격을 산정하기 위한 외국통화의 환산율은 시행령 제246조 제6항에서 정하는 바에 의하여 주요 외국환은행이 전 주 월요일부터 금요일까지 매일 최초 고시하는 대고객 전신환매입율을 평균하여 관세평가분류원장이 정한다.[41] 과세가격결정시의 기초통화는 송품장에 기재된 통화를 기초로 하여 결정한다. 다만 송장에 기재된 통화와 실제로 결제되는 통화가 상이한 것이 관계자료 등에 의하여 확인된 경우에는 실제로 결제되는 통화를 기초로 하여 결정한다.[42]

"관세의 과세가격은 우리나라에 수출하기 위하여 판매되는 물품에 대하여 실제로 지급하였거나 지급할 가격을 기초로 결정되는바, 원화표시 금액으로 수입되어 이 금액을 송금일 현재의 환율에 따라 환전하여 외화로 송금한 경우, 동 원화표시 금액이 과세가격이 된다.[43]

2) 일반적으로 인정된 회계원칙

과세가격 결정 시 구체적으로 어느 국가 또는 지역에서의 일반적으로 인정된 회계원칙을 말하는지는 평가방법에 따라 다르다. 제4방법의 경우에는 수입국의 회계원칙을, 제5방법의 경우에는 수출국의 일반적으로 인정된 회계원칙[44]과 일치되게 작성된 자료를 사용한다. 제1방법에 있어서도 해당물품 신고가격이 사실과 같은지 여부를

---

41 수입물품 과세가격 결정에 관한 고시 제3조 ① 대고객 전신환매도율이 제공되지 않는 경우에는 대고객 현찰매도율을 평균하여 과세환율을 결정한다.
42 수입신고 시 송품장상의 물품대금 결제통화가 엔화로 기재되어 있다 하더라도 실제 미국달러화로 대금을 결제하였다면 실제 결제한 미국달러화에 과세환율을 곱하여 원화 과세가격으로 결정한다. 그러나, 당해물품의 송품장상의 원화표시 대금을 우리나라 원화로 결제하였다면 통화나 환율적용의 문제는 발생하지 않는다. 그리고, 구매자가 당해 물품의 운임을 B/L상의 외국통화로 기재된 운임이 아닌 운임명세서상의 원화로 결제하였다면 원화로 운송업자에게 실제로 지급한 운임을 당해 물품 실제지급금액에 가산하여야 한다. 관세청 유권해석 평가분류47221 - 268호, '01.3.21, 참조.
43 관세청에서는(사실은 WCO 관세평가기술위원회 사무국에서 유권해석을 내린 것.) 송품장상에 결제통화가 원화인 경우, 실제송금을 외화(예: 미국 달러화 or 엔화 등)로 하더라도 송품장상의 원화가 과세가격의 기초가 된다고 유권해석을 내린 바 있다. 관세청 평가분류 47221 - 268호, 01.3.21.
44 "일반적으로 인정된 회계원칙"이라 함은 다음에 관한 일반적으로 인식되고 있는 일치된 의견 또는 실질적이고 권위있는 지지를 받고 있는 회계원칙을 말한다. ⅰ) 어떠한 경제적 자원과 의무가 자산과 부채로 기록되어야 하는가. ⅱ) 자산과 부채의 어떠한 변동이 기록되어야 하는가. ⅲ) 자산과 부채 그리고 이들의 변동이 어떻게 측정되어야 하는가. ⅳ) 무슨 정보가 어떻게 공개되어야 하는가. ⅴ) 어떠한 재정보고서가 준비되어야 하는가. 관세청, 『관세평가실무』, 국세공무원교육원, 2007, p. 8.

판단하기 위해 일반적으로 인정된 회계원칙에 따라 작성된 회계장부가 있어야 한다. 따라서 이러한 자료가 없다면 관세법 제30조의 적용요건을 충족하지 못하므로 당연히 해당물품 신고가격이 부인될 수 있는 것이다.

03 과세가격 결정방법 등의 통보

① 세관장은 납세의무자의 서면요청이 있는 때
② 과세가격의 결정에 사용된 방법·과세가격 및 그 산출근거를 납세의무자에게 서면으로 통보하여야 한다.

Ⅳ 과세가격 결정방법

01 해당물품의 거래가격을 기초로 한 과세가격의 결정

1) 개요

수입물품의 과세가격을 결정함에 있어 평가 방법에는 6가지가 있지만 WTO 관세평가제도에서 가장 우선적으로 적용되고 또한 그 적용범위가 가장 큰 과세가격결정방법은 해당 수입물품의 거래가격[45]을 기초로 하는 제1방법이다. WTO 회원국마다 차이는 있지만 우리나라의 경우 98% 이상의 수입통관 건에 대한 과세가 제1방법에 의해 이루어지는 것으로 집계되고 있다.[46]

---

45 WTO 관세평가협약 제1조제1항에서는 수입물품의 과세가격은 거래가격(Transaction Value)이 어야 한다고 규정하고 있고, 관세법 제30조 제1항을 보면 "수입물품의 과세가격은 우리나라에 수출하기 위하여 판매되는 물품에 대하여 구매자가 실제로 지급하였거나 지급하여야 할 가격에 1. 특허권 등의 사용대가 2. 사후귀속이익 3. 생산지원비용 4. 포장비용 5. 수수료 및 중개료 6. 용기의 비용 7. 운임·보험료 등을 가산하여 조정한 거래가격으로 한다."라고 규정하고 있다.
46 정재완, "관세의 과세가격 결정원칙과 제1방법 적용의 조건", 『관세와 무역』, 한국관세무역연구원, 통권 제404호, 2004, p. 48.

이 방법은 관세평가에 있어서 가장 기본적인 방법으로 거래요건을 갖춘 수입물품에 대하여 구매자가 실제로 지급하였거나 지급하여야 할 금액에 몇 가지 가산요소와 공제요소를 가감하고, 여기에 우리나라에 도착하기까지 소요된 운임 및 보험료를 가산한 가격을 과세가격(CIF가격)으로 결정하는 것이다.[47] 그러므로 해당 수입물품이 거래가격의 요건을 갖추지 못하거나 가산금액의 계산에 있어서 객관적이고 수량화할 수 있는 자료에 근거하지 못하는 경우에는 제1방법을 적용할 수 없으며, 후순위의 방법을 순차적으로 적용하여 과세가격을 결정한다. 또한, 해당물품의 처분 또는 사용에 제한이 없을 것, 거래의 성립 또는 가격 결정 시 금액으로 계산할 수 없는 조건 또는 사정에 의해 영향을 받지 않을 것, 계산할 수 없는 사후귀속이익이 없을 것, 거래가격이 특수 관계의 영향을 받지 않아야 한다는 4가지 거래가격 배제요건 중 1가지라도 충족되지 못하는 경우 거래가격으로 인정되지 않으며, 수출판매에 해당되지 않는 경우나 저가신고에 대한 합리적 의심이 해소되지 않는 경우에도 거래가격이 인정되지 않는다.

따라서, 관세의 과세표준이 되는 거래가격은 "우리나라에 수출·판매되는 물품에 대하여 실제로 지급하였거나 지급하여야 할 가격으로 가산요소 금액을 가산·조정한 가격에 운임·보험료를 포함한 거래가격의 성립요건을 갖춘 가격"이라고 할 수 있다.

2) 거래가격의 성립요건

해당물품의 거래가격을 기초로 과세가격을 결정하는 제1방법을 적용하려면 거래가격의 성립요건을 충족[48]하여야 하며, 이러한 요건을 충족하지 못하면 후순위인 제2방법 내지 제6방법에 의해서 과세가격을 결정하여야 한다.

---

47 부산경제진흥원, 『중소기업무역실무』, 2008, p. 158.

48 WTO 관세평가협약 제1조 제1항, 법 제30조 제3항(거래가격의 성립요건). 1. 구매자와 판매자 간에 특수 관계가 있어 그 관계가 가격에 영향을 미치지 않을 것. 2. 금액으로 환산할 수 없는 사후귀속이익이 없을 것. 3. 우리나라에 수출 판매된 물품일 것. 4. 거래성립 또는 가격의 결정에 특별한 사정이 있어 그 영향을 받은 것이 아닐 것. 5. 당해물품의 사용·처분에 제한이 없을 것 상기 요건 중의 하나라도 충족시키지 못하면 제1방법에 의하여 거래가격이 배제되어, 법 제31조(제2방법) 내지 법 제35조(제6방법)의 규정에 따라 과세가격을 결정하여야 한다.

(1) 특수관계가 가격에 영향을 미치지 않을 것

IMF 이후 외국의 자본으로 설립된 국내기업이 증가되고 외환거래가 어느 정도 자유화되면서 특수관계자[49] 간 거래에 있어 특수관계 당사자 간의 가격(이전가격, Transfer price)[50]이 왜곡되었는지 여부를 결정하는 것이 최근 세관이나 업계에 중요한 이슈로 등장하고 있기 때문에 판매자와 구매자가 친족관계에 있다든지 서로 동업자 관계에 있다든지, 자본을 투자한 관계에 있는 경우 등에는 상호이익이 되는 범위 내에서 가격상의 혜택이 오고 갈 것이다. 관세평가에서도 이러한 이유로 특수관계자 간의 거래는 비특수관계자와의 거래보다 일단 객관성이 희박한 것으로 보고 이 특수관계가 가격에 영향을 미쳤는지 여부를 확인해야 한다.[51] 특히, 독점대리점, 독점취급권자, 기술제휴 등의 관계에 있는 자가 특수관계에 해당하는지의 여부는 실질적인 내용을 검토하여 확인하여야 한다. 실례로 일률적인 판단은 곤란하지만 상대방으로부터 지시와 통제를 받고 회계업무를 할 의무가 있으며, 간섭의 정도가 깊게 되어 있는 계약의 경우는 특수관계에 해당한다고 해석한다.[52]

---

49 거래당사자 간의 특수 관계에 대해서는 관세평가 목적상 통일이 되어야 하므로 협약 제15조 제4항 및 제5항 그리고 관세법 시행령 제23조 제1항에 세부적으로 정의하고 있다. 특수 관계가 있는 자라 함은 외국의 판매자와 국내의 구매자가 다음과 같은 관계가 있는 자를 말한다. ① 상호 사업상의 임원 또는 관리자인 경우 ② 상호 법률상의 동업자인 경우(개인회사의 경우 이윤, 손실의 처분에 관하여 개별적 또는 일반적인 약정이 있는 경우도 포함됨) ③ 고용관계에 있는 경우 ④ 구매자 및 판매자 중 일방이 타방에 대하여 법적으로 또는 사실상으로 지시나 통제를 할 수 있는 위치에 있는 등 일방이 타방을 직접 또는 간접으로 지배하는 경우 ⑤ 특정인이 구매자 및 판매자의 의결권 있는 주식을 직·간접으로 5% 이상 소유하거나 관리하는 경우 ⑥ 쌍방을 동일한 제3자가 직·간접으로 지배하는 경우 ⑦ 쌍방이 동일한 제3자를 직·간접으로 공동지배하는 경우 ⑧ 국세기본법 시행령 제20조 제1호 내지 제8호의 1에 해당하는 친족관계에 있는 경우.

50 이전가격이란 다국적 기업의 내부거래에서 적용되는 가격을 말한다. 이전가격의 적용대상에는 완제품뿐 아니라 시설재와 중간재, 그리고, 자본, 기술, 서비스 등 국제적으로 이전이 가능한 모든 무형물을 포함한다. 강흥종, "우리나라 관세평가제도 운용의 주요 쟁점 및 개선 방안에 관한 연구", 관세학회지 제7권, 제2호, 2006, p. 32.

51 WTO 관세평가협약 제1조. 「구매자와 판매자간의 특수관계가 있다는 사실 그 자체만으로는 거래가격을 채택할 수 없다고 하는 사유가 되어서는 안된다.」라고 규정하고 있다. 이는 특수관계자 간의 거래가 특별한 취급을 받아야 한다는 사실은 인정하지만 특수관계가 있다고 하여 반드시 거래가격이 왜곡되었다고는 할 수 없기 때문이다. 다만 특수관계자 간의 거래가격이 관세를 축소하기 위하여 의도적으로 낮게 책정될 가능성이 크기 때문에 세관실무상 크게 관심을 갖고 있다.

52 WTO 관세평가협약 제15조 제5항. 「일방이 타방의 독점대리인, 독점분배권자 또는 독점양허권자이거나 기타 표현 여하에 관계없이 사업상 상호관련이 있는 자는 상기 특수관계자의 기준에

최근 국제 간의 거래에 있어서 관세액을 낮추기 위한 특수관계자 간의 가격조작은 자국 내의 내국세법과 관련한 세무행정의 발전 또는 다국적기업의 회사경영관리와 관련 인위적으로 가격을 낮추는 행위는 점차 관련기업에 대하여 매력을 상실하고 있는 것이 사실이나, 세관당국입장에서 보면 특수관계자는 우선적으로 수입가격의 인위적인 이전가격 조작으로 세금탈루 및 이익 회수가 용이하므로 이러한 점을 고려해 볼 때 수입물품 거래가격을 왜곡할 가능성이 많은 특수관계자 간 수입거래에 대하여 선별적인 심사 및 지속적인 관심을 가지고 있다. 세관에서는 특수관계자 간의 거래 상황을 조사하여 가격에 영향을 미치지 않았다면53 거래가격을 과세가격으로 채택하여야 한다. 그런데 모든 특수관계자 간의 거래에 대하여 반드시 조사를 해야 한다는 것은 아니며, 가격의 채택여부에 의문이 있는 경우에 한하도록 협약에서는 규정하고 있다. 다만, 최근 외국기업의 대한국 투자가 용이하여 외국인투자법인의 설립이 증가되어 특수관계자 간의 거래가 종전보다 늘어난 것은 사실이나 세관인력상 모든 특수관계자 간의 거래를 조사할 수는 없다. 따라서 세관장은 거래가격 심사가 필요하다고 인정하는 납세의무자를 선별하여 거래상황 및 가격결정방법 등에 관한 상세한 자료를 제출하도록 하여 특수관계가 거래가격에 영향을 미쳤는지를 판단한다.

일반적으로 관세를 높게 낼 경우에는 법인세 등 내국세가 낮아지고 관세를 낮게 낼 경우에 같은 조건이라면 내국세를 높게 납부하고 있는 현실을 감안하면 관세율보

포함되는 경우에는 이 협약의 목적상 관련이 있는 것으로 인정되어야 한다.」

53 WTO 관세평가협약에서는 다음과 같은 경우에는 특수관계가 가격에 영향을 미치지 않은 것으로 규정하고 있다. ① 당해물품의 가격이 당해 산업부문의 정상적인 가격결정관행과 부합하는 방법으로 결정된 경우 ② 당해물품의 가격이 판매자와 특수관계자가 없는 구매자와 거래하는 것과 같은 방법으로 결정된 경우 ③ 당해물품의 가격이 그 물품의 생산 및 판매에 관한 모든 비용과 최근 회계년도에 실현된 동종 또는 동류의 물품의 판매에 따른 전반적인 기업이윤을 적절히 포함하고 있는 경우. ①의 경우에서 정상적인 가격결정관행(normal pricing practices)이 의미하는 바는 산업에 따라 또는 국가에 따라 다르다. 예를 들면, 수입물품의 가격이 당해 업계의 통상의 가격결정관행에 따라 국제시세(금, 동, 아연, 원당, 원면, 원유 등)에 의하여 결정된 경우 특수관계가 거래가격에 영향을 미치지 않았다고 볼 수 있다. ②의 경우는 예를 들어 설명하면 대기업들의 현지법인이나 지사들이 국내모기업의 요청에 의하여 현지에서 물품을 구매하고 일정한 수수료를 포함한 가격으로 수출하는 경우가 흔히 있는데 이러한 거래상황은 특수관계가 없는 당사자 간에 가격을 결정하는 방법과 같은 방법이므로, 설령 특수관계자 간의 거래라 할지라도 거래가격을 과세가격으로 채택할 수 있을 것이다. ③의 경우, 법령에서 이윤 및 일반경비로 표현하고 있으나 앞으로 설명할 제4방법과 제5방법에서의 이윤 및 일반경비(profit and general expenses)와는 다르다. ③은 당해물품의 가격이 모든 비용(costs)과 동종 또는 동류(the same class or kind)의 물품의 판매에 있어서 대표적인 기간(예: 1년 기준) 동안에 실현된 그 회사의 전반적인 이윤에 상당하는 이윤(profit)을 적절히 반영하고 있는 경우를 말한다.

다 법인세 등 내국세율이 높다는 자체만으로 이전가격이 낮게 책정되지 않았다는 추정은 가능할 것이나 이것이 절대적인 판단기준이 될 수는 없을 것이다.

(2) 금액으로 환산할 수 없는 사후귀속이익이 없을 것

판매자와 구매자의 물품의 매매, 즉 물품의 인도와 대금의 지급으로써 거래가 끝나야 하는 것이 일반적이다. 그러나 구매자가 그 물품을 전매 또는 처분하였거나 사용한 결과 발생하는 수익 중의 일부를 나중에 판매자에게 송금하여 주거나 판매자의 요청에 따라 제3자에게 지급하여 주는 등 판매자에게 이익이 되도록 하는 계약이 있을 때에는 해당 거래가격은 물품의 가격을 정확하게 반영한다고 할 수 없다. 다만 이 경우에도 그 금액을 확인할 수 있는 경우에는 그 금액을 가산하여 과세가격을 결정할 수 있다.[54]

사후귀속이익은 거래된 해당물품의 처분, 사용에 따른 수익의 일부를 판매자에게 되돌려 주는 것만을 의미하는 것이고, 해당물품의 거래와는 전혀 무관하게 이루어지는 경우 예를 들어, 판매자가 주식을 소유하였기 때문에 그 배당금을 받아가는 등의 수입물품과 직접적인 관련이 없는 수익은 여기서 말하는 사후귀속이익의 범주에 포함되지 않는다. 또한, 구매자가 자기의 비용으로 행하는 광고 등 판매촉진 활동비는 해당 비용의 지불이 거래의 조건으로 지불되는 것이 아닌 때에는 거래가격 성립요건상의 사후귀속이익에 해당되지 않는다.[55]

(3) 우리나라에 수출판매된 물품일 것

제1방법에 의한 평가의 기초인 거래가격은 우리나라에 수출[56]판매된 물품의 거래

---

54 WTO 관세평가협약 제8조, 관세법 제30조 제1항 제5호. 당해 수입물품의 수입 후 재판매, 처분 또는 사용에 따른 수익의 일부가 직접 또는 간접으로 판매자에게 귀속되는 모든 금액은 관세의 과세가격 결정시 실제지급금액에 가산된다.

55 WTO 관세평가협약 사례연구2.2. 표명한 의견을 종합해 보면 사후귀속이익은 당해 수입물품의 재판매, 기타 처분 등에서 얻어지는 매상대금, 임대료, 가공임 등을 말하며 주식배당금과 같이 수입물품과 직접 관련이 없는 것은 이에 해당하지 아니한다.

56 WTO 관세평가협약에서는 「수출」에 대한 명확한 것은 언급하고 있지 않다. 협약 권고의견 14.1에서는 「관세협력이사회의 국제관세행정용어집에서 수입이란 용어는 "어떤 상품을 관세영역으로 가져오는 행위"라고 정의되고 있으며 수출이라는 용어는 "어떤 상품을 관세영역 밖으로 가져가는 행위"라고 정의되어 있기 때문에 어떤 상품이 평가대상이 되고 있다는 사실은 그 자체로 수입과 수출이라는 행위가 동시에 성립하게 되는 것이다. 나머지 조건은 그와 관계되는 거래의 동질성을 확보하는 것이다. 이러한 관점에서 볼 때 이는 판매가 특정수출국에서 발생될

가격이다. 따라서 우리나라가 아닌 제3국으로 수출판매된 물품이나 판매되지 아니한 물품의 가격은 거래가격으로 채택할 수 없다. 그러나 판매거래가 특정 수출국에서 발생하여야 할 필요는 없다. 즉, 관련거래가 수입국으로 물품을 수출하기 위한 목적으로 이루어진 것이라는 것을 입증하면 제1방법의 적용이 가능하다. 결론적으로 사실상 물품의 국제 간 이전이 있는 거래이면 거래가격에 의한 평가방법이 사용될 수 있는 것이다. 다음은 미국세관 당국이 수출판매로 판단한 사례이다.[57]

사례1 해외에서의 판매는 국내반입이 확정되지 않았으면 수출판매로 볼 수 없다. 일본에서 한국의 구매자에게 판매된 물품이 미국에서 불확정적인 기간 동안 저장되어 있었다면 이 거래는 수출판매로 볼 수 없다. 판매계약시에 국내반입이 확정되어 있어야 한다.

사례2 수입신고 전에 국내회사가 구매주문을 한다면 이에 응하는 경우에 이 구매주문이 국내판매로 간주되는 경우는 수출판매로 볼 수 없다.

사례3 수출판매로 볼 수 있는 2개 이상의 거래가 있는 경우에 해당물품의 국내반입에 가장 직접적인 영향을 미친 판매를 수출판매로 본다. 미국의 수입자가 일본의 제조자로부터 유전에서 사용할 튜브를 구입하여 캐나다에 보내어 플라스틱 보호막을 코팅한 후에 수입하였으며 수입자는 일본과 캐나다의 거래상대방에 각각 별도로 대금을 지급한 경우에 미국의 수입자와 캐나다의 코팅업자 사이의 거래가 국내반입에 가장 직접적인 영향을 미친 거래로서 수출판매로 간주된다. 이 경우 일본제조자에게 지급한 금액은 캐나다 코팅업자에게 수입자가 무상으로 제공한 생산지원비용으로 보아 과세가격에 가산한다.[58]

가격이란 구매자와 판매자 당사자가 합의한 금액을 의미하는 것으로 먼저 판매의 개념을 상정하고 있다. 따라서 판매가 아닌 물품의 거래 즉 선물(Gift), 리스(lease), 동일한 소유주 간의 자산이동 등의 거래는 거래가격의 성립을 인정할 수 없을 것이다.

협약에서 판매에 관한 가장 중요한 기준은 거래로 인하여 소유권이 이전되어야 한다는 것이다. 즉 판매자가 소유권을 어느 누구보다도 많이 갖게 되도록 하는 것이어야 한다는 것이다. 일반적으로 소유자는 손실의 위험을 감수하고 이익의 발생을 향유하며 사용·처분에 관한 독자적인 권리를 가진다. 그러나 이러한 권리와 위험은 공

필요는 없다. 수입자가 문제되는 당면거래가 수입국에 물품을 수출할 목적으로 이루어졌다는 사실을 입증하면 바로 제1방법을 적용할 수 있는 것이고 사실상 물품의 국제 간 이전이 있는 거래이면 거래가격에 의한 평가방법이 사용될 수 있는 것이다.」라고 해석하고 있다.

57 관세청, 『관세평가실무』, 국세공무원교육원, 2007, p. 13.

58 미국예규 543737. '86.7.21.

유되거나 위임될 수 있다.

제3자를 대신하여 자신의 명의로 영업하는 구매대리인에 대한 판매도 판매의 한 형태이다. 구매대리인의 서비스범주가 구매자만을 위하여 그를 대리하여 행하는 용역(공급자를 물색하고, 구매자의 요구사항을 판매자에게 알려주고, 샘플을 수집하고, 물품을 검사하며, 때로는 보험, 운송, 보관 및 인도 등)의 범위에 해당된다면 협약상 구매수수료는 수입물품의 과세가격에 가산되지 않는다.[59]

이러한 구매수수료가 수입물품의 과세가격에 가산되지 않는 이유는 해당 수입물품의 거래가격과 무관한 별도의 용역제공자에게 지불한 용역비(수수료)이기 때문이다.

수입자가 수입물품의 생산에 사용되는 재료를 수출자에게 보낸 경우 그들이 합의하는 가격은 수출자에 의해 부가되는 재화나 용역의 가치만을 반영할 것임에 틀림없다. 이 경우 수입자가 외부 가공을 위해 제공한 물품에 대한 「판매」는 없다고 할 수 있다. 그러나 이는 「생산지원(Assist)」으로서 관세의 과세가격에는 포함되어야 한다.

위와 같이 「판매조건」은 당사자 간의 합의에 따라 매우 많은 종류의 거래가 발생하고 있어 협약에서는 일률적으로 정의를 내리는 것보다는 거래가격의 성립요건과 가산요소금액의 가산요건 등을 고려하여 판매로 볼 수 없는 사례를 열거하는 방법으로 그 범위를 정하고 있다.[60]

우리나라도 동 협약의 권고의견을 참조하여 판매가 아닌 경우를 다음과 같이 열거하고 있으며,[61] 판매가 아닌 거래에 대하여는 협약상 제1평가방법을 적용할 수 없으

---

59 WTO 관세평가협약 제8조의 1(a).

60 WTO 관세평가협약 권고의견 1.1. THE CONCEPT OF "SALE" IN THE AGREEMENT. The Technical Committee on Customs Valuation expressed the opinion that: (a) The Agreement on implementation of Article VII of the General Agreement on Tariffs and Trade, hereinafter called the "Agreement", contains no definition of "sale". Article 1, paragraph 1, merely stipulates a specific commercial operation satisfying certain requirements and conditions. (b) Nevertheless in conformity with the basic intention of the Agreement that the transaction value of imported goods should be used to the greatest extent possible for Customs valuation purposes, uniformity of interpretation and application can be achieved by taking the term "sale" in the widest sense, to be determined only under the provisions of Article 1 and 8 read together. (c) It would however be useful to prepare a list of cases which would not be deemed to constitute sales meeting the requirements and conditions of Articles 1 and 8 taken together. In these cases the valuation method to be used should of course be determined in accordance with the order of priority laid down by the Agreement.

61 관세법시행령 제17조. ① 무상으로 수입하는 물품 ② 수입 후 경매 등을 통하여 판매가격이 결정되는 위탁판매수입물품 ③ 수출자의 책임 하에 국내에서 판매하기 위하여 수입하는 물품

며 제2방법 내지 제6방법의 적용여부를 순차적으로 검토하여야 한다.

(4) 해당물품에 대한 거래의 성립 또는 가격의 결정이 금액으로 계산할 수 없는 조건 또는 사정에 의하여 영향을 미친 사유가 없을 것

매매는 해당물품과 그에 대한 대금을 교환하는 것으로 성립하는 것을 기본으로 하고 있다. 따라서 거래 자체의 성립이나 가격의 결정이 해당물품에 국한되지 아니하고 다른 사정에 따라서 좌우되는 때에는 그렇지 아니한 경우와 비교하여 가격에 차이가 발생할 것이므로 이를 통일할 필요가 있을 것이다.

사례1 A가 B로부터 텔레비전을 대당 $200로 구매하는 조건으로 A로부터 라디오를 대당 $50로 구매하는 것과 같이 상호간에 판매가 이루어지고 판매하는 물품의 가격을 상호 관련시켜 가격이 결정되는 경우에는 상호간의 양해하에 양쪽이 가격을 인하 또는 조정할 가능성을 내포하기 때문에 이러한 경우의 가격은 거래가격으로 인정되지 않는다.

사례2 A가 B로부터 원재료 또는 반제품을 구입하면서 대금지불을 일부는 금전으로, 나머지 부분은 그 원재료 또는 그 반제품으로 생산한 제품을 무료로 주거나 저렴한 가격으로 주는 경우이다.

이상과 같은 형태의 거래에 대하여는 온전한 가격이라고 볼 수 없으며 따라서 거래가격으로 인정하지 않는다. 그러나 이러한 사정 또는 영향을 금액으로 환산할 수 있는 경우에는 이를 환산하여 거래가격을 산출할 수 있다. 위의 예에서 A와 B가 텔레비전과 라디오를 상호 판매하는 경우에 A가 B에게 라디오 가격($50)과 B가 A에게 판매하는 텔레비전 가격($200)이 각각 A와 B가 제3자에게 판매하는 때의 가격과 동일하다면 그러한 사정이 가격에 영향을 미치지 아니한 것이므로 문제가 없고, 또한 A의 라디오 가격이 B에게만은 $5씩 할인되었고 B의 텔레비전 가격은 제3자에게 판매하는 것보다 $20씩 할인되었다면 각각 총액에서 그만큼 상계한 것이므로 $5과 $20를 각각 가산하여 거래가격을 산출할 수 있다. 또한 거래의 성립 또는 가격의 결정이 다른 조건 또는 사정에 의하여 영향을 받는 것이라 함은, 당해 매매에 국한되어 예시한 바와 같이 구체적이고 가격과 직접 관련이 있는 경우로 축소 해석하여야 하며, 예컨대 A가 B로부터 텔레비전을 구입하는 것과 관련하여 파티에 초대한 다든가, 텔레비전 구입과 직접 관계없이 여행안내와 숙식을 제공하는 것 등은 여기에서 말하는 특별한 조건 또는 사정에 해당되지 아니한다.

---

④ 별개의 독립된 법적사업체가 아닌 지점 등에서 수입하는 물품 ⑤ 임대차계약에 의하여 수입하는 물품 ⑥ 무상임차 수입물품 ⑦ 산업쓰레기 등 수출자의 부담으로 국내에서 폐기하기 위하여 수입하는 물품.

(5) 구매자가 해당물품의 처분 또는 사용함에 있어 어떠한 제한이 없을 것

일반적으로 판매라 함은 물품과 대금의 상호교환에 의하여 그 물품의 소유권이 이전되는 것을 말하며, 소유권이 완전히 이전되지 아니한 판매는 완전한 판매라고 할 수 없으며, 이때에 성립되는 가격은 그 물품의 온전한 대가라고 할 수 없으므로 이를 과세가격으로 채택하는 것은 일반적인 판매와 비교하여 균형을 잃을 우려가 있다.[62]

3) 실제로 지급하였거나 지급하여야 할 가격

(1) 의의

제1방법에 의한 과세가격의 결정은 거래가격의 성립요건을 갖춘 수입물품에 대하여 그 물품의 구매를 위하여 실제로 지급하여야 할 총금액에 가산요소금액을 조정하고 해당 물품을 우리나라에 수입하는 데 소요된 운임 및 보험료를 가산하여 과세가격을 결정하도록 되어 있다. 또한 제 1방법에 의거 과세가격을 결정하고자 하는 때에는 수입통관시에 그 금액을 확정할 수 있어야 한다.[63]

(2) 실제 지급하였거나 지급하여야 할 가격 등

"실제로 지급하였거나 지급하여야 할 가격(Price Actually Paid or Payable)"이라 함

---

62 관세법시행령 제21조. 물품의 처분 또는 사용에 제한이 있는 경우에는 아래와 같다. ⓐ 제한으로 보는 경우 1. 전시용·자선용·교육용 등 당해 물품을 특정용도로 사용하도록 하는 제한 2. 당해 물품을 특정인(특히 수출자와 특수관계에 있는 자)에게만 판매 또는 임대하도록 하는 제한. 3. 기타 당해 물품의 가격에 실질적으로 영향을 미치는 제한 ⓑ 제한으로 보지 않는 경우 1. 우리나라의 법령이나 법령에 의한 처분에 의하여 부과되거나 요구되는 제한, 예를 들어 약사법에 의거 약사에게만 판매하도록 재한하고 있는 것, 농림부에 의거 옥수수를 사료제조용으로만 사용하도록 하는 것 등이다. 2. 수입물품이 전매될 수 있는 지역의 제한당해 물품을 우리나라의 경인지방에서만 재판매하도록 재한을 붙이거나, 제3국에는 수출을 하지 못하도록 제한을 두는 경우 등을 말한다. 3. 기타 수입가격에 실질적으로 영향을 미치지 아니한다고 세관장이 인정하는 제한. 신형 자동차의 모델연도가 시작되기 이전에 전시 또는 판매하지 않도록 하는 제한은 당해 물품의 가격에 실질적으로 영향을 미치지 아니하므로 거래가격을 불인정하는 제한으로 보지 아니한다.

63 금액의 확정이란 기본적으로 시간의 경과와 과정이 있는 것으로 시간이 지나가면 모든 것이 확정될 수 있으나, 시간이 지나면 모든 것이 확정될 수 있다고 하여 세관업무의 처리를 무한정 지연시킬 수는 없기 때문에 평가규정에서는 일단 통관절차와 관련하여 일정한 시간 내에 금액을 확정할 수 있는 것에 대하여만 제1방법을 적용하도록 하고 있다.

은 구매자와 판매자 간의 합의에 의하여 수입물품의 대가로 그리고 수입물품의 판매조건(거래조건)으로 구매자가 판매자에게 또는 판매자를 위하여 직접 또는 간접으로 지급하는 총금액을 말한다.64 이와 같이 실제로 지급하였거나 지급하여야 할 가격(이하"실제지급금액"이라 함)은 전체 또는 일부가 이미 지급이 이루어졌든 아직 지급되지 않았든 관계없이 과세가격에 포함하여야 한다.

해당 수입물품의 대가로서 구매자가 지급하였거나 지급하여야 할 총 금액을 말하며, 지급하여야 할 가격은 가격에 대한 합의는 이루어져 있으나 아직 지급이 이루어지지 않은 경우를 말하며, 직접 지급 금액과 간접 지급금액을 모두 포함한다.

구매자와 판매자간에 가격에 관한 합의사항이 문서로 된 계약서가 없더라도 거래당사자간에 실제로 합의하여 거래와 지급에 관한 L/C, 구매주문서, 송품장, 서신 또는 메일, 메모 등의 형태로 증명될 수 있으면 거래가격의 기초가 된다. 실제지급금액이 수입물품의 계약내용에 따르도록 되어 있어 수입신고시에 그 금액을 확정할 수 없는 경우에는 계약내용에 따라 실제지급금액을 결정하고65, 원계약서에 가격조정약관 또는 거래조건 자체에 수입통관 후 거래가격이 결정되어지는 경우, 수입신고시 잠정가격으로 신고하고 일정기간 경과 후 확정된 가격이 거래가격이 된다.

(3) 대금결제 조건과 할인

매매는 물품과 대금을 동시에 상호교환하는 것을 기본으로 하고 있으므로 현금지불의 경우 할인은 실제지급금액을 과세의 기준으로 하는 원칙에 적합하며, 실제의 무역 거래에서는 선적서류의 수령과 동시에 대금을 결제하는 것(At Sight)까지 물품과

---

64 수입물품 과세가격 결정에 관한 고시 제4조 ① 법 제30조제1항 본문의 "구매자가 실제로 지급하였거나 지급하여야 할 가격"(이하 "실제지급금액"이라 한다)은 다음 각 호의 금액을 포함한다. 1. 해당물품의 거래조건으로 구매자가 판매자에게 실제 지급하였거나 지급할 모든 금액 2. 해당물품의 거래조건으로 구매자가 판매자의 의무를 충족하기 위하여 제3자에게 실제로 지급하였거나 지급할 모든 금액 3. 해당물품의 거래조건으로 구매자가 판매자 또는 제3자에게 실제 지급하였거나 지급할 연구개발비 ② 법 제30조 제1항 각 호에서 정한 가산요소 이외에 구매자가 자기의 계산으로 행한 활동은 비록 판매자의 이익이 된다 할지라도 판매자에 대한 간접지급으로 보지 않는다.
65 수입물품 과세가격 결정에 관한 고시 제42조. 산적화물(석탄, 곡물 등)을 수입함에 있어서 수입항에서 수입자가 물품검사 결과, 성분함유량, 실제중량에 따라 지급할 금액이 확정되어 있는 경우(이를 소위 "단가계약"이라 함)에는 계약내용에 따라 확정되는 금액에 의하여 과세가격을 결정할 수 있다(실제수입 수량에 단가를 곱한 금액이 실제지급금액). 그러나 물품검사 결과 일정오차범위(예: ±5%)에서 계약수량에 미치지 않더라도 실제로 지급하는 총금액이 정하여져 있는 경우(이를 "총액계약"이라 함) 그 가격이 실제지급금액이 되는 것이다.

대금의 상호조건으로 볼 수 있다. 그러나, 물품의 품질이 떨어지는 경우에 대하여 수출자가 통관 후 리베이트(또는 클레임보상)를 제공하여 거래가격이 할인되는 경우, 이 리베이트는 반입 후 가격의 변화라기보다는 원계약상의 계약의무 이행문제(별도의 배상조치)로 생각되기 때문에 원래의 거래가격 채택에는 영향을 미치지 아니하므로 할인금액은 불인정된다. 거래가격이 동일물품의 보편적인 시장가격보다 낮다는 단순한 사실만 가지고는 그 가격을 거래가격이 아니라고 볼 수는 없다.

실례로 최근 관세평가분류원에서 "수출국 부가가치세를 환급받아 실제지급금액의 변동이 있었다면 거래가격의 변동으로 볼 수 있다"는 결정이 있었다.[66]

이와 관련한 법적근거는 GATT 제7조제3항에 규정되어 있고, 일본 관세정률법에도 명시하고 있으나,[67] 우리나라 관세법에는 규정되어 있지 않다. 수량 확인의 경우 일정수량 이상을 구매하는 경우에 인정된다. 그러나 대량구매를 조건으로 할인되었으나, 분할선적된 경우에는 해당수량이 전량 수입되고, 당해 할인 후의 가격이 실제로 지급되는 것을 조건으로 지급하여야 할 금액을 확정하게 된다.[68]

4) 거래가격의 조정요소

(1) 의의

수입물품의 거래가격이 그 성립요건을 갖추고 실제 지급금액이 확정된 후에도 물품의 수입과 관련하여 구매자가 부담하는 어떤 금액이 수입물품에 대한 실제 지급금

---

66 "수출자가 수출국의 부가가치세를 환급받아 수입자에게 지급하여 실제지급금액의 변동이 있었다면 이는 거래가격이 변경된 것으로 볼 수 있으나, 이 건은 거래가격의 변동이 없었으므로 실제로 지급한 거래가격이 과세가격이 된다." 관세평가분류원, '06년 제1회 관세평가협의회 결정 내용.

67 GATT 제7조 제3항. "당해 수입물품이 원산국 또는 수출국에서 적용되는 내국세로부터 면제되었거나 환급방식에 의해 환급 또는 환급될 예정으로 있을 경우에는 관세평가에서 동 내국세 금액을 포함해서는 아니 된다. 일본 관세정률법 제4조(과세가격의 결정원칙) ① 수입물품의 과세표준이 되는 가격(이하 「과세가격」이라 한다)은 다음 항 본문 규정의 적용이 있는 경우를 제외하고는 당해 수입물품에 관련된 수입 거래가 이루어진 때에 구매자가 판매자에 대하여 또는 판매자를 위하여, 당해 수입물품에 대하여 실제로 지불하였거나 지불하여야 할 가격(수출국에서 수출시에 경감 또는 환불받을 관세 기타의 과징금을 제외한다)에, 그에 포함 되어 있지 아니한 다음에 게기하는 운임 등의 금액을 가산한 가격(이하 「거래가격」이라 한다)으로 한다.

68 WTO 관세평가협약 권고의견 15.1. 수량할인은 판매자가 판매된 물품의 수량에 기초한 고정가격표에 따라 판매물품의 가격을 결정하는 경우 인정될 수 있다.

액에 포함되어 있지 않은 경우 이 금액은 실제지급금액에 가산하여야 하는데, 이를 가산요소라 한다.[69]

동 가산금액으로는 구매수수료를 제외한 수수료 및 중개료로서 구매자가 부담하는 금액, 해당물품과 일체로 취급되는 용기비용과 해당물품의 포장에 소요되는 노무비 및 자재비, 해당물품 생산 및 수출거래를 위한 무료 또는 인하된 가격으로 수출자에게 물품 또는 용역을 생산지원한 비용, 특허권 등의 사용료, 사후귀속이익, 수입항까지의 운임 및 보험료, 기타 운송관련 비용 등 6가지가 있다.

이러한 금액을 가산하는 이유는 이 금액을 별도로 지급한다 하더라도 물품가격의 일부를 구성한다고 보기 때문이다. 또한, 가산요소를 가산함에 있어서는 객관적이고 수량화할 수 있는 자료에 근거하여야 하며,[70] 이러한 자료가 없는 때에는 제2방법 내지 제6방법으로 과세가격을 결정하여야 한다.

(2) 수수료 및 중개료

물품의 수입과 관련된 수수료가 과세가격에 포함되는 것은 구매수수료를 제외한 판매수수료와 중개료이다.[71] 즉, 구매수수료를 제외하고 구매자가 부담하는 수수료(Commission) 및 중개료는 거래가격에 가산된다. 판매수수료(Selling Commission)는 수입물품을 판매함에 있어서 판매자를 대리하여 행하는 용역의 대가로 판매자가 지불하는 비용으로 판매수수료를 판매자 자신이 부담하는 경우에는 따로 가산할 금액이 없는 것이지만, 판매조건으로 구매자로 하여금 송품장 가격에 추가해야 할 수수료를 직접 중간역할을 한 자에게 지불하도록 하는 경우에는 이 수수료는 거래가격 결정시 가산되어야 한다.[72] 즉, 판매자가 중개인에게 중개료[73]를 지급하여 기 금액이

---

69 WTO 관세평가협약 제8조 및 법 제30조 제1항. 물품의 수입과 관련하여 구매자가 부담하는 금액이 동 협약 제1조의 실제지급금액에 포함되어 있지 않은 경우에 이 금액은 실제지급금액에 가산하여야 한다고 규정하고 있다.

70 WTO 관세평가협약 제8조 제3항, 법 제30조 제1항 단서. 다른 추상적 임의적 비용은 어떠한 목적을 위하여도 관세의 과세가격 결정시 가산되어서는 아니 되며 또한 객관적이고 수량화할 수 있는 자료만을 사용하여야 한다는 원칙이 적용된다.

71 관세법 제30조 제1항 제1호.

72 수입물품 과세가격 결정에 관한 고시 제5조.

73 중개료(Brokerage)는 구매자나 판매자로부터 독립적인 중개인이 양자 사이에서 거래알선 및 중개역할의 대가로 쌍방으로부터 받는 거래알선료를 말한다. 관세청, 『관세평가실무』, 국세공무원교육원, 2007, p. 29.

송품장 가격에 포함되어 있지 않는 경우에는 가산문제는 발생되지 않지만, 판매자가 지급하여야 할 중개료가 송품장 가격에 포함되어 있지 않고 이 금액을 구매자가 따로 부담하는 경우에는 실제 지급금액에 가산하여야 한다.[74]

(3) 물품과 일체로 취급되는 용기비용

해당 수입물품과 일체로 취급되는 용기의 비용으로서 구매자가 부담하는 경우에는 수입물품의 과세가격에 포함된다.[75] 여기서 해당 수입물품과 일체로 취급한다 함은 관세 목적상 일체로 취급되는 것을 의미하며, 이것은 품목분류에 있어 용기가 내용물품과 개별로 취급되지 않고 동일한 세번으로 분류되는 것을 말한다(악기와 케이스, 카메라와 케이스 등).

해당 수입물품과 일체로 취급되는 용기의 비용이 송품장 가격에 이미 포함되어 있는 경우에는 가산문제가 발생되지 않지만, 내용물품과 별도의 세번으로 분류되는 용기(예: 철제 실린더 등 내구성이 있고, 반복 사용이 가능한 용기)의 비용은 운송관련비용으로 취급하여 가산한다.[76]

(4) 포장비용

해당 수입물품이 좋은 상태로(in good condition) 수입힝 또는 도착지까지 인도되도록 하는 데 일반적으로 사용되는 내부 및 외부의 포장용 재료의 비용과 포장하는 데

---

74 WTO 관세평가협약 해설2.1. 중개료를 구매자가 지급하거나 거래쌍방 모두 분담하는 경우에는 구매자가 부담하는 금액에 한하여 이를 실제 지급하였거나 지급할 금액에 가산한다.

75 관세법 제30조 제1항 제2호. 이것은 품목분류에 있어 용기가 내용물품과 개별로 취급되지 않고 동일한 세 번으로 분류되는 것을 말한다(악기와 케이스, 카메라와 케이스 등).

76 보통 수출자에게 용기를 되돌려 주는 경우 수입자는 이러한 용기의 사용에 따른 비용을 부담해야 하는데 이런 비용은 보통 가격에 포함되어 있으나 만약 별도로 청구되었다면 과세가격에 가산된다. 이때 빈 용기를 수출자에게 되돌려 보낼 때 발생하는 운송비용은 용기의 비용도 아니고 수입물품의 운송비용도 아니므로 가산요소에 해당되지 않으며 만약 용기가 훼손되거나 분실되어 수입자가 보상을 하는 경우도 그 비용은 가산요소가 아니다. "본건 압축가스 수입자가 자신이 소유하는 철제실린더 용기를 자신의 비용부담 하에 수출자에게 무상으로 제공하여 그 용기에 압축가스를 담아 수입하는 경우에 그 용기를 수출자에게 제공하는 데 소요된 운임은 1) 압축가스의 수입과 관련된 것이 아니고 압축가스 용기의 수출운송에만 관련된 비용으로 2) 수입하는 압축가스의 계약에 의한 인도의 전단계에서 발생하는 비용에 해당하고 3) 압축가스에 대한 간접지급에도 해당하지 않으며 4) 압축가스의 용기 또는 포장비용에도 해당하지 않는 등 간접지급금액이나 가산요소비용에 해당하지 않으므로, 이를 압축가스의 과세가격에 포함할 수 없다. 관세평가분류원 '05년 제2회 결정사항.

투입된 노무비등 포장에 소요되는 일체의 비용은 해당 수입물품의 실제지급금액에
가산한다.[77]

(5) 생산지원비용

해당 수입물품의 생산[78] 및 수출거래와 관련자가 무료 또는 인하된 가격으로 물품
또는 용역을 직·간접으로 공급하는 것을 생산지원[79]이라고 하며, 이러한 비용은 과
세가격에 포함을 하여야 한다.[80] 다만, 생산지원이 제값을 완전히 받고 판매한 경우
에는 가산요소에서 제외됨은 물론이다. 생산지원의 비용을 가산하는 이유는 구매자
가 해당 수입물품의 생산을 위하여 제공한 물품이나 용역은 수입물품에 대한 대가가
화폐 이외의 형태로 지급된 것으로 볼 수 있기 때문에 그 비용을 포함한 가격이 수
입물품의 정확한 가격을 나타낸다고 보기 때문이다.[81]

---

77 예를 들면 수입자가 특별한 이유로 수입회사 직원을 수출국에 파견하여 수입물품을 직접 포장
토록 한 경우라든지 당해물품 포장에 소요되는 한글표시 및 라벨인쇄비등을 별도로 구매자가
지불하는 경우 동 포장비용은 과세가격에 포함된다. 이와 같이 구매자 부담 하에 별도로 발생
되는 포장관련 비용은 실제 지급금액에 가산하여야 한다.
78 당해물품의 생산의 의의(관세법 기본통칙). 당해물품의 생산이라 함은 재배, 제조, 채광, 가공,
조립 등 당해 물품을 만들어 내거나 부가가치를 창출하는 모든 행위를 말한다.
79 생산지원의 종류 1. 수입물품에 결합되는 재료, 구성요소, 부분품 기타 이와 비슷한 물품 2. 수
입물품의 생산에 사용되는 공규, 금형, 다이스 기타 이와 비슷한 물품우로서 기획재정부령이
정하는 것 3. 수입물품의 생산에 소비되는 물품(촉매, 연료, 윤활제, 연마제) 4. 수입물품의 생
산에 필요한 기술, 설계, 계발, 공예, 디자인, 고안(다만, 우리나라에서 개발된 것은 제외한다).
80 생산지원비용의 가산요소-수입물품에 대한 실제지급금액에 포함되지 않은 생산지원비용은 이
를 가산하여 과세가격을 결정하는데 가산대상으로서의 생산지원인지를 확인하기 위하여 다음
사항을 고려하여야 한다. ① 생산지원은 수입물품의 생산 및 수출판매와 관련해서 사용하기
위해 구매자에 의하여 제공되어야 한다. ② 물품 및 용역이 무료 또는 인하된 가격으로 제공된
것이어야 한다. ③ 생산지원이 물품인 경우에는 이 물품이 수입물품에 결합되거나, 수입물품의
생산에 사용되거나, 수입물품의 생산과정에 소비되는 것이어야 하며, 생산지원이 용역인 경우
에는 이 영역이 수입국 외부에서 수행된 것으로써 수입물품의 생산에 필요한 것이어야 한다.
④ 생산지원에는 구매자가 직접 제공한 것은 물론 간접적으로 제공한 것도 포함된다. ⑤ 지원
의 가격은 과세가격에 이미 포함되어 있지 않아야 한다. ⑥ 지원의 가격은 관세목적으로 평가
되고 있는 특정물품에 적절히 적용할 수 있는 정도를 결정하기 위해 적절히 배분되어야 한다.
81 이러한 생산지원의 가산의 예는 위탁가공수입의 경우에 많이 볼 수 있다. 과세가격 결정시 생
산지원의 가산문제와 관세법령상의 재수입 면세규정의 적용문제와 혼동하는 예가 많은데 구매
자가 어떤 물품을 판매자에게 생산지원하고 이 물품이 수입물품에 결합되어 수입되는 경우 생
산지원한 물품이 재수입 면세대상일 때 일단 수입물품의 과세가격은 생산지원한 물품(재수입
면세대상물품)의 가격을 포함하여 결정하고 면세대상 부분에 해당하는 세액만큼 면세조치하면
될 것이다. 즉, 수입물품의 과세가격 결정문제와 재수입면세 문제는 별개로 다루어야 하므로
반드시 당해물품이 면세에 해당된다고 하더라도 정확한 가격신고를 하여야 한다.

(6) 로열티(권리사용료)

관세는 수입물품에 대하여만 부과되는 대물세이기 때문에 유체물이 아닌 권리나 정보 등 무체재산권에 대하여는 과세할 수 없음이 원칙이나, 무체재산권의 내용이 수입물품에 체화되어 있어 수입물품의 가치의 일부를 구성하는 때에는 관세의 부과 대상이 된다.[82]

특허권 사용료를 물품가격과는 별도로 지급하는 경우 수입물품과 관련된 특허권 사용료를 수입물품의 수입거래조건으로 반드시 지급하여야 하는 때[83]에는 별도로 지급하는 이 특허권 사용료는 물품가격의 일부를 구성한다고 보아야 하기 때문에 수입물품의 과세가격 결정시 실제 지급금액에 가산하여야 한다. 그러나 특허권 사용료를 물품가격과는 별도로 지급하는 경우 수입물품과 관련된 특허권 사용료를 수입물품의 수입거래조건으로 반드시 지급하여야 하는 때에는 별도로 지급하는 이 특허권 사용료는 물품가격의 일부를 구성한다고 보아야 하기 때문에 수입물품의 과세가격 결정 시 실제 지급금액에 가산하여야 한다.[84]

따라서 로열티가 과세가격에 가산하기 위해서는 로열티가 지불되어야 하고, 해당 로열티가 수입물품과 관련(Related to…) 되어야 하고, 이 로열티가 수입물품의 거래 조건(As a condition of sale of the goods being valued)으로 지급되어야 한다.[85]

---

82 WTO 관세평가 협약 제1조에서의 물품에 대한 실제지급금액은 거래당사자에 의해 어떻게 합의되어겠는지를 불문하고, 평가대상물품과 관련하여 구매자로부터 판매자에게 또는 판매자를 위하여 이전되는 모든 지급 또는 변제를 포함한다. 이러한 의미에서도 구매자가 수입물품을 인도받기 위하여 판매자에게 지급하는 로얄티(또는 "권리사용료")는 거래가격의 일부가 된다.

83 관세법시행령 제19조 제5항. 권리사용료가 수입물품의 판매조건으로 지급되어야 한다는 것은 구매자가 당해 수입물품을 판매자로부터 구입하기 위하여는 권리사용료의 지급이 요구된다는 것을 말하며, 다음에 해당하는 경우 권리사용료가 당해 물품의 거래조건으로 지급되는 것으로 본다. 1. 구매자가 수입물품을 구매하기 위하여 판매자에게 권리사용료를 지급하는 경우 2. 수입물품의 구매자와 판매자 간의 약정에 따라 구매자가 수입물품을 구매하기 위하여 당해 판매자가 아닌 자에게 권리사용료를 지급하는 경우 3. 구매자가 수입물품을 구매하기 위하여 판매자가 아닌 자로부터 특허권 등의 사용에 대한 허락을 받아 판매자에게 그 특허권을 사용하게 하고 당해 판매자가 아닌 자에게 권리사용료를 지급하는 경우.

84 WTO평가협약 제8조. 평가물품에 관련되는 로열티 및 라이센스료 중 구매자가 평가물품의 거래조건으로 직·간접으로 지불하도록 되어 있지만, 실제 지불했거나 지불해야 할 가격에 포함되어 있지 않은 부분은 관세의 과세가격에 가산하도록 규정하고 있다.

85 WTO 관세평가협약에 로얄티나 권리사용료의 정의에 대하여는 언급을 하지 않고 있으며 따라서 가장 관세평가상 많은 논란의 대상이 되고 있는 부분이라고 할 수 있다. 우리나라 관세평가 관련규정에서는 특허권, 실용신안권, 의장권, 상표권, 저작권 등 산업재산권, 법적권리에는 속

다만, 특정한 고안이나 창안이 구현되어 있는 수입물품을 이용하여 우리나라에서 그 고안이나 창안을 다른 물품에 재현하는 권리를 사용하는 대가(재현생산권: Right of Reproduction)를 제외한다.[86]

특허권 등의 사용대가가 과세가격에 가산될 수 있기 위해서는 수입물품과 관련되어 있어야 하며, 수입물품의 거래의 조건으로 지급되어야 한다. 다만 컴퓨터 소프트웨어에 대하여 지급되는 권리사용료는 컴퓨터 소프트웨어가 수록된 마그네틱 테이프, 마크네틱 스티커, 시디롬 및 이와 유사한 물품(관세율표의 번호 제8523호에 속하는 것에 한함)과 관련되지 아니한 것으로 본다.[87]

사례1 수입자가 외국의 특허권자 H로부터 특정제품의 제조공정에 관한 특허제법의 사용권리를 얻고, 그 대가로 그 제법에 의거 생산한 제품의 수량에 따라 로열티를 지급한다. 수입자는 이 특허제법 사용계약과는 별도로 외국의 M으로부터 이 특허제법을 적용하기에 적합하게 만든 기계를 수입하였다. 이러한 경우에 기계 수입시의 과세가격에 이 로열티를 가산하여야 할 것인가? 비록 이 기계가 특허제법을 적용하

하지 아니하지만 경제적 가치를 가지는 것으로서 상당한 노력에 의하여 비밀로 유지된 생산방법, 판매방법 기타사업 활동에 유용한 기술상 또는 경영상의 정보(영업비밀) 등의 권리들을 사용하는 대가로 정의하고 있다.

86 우리나라에서 재현하는 권리(기본통칙). 특정한 고안이나 창안이 구현되어 있는 수입물품이 우리나라에서 재현하는 데에만 사용되고 수입물품 자체가 판매되거나 분배되지 않는 경우, 재현하는 권리 이외의 판매권 등은 의미 없는 공허한 권리에 불과하므로 이러한 수입물품에 대한 권리 사용료는 과세대상이 아니다. 재현생산권의 대가가 "고안이나 창안을 다른 물품에 재현"한다는 것은 수입물품과 동일한 물품을 물리적으로 복제하는 것만을 의미하는 것이 아니다. 수입물품에 체화되어 있는 발명, 창작, 고안, 생각, 아이디어 등과 같은 무형의 것도 재현생산의 대상이 된다. 재현생산의 예를 들어보면 아래와 같다. 1. 수입물품을 견본으로 하여 모울드를 제작하고 이 모울드로 같은 물품을 대량 생산하는 경우(물리적 복제) 2. 전자회로도면을 수입하여 회로판 위에 식각공정을 통하여 회로로 구현하는 경우(발명) 3. 미술관에서 조각작품을 수입하여 소형 복제품을 만들어 판매하는 경우(창작) 4. 만화 주인공 그림을 수입하여 연하장에 복사하여 판매하는 경우(아이디어) 5. 새로운 장난감의 시작품을 수입하여 대량 복제하는 경우(시작품) 6. 기존 해충을 잡아먹을 수 있도록 유전형질을 변형시킨 해충을 수입하여 대량 번식시키는 경우(동, 식물의 종) 7. 문학작품의 원고를 수입하여 책으로 만들어 판매하는 경우(문학작품).

87 관세평가대상의 물품으로 소프트웨어는 평가대상이 아니다. 그러나 소프트웨어는 대부분 전달매체(마그네틱 테이프)에 구록되어 판매되는 것으로 이러한 전달매체에 수록되어 수입되는 경우 그 가격에 대한 평가의 문제가 발생하게 된다. 소프트웨어는 무형의 것으로 인터넷을 통하여 전송하게 되면 과세가격하지 않고 마그네틱 테이프 등에 담겨오면 과세되는 등 과세기술 및 과세형평에 문제가 발생함으로 소프트웨어에 대하여는 과세하지 않도록 하였다. 즉, 전달매체만 과세하고 고도기술 소프트웨어 도입을 용이하게 하여 이를 활용한 국내산업의 경쟁력 강화를 도모하고 있다.

기에 적합하게 만들어진 것이지만 로열티 지급은 기계의 판매조건이 아니고 특허 제법의 사용에 기인하는 것이므로 기계의 과세가격에 가산하지 아니한다.

사례2 외국의 제조자가 특허품인 기계를 판매하면서 특허사용료를 제외한 금액으로 판매 가격을 결정하는 동시에 특허사용료에 대하여는 특허권자에게 별도로 로열티를 지 급하도록 요구하였다면 이 로열티는 평가하고자 하는 물품에 관련된 것이고 판매 의 조건으로 지급하는 것이므로 과세가격에 가산하여야 한다.

(7) 사후귀속이익

해당 수입물품의 전매, 처분 또는 사용에 따른 수익 금액 중 판매자에게 직접 또는 간접적으로 귀속되는 부분이 있는 경우에는 이를 실제지급금액에 가산함으로써 제1방법의 적용이 가능하다.[88] 수익 후 전매, 처분, 사용에 따른 수익이라 함은 해당 수입물품의 사용 등에서 얻어지는 매상대금, 임대료, 가공임 등을 말하며 주식배당금 과 같이 수입물품과 직접 관련이 없는 것은 이에 해당하지 않는다.

(8) 운임

WTO 평가협약은 수입물품의 국제운송에 소요되는 운임, 보험료 기타 운송관련비 용을 실제 지급금액에 가산할 것인지 여부를 체약국에 위임하고 있다. 우리나라는 수입물품의 과세가격 결정기준을 수입항 도착 기준으로 하여 국제 운임, 보험료 등 을 포함한 가격을 과세가격으로 하고 있다.[89]

운임이란 수입물품을 공장도 조건으로 구매하는 경우에 수출국에서의 내국운송비 용, 선적 전 대기보관료, 통관비용 및 선적비용, 선박 또는 항공기의 운송비를 구매 자가 부담할 것이고, 이러한 운송에 소요되는 비용을 과세가격에 가산하여야 한다.[90]

---

88 WTO 관세평가협약 제8조, 법 제30조 제1항 제5호. 당해 수입물품의 수입 후 재판매, 처분 또 는 사용에 따른 수익의 일부가 직접 또는 간접으로 판매자에게 귀속되는 모든 금액은 관세의 과세가격 결정시 실제지급금액에 가산된다. 수입 후 처분, 사용 등에 따른 사후귀속이익 (Proceeds)의 개념에 대하여는 협정상 부연이나 설명은 없다. 다만 협약 사례연구2.2에서 표명 한 의견을 종합해 보면 사후귀속이익은 당해 수입물품의 재판매, 기타 처분 등에서 얻어지는 매상대금, 임대료, 가공임 등을 말하며 주식배당금과 같이 수입물품과 직접 관련이 없는 것은 이에 해당하지 아니한다.
89 관세법 제30조 제1항 제6호.
90 가산요소로서 운임의 계산방법은 다음과 같다. ① 일반적인 경우: 당해물품 운송사업자가 발 급한 운임명세서 또는 이에 갈음할 서류(예: B/L)에 의거 확인된 실제지급운임 ② 수입물품이 선박, 항공기 등으로서 자력운항에 의거 도착한 경우: 당해 선박, 항공기가 수출국 항구로부터

운임의 가산범위는 해당 수입물품이 수입항에 도착[91]하여 본선하역준비가 완료될 때 까지 수입자가 부담하는 비용을 말한다.

(9) 보험료

보험료는 수입물품에 대하여 실제보험에 부보된 경우에만 과세가격에 포함한다.[92] 보험료는 해당 사업자가 발급한 보험료명세서 또는 이에 갈음할 서류에 의하여 계산한다.[93] 다만, 보험회사와의 특별한 보험계약[94]에 의한 경우에는 수입신고시에 보험사업자가 발행한 보험료명세서를 제출하는 경우 이를 보험료로 계산하며, 수입허가서에 보험료부보내역(보험료, 보험요율 등)이 기재된 경우에는 이를 보험료로 계산하고 보험료명세서는 수입신고시 제출하지 않아도 된다. 그리고, 보험료명세서 또는 수입허가서에 의하여 보험료를 계산할 수 없는 경우에는 보험자가 발급한 보험예정서류에 의하여 잠정계산하고 보험료가 확정되면 실제로 지급한 보험료명세서에 의하여 확정신고한다. 다만, 수입자는 포괄예정보험이 적용되는 최초 수입물품의 수입신고시에 당해 포괄예정보험료 전액을 가산하여 정정신고할 수 있으며, 보험료가 확정된 경우에는 당해 최초 수입물품에 가산하여 확정신고할 수 있다.[95]

항공기 이외의 일반운송방법에 의하여 운송하기로 계약된 물품으로서 해당물품의 제작지연, 기타 수입자의 귀책사유가 되지 아니하는 사유로 수출자가 그 운송방법의 변경에 따른 비용을 부담하고 항공기로 운송한 물품에 대하여 보험사업자가 통상적

수입항에 항해하여 도착할 때까지의 연료비, 승무원의 급식비, 급료, 수당, 선원 등의 송출비용 및 기타 비용 등 운송에 실제로 소요되는 금액 ③ 운송료가 무료이거나 자기소유 운송수단에 의거 운송된 경우 또는 구매자와 특수관계에 있는 운송사업자의 운송수단에 의하여 운송된 경우: 일반 운송사업자가 통상적으로 적용하고 있는 운임요율표에 의거 계산한 운임 ④ 용선 계약의 경우: 당해 용선계약에 의거 실제로 지급하는 일체의 비용(공선으로 돌아가는 공선회조료 포함) ⑤ 구매자가 부담하는 선적항에서의 체선료는 가산하고 선적항에서의 조출료를 공제받은 경우 이를 과세가격에 포함하지 아니함. 다만, 조출료는 수입통관시 그 금액을 확인할 수 있는 경우에 한함.

91 관세법 기본통칙. 수입항 도착이라 함은 당해 수입물품이 수입항에 도착하여 본선 하역준비가 완료된 시점과 장소를 말한다.
92 수입물품 과세가격 결정에 관한 고시 제14조.
93 관세법시행령 제20조 제1항.
94 특정의 대량화물이 일정기간 계속하여 수입되는 경우 그 전량에 대해 포괄적으로 보험계약을 체결하고 추후 개개 화물의 선적시 확정해 나가는 방식의 계약을 의미하는 포괄예정보험계약을 말한다. 윤광운, 『국제무역실무』, 삼영사, 2001, p. 411.
95 수입물품 과세가격 결정에 관한 고시 제14조.

으로 적용하고 있는 일반운송 보험요율표에 의한 보험료를 해당물품의 보험료로 계산한다.[96]

(10) 실제지급금액에서 공제하여야 할 금액

실제지급금액에 법 제30조 제2항에 해당하는 금액이 포함되어 있고 이를 명백히 구분할 수 있는 경우에는 그 금액을 공제한다.[97] 이들 금액을 공제하여야 하는 이유는 실제지급금액이란 수입물품에 대한 대가를 말하는바, 이 금액들은 해당 수입물품의 거래조건으로 수출자를 위하여 지급된 것으로 볼 수 없기 때문이다.

5) 신고가격 불인정제도

현행 관세법상 신고납부제도는 선의의 수입자가 진실한 신고를 전제로 실시하고 있으나 수입자가 신고한 거래가격이나 제출서류에 다하여 진실성 및 정당성을 의심할만한 이유가 있는 경우에는 이를 증명하도록 하고, 만약 사실증명을 위한 자료를 제출하지 않거나 제출한 자료만으로 신고가격을 과세가격으로 인정하기 곤란한 경우에는 제1방법에 의하여 과세가격을 결정하지 않고, 후순위의 방법인 제2방법 내지 제6방법으로 과세가격을 결정하도록 하고 있다.[98]

---

96 수입물품 과세가격 결정에 관한 고시 제14조.
97 관세법 제30조 제2항. ① 수입 후에 행하여지는 당해 수입물품의 건설, 설치, 조립, 정비, 유지 또는 당해 수입물품에 관한 기술지원에 필요한 비용들은 물품이 수입된 이후에 부가되는 별도의 비용과 가격을 나타내는 것이다. 수입물품의 과세가격은 물품수입 후 부가되는 별도의 용역이나 가치는 포함되지 않는다. ② 수입항에 도착한 후에 당해 수입물품의 운송에 필요한 운임, 보험료 기타 운송에 관련되는 비용. 여기서 수입항 도착이라 함은 당해 수입물품에 대한 본선 하역준비가 완료된 시점과 장소를 말한다. ③ 우리나라에서 당해 수입물품에 부과된 관세 등 제세 및 기타 공과금 ④ 연불수입조건의 경우에는 당해 수입물품에 대한 연불이자.
98 관세법 제30조 제4항 및 제6항.

02 동종·동질물품의 거래가격을 기초로 한 과세가격의 결정

1) 개요

수입물품의 거래가격이 없거나 과세가격으로 채택할 수 없는 경우와 신고한 가격을 과세가격으로 인정하지 않는 경우 등, 즉 제1방법으로 과세가격을 결정할 수 없는 때에는 과세가격으로 인정된 바 있는 동종동질물품의 거래가격으로 과세가격을 결정한다.

2) 동종·동질물품의 정의

해당 수입물품의 생산국에서 생산된 것으로 물리적 특성(physical characteristics), 품질(quality) 및 소비자의 평판(reputation) 등을 포함한 모든 면에서 동일한 물품(외양에 경미한 차이가 있을 뿐, 그 밖의 모든 면에서 동일한 물품을 포함한다)을 말하며, 거의 같은 시기에 선적된 물품을 의미한다.[99]

3) 거래가격의 요건

제1방법으로 과세가격을 결정할 수 없는 때에는 과세가격으로 인정된 사실이 있는 동종동질물품의 거래가격으로서 다음의 요건을 갖춘 가격을 기초로 하여 과세가격을 결정한다. 첫째, 과세가격으로 인정된 바 있는 동종동질물품의 거래가격이 존재하여야 한다. 일반적으로 물품의 가격은 생산원가를 기초로 하여 결정되는 것이고, 생산원가에 영향을 미치는 생산요소의 비용은 크게는 국별로 적게는 생산자별로 달라지는 것이기 때문에 관세측면에서 동종동질물품도 엄밀한 의미에서 동일한 생산자에 의해서 생산되는 물품만을 의미한다고 볼 수 있다.[100]

---

[99] WCO, 권고의견2.1.

[100] 다만, 평가협약은 그 대상을 동일한 생산자에 의하여 생산된 물품에 국한할 경우 평가방법 적용의 여지가 매우 좁아지기 때문에 제2방법 또는 제3평가방법의 적용대상으로써 동종·동질 또는 유사물품을 동일한 생산자에 의하여 생산물품이 없을 경우 또는 수입실적이 있더라도 과세가격으로 채택할 수 없는 경우에 한하여 동일한 생산국의 타생산자에 의하여 생산된 물품까지 그 개념을 확대적용하고 있다.

둘째, 과세가격을 결정하고자 하는 해당물품의 생산국에서 생산된 것으로서 해당물품의 선적일에 선적되거나 해당물품의 선적일[101]을 전후하여 가격에 영향을 미치는 시장조건이나 상관행에 변동이 없는 기간 중에 선적되어 우리나라에 수입된 것이어야 한다.

셋째, 거래단계·거래수량·운송거리·운송형태 등이 해당물품의 그것과 동일한 것이어야 하며, 양자간에 차이가 있을 경우 그에 따른 가격 차이를 조정한 가격이어야 한다.[102]

넷째, 동종동질물품의 거래가격이 둘 이상 있는 때에는 생산자·거래시기·거래단계·거래수량 등(거래내용이라고 함)이 해당 물품과 가장 유사한 것에 해당하는 물품의 가격을 기초로 과세가격을 결정한다. 거래내용 등이 같은 물품이 둘 이상 있고 그 가격이 둘 이상 있는 때에는 가장 낮은 가격을 기초로 하여 과세가격을 결정한다.

03 유사물품의 거래가격을 기초로 한 과세가격의 결정

제1방법 및 제2방법에 의하여 과세가격을 결정할 수 없을 경우에는 과세가격으로 인하여 인정된 바 있는 유사물품의 거래가격을 기초로 하여 과세가격을 결정한다. 유사물품의 거래가격을 적용함에 있어서 유사물품의 거래가격이 둘 이상 있는 경우에는 거래내용 등이 해당물품과 가장 유사한 것에 해당하는 물품의 가격을 기초로 하고, 거래내용 등이 같은 물품이 둘 이상 있고 그 가격이 둘 이상 있는 경우에는 가장 낮은 가격을 기초로 하여 과세가격을 결정한다.

---

101 선적일은 물품의 최종선적, 즉, 적재·발송·수탁 등을 위하여 최종적으로 허용되는 일자를 뜻한다. 선화증권, 송장 등에 의하여 확인한다. 강원진, 『무역결제론』, 박영사, 2007, p. 159.
102 수입물품과세가격결정에 관한 고시 제24조(제2방법 및 제3방법 적용시의 과세가격 조정) ② 법 제31조 제1항 제2호의 가격차이 조정은 다음 각호에 의한다. 1. 거래단계가 상이한 경우에는 수출국에서 통상적으로 인정하는 각 단계별 가격 차이를 반영하여 조정 2. 거래수량이 상이한 경우에는 수량할인 등의 근거자료가 있는 경우 이를 고려하여 조정 3. 운송거리가 상이한 경우에는 운송거리에 비례 계산하여 가격 차이를 조정 4. 운송형태가 상이한 경우에는 운송형태별 통상적으로 적용되는 가격 차이를 반영하여 조정.

04   국내판매가격을 기초로 한 과세가격의 결정

해당물품의 거래가격, 동종·동질물품의 거래가격 및 유사물품의 거래가격을 기초로 하여 과세가격을 결정할 수 없을 때 해당 수입물품, 동종·동질물품의 거래가격 및 유사물품이 수입된 것과 동일한 상태로 해당물품의 수입신고일 또는 수입신고수리일과 거의 동시에 특수관계가 없는 자에게 국내에서 가장 많은 수량으로 판매되는 단위가격을 기초로 하여 산출한 총금액에서 몇 가지 금액을 공제한 가격103을 과세가격으로 결정하는 방법을 말한다. 즉, 해당 수입물품, 동종·동질물품의 거래가격 및 유사물품이 수입된 것과 동일한 상태로 해당물품의 수입신고일 또는 수입신고수리일과 거의 동시에 특수관계가 없는 자에게 국내에서 가장 많은 수량으로 판매되는 단위가격에 공제금액104을 뺀 가격을 과세가격으로 한다.

05   산정가격을 기초로 한 과세가격의 결정

상기의 제1방법 내지 제4방법에 의하여 수입물품의 과세가격을 결정할 수 없는 경우에는 해당물품의 수출국의 수출업자가 세관에 제시한 제품의 원가계산서를 토대로 해당물품을 생산하는 데 소요된 비용을 산정하여 산출한 가격으로 과세가격을 결정한다.105

---

103 당해 수입물품, 동종·동질물품의 거래가격 및 유사물품이 수입된 것과 동일한 상태로 당해 물품의 수입신고일 또는 수입신고수리일과 거의 동시에 특수관계가 없는 자에게 국내에서 가장 많은 수량으로 판매되는 단위가격에 다음에 해당하는 금액을 뺀 가격을 과세가격으로 한다. ① 국내판매와 관련하여 통상적으로 지급하였거나 지급하여야 할 것으로 합의된 수수료 또는 동종동류의 수입물품이 국내에서 판매되는 때에 통상적으로 부가되는 이윤 및 일반경비에 해당하는 금액 ② 수입항에 도착한 후 국내에서 발생된 통상의 운임, 보험료 및 기타 관련 비용 ③ 당해 물품의 수입 및 국내판매와 관련하여 납부하였거나 납부하여야 하는 조세 기타 공과금 ④ 국내가공에 따른 부가가치.

104 관세법 제33조 ① 제30조 내지 제32조의 규정에 의한 방법으로 과세가격을 결정할 수 없는 때에는 제1호의 금액에서 제2호 내지 제4호의 금액을 뺀 가격을 과세가격으로 한다. 1. 국내판매와 관련하여 통상적으로 지급하였거나 지급하여야 할 것으로 합의된 수수료 또는 동종동류의 수입물품이 국내에서 판매되는 때에 통상적으로 부가되는 이윤 및 일반경비에 해당하는 금액 2. 수입항에 도착한 후 국내에서 발생된 통상의 운임, 보험료 및 기타 관련 비용 3. 당해 물품의 수입 및 국내판매와 관련하여 납부하였거나 납부하여야 하는 조세 기타 공과금 4. 국내가공에 따른 부가가치.

105 제5방법은 일반적으로 판매자와 구매자가 특수관계에 있는 경우에 사용될 것이다. 다음과 같은 경우에는 산정가격에 관한 자료를 입수하는데 있어 어려움이 있기 때문에 실무적으로 제5

제5방법에 의한 과세가격은 해당 수입물품의 수출국 내 생산비, 통상적인 이윤, 운임, 보험료의 합계액이다.[106]

　제5방법은 일반적으로 판매자와 구매자가 특수관계가 있는 경우에 사용될 수 있으므로 수입자가 적정 기간 내에 산정가격에 관한 정보를 제공하지 못하는 경우, 외국의 생산자가 정보를 제공하기를 거부하거나 법적으로 정보제공이 금지되어 있는 경우, 생산자가 불명인 경우에는 산정가격에 관한 자료를 입수하는 데 있어 어려움이 있기 때문에 실무적으로는 제5방법을 적용하기 힘들다.

06 합리적 기준에 의한 과세가격의 결정

1) 개요

　전술한 제1방법 내지 제5방법에 의하여 과세가격을 결정할 수 없는 경우에는 상기의 열거된 원칙과 부합되는 합리적인 기준에 의하여 과세가격을 결정한다. 여기서 합리적인 기준의 의미는 전술한 과세가격 결정방법을 적용함에 있어서 신축성을 부여하여 해당 규정들을 탄력적으로 해석·적용하는 방법으로 보결적 방법이라고도 한다.[107]

　방법을 적용할 수 없다. ① 수입자가 적정 기간 내에 산정가격에 관한 정보를 제공하지 못하는 경우 ② 외국의 생산자가 정보를 제공하기를 거부하거나 법적으로 정보제공이 금지되어 있는 경우 ③ 생산자가 불명인 경우.

106 ① 당해 물품의 생산에 사용된 원자재 비용 및 조립 기타 가공에 소요되는 비용 또는 그 가격 ② 우리나라에 수출하기 위하여 수출국내의 생산자가 제조한 당해 물품과 동종 또는 동류의 물품판매시 통상적으로 반영되는 이윤 및 일반경비에 해당하는 금액 ③ 당해 물품의 수입항까지의 운임·보험료 기타 운송에 관련된 비용 ④ 제1항 제6호의 규정(과세가격에 가산하는 운임 또는 보험료 등)에 의하여 결정된 금액.

107 관세법 제35조, 동시행령 제29조 제1항, 동시행규칙 제7조. 합리적인 기준에 따라 과세가격을 결정함에 있어서는 우선적으로 다음 각호의 규정에 의한다. ① 동종 또는 동질물품의 거래가격을 기초로 한 과세가격의 결정 또는 유사물품의 거래가격을 기초로 한 과세가격의 결정의 규정을 적용함에 있어서 신축적으로 해석·적용하는 방법으로 당해물품의 생산국에서 생산된 것이라는 장소적 요건을 다른 생산국에서 생산된 것으로 확대하는 방법과 당해물품의 선적일 또는 선적일 전후라는 시간적 요건을 선적일 전후 90일로 확대하는 방법, 국내 판매가격 및 산정가격 방법에 의하여 과세가격으로 인정된 바 있는 동종동질물품 또는 유사물품의 과세가격을 기초로 과세가격을 결정할 수 있다. ② 국내가격을 기초로 한 과세가격의 결정을 적용함에 있어서 수입된 것과 동일한 상태로 판매되어야 한다는 요건을 신축적으로 해석·적용하는 방법으로 제4방법에서는 납세의무자의 요청이 있는 경우에만 초공제방법으로 과세가격을 결정

2) 사용불가능한 가격

합리적인 기준에 의한 과세가격을 결정함에 있어서 제1방법 내지 제5방법을 신축적으로 적용하고 평가협약의 원칙을 합리적으로 해석하여 적용한다고 하더라도 다음과 같은 가격은 쓸 수 없다. 즉, 우리나라에서 생산된 물품의 국내판매가격, 선택 가능한 가격 중 반드시 높은 가격을 과세가격으로 하여야 한다는 기준에 따라 결정하는 가격, 수출국의 국내판매가격, 동종·동질물품 또는 유사물품에 대하여 법 제9조의 7의 규정에 의하여 생산비용을 기초로 가격을 결정하는 방법 외에 다른 방법으로 생산비용을 기초로 결정된 가격, 우리나라 외의 국가에 수출하는 물품의 가격, 특정수입물품에 대하여 미리 설정하여 둔 최저과세기준가격, 자의적 또는 가공적인 가격에 해당하는 가격을 기준으로 할 수 없다.108

07 특수물품의 과세가격결정109

1) 변질 또는 손상된 물품의 평가

수입신고 후 수입신고수리 전 변질·손상된 수입물품의 과세가격은 변질·손상 전인 수입신고시점의 거래가격이 과세가격의 기초가 된다. 동 가격을 기초로 변질·손상된 부분의 감액처리는 관세법 제100조(손상감세)에 따라 감면된다.

할 수 있으나, 제6방법을 적용함에 있어서는 납세의무자의 요청이 없는 경우에도 초공제방법을 사용하여 과세가격을 결정할 수 있다. ③ 제4방법에 의하여 과세가격을 결정할 때 90일 이내에 판매되어야 한다는 요건을 적용하지 아니하는 방법 즉, 수입신고수리일부터 180일까지 판매되는 가격을 적용하는 방법을 말한다.

108 WTO 관세평가협약 제7조 제2항 및 관세법시행령 제29조 제2항.

109 관세법시행령 제29조 제3항. 관세청장은 다음 각호의 1에 해당하는 물품에 대한 과세가격결정에 필요한 기초자료와 금액의 계산방법 등 과세가격결정에 필요한 세부사항을 정할 수 있다.
① 수입신고 전에 변질·손상된 물품 ② 여행자 또는 승무원의 휴대품, 우편물, 탁송품 및 별송품 ③ 임차수입물품 ④ 중고품 ⑤ 법 제188조 단서의 규정에 의하여 외국물품으로 보는 물품 ⑥ 범칙물품 ⑦ 기타 관세청장이 과세가격결정에 혼란이 발생할 우려가 있다고 인정하는 물품.

(1) 변질·손상 물품

당초부터 계약과 달리 완전히 변질·손상된 수입물품에 대하여는 관세부과의 문제가 발생하지 않는다고 보아야 할 것이다. 다만, 수입신고 전 해당 수입물품의 일부만 변질 또는 손상이 되고 나머지 물품은 정상물품인 경우, 물품의 전체물량 중에서 정상물품이 차지하는 비율에 대한 가격은 제1방법에 의하여 과세가격을 결정한다.[110]

(2) 대체물품

당초 거래가격으로 송장을 작성하고, 당초 계약물품에 대하여 지급한 금액에 대한 채권에 대하여는 별도의 조치를 취하는 경우에는 다른 요건이 충족되면 이 가격이 제1방법에 의한 과세가격 결정의 기초가 되며[111], 일정량에 결함이 있거나 운송도중 일정량이 변질 손상된 경우 이에 대한 대체물품으로서 일정수량의 물품을 무상으로 추가 선적하는 것이 거래관행으로 되어 있는 경우가 있는데, 이러한 경우 판매가격은 선적된 총량에 대한 가격으로 간주되어야 하므로 무상 선적된 대체물품만을 분리하여 별도로 평가하거나 평가목적상 추가물량을 고려하여 과세가격으로 하여서는 안된다.[112]

---

110 변질·손상된 부분의 평가는 실제 지급하였거나 지급할 가격은 변실 또는 손상된 물품의 대가로 지급한 것이 아니므로 제1방법을 적용할 수 없다. 이 경우 변질 또는 손상된 물품과 동종동질물품의 거래가격이 있는 경우에는 제2방법 및 제3방법을 적용할 수 있다. 이 경우 과세가격을 결정하고자 하는 물품의 생산국에서 생산된 것이 아닌 경우에도 제2방법, 제3방법에 의하여 과세가격을 결정할 수 있다. 제4방법의 적용: 변질 또는 손상된 물품이 국내에서 판매되고 또한 국내에서 판매되는 가격이 제4방법으로 과세가격을 결정할 수 있는 요건을 갖추고 있는 경우에는 제4방법에 의하여 과세가격을 결정한다. 이 경우에는 수입된 것과 동일한 상태로 판매되어야 한다는 요건과 90일 이내에 판매되어야 한다는 요건은 신축성 있게 적용될 수 있다. 만약에 당해 물품이 판매되기 전에 수리되고 수입자의 요청이 있는 경우에는 수리비용을 공제하여 과세가격을 결정하게 되는 것이다. 제5방법의 적용: 변질 또는 손상된 물품은 변질 손상된 상태로 제조되거나 생산되지 않았기 때문에 제5방법은 적용될 수 없다. 제6방법의 적용: 제6방법을 적용할 경우 제1방법을 신축성 있게 적용하는 경우이므로 이 때에는 변질 또는 손상이 없었던 때에 계산되는 과세가격에서 그 변질 또는 손상으로 인하여 감소되는 가격에 상당하는 금액을 공제한 가격을 과세가격으로 한다. 판매자나 구매자 사이에 변질 손상을 고려하여 재결정한 가격이 있는 경우에는 그 가격을 기초로 할 수 있고 또는 구매자 또는 판매자와 관련이 없는 공인조사기관의 조사가격, 수리 또는 개체비용을 감안한 가격, 보험회사의 보상액 등을 기초로 과세가격을 결정할 수 있다.

111 이것은 무상대체물품의 송장을 작성하는 경우에도 대체물품은 당초의 거래를 충족시키기 위하여 수입된 물품으로 간주되어야 하기 때문에, 당초의 거래가격을 기초로 하여 제1방법으로 처리하는 것이 적절한 것이며, 최초 선적분에 대한 채권·채무 등의 처리문제는 별도의 고려사항으로 대체물품의 가격에 영향을 주어서는 아니된다는 것이다.

112 수입물품의 과세가격결정에 관한 고시 제42조. 산적화물의 통관시 수량의 과부족에 따른 과세

2) 여행자 휴대품 등의 평가

해외여행자가 여행용품이나 선물을 구입하여 귀국시에 휴대하여 반입하는 경우라든가 해외에 있는 친척이 국제우편으로 선물을 보내온 경우 등 상행위 이외의 목적으로 수입하는 물품으로서 외국환거래가 수반되지 않는 물품에 대해서는 제1방법에서 제5방법의 기준을 적용하는 데 한계가 있으므로 대부분 제6방법의 적용이 불가피한 경우가 많다.[113]

3) 임차수입물품의 평가

임대차 계약에 의하여 수입되는 물품은 임대차계약의 성질상 당연히 "판매"란 성립되지 않는 것이며, 임대차계약에 해당물품을 구입할 수 있는 구매선택권(option to buy)이 부여되어 있는 경우에도 마찬가지이다. 따라서 임차물품에 대하여는 판매를 전제로 한 거래가격이 없으므로 이를 기초로 하는 제1방법은 불가능하며, 협약에 규정된 우선 순위에 따라 제2방법 내지 제6방법으로 과세가격을 결정하여야 한다.[114]

가격의 결정은 계약서 등의 내용으로 보아 수입물품이 단가로 거래된 것인 때에는 가격조정약관에 따라 실제로 지급되는 금액을 과세가격으로 하며, 수입물품의 가격이 전체수량에 대한 총액으로 거래된 것인 때에는 실제로 지급되는 총액을 과세가격으로 한다고 규정되어 있다.

113 수입물품의 과세가격결정에 관한 고시 제32조. 여행자 또는 승무원의 휴대품, 우편물, 탁송품 및 별송품의 과세가격을 결정하는 때에는 다음 각호의 가격을 기초로 세관장이 결정한다고 규정하고 있다. ① 신고인이 제시하는 가격. 다만, 세관장이 타당하다고 인정하는 경우에 한함. ② 관세청장이 조사한 가격표 ③ 외국에서 통상적으로 거래되는 가격으로 객관적으로 조사된 가격 ④ 당해 물품과 동종·동질물품 또는 유사물품의 국내도매가격에 시가역산율을 적용하여 과세가격으로 환산한 가격 ⑤ 국내 공인감정기관의 감정가격 ⑥ 중고승용차(화물자동차를 포함) 및 이륜자동차에 대해 1호 및 3호를 적용하는 경우, 최초 등록일(또는 사용일)로부터 수입신고일까지의 사용으로 인한 가치감소에 대하여는 별표 제2호의 기준을 적용하여 산출한 가격 이 경우 시가역산율은 당해물품과 동종·동질 또는 유사물품의 국내도매가격을 조사하여 동 가격에서 CIF 과세가격을 간단하게 산출할 수 있게 만들어놓은 표이다. 시가역산율은 관세율에 따라 다르게 책정되어 있으며, 국내도매가격에서 이윤, 판매비용, 수입제세와 수입관련비용을 공제하여 과세가격을 산정하기 위한 비율을 말한다. 예를 들어, 범칙물품 감정가격 산출시 제1방법 내지 제5방법으로 CIF 과세가격 산출이 어려울 때, 국내도매가격을 조사하여 동 가격에서 시가역산율을 곱하여 CIF 과세가격으로 결정하는 것이다.

114 수입물품의 과세가격결정에 관한 고시 제33조 제2항에서 당해 임차물품의 경제적 내구연한 동안 지급될 총 예상임차료를 기초로 계산한 가격으로 과세가격을 결정할 때에는 다음과 같은 방법에 의한다. 다만, 세관장이 일률적인 내구연한의 적용이 불합리하다고 판단하는 경우, 이 규정을 적용하지 않는다. ① 당해 수입물품의 경제적 내구연한 동안에 지급될 총 예상임차료(당해 물품을

사례 사업확장의 결과로서 X국의 A회사는 최단 36개월 동안 기간연장 가능조건으로 Y국의 B임차회사로부터 새 기계를 임차하기로 하였다. 계약조건에 따라 수입자가 임대회사에 지불하는 수입국내의 건설 및 유지비는 가동 첫 2년에는 1년에 $20,000, 그 이후에는 1년에 $30,000이다. 이 기계는 이 비용과 10% 이자를 포함하여 매달 $50,000에 대여된다.

해당 사례의 경우 세관과 수입자의 협의의 결과로서 이 기계의 전체 경제적 내구연한 동안 지불될 임차료의 총액에 기초하여 과세가격을 결정한다. 평가목적을 위해 이 기계는 5년 동안 사용할 수 있는 것으로 입증되어 왔다. 따라서, 5년에 걸쳐 지급할 임차료의 총액은 평가의 기초로 채택될 것이다. 일단 그렇게 결정된 경우, 이 총액으로부터 건설 및 유지비와 이자를 공제할 필요가 있다.[115]

4) 범칙물품의 평가

관세형벌을 받는 경우에 범칙물품의 물품원가에 상당하는 벌금에 처한다든지 범칙물품에 해당하는 관세액의 몇 배에 상당하는 벌금에 처한다는 규정을 두는 경우가 많이 있다. 이 경우에 물품원가 또는 해당 관세액을 산출하는 것은 관세평가 절차를 거쳐야 가능하므로 당연히 관세평가문제가 제기된다.[116]

수입한 후 이를 정상으로 유지·사용하기 위하여 소요되는 비용이 임차료에 포함되어 있을 때에는 그에 상당하는 실비를 공제한 총 예상임차료)를 현재가격으로 환산한 가격을 과세가격의 기초로 한다. ② 수입자가 임차료 이외의 명목으로 정기적 또는 비정기적으로 지급하는 특허권 등의 사용료 또는 당해 물품의 거래조건으로 별도로 지급하는 비용이 있는 경우에는 이를 임차료와 동일하게 취급한다. ③ 현재가격을 계산하는 때에 적용할 이자율은 당해 임차계약서에 의하되 동 계약서에 이자율이 정해져 있지 아니하거나 규정된 이자율이 연 11% 이상인 때에는 연 11%의 이자율을 적용한다. ④ 임차하여 수입하는 물품에 대하여 수입자가 구매선택권을 가지는 경우에는 임차계약상 구매선택권을 행사할 수 있을 때까지 지급할 총예상임차료와 구매선택권을 행사하는 때에 지급하여야 할 금액의 현재가격의 합계액을 기초로 하여 과세가격을 결정한다.

115 WTO 관세평가협약 연구2.1.

116 수입물품의 과세가격결정에 관한 고시 제40조. 범칙물품의 과세가격은 다음 각호의 1에서 정하는 바에 따라서 결정한다. ① 일반수입물품이 범칙물품으로 된 때에는 법 제30조 내지 법 제35조에서 정하는 방법에 의하여 과세가격을 결정하며, 이 경우 영 제15조 제1항의 규정에서 정하는 바에 따라 납세의무자가 신고하여야 할 가격신고의 내용은 범칙조사 결과에 따라 결정한다. ② 영 제29조 제3항 제1호 내지 제5호 및 제7호에 해당하는 물품(변질·손상물품 등 특수물품)이 범칙물품이 된 때에는 고시 제5-2조 내지 제5-10조의 규정에 의거 과세가격을 결정한다.

5) 수리 가공 후 재수입하는 물품의 평가

수리 또는 가공할 목적으로 수출한 후 다시 수입되는 물품은 관세를 면제하는데 다만 그 수리가공비 등 해당물품 부가가치에 대한 관세는 면세하지 않는다. 일단 재수입된 물품은 재수입된 상태에서 외국물품으로 간주하여 평가하여야 하며, 이렇게 결정된 과세가격에서 관세법상 감면세 절차에 따라 감면하고 감면세에 해당되지 않으면 전체 과세가격에 대하여 과세하게 되는 것이다. 즉, 재수입물품의 과세가격 결정과 재수입물품에 대한 관세의 면제는 별개의 문제로 다루어야 한다는 것이다.

수리·가공 후 재수입하는 물품은 재수입상태에서의 평가를 거쳐 과세가격을 결정하고 관세액을 산출한 후 재수입면세 관세법령상의 규정에 따른 면세액을 공제하여 납부관세액이 결정된다.[117]

사례 해외임가공을 위해 원재료 등을 FOB조건으로 수출하는 경우, 이의 가격에는 공급자의 생산원가 및 본선인도까지의 국내 일체의 비용 즉, 국내제조장으로부터 수출항까지의 발생된 국내운송료 등이 이미 포함된 가격이므로, 이 경우 내륙운송료를 수입물품의 과세가격에 합산하여야 하는가?

해외임가공 물품의 수입을 위해 원재료 등을 무상수출할 때 발생되는 국내 내륙운송료는 관세법 제30조제1항제3호의 규정에 따라 임가공 후 재수입되는 물품의 과세가격에 가산하여야 하며, 가산하여야 할 비용 산정시 동 원재료 등의 수출신고가격(FOB조건)에 국내 내륙운송료가 포함된 것이 확인되면 동 국내 내륙운송료를 이중으로 관세의 과세가격에 가산할 필요가 없다.[118] 수입된 해외 임가공물품이 관세법 제101조의 소정의 감세요건을 충족할 경우 해외임가공 후 재수입시 재수입물품 전체의 과세가격에서 수출신고가격에 해당하는 분만 관세를 면제받을 수 있으므로 이 때는 국내 내륙운송료를 과세가격에 포함하여 결정하였는지 여부는 관세평가상 실익이 없다고 할 수 있다.

---

117 관세법 제101조(해외임가공물품 등의 감세). 제1항 제1호 및 제2호의 규정에 의거 해외임가공 후 재수입되는 물품에 적용되는 면세되는 부분의 과세표준은 수출신고가격으로 되어 있는바, 이 때의 수출신고가격은 수입자가 동 수출물품의 구매가격 또는 생산비용에 우리나라 수출항(선적항)까지의 국내운임·보험료 등 제반 물류비용등이 포함된 금액을 말한다. 따라서 해외임가공물품이 수입될 때의 가격신고는 수입신고서 1란에 동 수출신고가격을 신고하여 면세를 받고, 2란에 임가공비, 왕복운임 등의 가격을 신고하여 관세 등을 납부하면 된다.

118 해외임가공시 국내 내륙운송료의 과세가격 가산. 재정경제부 세제실, 관세 47040−93호, 2001, 4.18.

01 과세가격 심사제도

가격심사는 납세의무자가 신고한 과세가격의 정확여부를 심사하는 것으로 이에는 사전(수입신고수리 전)심사와 사후(수입신고수리 후)심사가 있으며, 사후심사를 원칙으로 한다.[119] 세액심사는 과세표준의 정확여부, 세율적용의 정확여부, 신고납부한 세액의 정확여부 등을 신속한 통관과 물류비용의 절감을 위하여 신고한 세액을 그대로 인정하여 수입신고를 수리하고 이후 일정기간별로 과세가격을 심사하는 것을 말한다.

제37조(과세가격 결정방법의 사전심사)

① 제38조제1항에 따라 납세신고를 하여야 하는 자는 과세가격 결정과 관련하여 다음 각 호의 사항에 관하여 의문이 있을 때에는 가격신고를 하기 전에 대통령령으로 정하는 바에 따라 관세청장에게 미리 심사하여 줄 것을 신청할 수 있다.

1. 제30조제1항 각 호에 규정된 금액 또는 같은 조 제2항에 따라 해당 수입물품의 대가로서 구매자가 실제로 지급하였거나 지급하여야 할 가격을 산정할 때 더하거나 빼야 할 금액

2. 제30조제3항 각 호에 해당하는지 여부

3. 특수관계가 있는 자들 간에 거래되는 물품의 과세가격 결정방법

② 제1항에 따른 신청을 받은 관세청장은 대통령령으로 정하는 기간 이내에 과세가격의 결정방법을 심사한 후 그 결과를 신청인에게 통보하여야 한다.

③ 제1항제1호 또는 제2호에 관하여 의문이 있어 사전심사를 신청하여 제2항에 따라 결과를 통보받은 자가 그 결과에 이의가 있는 경우에는 그 결과를 통보받은 날부터 30일 이내에 대통령령으로 정하는 바에 따라 관세청장에게 재심사를 신청할 수 있다. 이 경우 재심사의 기간 및 결과의 통보에 관하여는 제2항을 준용한다.

④ 세관장은 관세의 납세의무자가 제2항 또는 제3항에 따라 통보된 과세가격의 결정방법에 따라 납세신고를 한 경우 대통령령으로 정하는 요건을 갖추었을 때에는 그 결정방법에 따라 과세가격을 결정하여야 한다.

---

119 심사업무는 실무적으로 과세가격심사와 세액심사로 구분되나, 과세가격심사는 세액심사의 한 부분을 이룬다. 즉, 세액심사는 과세가격심사를 포함하는 개념이며, 평가란 과세가격결정 업무이므로 과세가격심사업무와 동일하게 취급되고 있다. 홍정식, 『관세법(Ⅰ)』, 두남, 1996, p. 290.

02 과세가격의 사전심사

1) 사전심사신청

관세의 납세신고를 하여야 하는 자가 과세가격의 결정과 관련하여 다음의 의문이 있는 경우에 가격신고 전에 일정한 서류를 갖추어 관세청장에게 미리 심사하여 줄 것을 신청하는 제도를 사전심사제도라 한다.

① 해당 수입물품의 대가로서 구매자가 실제로 지급하였거나 지급하여야 할 가격을 산정함에 있어서 더하거나 빼야 할 금액

② 해당물품의 처분·사용에 제한이 있는 경우, 해당물품에 대한 거래의 성립 또는 가격의 결정이 금액으로 계산할 수 없는 조건 또는 사정에 의하여 영향을 받은 경우

③ 해당물품의 수입후의 전매·처분 또는 사용에 따른 수익의 일부가 직접 또는 간접으로 판매자에게 귀속되는 경우

④ 구매자와 판매자 간에 특수관계가 있어 그 관계가 해당물품의 가격에 영향을 미친 경우

⑤ 특수관계가 있는 자들 간에 거래되는 물품의 과세가격 결정 방법

    ㉠ 과세가격 결정에 관한 사전심사를 신청하려는 자는 거래당사자, 통관예정 세관 및 신청내용 등을 적은 신청서에 거래관계에 관한 기본계약서(투자계약서·대리점계약서·기술용역계약서 등), 수입물품과 관련된 사업계획서, 수입물품 공급계약서, 수입물품 가격결정의 근거자료, 기타 과세가격결정에 필요한 참고자료를 첨부하여 관세청장에게 제출하여야 한다.

    ㉡ 세관장은 세액심사 시 특수관계에 있는 자가 수입하는 물품의 과세가격의 적정성을 심사하기 위하여 해당 특수관계자에게 과세가격결정자료를 제출할 것을 요구할 수 있다. 이 경우 자료의 제출범위, 제출방법 등은 대통령령으로 정한다.

    ㉢ 자료제출을 요구받은 자는 자료제출을 요구받은 날부터 60일 이내에 해당 자료를 제출하여야 한다. 다만, 대통령령으로 정하는 부득이한 사유로 제출 기한의 연장을 신청하는 경우에는 세관장은 한 차례만 60일까지 연장할 수 있다.

ⓔ 세관장은 특수관계에 있는 자가 증명자료를 기한까지 제출하지 아니하는 경우에는 해당 과세가격결정자료에 따른 금액을 제30조(과세가격 결정의 원칙) 제1항 각 호 외의 부분 본문에 따른 거래가격으로 하여 과세가격을 결정할 수 있다. 다만, 특수관계에 있는 자의 요청이 있는 경우에는 제31조(제2방법)부터 제35조(제6방법)까지에 규정된 방법으로 과세가격을 결정하여야 한다.

2) 사전심사서의 교부

과세가격 사전심사의 규정에 의한 신청을 받은 관세청장 또는 세관장은 이를 심사하여 1월 이내에 과세가격사전심사서(이하 "사전심사서"라 한다)를 신청인에게 교부하여야 한다.

ⓘ 일반적인 경우(가산/공제요소 등): 1개월

ⓛ 특수관계자 간의 거래의 경우: 1년

제37조의4(특수관계자 수입물품 과세가격결정자료 제출)

① 세관장은 제38조제2항에 따른 세액심사시 특수관계에 있는 자가 수입하는 물품의 과세가격의 적정성을 심사하기 위하여 해당 특수관계자에게 과세가격결정자료를 제출할 것을 요구할 수 있다. 이 경우 자료의 제출범위, 제출방법 등은 대통령령으로 정한다.

② 세관장은 제1항에 따라 제출받은 과세가격결정자료에서 제30조제1항 각 호의 어느 하나에 해당하는 금액이 이에 해당하지 아니하는 금액과 합산되어 있는지 불분명한 경우에는 이를 구분하여 계산할 수 있는 객관적인 증명자료의 제출을 요구할 수 있다.

③ 제1항 또는 제2항에 따라 자료제출을 요구받은 자는 자료제출을 요구받은 날부터 60일 이내에 해당 자료를 제출하여야 한다. 다만, 대통령령으로 정하는 부득이한 사유로 제출기한의 연장을 신청하는 경우에는 세관장은 한 차례만 60일까지 연장할 수 있다.

④ 세관장은 특수관계에 있는 자가 제2항에 따른 증명자료를 제3항에 따른 기한까지 제출하지 아니하는 경우에는 해당 과세가격결정자료에 따른 금액을 제30조제1항 각 호 외의 부분 본문에 따른 거래가격으로 하여 과세가격을 결정할 수 있다. 다만, 특수관계에 있는 자의 요청이 있는 경우에는 제31조부터 제35조까지에 규정된 방법으로 과세가격을 결정하여야 한다.

---

3) 사전심사서의 효력

세관장은 관세의 납세의무자가 사전심사서에 의하여 납세신고를 한 경우에 당해 납세의무자와 과세가격의 사전심사 신청인이 일치하고 수입신고된 물품 및 그 가격신고가 사전심사서상의 내용과 동일하다고 인정되는 때에는 특별한 사유가 없는 한 사전심사서의 내용에 따라 과세가격을 결정하여야 한다.

03 수입신고수리 후 평가

수입업자가 신고납부한 금액을 그대로 인정하여 수입신고수리를 하고 사후에 신고내용을 심사하는 방법으로 모든 신고납부 대상물품은 신속통관과 물류비용의 절감을 위하여 신고한 세액을 그대로 인정하여 수입신고를 수리하고, 수입신고수리 후 일정기간별로 신고한 과세가격에 대하여 사후에 세액을 심사하는 것을 원칙으로 하고 있다. 다만 신고한 세액에 대하여 관세채권의 확보가 곤란하거나, 수입신고수리 후 세액심사를 하는 것이 부적당하다고 인정하는 물품의 경우에는 수입신고수리 전에 세액을 심사한다.[120]

04 과세가격 결정방법 등의 통보

세관장은 납세의무자의 서면요청이 있을 경우에는 과세가격의 결정에 사용된 방법·과세가격 및 그 산출근거를 당해 납세의무자에게 서면으로 통보하여야 한다.[121]

---

120 관세법시행규칙 제8조. 다음의 경우에는 수입신고수리 전에 세액을 심사한다. ① 물품의 가격 변동이 큰 물품 기타 수입신고수리 후에 세액을 심사하는 것이 적합하지 아니하다고 인정하여 관세청장이 정하는 물품 ② 관세 및 내국세의 감면을 받고자 하는 물품 ③ 관세를 분할납부를 하고자 하는 물품 ④ 관세를 체납하고 있는 자가 신고하는 물품(체납액이 10만원 미만이거나 체납기간 7일 이내에 수입신고하는 경우를 제외함) ⑤ 불성실 신고인이 신고하는 물품.
121 관세법 제36조.

05 가산율 또는 공제율의 적용

관세청장 또는 세관장은 장기간 반복하여 수입되는 물품에 대하여 법 제9조의 3 제1항(거래가격원칙), 법 제9조의 6 제1항(국내판매가격을 기초로 한 과세가격결정) 또는 제2항(동일상태의 국내판매가 없는 경우)의 규정을 적용함에 있어서 납세의무자의 편의와 신속한 통관을 위하여 필요할 때에는 당해 물품에 통상 인정되는 가산율 또는 공제율을 정하여 적용할 수 있는데 이의 적용은 납세의무자의 요청이 있는 경우에 한한다.[122]

06 가격조사보고

기획재정부장관 또는 관세청장은 과세가격을 결정하기 위하여 필요하다고 인정하는 경우에는 수출입업자·경제단체 기타 관계인에 대하여 과세가격결정에 필요한 자료의 제출을 요청할 수 있다. 이 경우 그 요청을 받은 자는 정당한 사유가 없는 한 이에 응하여야 한다.[123] 이는 기획재정부에서 탄력관세의 운영, 관세율의 조정, 관세 감면대상 및 감면율의 결정 등을 하는 데 필요하고, 관세청에서는 가격질의에 대한 회보(回報)와 종합가격신고업체의 과세가격평가 등의 경우에 필요하다.

07 사후세액심사제도

1) 관세평가제도의 운영현황

수입물품에 대한 관세는 해당 물품마다 적용되는 세율이 미리 정해져 있으므로 정확한 과세가격이 선행되어야 납부할 관세액이 결정된다. 현행 우리나라 관세법에서는 WTO 관세평가협약과 관세법 제30조 규정을 근거로 과세가격의 결정 방법을 6가지로 규정하고 있다. 관세청은 세관에서 결정하기 어려운 관세평가사례에 대해서는 정당한 법적 절차에 따라 구성된 협의회 등에서 WTO 관세평가협약에 근거하여 합

---

122 관세법시행령 제3조의 12 제1항, 제2항.
123 관세법 제29조.

리적으로 관세평가를 하고 있다. 국제무역환경은 WTO를 중심으로 한 자유무역과 FTA 등으로 대변되는 지역경제통합의 흐름이 공존하고 있는데, 최근 FTA를 통한 양 국간 또는 지역간 제반 무역장벽이 완화되고 관세율 인하로 관세의 고전적 기능인 재정수입의 약화 초래를 피할 수 없는 시대적 흐름이 되고 있다. 이러한 추세에 따라 관세청에서는 통관단계에서의 신고 내용에 있어서 형식적인 요건만 확인하는 선 통관 후 납부제도를 도입하였으며, 관세를 부과하기 위한 과세가격은 대부분 수입신고 가격을 그대로 인정하여 처리한 후 수입물품에 대한 신고가격의 적정성 여부 심사는 사후심사제도를 통한 관세평가행정이 이루어지고 있다. 우리나라는 과세가격 결정에 대한 국제 기준인 WTO 관세평가협약이 국내법에 수용되어 과세요건의 해석기준이 나 과세가격의 결정방법 등 납세의무자에게 중대한 영향을 미칠 수 있는 세부적인 사항들이 대부분 관세청에서 고시한 「수입물품과세가격결정에 관한 고시」로 정해져 있다. 그런데 이러한 관세평가제도는 브뤼셀 평가협약에서는 관념적인 정상가격이었 으나 현재 WTO 관세평가협약에서는 실증적 가격인 실제 거래가격을 평가대상으로 하고 있다. 따라서 관세평가는 일반적으로 WTO 관세평가협약이라는 국제적 표준이 정해져 있으며, 우리나라도 관세법에 동 협약을 내용을 수용하고 있다.124 관세청에 서는 납세의무자가 수입신고를 하기 전에 당해 물품에 대한 과세가격을 미리 관세청 장이나 세관장에게 심사하여 줄 것을 신청할 수 있으며, 과세가격에 관한 사전심사 를 신청하고자 하는 자는 거래당사자·통관예정세관·신청내용 등을 기재한 신청서에 관련 서류를 첨부하여 관세청장이나 세관장에게 제출하여야 한다.125

이와 같이 과세가격 사전심사제도를 운영해오고 있음에도 불구하고 실제 심사 신 청을 받은 관세청장은 일반 수입물품의 경우 1개월, 특수관계자 간의 수입물품에 해 당하는 경우 1년 이내에 과세가격 결정방법을 심사하여 신청인에게 통보하도록 함으 로써 실질적으로 신속한 통관을 요하는 납세의무자에 있어서는 실효성이 거의 없다 고 할 수 있다.

---

124 이명구, "우리나라 관세평가제도 운용에 대한 고찰", 관세학회지 제5권 제3호, 2004, p. 2.
125 관세법 제37조(과세가격 결정방법의 사전심사). ① 제38조 제1항의 규정에 의하여 납세신고를 하여야 하는 자는 과세가격 결정과 관련하여 다음 각 호의 사항에 관하여 의문이 있는 때에는 가격신고 전에 대통령령으로 정하는 바에 따라 관세청장에게 미리 심사하여 줄 것을 신청할 수 있다. 1. 제30조 제1항 각호에 규정된 금액 또는 동조 제2항의 규정에 의하여 당해 수입물 품의 대가로서 구매자가 실제로 지급하였거나 지급하여야 할 가격을 산정함에 있어서 더하거 나 빼야 할 금액 2. 제30조 제3항 각 호에 해당하는지 여부 3. 특수관계가 있는 자들 간에 거 래되는 물품의 과세가격 결정 방법.

2) 사후세액심사제도

세액심사는 과세표준과 세율 적용의 정확여부, 감면 대상 적용의 정확성, 신고세액의 정확성 등을 확인하는 것으로 과세가격의 사후 심사는 과세표준의 정확 여부에 있어 종가세 물품의 과세 가격의 결정과 심사를 과세관청에서 질문검사권에 의하여 행하는 제도이다.

사후세액심사제도는 수입자가 신고납부한 금액을 그대로 인정하여 수입신고수리를 하고, 사후에 심사하는 방법으로 수입신고수리 전 평가대상물품을 제외한 모든 신고납부 대상물품은 신속한 통관과 물류비용의 절감을 도모하기 위하여 수입신고를 수리하고 일정기간별로 신고한 내용에 대하여 사후에 심사하는 제도이다. 또한 세관장은 납세실적 및 수입규모 등을 고려하여 일정 요건을 갖춘 자가 신청하는 경우에 한하여 납세신고한 내역을 자체적으로 심사할 수 있는 제도도 운영하고 있다.[126] 관세의 납세의무자가 과세가격 결정과 관련하여 의문이 있는 경우에 가격신고 전에 일정한 서류를 갖추어 관세청장에게 과세가격결정에 대하여 사전심사[127]를 요청할 수 있는데, 이는 사후세액심사제 하에서는 업체의 과세가격신고 오류로 인한 추징부담을 덜어주기 위해 과세가격신고를 어떻게 해야 할지 모르는 경우 수입신고 전에 미리 관세청이나 세관에 문의하여 미리 심사를 받을 수 있게 하여 사후심사제도를 보완하는 장치로 운영하고 있다. 과세관청은 수입신고한 내역에 대하여 사후세액심사를 하여 신고납부한 세액에 부족이 있는 경우 부족한 세액에 대하여 관세의 부과권에 의하여 관세를 추징하게 된다. 관세의 부과권은 이미 성립된 관세채권을 확인하는 관세권자의 권리로 형성권의 일종으로서 제척기간의 적용대상이다. 제척기간이란 일정한 기간 내에 권리를 행사하지 않으면 권리가 소멸되는 것으로 과세관청이 관세를 부과할 수 있는 기간을 의미한다.

---

[126] 관세법시행령 제32조의2. ① 세관장은 납세의무자가 법 제38조제3항의 규정에 따라 납세신고 세액을 자체적으로 심사하고자 신청하는 경우에는 관세청장이 정하는 절차에 의하여 자율심사를 하는 납세의무자(이하 "자율심사업체"라 한다)로 승인할 수 있다. 이 경우 세관장은 자율심사의 방법 및 일정 등에 대하여 자율심사업체와 사전협의할 수 있다. ② 세관장은 자율심사업체에게 수출입업무의 처리방법 및 체계 등에 관한 관세청장이 정한 자료를 제공하여야 한다.
[127] 관세법 제37조(과세가격 결정방법의 사전심사).

> **사후세액심사제도**
>
> ① 신고납부한 금액을 인정하여 수입신고수리
> ② 일정기간별로 신고 내용에 대한 심사
> ③ 부족한 세액에 대하여 관세를 추징

08 과세전 적부심사

① 세관장은 납부세액이나 납부하여야 하는 세액에 부족한 금액을 징수하고자 하는 때에는 미리 납세의무자에게 서면으로 통지하여야 한다.

> **서면통지하지 아니하는 경우**
>
> ① 통지하고자 하는 날부터 3월 이내에 관세부과의 제척기간이 만료되는 경우
> ② 납세의무자가 확정가격의 신고를 한 경우
> ③ 수입신고수리 전 세액심사에 따라 부족세액을 징수하는 경우
> ④ 감면된 관세를 징수하는 경우
> ⑤ 관세포탈죄로 고발되어 포탈세액을 징수하는 경우
> ⑥ 사전통지가 부적당한 경우

② 납세의무자는 통지를 받았을 때에는 그 통지를 받은 날부터 30일 이내에 기획재정부령으로 정하는 세관장에게 통지 내용이 적법한지에 대한 심사(이하 이 조에서 "과세전적부심사"라 한다)를 청구할 수 있다. 다만, 법령에 대한 관세청장의 유권해석을 변경하여야 하거나 새로운 해석이 필요한 경우 등 대통령령으로 정하는 경우에는 관세청장에게 이를 청구할 수 있다.

③ 과세전적부심사의 청구를 받은 세관장 또는 관세청장은 청구를 받은 날부터 30일 이내에 과세전적부심사위원회 또는 관세심사위원회의 심사를 거쳐 결과를 청구인에게 통지하여야 한다.

④ 과세전적부심사청구에 대한 결정
　㉠ 청구가 이유가 없다고 인정되는 경우: 채택하지 아니한다는 결정

ⓛ 청구가 이유가 있다고 인정되는 경우: 채택한다는 결정. 다만, 청구의 일부
　　　　가 이유가 있다고 인정되는 경우에는 일부를 채택하는 결정을 할 수 있다.
　　　ⓒ 청구기간을 경과하거나 보정기간 내에 보정을 하지 아니하는 경우: 심사하
　　　　지 아니한다는 결정
　⑤ 통지를 받은 자는 과세전적부심사를 청구하지 아니하고 통지를 한 세관장에게
　　통지받은 내용의 전부 또는 일부에 대하여 조기에 경정해 줄 것을 신청할 수
　　있다. 이 경우 해당 세관장은 즉시 신청받은 대로 세액을 경정하여야 한다.

09　관세심사위원회

① 설치: 관세청, 본부세관, 일선세관
② 과세전적부심사청구와 관세청장에게 제기된 심사청구를 심의
③ 위원장: 관세청차장(관세청), 본부세관(본부세관장), 일선세관(일선세관장)
④ 임기는 2년(연임 가능)
⑤ 공무원이 아닌 위원에 대하여는 수당을 지급

제4절　담보제도

　　조세란 납세의무자에게 반대의 급부가 없이 일방적으로 징수하는 금전적 급부이
다. 그러므로 납세의무자가 자발적으로 납부하지 않을 경우 관세채권의 확보가 어렵
게 되는 경우가 많다. 따라서 조세관계법규에서는 조세채권을 확보하기 위하여 사법
상의 채권·채무관계와는 달리 국가에 특권을 부여하고 있는데, 관세법에서도 이에
관한 여러 가지 특권이 부여되어 있다.
　　관세의 징수권은 자력집행권과 우선징수권이 보장되어 있는데, 자력집행권이란 채
권행사를 법원의 힘을 빌리지 않고 스스로 강제집행절차를 취할 수 있다는 것을 말
하고, 우선징수권이란 관세를 납부하여야 할 물품에 대하여는 다른 모든 채권을 우

선하여 관세를 징수할 수 있다는 것을 말한다.

01 담보의 개념

관세채권의 확보를 위한 공법상 제도로서, 납세의무자의 납부 불이행에 대한 대비책이다. 관세법상에서는 담보제도 이외에 관세채권 확보를 위하여 관세징수의 우선, 납세의무의 확장, 관세의 강제징수 등을 규정하고 있다.

02 담보의 구분

관세채권의 확보를 위하여 관세법에서는 담보제도를 두고 있는데, 납세의 담보는 일반담보와 특별담보의 두 가지로 구분할 수 있다. 일반담보는 관세를 납부하여야 할 물품 자체를 말하고, 특별담보는 세관장의 담보제공 요청에 의거 특별히 제공되는 담보물을 말한다. 관세징수의 우선권이 부여된 관세가 미납된 물품을 관세의 일반담보라고도 하는데, 이는 법적으로 자동적으로 인정되는 담보물이기 때문에 법정담보라고도 한다.

특별담보는 관세의 징수대상물품, 즉 일반담보물이 세관장의 관리 하에 있는 보세구역 등에서 반출되는 경우에 관세징수권의 확보를 위한 세관장의 명령에 따라 별도로 제공되는 담보물을 말한다. 이는 세관장과 납세의무자 사이의 특별한 법률행위에 의하여 설정되는 것이라 하여 약정담보라고도 한다.

① 일반(법정)담보 – 수입물품 자체
② 특별(약정)담보 – 법률의 설정에 따른 담보

03 담보제공이 필요한 경우

전술한 바와 같이 감면세를 받거나 외국물품이 보세구역을 벗어나는 경우 등에 있어서는 관세채권의 확보를 위하여 특별히 관세의 담보를 받고 있는데, 그 경우를 열거하면 다음과 같다.

① 덤핑방지관세 잠정조치의 경우

② 상계관세 잠정조치의 경우

③ 조건부 감면의 경우

④ 관세의 분할납부 허용의 경우

⑤ 보세구역외 보수작업승인의 경우

⑥ 보세구역외 장치 허가시(타소장치 허가)

⑦ 보세운송 신고 및 승인의 경우(조난물품의 운송 포함)

⑧ 월별 납부의 경우

⑨ 천재지변 등으로 인한 납부기한 연장의 경우

⑩ 지식재산권보호를 위한 신고수리 보류요청

⑪ 수입신고 수리 전 반출승인의 경우

⑫ 수입신고전 즉시반출를 하고 반출하는 경우

⑬ 관세미납물품에 대한 수입신고 수리시

04 담보의 종류

1) 담보의 종류

제24조(담보의 종류 등)

① 이 법에 따라 제공하는 담보의 종류는 다음 각 호와 같다.

1. 금전

2. 국채 또는 지방채

3. 세관장이 인정하는 유가증권

4. 납세보증보험증권

5. 토지

6. 보험에 가입된 등기 또는 등록된 건물·공장재단·광업재단·선박·항공기 또는 건설기계

7. 세관장이 인정하는 보증인의 납세보증서

② 제1항제4호에 따른 납세보증보험증권 및 제7호에 따른 납세보증서는 세관장이 요청

하면 특정인이 납부하여야 하는 금액을 일정 기일 이후에는 언제든지 세관장에게 지급
한다는 내용의 것이어야 한다.

③ 제1항에 따른 담보의 제공에 필요한 사항은 대통령령으로 정한다.

④ 납세의무자(관세의 납부를 보증한 자를 포함한다)는 이 법에 따라 계속하여 담보를
제공하여야 하는 사유가 있는 경우에는 관세청장이 정하는 바에 따라 일정 기간에 제공
하여야 하는 담보를 포괄하여 미리 세관장에게 제공할 수 있다.

① 금전

현금을 말한다. 가장 가치가 있는 담보물이나 제공자의 부담이 크기 때문에 신
고수리전 반출의 담보와 같은 경우 이외에는 이용 건수가 드물다.

② 국채 또는 지방채

제공할 담보가 국가가 발행한 채권 및 증권인 경우에는 당해 채권 및 증권에
관하여 모든 권리를 행사할 수 있는 자의 위임장을 담보제공서에 첨부하여야
한다. 제공할 담보가 지방자치단체가 발행한 채권 및 증권인 경우에는 당해 채
권 및 증권에 관하여 모든 권리를 행사할 수 있는 자의 위임장을 담보제공서에
첨부하여야 한다. 국가 또는 지방자치단체가 발행하는 채권 및 증권의 평가는
시가에 의한다.

③ 세관장이 인정하는 유가증권

④ 납세보증보험증권

세관장의 요청이 있는 경우에는 특정인이 납부하여야 할 금액을 일정기일 이
후에는 언제든지 세관장에게 지급한다는 내용을 기재한 보험회사의 보증서를
말한다. 이는 대한보증보험주식회사가 납세보증보험증권을 발행하고 있으며,
요율이 비교적 낮고 쉽게 발급받을 수 있기 때문에 많이 이용되고 있다.

⑤ 토지

⑥ 보험에 든 등기 또는 등록된 건물·공장재단·광업재단·선박·항공기나 건설기계

⑦ 세관장이 인정하는 보증인의 납세보증서

※ 증권 및 보증서의 경우는 언제든지 세관장에게 지급한다는 내용의 것이어야
한다.

2) 포괄담보

납세의무자가 일정기간 동안에 제공한 담보를 계속 반복적으로 이용할 수 있게 하는 담보제도로, 납세의무자는 관세법의 규정에 의하여 계속하여 담보를 제공하여야할 사유가 있는 경우에는 관세청장이 정하는 바에 의하여 일정한 기간에 제공하여야할 담보물을 포괄하여 미리 세관장에게 제공할 수 있다.

담보를 포괄하여 제공하고자 하는 자는 그 기간 및 담보의 최고액과 담보제공자의전년도 수출입실적 및 예상수출입물량을 기재한 신청서를 세관장에게 제출하여야한다.

담보를 포괄하여 제공할 수 있는 요건, 그 담보의 종류 기타 필요한 사항은 관세청장이 정한다.

05 담보의 관세충당

① 납부기한내에 당해 관세를 납부하지 아니하는 때 담보를 당해 관세에 충당할수 있다.
② 담보로 제공된 금전을 관세에 충당하는 경우 가산금 규정을 적용하지 아니한다.
③ 담보를 관세에 충당하고 잔액이 있는 경우 담보를 제공한 자에게 교부하여야하며, 교부할 수 없는 때에는 공탁할 수 있다.
④ 관세의 납세의무자가 아닌 자가 납부를 보증한 경우 담보로 관세에 충당하고잔액이 있는 경우 보증인에게 직접 잔액을 교부하여야 한다.

06 담보 등이 없는 경우의 관세징수

담보제공이 없거나 징수한 금액에 부족이 있는 경우 관세법에 규정이 있는 것을제외하고는 국세기본법 및 국세징수법의 예에 의한다.

세관장은 관세의 체납처분을 하는 때에는 재산의 압류·보관·운반과 공매에 소요되는 비용에 상당하는 체납처분비를 징수할 수 있다.

세관장이 징수하는 국세의 체납이 발생한 때에는 세관장은 그 납세의무자의 주소지를 관할하는 세무서장에게 즉시 이를 인계하여야 하며, 당해 세무서장은 이를 인수하여야 한다.

체납이 발생하면 우선 내국세의 체납에 대하여는 세관장은 납세의무자의 주소지를 관할하는 세무서장에게 즉시 이를 인계하여야 하고, 당해 세무서장은 이를 인수하여야 하며, 관세에 대하여는 국세징수법의 규정에 의한 체납처분절차에 의거 징수한다.

제 3 장　세율 및 품목분류

01　세율

1) 관세율

세율이란 세액을 결정하기 위하여 과세표준에 대하여 적용되는 비율(과세표준×세율=세액)로 관세율은 헌법상의 조세법률주의에 의하여 관세법의 일부인 별표로서 국회의 의결을 거쳐 법률로 정하는 것이 원칙이나, 경제여건 등의 변동에 좀 더 신속히 대응할 수 있도록 법률에서 위임된 범위 안에서 대통령령 또는 기획재부령으로 탄력관세율을 정하거나, 외국과의 조약이나 협약 등에 의하여 양허관세율을 정할 수도 있다.

또한 휴대품, 우편물, 탁송품 또는 별송품, 외국에서 선박 또는 항공기의 일부를 수리 또는 개체하기 위하여 사용된 물품 등에 대하여는 별도의 대통령령으로 정한 간이세율을 적용하도록 하고 있다.

관세는 국내산업보호, 재정수입, 소비억제, 수입대체효과 등의 기능을 가지고 있는데, 이러한 기능은 주로 관세율의 조작에 의하여 가능하다.

일국의 관세율을 결정할 때에는 그 나라의 경제여건, 소득수준, 재정상태, 물품의 가공도, 국제경쟁력수준, 외국과의 정치적·경제적 관계, 국민경제의 중요성 및 WTO, UNCTAD 등 국제기구와의 관계 등을 종합적으로 고려하여 결정한다.

2) 관세율의 종류

현행 우리나라의 관세율은 국정관세율과 협정관세율로 구분된다.

(1) 국정관세율

국정관세율이란 우리나라가 독자적으로 정한 세율로서 다음과 같은 종류가 있다.

① 기본관세율

관세법의 별표인 관세율표상의 기본세율을 말한다.

② 잠정세율

이는 관세율표상의 기본세율과 함께 표시되어 있는 것인데, 이는 특정품목에 대하여 기본세율과는 다른 세율을 잠정적으로 적용하기 위하여 마련되어 있는 것이다. 그리고 잠정세율은 기본세율과 같은 절차를 밟아 국회의 승인을 받아서 제정되는 것이지만, 잠정세율의 적용을 받는 물품에 대하여는 대통령령이 정하는 바에 의하여 그 물품의 전부 또는 일부에 대하여 잠정세율의 적용을 정지하거나 기본세율과의 세율차를 좁히도록 잠정세율을 인상하거나 인하할 수 있다. 기본세율을 적용할 수 없는 사유가 있을 때 잠정세율을 적용하게 되고, 사유종료 시에는 기본세율로 환원된다.

③ 탄력관세율

관세법 규정에 의한 대통령령으로 정한 세율 즉, 덤핑방지관세, 보복관세, 긴급관세, 조정관세, 상계관세, 편익관세, 계절관세, 할당관세 등에 적용되는 세율을 의미한다.

④ 환급에 갈음하는 관세 등의 세율인하(환특세율)

수출 등에 제공되는 물품의 제조·가공에 주로 사용하기 위하여 수입되는 물품에 대하여는 그 수출 등에 제공되는 비율을 참작하여 관세 등의 세율을 인하할 수 있는데, 이 경우 세율을 인하하는 물품과 세율은 대통령령으로 정한다. 그리고 관세 등의 세율이 인하된 물품에 대해서는 환급특례법의 규정에 의한 징수유예·환급 등을 하지 아니한다.

⑤ 간이세율

관세, 부가가치세, 개별소비세, 주세, 교육세 등 제세가 부과되는 데 시간이 많이 소요되므로, 일부대상에 대하여 단일세율을 적용하여 과세의 간소화를 도모하는 것에 그 의의가 있다. 외국에서 선박 또는 항공기의 일부를 수리 또는 개체하기 위하여 사용된 물품의 과세가격은 수리 또는 개체를 위하여 지급하는 외화가격으로 한다.

이들 선박 또는 항공기를 수리 또는 개체하기 위하여 사용된 물품은 품목이 다수이고, 그 과세가격을 정확히 파악하기 곤란하므로 간이세율을 적용하여 신속하고 쉽게 통관해주려는 것이다.

간이세율의 적용물품에 대한 과세가격은 실거래가격으로 하는 것이 원칙이다. 다만, 외국에서 선박 또는 항공기의 일부를 수리 또는 개체하기 위하여 사용된 물품의 과세가격은 수리 또는 개체하기 위하여 지급한 외화가격으로 하는데, 이는 수리 또는 개체비용지급 관계 자료를 비교적 쉽게 입수할 수 있기 때문에 외화가격으로 표시된 수리 또는 개체비용을 과세가격으로 하는 것이다.

제81조(간이세율의 적용)

① 다음 각 호의 어느 하나에 해당하는 물품 중 대통령령으로 정하는 물품에 대하여는 다른 법령에도 불구하고 간이세율을 적용할 수 있다.

1. 여행자 또는 외국을 오가는 운송수단의 승무원이 휴대하여 수입하는 물품

2. 우편물. 다만, 수입신고를 하여야 하는 것은 제외한다.

3. 외국에서 선박 또는 항공기의 일부를 수리하거나 개체(改替)하기 위하여 사용된 물품

4. 탁송품 또는 별송품

② 제1항제3호에 따른 물품의 과세가격은 수리 또는 개체를 위하여 지급하는 외화가격으로 한다.

③ 간이세율은 수입물품(제1항제3호의 경우에는 해당 선박 또는 해당 항공기를 말한다)에 대한 관세, 임시수입부가세 및 내국세의 세율을 기초로 하여 대통령령으로 정한다.

④ 제1항제1호에 해당하는 물품으로서 그 총액이 대통령령으로 정하는 금액 이하인 물품에 대하여는 일반적으로 휴대하여 수입하는 물품의 관세, 임시수입부가세 및 내국세의 세율을 고려하여 제3항에 따른 세율을 단일한 세율로 할 수 있다.

간이세율(제96조 관련)

품명	세율(%)
1. 다음 각 목의 어느 하나에 해당하는 물품 중 개별소비세가 과세되는 물품	
가. 투전기, 오락용 사행기구 그 밖의 오락용품, 수렵용 총포류	55
나. 보석·진주·별갑·산호·호박 및 상아와 이를 사용한 제품, 귀금속 제품	92만 6천원+ 463만원을 초과하는 금액의 50
다. 고급 시계, 고급 가방	37만 4백원+ 185만 2천원을 초과하는 금액의 50
라. 삭제 〈2017. 3. 27.〉	
2. 수리선박(관세가 무세인 것을 제외한다)	2.5
3. 다음 각 목의 어느 하나에 해당하는 물품 중 기본관세율이 10 퍼센트 이상인 것으로서 개별소비세가 과세되지 아니하는 물품	
가. 모피의류, 모피의류의 부속품 그 밖의 모피제품	30
나. 가죽제 또는 콤포지션레더제의 의류와 그 부속품, 방직용 섬유와 방직용 섬유의 제품, 신발류	25
다. 녹용	32
4. 다음 각 목의 어느 하나에 해당하는 물품. 다만, 고급모피와 그 제품, 고급융단, 고급가구, 승용자동차, 주류 및 담배를 제외한다.	20
가. 제1호부터 제3호까지에 해당하지 아니하는 물품	
나. 제1호 및 제3호에 불구하고 여행자가 휴대수입하는 물품으로 1인당 과세대상 물품가격의 합산총액이 미화 1천불 이하인 물품	

■
간이세율 적용대상

　① 여행자 휴대품, 승무원 휴대품
　② 우편물(수입신고 대상 제외)
　③ 탁송품, 별송품
　④ **외국에서 선박(항공기)수리용 사용물품**
　　(납세액 = **외화가격** × 과세환율 × 간이세율)

간이세율 적용 배제 대상

① <u>무세품</u>
② <u>수출용원재료</u>
③ 고가품
④ <u>화주가 요청한 경우</u>
⑤ 종량세 적용 대상
⑥ 범칙물품
⑦ <u>감면물품</u>
⑧ 과세형평을 저해할 우려가 경우

신고대상 여행자 휴대품

① <u>600달러 초과시</u>
② <u>1000달러 이상의 외화</u>
③ 총포, 음란물
④ 출국시 신고하지 않은 고가품
⑤ <u>주류1병(1리터 400달러)</u>, 담배 200개비 이상

⑥ 합의에 의한 세율

신고인의 요청이 있는 경우 품목별 세율 중 가장 높은 세율을 모든 품목에 적용하여 과세통관 할 수 있도록 하고 있다. 과세편의와 신속 통관을 도모하는 데 그 목적이 있다.

합의에 의한 세율적용을 적용하려면,

① 전품목이 일괄수입되어야 한다.
② 품목별 세율이 상이하여야 한다.
③ 신고인의 신청이 있어야 한다.

이와 같이 합의에 의한 세율을 적용하여 과세한 경우에는 관세법상의 심사와 심판의 규정을 적용하지 아니한다.

⑦ 용도세율

동일한 물품이라도 당해 물품의 용도에 따라 관세율이 상이한 경우 용도에 따라 세율을 달리하는 세율 중에서 **낮은 세율**을 적용하는 것으로, 사후관리가 수반되며 사후관리로 용도세율의 적용을 받은 물품은 수입신고수리일로부터 3년의 범위 안에

서 관세청장이 정하는 기간 내에는 용도 외 사용이 불가능하고, 용도 외 사용시 차액을 즉시 징수한다.

제83조(용도세율의 적용)

① 별표 관세율표나 제50조제4항, 제65조, 제67조의2, 제68조, 제70조부터 제73조까지 및 제76조에 따른 대통령령 또는 기획재정부령으로 용도에 따라 세율을 다르게 정하는 물품을 세율이 낮은 용도에 사용하려는 자는 대통령령으로 정하는 바에 따라 세관장의 승인을 받아야 한다. 다만, 물품의 성질과 형태가 그 용도 외의 다른 용도에 사용할 수 없는 경우에는 그러하지 아니하다.

② 제1항에 따라 낮은 세율(이하 "용도세율"이라 한다)이 적용된 물품은 그 수입신고의 수리일부터 3년의 범위에서 대통령령으로 정하는 기준에 따라 관세청장이 정하는 기간에는 해당 용도 외의 다른 용도에 사용하거나 양도할 수 없다. 다만, 다음 각 호의 어느 하나에 해당하는 경우에는 그러하지 아니하다.

1. 대통령령으로 정하는 바에 따라 미리 세관장의 승인을 받은 경우

2. 제1항 단서에 해당하는 경우

③ 제1항의 물품을 제2항에 따른 기간에 해당 용도 외의 다른 용도에 사용하거나 그 용도 외의 다른 용도에 사용하려는 자에게 양도한 경우에는 해당 물품을 특정용도 외에 사용한 자 또는 그 양도인으로부터 해당 물품을 특정용도에 사용할 것을 요건으로 하지 아니하는 세율에 따라 계산한 관세액과 해당 용도세율에 따라 계산한 관세액의 차액에 상당하는 관세를 즉시 징수하며, 양도인으로부터 해당 관세를 징수할 수 없을 때에는 그 양수인으로부터 즉시 징수한다. 다만, 재해나 그 밖의 부득이한 사유로 멸실되었거나 미리 세관장의 승인을 받아 폐기한 경우에는 그러하지 아니하다.

---

(2) 협정관세율

협정세율이란 통상과 대외무역증진을 위하여 필요하다고 인정되는 경우에 특정국가 또는 국제기구와의 조약 또는 행정협정 등으로 정한 세율을 말한다. 협정세율은 협정의 종류에 따라 WTO협정 일반양허관세율, 개발도상국간 무역특혜제도(GSTP)의 양허관세율, FTA협정관세율, 특정국가와 관세협상에 따른 국제협력관세 등이 있다.

① WTO협정 일반양허관세율

이는 1994년의 마라케쉬 의정서에 의하여 세계무역기구 회원국에 대하여 적용할 일반양허관세율이다. 우리나라는 세계무역기구협정 등에 의한 양허관세규정 제2조에

규정되어 있다.

② WTO협정 개도국간의 양허관세율

이는 WTO협정 개도국간의 무역협정에 관한 의정서에 서명·가입한 국가에 대하여 적용할 양허관세율이다. 이 세율의 적용대상국은 방글라데시 등 14개국이다.

③ 아시아·태평양 무역협정에 따른 양허관세율

이는 아시아·태평양 무역협정에 서명·가입한 국가에 대하여 적용할 일반양허관세율을 말한다.

④ 개발도상국간 무역특혜제도(GSTP)의 양허관세율

이는 UN의 무역개발회의(UNCTAD) 개발도상국간 특혜무역제도(GSTP)에 관한 협정에 서명·가입한 국가에 대하여 적용할 일반양허관세율을 말하는데, 이는 세계무역기구협정 등에 의한 양허관세규정 제5조에 규정되어 있다.

⑤ 특정국가와 관세협상에 따른 국제협력관세

이는 관세법의 규정에 의하여 특정국가와의 관세협상에 따른 국제협력관세를 말한다.

정부는 우리나라의 대외무역의 증진을 위하여 필요하다고 인정할 때에는 특정국가 또는 국제기구와 관세에 관한 협상을 수행할 수 있으며, 협상을 수행함에 있어서 필요하다고 인정할 때에는 관세를 양허할 수 있다. 다만, 특정국가와의 협상을 수행함에 있어서는 기본관세율의 100분의 50의 범위를 초과하여 양허할 수 없다.

3) 관세율 적용순서

기본세율과 잠정세율은 별표 관세율표에 따르되, 잠정세율을 기본세율에 우선하여 적용한다. 국제기구와의 관세에 관한 협상에서 국내외의 가격차에 상당하는 율로 양허(讓許)하거나 국내시장 개방과 함께 기본세율보다 높은 세율로 양허한 농림축산물 중 대통령령으로 정하는 물품에 대하여 양허한 세율(시장접근물량에 대한 양허세율을 포함한다)은 기본세율 및 잠정세율에 우선하여 적용한다.

제50조(세율 적용의 우선순위)
① 기본세율과 잠정세율은 별표 관세율표에 따르되, 잠정세율을 기본세율에 우선하여 적용한다.

---

② 제49조제3호의 세율은 다음 각 호의 순서에 따라 별표 관세율표의 세율에 우선하여 적용한다.

1. 제51조, 제57조, 제63조, 제65조, 제67조의2 및 제68조에 따른 세율

2. 제73조 및 제74조에 따른 세율

3. 제69조, 제71조 및 제72조에 따른 세율

4. 제76조에 따른 세율

③ 제2항에도 불구하고 제2항제2호의 세율은 기본세율, 잠정세율, 제2항제3호 및 제4호의 세율보다 낮은 경우에만 우선하여 적용하고, 제2항제3호의 세율 중 제71조에 따른 세율은 제2항제4호의 세율보다 낮은 경우에만 우선하여 적용한다. 다만, 제73조에 따라 국제기구와의 관세에 관한 협상에서 국내외의 가격차에 상당하는 율로 양허(讓許)하거나 국내시장 개방과 함께 기본세율보다 높은 세율로 양허한 농림축산물 중 대통령령으로 정하는 물품에 대하여 양허한 세율(시장접근물량에 대한 양허세율을 포함한다)은 기본세율 및 잠정세율에 우선하여 적용한다.

④ 별표 관세율표 중 잠정세율을 적용받는 물품에 대하여는 대통령령으로 정하는 바에 따라 그 물품의 전부 또는 일부에 대하여 잠정세율의 적용을 정지하거나 기본세율과의 세율차를 좁히도록 잠정세율을 올리거나 내릴 수 있다.

⑤ 제49조제3호에 따른 세율을 적용할 때 별표 관세율표 중 종량세인 경우에는 해당 세율에 상당하는 금액을 적용한다.

현행 우리나라의 관세법상 관세율 적용순서는 다음과 같다.

① 덤핑방지관세, 보복관세, 긴급관세, **농림축산물에 대한 특별긴급관세**, 상계관세, 특정국물품 긴급관세

② FTA 협정관세

③ 편익관세, 국제협력관세, WTP 일반 양허관세

④ 조정관세, 계절관세

⑤ 할당관세

⑥ 최빈개발도상국에 대한 일반특혜관세

⑦ 잠정관세

⑧ 기본관세

※ 같은 순위에서 경합시 낮은 세율이 우선 적용된다.

동일한 물품에 대하여 다음과 같이 관세율이 적용되는 경우 최우선 적용세율은?

잠정세율 10%, 긴급관세 8%, 일반특혜관세 4%, 기본세율 3% ⇒ 긴급관세 8%에 실행 관세율인 4%를 추가하여 부과하며, 총 적용세율은 12%가 된다.

4) 잠정세율의 적용정지

관세법 별표 관세율표 중 잠정세율의 적용을 받는 물품에 대하여는 대통령령이 정하는 바에 의하여 그 물품의 전부 또는 일부에 대하여 잠정세율의 적용을 정지하거나 기본 세율과의 세율차를 좁히도록 잠정세율을 인상하거나 인하할 수 있다.

02 탄력관세제도

탄력관세제도란 법률에 의하여 일정한 범위 내에서 관세율의 변경권을 행정부에 위임하여 관세율을 경제여건의 변동 등에 따라 탄력적으로 변경함으로써 관세정책을 보다 효과적으로 수행하기 위한 제도이다.

조세법률주의 하에서 관세율은 관세법과 같이 입법사항으로서 심의·의결을 거쳐 결정 또는 변경되는 것이 원칙이나 관세율 조정을 입법과정을 거쳐 실시하려면 많은 시일이 걸려 신속하고 효과적인 조치를 할 수 없으므로 기본세율은 그대로 두고 그때그때의 경제정책 목적과 국내외의 경제여건에 따라 행정부가 관세법이 정한 일정범위의 관세율을 인상 또는 인하함으로써 신속하고 효과적으로 대응할 수 있는 것이다.

탄력관세제도가 조세법률주의의 원칙에 위배되는 것으로 보일지 모르나, 그 권한의 일부를 법률에 의하여 제한된 범위에서 정부에 위임한 것이므로 조세법률주의의 원칙에 위배된다고 볼 수 없다.

1) 의의

① 법률에 의하여 일정한 범위 안에서 관세율의 변경권을 행정부에 위임
② 국내외적 경제여건 변화에 신축성 있게 대응하여 관세정책을 효과적으로 수행

③ 오늘날 관세율 조정을 통한 무역통제(간접통제)가 널리 활용
④ 직접통제: 수량통제, 외환통제

2) 특징

① 임시적인 세율: 기본세율 불변, 수시로 임시적으로 적용
② 조세법률주의 예외: 권한의 일부를 제한된 범위 내에서 위임(위배 ×)

3) 기능

급변하는 국·내외 경제여건에 신속하고도 탄력적인 관세조치를 취할 수 있도록 함으로써 탄력관세제도는 다음과 같은 기능을 가지고 있다.

① 국내산업 보호기능

정상가격 이하로 수입되는 물품에 의한 국내산업의 피해 혹은 대외무역개방화에 의한 특정물품의 수입증가에 의한 피해 등의 경우 국내산업을 보호할 필요가 있다고 인정되는 경우에 탄력관세를 부과하는 조치를 취할 수 있다.

② 관세율의 조정기능

산업구조의 변동 등으로 물품간의 세율이 현저히 불균형하여 이를 시정할 필요가 있는 경우에 탄력관세의 발동요인이 된다.

③ 국제협력의 기능

편익관세의 경우, 관세에 관한 조약에 의한 편익을 받지 아니하는 나라의 생산물이 수입될 때 기존 외국과의 조약에 의한 편익의 한도 내에서 관세에 관한 편익을 부여할 수 있다. 이로써 제3세계 혹은 미수교국과의 교역을 확대함으로써 탄력관세를 통한 국제협력의 기능을 수행할 수 있다.

④ 물가안정/물자의 원활한 확보

할당관세에 의한 관세율의 조정은 원활한 물자수급을 가능하게 하고, 수입가격이 급등한 물품의 국내가격의 안정에 기여할 수 있다.

■
탄력관세의 기능

① 국내산업보호: 덤핑, 상계, 보복, 긴급, 농림축산물에 대한 특별긴급, 조정, 할당
  관세
② 물가안정 도모: 할당, 계절관세
③ 세율불균형 시정: 조정, 할당관세
④ 주요자원의 안정적 확보: 할당관세

03 탄력관세의 종류

1) 덤핑방지관세의 의의

덤핑방지관세란 외국상품이 덤핑한 가격으로 국내시장을 침범하려 할 때 이것을 방지하기 위하여 부과되는 관세이다. 덤핑가격이라 함은 생산원가보다 낮은 가격으로 판매하는 가격 또는 국제시장에서 정상적으로 거래되는 가격보다 훨씬 낮게 판매하는 가격으로서 이것을 관세법에서는 "덤핑"이라고 표현하고 있다. 덤핑방지관세를 부과하는 목적은 덤핑되는 상품의 국내시장 침투로 인한 국내산업의 타격, 고용기회의 상실 등 경제난황을 방지하기 위한 대항조치를 취하는 데 있고, 덤핑방지관세를 부과하는 방법은 덤핑의 효과를 상쇄하는 만큼의 관세를 추가로 부담시키는 것으로서 그 세액은 정상거래가격과 덤핑가격과의 차이가 된다. 이 제도는 1904년 캐나다에서 처음 실시한 이래 오늘날 세계 각국이 국내산업보호의 수단 등으로 많이 채택하고 있다.

(1) 덤핑방지관세

① 의의
외국상품이 덤핑이라는 불공정 무역행위로 국내시장을 침범하려고 할 때 이를 방지하고자 부과한다.

② 발동요건
외국의 물품이 정상가격이하로 수입(이하 "덤핑"이라 한다)되어 국내산업이 실질적

인 피해를 받거나 받을 우려가 있거나 또는 국내산업의 확립이 실질적으로 지연(이하 "실질적인 피해 등"이라 한다)되었음이 조사를 통하여 확인되고 당해 국내산업을 보호할 필요가 있다고 인정될 때에는 그 물품과 공급자 또는 공급국을 지정하여 당해 물품에 대하여 관세 외에 정상가격과 덤핑가격과의 차액(이하 "덤핑차액"이라 한다)에 상당하는 금액이하의 관세(이하 "덤핑방지관세"라 한다)를 추가하여 부과할 수 있다.

즉, 덤핑방지관세가 발동되려면 다음의 조건을 모두 갖추어야 한다.

ㄱ 외국물품이 정상가격 이하로 수입되어 국내판매된 사실이 있고,

ㄴ 그 수입으로 인하여 국내산업에 실질적인 피해 등(실질적인 피해를 받을 우려가 있거나, 국내산업의 확립이 실질적으로 지연되는 경우를 포함시켜 실질적인 피해 등이라 한다)을 받아야 하며,

ㄷ 이들 피해 등으로부터 그 국내산업을 보호할 필요가 있다고 인정되어야 한다.

ㄹ 당해 물품에 대하여 정상가격과 덤핑가격과의 차액(덤핑차액)에 상당하는 금액 이하의 관세(덤핑방지관세)를 추가하여 부과한다.

③ 정상가격

덤핑방지관세의 첫 번째 부과요건은 외국의 물품이 정상가격 이하로 우리나라에 수입되는 것이다. 정상가격 이하의 가격을 덤핑가격이라 하며 덤핑가격인지 여부의 결정기준은 정상가격이다. 우리나라에서는 다음의 가격을 "정상가격"으로 하고 있다.

㉮ 공급국의 통상거래가격

당해 물품의 공급국에서 소비되는 동종물품의 통상거래가격을 말한다.

㉯ 통상거래가격을 적용할 수 없는 경우의 정상가격

ㄱ 동종 물품이 거래되지 아니하거나 특수한 시장상황 등으로 인하여 통상거래가격을 적용할 수 없는 때에는 당해 국가에서 제3국으로 수출되는 수출가격 중 대표적인 가격으로서 비교가능한 가격

ㄴ 원산지국에서의 제조원가에 합리적인 수준의 관리비 및 판매비와 이윤을 합한 가격(이하 "구성가격"이라 한다)을 정상가격으로 본다.

▶▶ 특수한 시장상황 등에는 공급국내 판매량이 동 공급국으로부터의 수입량의 100분의 5 미만으로서 정상가격 결정의 기초로 사용하는 데 적당하지 아니한 경우를 포함한다. 다만, 공급국내 판매량이 100분의 5 미만일 경우에도 덤핑가격과 비교할 수 있다고 증명되는 경우에는 그러하지 아니하다.

구성가격의 산정자료

구성가격을 산정함에 있어 판매비·일반관리비 및 이윤의 금액은 조사대상 공급자에 의하여 동종물품의 통상적인 거래에서 발생한 생산 및 판매와 관련된 실제자료에 기초하여야 한다. 다만, 이러한 자료에 기초할 수 없는 경우에는 다음의 1에 기초하여 산정할 수 있다.

1. 조사대상 공급자에 의하여 원산지국가의 국내시장에서 동일부류의 물품의 생산·판매와 관련하여 발생되고 실현된 실제금액
2. 원산지 국가의 국내시장에서 동종물품의 생산·판매와 관련하여 조사대상이 아닌 다른 공급자에 의하여 발생되고 실현된 실제금액의 가중평균
3. 기타 합리적인 방법. 다만, 이러한 방법으로 산정된 이윤은 원산지국가내에서 동일부류의 물품을 다른 공급자가 판매하여 통상적으로 실현시킨 이윤을 초과하여서는 아니된다.

ⓓ 제3국의 통상거래가격

당해 물품의 원산지국으로부터 직접 수입되지 아니하고 제3국을 거쳐 수입되는 경우에는 그 제3국의 통상거래가격을 정상가격으로 본다. 다만, 그 제3국내에서 당해 물품을 단순히 옮겨 싣거나 동종물품의 생산실적이 없는 때 또는 그 제3국내에 통상거래가격으로 인정될 가격이 없는 때에는 원산지국의 통상거래가격을 정상가격으로 한다.

ⓔ 통제경제국가에서의 수입물품의 경우

통제경제를 실시하는 시장경제체제가 확립되지 아니한 국가로부터 수입되는 물품의 경우에는 다음 가격의 하나를 정상가격으로 본다.

ㄱ 우리나라를 제외한 시장경제 국가에서 소비되는 동종물품의 통상거래가격
ㄴ 당해 시장경제 국가에서 우리나라를 포함한 제3국으로의 수출가격 또는 구성가격

다만, 시장경제체제가 확립되지 아니한 국가가 시장경제로의 전환체제에 있는 경우에는 통상거래가격 등을 정상가격으로 볼 수 있다.

▸▸ 시장경제국가라 함은 원칙적으로 당해 물품을 공급한 국가와 경제발전정도, 당해 물품의 생산기술수준 등이 유사한 국가로 한다.

정상가격

동종동질물품의 통상거래가격(제3국 수출가격, 구성가격, 제3국 통상거래가격, 원산지국의 통상거래가격, 시장경제국가의 통상거래가격)

④ 덤핑가격

㉮ 실제로 지급하였거나 지급하여야 할 가격

덤핑조사가 개시된 조사대상 물품에 대하여 실제로 지급하였거나 지급하여야 할 가격을 말한다.

㉯ 실제로 지급하였거나 지급하여야 할 가격에 의할 수 없는 경우

다만, 공급자와 수입자 또는 제3자 사이에 기획재정부령이 정하는 특수관계 또는 보상약정이 있어 실제로 지급하였거나 지급하여야 할 가격에 의할 수 없는 경우에는 다음의 1의 가격으로 할 수 있다.

㉠ 수입물품이 그 특수관계 또는 보상약정이 없는 구매자에게 최초로 재판매된 경우에는 그 재판매 가격을 기초로 하여 산정한 가격

㉡ 수입물품이 그 특수관계 또는 보상약정이 없는 구매자에게 재판매된 실적이 없거나 수입된 상태로 물품이 재판매되지 아니하는 경우에는 기획재정부령이 정하는 합리적인 기준에 의한 가격

➡ 합리적인 기준에 의한 가격이라 함은 당해 물품의 수입가격에 당해 수입과 관련하여 발생하거나 당해 수입과 재판매 사이에서 발생하는 비용과 적정한 이윤 등을 고려하여 산출한 가격으로 한다.

⑤ 정상가격과 덤핑가격과의 비교

정상가격과 덤핑가격의 비교는 가능한 한 동일한 시기 및 동일한 거래단계(통상적으로 공장도 거래단계를 말한다)에서 비교하여야 한다.

이 경우 당해 물품의 물리적 특성, 판매수량, 판매조건, 과세상의 차이, 거래단계의 차이, 환율변동 등이 가격비교에 영향을 미치는 경우에는 정상가격 및 덤핑가격을 조정하여야 한다.

➡ ㉮ 비교원칙

정상가격과 덤핑가격을 비교하는 경우에는 원칙적으로 거래량 및 가격을 가중산술평

균한 것으로 비교하여야 한다.

④ 물리적 특성의 차이로 가격조정

물리적 특성 차이로 가격조정을 하는 경우에는 그 물리적 특성이 공급국의 시장가격에 미치는 영향을 기준으로 계산하여야 한다. 다만, 공급국의 시장가격에 관한 자료를 구할 수 없거나 그 자료가 가격비교 목적에 적합하지 아니한 경우에는 물리적 특성의 차이에 따른 제조원가의 차이를 기준으로 조정할 수 있다.

④ 판매수량의 차이로 가격조정

판매수량의 차이로 가격조정을 하는 경우는 대량생산에 따른 생산비의 절감에 의한 것이거나 통상적인 거래에서 모든 구매자에게 제공되는 대량판매에 의한 할인이 있는 경우로 한다.

④ 판매조건의 차이로 가격조정

판매조건의 차이로 가격조정을 하는 경우에는 그 판매조건이 당해 판매가격에 영향을 미칠 정도의 직접적인 관계가 있는 경우에 한한다.

④ 환율변동으로 가격을 조정

환율변동으로 가격을 조정하는 경우는 환율이 지속적으로 일정한 방향으로 변동하는 경우에 한한다.

⑥ 국내산업의 정의

국내산업은 정상가격 이하로 수입되는 물품과 동종물품의 국내생산사업(당해 수입물품의 공급자 또는 수입자와 특수관계에 있는 생산자에 의한 생산사업과 당해 수입물품의 수입자인 생산자)의 전부 또는 국내총생산량의 상당부분을 점하는 국내생산사업으로 한다.

▶▶ "동종물품"이라 함은 당해 수입물품과 물리적 특성, 품질 및 소비자의 평가 등 모든 면에서 동일한 물품(겉 모양에 경미한 차이가 있는 물품을 포함한다)을 말하며, 그러한 물품이 없는 경우 당해 수입물품과 매우 유사한 기능·특성 및 구성요소를 가지고 있는 물품을 말한다.

(2) 덤핑방지관세 부과의 요청/조사의 개시

① 부과요청

㉮ 조사신청

덤핑물품의 수입으로 실질적인 피해 등을 받은 국내산업에 이해관계가 있는 자 또는 당해 산업을 관장하는 주무부장관은 기획재정부장관에게 덤핑방지관세의 부과를 요청할 수 있으며, 이 요청은 대외무역법의 규정에 의한 무역위원회(이하 "무역위원회"라 한다)에 대한 덤핑방지관세의 부과에 필요한 조사신청으로 갈음한다.

▸▸ "국내산업에 이해관계가 있는 자"라 함은 실질적인 피해 등을 받은 국내산업에 속하는 국내생산자와 이들을 구성원으로 하거나 이익을 대변하는 법인·단체 및 개인으로서 기획재정부령이 정하는 자를 말한다.

⑭ 부과신청서 등의 제출
덤핑조사를 신청하고자 하는 자는 다음의 사항들을 기재한 신청서와 덤핑물품의 수입사실과 당해 물품의 수입으로 인한 실질적인 피해 등의 사실에 관한 충분한 증빙자료 각 3부를 무역위원회에 제출하여야 한다. 이 경우 무역위원회는 조사신청을 받은 사실을 기획재정부장관 및 관계행정기관의 장과 당해 물품의 공급국 정부에 통보하여야 한다.

① 당해 물품의 품명·규격·특성·용도·생산자 및 생산량
② 당해 물품의 공급국·공급자·수출실적 및 수출가능성과 우리나라의 수입자·수입실적 및 수입가능성
③ 당해 물품의 공급국에서의 공장도가격 및 시장가격과 우리나라에의 수출가격 및 제3국에의 수출가
④ 국내의 동종물품의 품명·규격·특성·용도·생산자·생산량·공장도가격·시장가격 및 원가계산
⑤ 당해 물품의 수입으로 인한 국내산업의 실질적인 피해 등의 사항
⑥ 국내 동종물품 생산자들의 당해 조사신청에 대한 지지 정도
⑦ 신청서 기재사항 및 첨부한 자료를 비밀로 취급할 필요가 있는 경우에는 그 사유
⑧ 기타 기획재정부장관이 필요하다고 인정하는 사항

② 덤핑 및 실질적인 피해 등의 조사개시

㉮ 조사개시 여부 결정
무역위원회는 덤핑조사신청을 받은 경우 덤핑사실과 실질적인 피해 등의 사실에 관한 조사의 개시여부를 결정하여 그 결과와 다음의 사항들을 기획재정부장관에게 통보하여야 한다.

① 조사대상물품(조사대상물품이 많은 경우에는 기획재정부령이 정하는 바에 따라 선정된 조사대상물품)
② 조사대상기간
③ 조사대상 공급자(조사대상 공급자가 많은 경우에는 기획재정부령이 정하는 바에 따라 선정된 조사대상 공급자)

▶ 조사대상물품 또는 공급자를 선정함에 있어서는 이용가능한 자료를 기초로 통계적으로 유효한 표본추출방법(공급자의 수 또는 물품의 수를 수입량 비율이 큰 순서대로 선정하는 방법 등을 포함한다)을 사용함을 원칙으로 한다.

㉮ 기각 등의 조치

무역위원회는 덤핑조사의 개시여부를 결정함에 있어서 조사신청이 다음의 1에 해당하는 경우에는 당해 조사신청을 기각할 수 있다.

① 신청서를 제출한 자가 덤핑부과요청을 할 수 있는 자가 아닌 경우
② 덤핑사실과 실질적인 피해 등의 사실에 관한 충분한 증빙자료를 제출하지 아니한 경우
③ 덤핑차액 또는 덤핑물품의 수입량이 기획재정부령이 정하는 기준에 미달되거나 실질적인 피해 등이 경미하다고 인정되는 경우

▶ "기획재정부령이 정하는 기준"이라 함은 다음의 1에 해당하는 경우를 말한다.
1. 덤핑차액: 덤핑가격의 100분의 2 이상인 경우
2. 덤핑물품 수입량: 동종물품 국내수입량의 100분의 3미만의 점유율을 보이는 공급국들로부터의 수입량의 합계가 국내수입량의 100분의 7을 초과하는 경우

④ 당해 조사신청이 기획재정부령이 정하는 국내산업 대표성의 기준에 미달된다고 인정되는 경우

▶ "기획재정부령이 정하는 국내산업 대표성의 기준에 미달된다고 인정되는 경우"라 함은 다음의 1에 해당하는 경우를 말한다.
1. 관세법시행령 규정에 의한 부과요청에 대하여 찬성 또는 반대의사를 표시한 국내생산자들의 동종물품 국내생산량 합계 중 찬성의사를 표시한 국내생산자들의 생산량합계가 100분의 50이하인 경우
2. 찬성의사를 표시한 국내생산자들의 생산량 합계가 동종물품 국내총생산량의 100분의 25 미만인 경우

⑤ 조사개시 전에 국내산업에 미치는 나쁜 영향을 제거하기 위한 조치가 취하여지는 등 조사개시가 필요가 없게 된 경우

무역위원회는 덤핑 사실에 대한 조사개시결정을 한 때에는 그 결정일부터 10일 이내에 조사개시의 결정에 관한 사항을 조사신청자, 당해 물품의 공급국 정부 및 공급자 기타 이해관계인에게 통지하고, 관보에 게재하여야 한다.

㉰ 부과요청의 철회

조사를 신청한 자가 당해 신청을 철회하고자 할 때에는 서면으로 그 뜻을 무역위원회에 제출하여야 한다. 이 경우 무역위원회는 예비조사 결과를 제출하기 이전에 당해 철회서를 접수한 때에는 기획재정부장관 및 관계행정기관의 장과 협의하여 조사개시여부의 결정을 중지하거나 조사를 종결할 수 있으며, 예비조사 결과를 제출한 이후에 당해 철회서를 접수한 때에는 기획재정부장관에게 이를 통보하여야 한다.

기획재정부장관은 상기의 통보를 받은 때에는 무역위원회 및 관계행정기관의 장과 협의하여 조사를 종결하게 할 수 있으며, 잠정조치가 취하여진 경우에는 이를 철회할 수 있다.

기획재정부장관은 잠정조치를 철회하는 경우에는 당해 잠정조치에 의하여 납부된 잠정덤핑방지관세를 환급하거나 제공된 담보를 해제하여야 한다.

㉱ 조사개시의 중지 또는 조사의 종결 등의 조치

이들 조치는 부과요청을 철회하였을 때와 사안이 경미한 때의 두가지 경우에 취해지는 조치로서, 이 조치에 의하여 덤핑방지관세를 부과하는 조치없이 부과요청을 종결한다.

③ 덤핑 및 실질적인 피해 등의 조사

덤핑사실 및 실질적인 피해 등의 사실에 관한 조사는 무역위원회가 담당한다. 이 경우 무역위원회는 필요하다고 인정하는 때에는 관계행정기관의 공무원 또는 관계전문가로 하여금 조사활동에 참여하도록 할 수 있다.

㉮ 예비조사

무역위원회는 덤핑방지관세의 부과에 관한 사항과 조사개시의 결정에 관한 사항이 관보에 게재된 날부터 3월 이내에 덤핑사실 및 그로 인한 실질적인 피해 등의 사실이 있다고 추정되는 충분한 증거가 있는지에 관한 예비조사를 하여 그 결과를 기획재정부장관에게 제출하여야 한다.

무역위원회는 예비조사에 따른 덤핑차액 또는 덤핑물품의 수입량이 기획재정부령이 정하는 기준에 미달하거나 실질적인 피해 등이 경미한 것으로 인정될 때에는 본조사를 종결하여야 한다.

➡ "기획재정부령이 정하는 기준"이라 함은 다음의 1에 해당하는 경우를 말한다.
  1. 덤핑차액: 덤핑가격의 100분의 2 이상인 경우
  2. 덤핑물품 수입량: 동종물품 국내수입량의 100분의 3 미만의 점유율을 보이는 공급국들로부터의 수입량의 합계가 국내수입량의 100분의 7을 초과하는 경우

⓵ 본조사

무역위원회는 기획재정부령이 정하는 특별한 사유가 없는 한 예비조사결과를 제출한 날의 다음 날부터 본조사를 개시하여야 하며, 본조사 개시일부터 3월 이내에 본조사결과를 기획재정부장관에게 제출하여야 한다.

무역위원회는 덤핑사실에 대한 조사와 관련하여 조사기간을 연장할 필요가 있거나 이해관계인이 정당한 사유를 제시하여 조사기간의 연장을 요청하는 경우에는 1월의 범위 내에서 그 조사기간을 연장할 수 있다.

④ 이해관계인에 대한 자료협조 요청

기획재정부장관 또는 무역위원회는 덤핑사실에 대한 조사 및 덤핑방지관세의 부과 여부 등을 결정하기 위하여 필요하다고 인정하는 경우에는 관계기관·국내생산자·공급자·수입자 및 이해관계인에게 관계자료의 제출 등 필요한 협조를 요청할 수 있다.

협조요청에 의한 자료 및 조사 신청자가 제출한 증빙자료 중 성질상 비밀로 취급하는 것이 타당하다고 인정되거나 조사신청자나 이해관계인이 정당한 사유를 제시하여 비밀로 취급하여 줄 것을 요청한 자료에 대하여는 당해 자료를 제출한 자의 명시적인 동의없이 이를 공개하여서는 아니된다.

기획재정부장관 또는 무역위원회는 비밀로 취급하여 줄 것을 요청한 자료를 제출한 자에게 당해 자료의 비밀이 아닌 요약서의 제출을 요구할 수 있다. 이 경우 당해 자료를 제출한 자가 그 요약서를 제출할 수 없는 때에는 그 사유를 기재한 서류를 제출하여야 한다.

기획재정부장관 또는 무역위원회는 비밀취급요청이 정당하지 아니하다고 인정됨에도 불구하고 자료의 제출자가 정당한 사유없이 자료의 공개를 거부하는 때 또는 비밀이 아닌 요약서의 제출을 거부한 때에는 당해 자료의 정확성이 충분히 입증되지

아니하는 한 당해 자료를 참고하지 아니할 수 있다.

기획재정부장관 또는 무역위원회는 덤핑사실에 대한 조사 및 덤핑방지관세의 부과여부 등을 결정할 때 이해관계인이 관계자료를 제출하지 아니하거나 무역위원회의 조사를 거부·방해하는 경우 및 기타 사유로 조사 또는 자료의 검증이 곤란한 경우에는 이용가능한 자료 등을 사용하여 덤핑방지를 위한 조치를 할 것인지 여부를 결정할 수 있다.

기획재정부장관 및 무역위원회는 덤핑방지관세의 부과절차와 관련하여 이해관계인으로부터 취득한 정보·자료 및 인지한 사실을 다른 목적으로 사용할 수 없다.

기획재정부장관 및 무역위원회는 이해관계인이 제출한 관계증빙자료와 이미 제출 또는 통보된 자료 중 비밀로 취급되는 것 외의 자료의 열람을 요청하는 경우에는 특별한 사유가 없는 한 이에 응하여야 한다. 이 경우 이해관계인의 자료열람요청은 그 사유 및 자료목록을 기재한 서면으로 하여야 한다.

기획재정부장관 또는 무역위원회는 필요하다고 인정하거나 이해관계인의 요청이 있는 경우에는 이해관계인으로 하여금 공청회 등을 통하여 의견을 진술할 기회를 주거나 상반된 이해관계인과 협의할 수 있는 기회를 줄 수 있다.

세관장, 외국환업무를 취급하는 은행의 장, 기타 관계기관의 장 또는 이해관계가 있는 단체의 장은 수입물품이 덤핑된 것이라고 인정되는 때에는 그 사실을 기획재정부장관 및 무역위원회에 통보하여야 한다.

⑤ 조사사항

무역위원회는 실질적인 피해 등의 사실을 조사·판정하는 경우 다음의 사항들을 포함한 실질적 증거에 근거하여야 한다.

- ㉠ 덤핑물품의 수입물량(당해 물품의 수입이 절대적으로 또는 국내생산이나 국내소비에 대하여 상대적으로 뚜렷하게 증가되었는지의 여부를 포함한다)
- ㉡ 덤핑물품의 가격(국내 동종물품의 가격과 비교하여 뚜렷하게 하락되었는지의 여부를 포함한다)
- ㉢ 덤핑차액의 정도(덤핑물품의 수입가격이 수출국내 정상가격과 비교하여 뚜렷하게 하락되었는지의 여부를 포함한다)
- ㉣ 국내산업의 생산량·가동률·재고·판매량·시장점유율·가격(가격하락 또는 인상 억제의 효과를 포함한다)·이윤·생산성·투자수익·현금수지·고용·임금·성장·자

본조달·투자능력·기술개발

⑩ 위의 ㉠ 및 ㉡의 내용이 국내 산업에 미치는 실질적 또는 잠재적 영향

⑥ 실질적 피해의 기준

실질적인 피해 등을 조사·판정하는 경우 실질적인 피해를 받을 우려가 있는지의 판정은 다음 각호의 사항을 포함한 사실에 근거를 두어야 하며 덤핑물품으로 인한 피해는 명백히 예견되고 급박한 것이어야 한다.

㉠ 실질적인 수입증가의 가능성을 나타내는 덤핑물품의 현저한 증가율

㉡ 우리나라에 덤핑수출을 증가시킬 수 있는 생산능력의 실질적 증가(다른 나라에의 수출가능성을 감안한 것이어야 한다.)

㉢ 덤핑물품의 가격이 동종물품의 가격을 하락 또는 억제시킬 수 있는지의 여부 및 추가적인 수입수요의 증대 가능성

㉣ 덤핑물품의 재고 및 동종물품의 재고상태

(3) 덤핑방지조치

덤핑사실여부와 실질적인 피해 등의 사실여부를 조사한 결과 이들 사실이 확인되고, 국내산업을 보호할 필요가 있다고 인정되는 등 덤핑방지관세의 부과요건이 성립되면 덤핑방지조치를 한다. 덤핑방지조치는 덤핑방지관세의 부과, 잠정조치, 약속의 수락으로 구분된다.

① 덤핑방지관세의 부과

㉮ 부과

㉠ 덤핑방지관세는 공급자 또는 공급국별로 덤핑방지관세율 또는 기준수입가격을 정하여 부과할 수 있다.

㉡ 정당한 사유없이 자료를 제출하지 아니하거나 당해 자료의 공개를 거부하는 경우 및 기타의 사유로 조사 또는 자료의 검증이 곤란한 공급자의 경우에는 단일 덤핑방지관세율 또는 단일 기준수입가격을 정하여 부과할 수 있다. 여기서 기준수입가격이라 함은 조정된 공급국의 정상가격에 수입관련비용을 가산한 범위 내에서 결정한다.

덤핑방지관세는 다음의 방법에 의하여 부과한다.

▶ 정률세에 의하여 부과하는 경우

덤핑방지관세를 정률세의 방법으로 부과하는 경우에는 다음의 산식에 의하여 산정된 덤핑률의 범위 내에서 결정한 율을 과세가격에 곱하여 산출한 금액으로 한다.

$$덤핑률 + \frac{조정된\ 정상가격 - 조정된\ 덤핑가격}{과세가격} \times 100$$

▶ 덤핑방지관세를 기준수입가격의 방법으로 부과하는 경우

공급국의 정상가격에 수입관련비용을 가산한 범위 내에서 기준수입가격을 정하여 동 가격에서 과세가격을 차감한 금액으로 부과한다.

ⓒ 가중평균한 덤핑방지관세 및 기준수입가격

덤핑 및 실질적인 피해 등의 조사대상으로 선정되지 아니한 공급자에 대하여는 조사대상으로 선정된 공급자의 덤핑방지관세율 또는 기준수입가격을 기획재정부령이 정하는 바에 따라 가중평균한 덤핑방지관세율 또는 기준수입가격에 의하여 덤핑방지관세를 부과한다. 다만, 조사대상기간 중에 수출을 한 자로서 조사대상으로 선정되지 아니한 자 중 자료를 제출한 자에 대하여는 공급자별로 관세율 또는 기준수입가격을 허용한다.

ⓓ 공급국을 지정하여 덤핑방지관세를 부과하는 경우

공급국을 지정하여 덤핑방지관세를 부과하는 경우에는 조사대상기간 이후에 수출하는 당해 공급국의 신규공급자가 덤핑방지관세가 부과되는 공급자와 기획재정부령이 정하는 특수 관계에 있는 때에는 그 공급자에 대한 덤핑방지관세율 또는 기준수입가격을 적용하여 덤핑방지관세를 부과한다. 다만, 신규공급자가 특수 관계에 있지 아니하다고 증명하는 경우에는 조사를 통하여 별도의 덤핑방지관세율 또는 기준수입가격을 정하여 부과할 수 있다. 이 경우 기획재정부령이 정하는 바에 따라 기존 조사대상자에 대한 조사방법 및 조사절차 등과 달리할 수 있다.

ⓑ **부과의 유효기간**

덤핑방지관세의 부과는 덤핑에 대응하여 필요한 범위 내에서 가장 짧은 기간에 한정되어야 하는데, 덤핑방지관세의 부과유효기간은 원칙적으로 5년으로 제한하고 있다. 기획재정부장관이 덤핑방지관세의 부과에 대하여 덤핑과 산업피해를 재심사하고, 그 재심사의 결과에 따라 그 내용을 변경하는 경우에는 기획재정부령으로 그 적

용시한을 따로 정한 경우를 제외하고는 변경된 내용의 시행일로부터 5년이 지나면, 그 효력을 상실한다.

② 잠정조치

㉮ 개요

잠정조치라 함은 조사 중에 생기는 국내산업의 실질적인 피해 등을 방지하기 위하여 잠정적으로 하는 덤핑방지조치를 말한다. 잠정조치로는 잠정덤핑관세를 부과하거나, 담보의 제공을 명하는 조치를 할 수 있다.

㉯ 잠정조치의 요건

기획재정부장관은 다음 두 가지 경우로서, 조사기간 중에 발생하는 피해를 방지하기 위하여 필요하다고 인정되는 경우에는 조사가 종결되기 전이라도 그 물품과 공급자 또는 공급국 및 기간을 정하여 잠정적으로 추계된 덤핑차액에 상당하는 금액 이하의 잠정덤핑방지관세를 추가하여 부과할 것을 명하거나 담보의 제공을 명하는 조치(이하 "잠정조치"라 한다)를 할 수 있다. 이들 조치를 잠정조치라 한다.

① 예비조사가 개시된 물품에 대한 덤핑사실 및 그로 인한 실질적인 피해 등의 사실이 있다고 추정되는 충분한 증거가 있음이 확인되는 경우

② 수락된 약속을 위반하거나 약속의 이행에 관한 자료제출요구 및 제출자료의 검증허용요구에 불응한 경우에는 이용가능한 최선의 정보가 있음이 확인되는 경우

㉰ 잠정조치의 적용시기와 그 유효기간

잠정조치는 조치일 이후에 수입되는 물품에 대하여 적용하며, 잠정조치기간은 원칙적으로 4월을 초과할 수 없으나, 당해 무역에 상당한 비중을 차지하는 공급자의 요청이 있는 경우에는 그 적용기간을 6월까지 연장할 수 있다. 기획재정부장관은 상기의 규정에 불구하고 필요하다고 인정할 때에는 국제협약에 따라 잠정조치의 적용기간을 연장할 수 있다.

③ 약속의 제의와 수락

㉮ 개요

덤핑방지관세의 부과여부를 결정하기 위한 조사가 개시되어 덤핑과 그로 인한 산업피해에 대한 예비조사결과가 긍정판정으로 내려진 경우에 당해 물품의 수출자 또

는 기획재정부장관은 덤핑으로 인한 피해가 제거될 정도의 가격수정이나 덤핑수출의 중지에 관한 약속을 제의할 수 있다.

㉬ 약속의 제의절차

수출자가 약속을 제의하고자 할 때에는 무역위원회에 제의하여야 하고, 제의를 받은 무역위원회는 제의된 내용을 지체없이 기획재정부장관에게 통보하여야 한다. 기획재정부장관도 약속을 제의할 수 있으며, 이 경우 수출자를 지정하여 제의할 수 있다. 그러나, 예비조사의 결과 덤핑 및 그로 인한 실질적 피해 등의 사실에 관한 긍정적 예비판정이 있기 전에는 약속을 제의할 수 없다.

㉭ 약속의 수락

기획재정부장관은 제의한 약속의 내용이 즉시로 가격을 수정하거나, 덤핑수출을 중지하는 것인 때에는 그 약속을 수락할 수 있다. 기획재정부장관은 예비조사의 결과, 덤핑 및 그로 인한 실질적 피해 등의 사실에 관한 긍정적 예비판정이 있기 전에는 약속을 수락할 수 없다.

㉮ 약속수락의 효과

약속의 제의가 수락되면, 기획재정부장관은 잠정조치 또는 덤핑방지관세의 부과없이 조사가 중지 또는 종결되게 하여야 한다. 다만, 기획재정부장관이 필요하다고 인정하거나 수출자가 조사를 계속하여 줄 것을 요청하는 때에는 그 조사를 계속하게 할 수 있다. 조사를 계속한 결과 실질적인 피해 등의 사실이 없거나 덤핑차액이 없는 것으로 확인되는 경우에는 기획재정부장관은 그 약속의 효력을 소멸하여야 한다. 그러나, 실질적인 피해 등의 사실이 없거나, 덤핑차액이 없는 원인이 약속으로 인한 것으로 판단되는 때에는 기획재정부장관은 적정한 기간을 정하여 약속을 계속 이행하게 할 수 있다.

㉯ 수락된 약속의 불이행 또는 거부시의 조치

수출자가 수락된 약속을 이행하지 않거나, 약속을 수락할 때 조사를 중지 또는 종결하지 아니하고, 계속 조사한 결과 실질적인 피해 등의 사실이 없거나 덤핑차액이 없는 경우에 있어 그 원인이 약속으로 인한 것으로 판단되어 기획재정부장관이 적정한 기간을 정하여 약속을 이행하게 하였으나, 수출자가 그 약속의 이행을 거부하는 경우에는 이용 가능한 최선의 정보에 의하여 잠정조치를 실시하는 등 덤핑방지를 위한 신속한 조치를 취할 수 있다.

⑭ 수락된 약속의 유효기간

수락된 약속은 기획재정부령으로 그 적용시한을 따로 정한 경우를 제외하고는 약속의 시행일로부터 5년이 지나면 그 효력이 상실된다. 약속이 수락된 경우 기획재정부장관은 잠정조치 또는 덤핑방지관세의 부과없이 조사가 중지 또는 종결되게 하여야 한다. 다만, 기획재정부장관이 필요하다고 인정하거나 수출자가 조사를 계속하여 줄 것을 요청한 때에는 그 조사를 계속할 수 있다.

(4) 부과 및 약속에 대한 재심사

① 개요

기획재정부장관은 필요하다고 인정하는 경우 덤핑방지관세의 부과 및 약속에 대하여 재심사를 할 수 있으며, 재심사의 결과에 따라 덤핑방지관세의 부과, 약속의 내용변경 또는 환급 등에 관한 필요한 조치를 할 수 있다.

② 재심사의 사유

기획재정부장관은 필요하다고 인정되거나 이해관계인이나 당해 산업을 관장하는 주무부장관이 다음 각 호의 1에 해당하는 경우에 관한 증빙자료를 첨부하여 요청하는 때에는 덤핑방지관세가 부과되고 있거나 약속이 시행되고 있는 물품에 대하여 재심사여부를 결정하여야 한다.

  ㉠ 덤핑방지관세 또는 약속의 시행 이후 그 조치의 내용변경이 필요하다고 인정할만한 충분한 상황변동이 발생한 경우
  ㉡ 덤핑방지관세 또는 약속의 종료로 인하여 국내산업이 피해를 입을 우려가 있는 경우
  ㉢ 실제 덤핑차액보다 덤핑방지관세액이 과다하게 납부된 경우

상기 ㉠, ㉡의 사유로 재심사를 하는 경우에는 재심사기간 중에 당해 덤핑방지조치의 적용시한이 종료되는 때에도 그 재심사기간 중 당해 조치의 효력은 계속된다. 또한 기획재정부장관은 재심사의 필요 여부를 결정할 때에는 관계 행정기관의 장 및 무역위원회와 협의할 수 있으며, 재심사가 필요한 것으로 결정된 때에는 무역위원회는 이를 조사하여야 한다. 이 경우 당해 재심사의 사유가 되는 변동부분에 한정하여 조사할 수 있다.

(5) 이해관계인등에 대한 통지·공고

① 관보게재/서면통지

기획재정부장관은 다음 각 호의 하나에 해당하는 때에는 그 내용을 관보에 게재하고, 이해관계인에게 서면으로 통지하여야 한다.

1. 덤핑방지관세의 부과조치 및 잠정조치를 결정하거나 당해 조치를 하지 아니하기로 결정한 때
2. 약속을 수락하여 조사를 중지 또는 종결하거나 조사를 계속하는 때
3. 재심사를 개시하거나 재심사결과 덤핑방지조치의 내용을 변경한 때

② 이해관계인에 대한 통지

기획재정부장관 또는 무역위원회는 다음 각호의 1에 해당되는 때에는 그 내용을 이해관계인에게 통지하여야 한다.

1. 덤핑 및 실질적인 피해 등의 조사에 대한 신청이 기각되거나 예비조사의 결과 덤핑차액 또는 덤핑물품의 수입량이 기준에 미달하거나 실질적인 피해 등이 경미한 것으로 인정될 경우에 있어 조사가 종결된 때
2. 예비조사 및 본조사의 기간연장 및 재심사의 조사기간연장의 규정에 의한 조사기간을 연장한 때
3. 덤핑방지관세의 부과조치기간의 연장의 규정에 의하여 기간을 연장한 때
4. 덤핑방지관세의 부과요청이 철회되어 조사의 개시여부에 관한 결정이 중지되거나 조사가 종결된 때
5. 잠정조치의 적용기간을 연장한 때
6. 기획재정부장관이 약속을 제의한 때
7. 예비조사의 결과에 따라 예비판정을 한 때
8. 본조사의 결과에 따라 최종판정을 한 때

③ 조사상황의 통지

기획재정부장관 또는 무역위원회는 조사과정에서 조사와 관련된 이해관계인의 서면요청이 있는 때에는 조사의 진행상황을 통지하여야 한다.

덤핑방지관세

① 덤핑방지 관세의 부과절차

덤핑방지관세부과 신청(기획재정부장관)＞조사신청서 접수(무역위원회), 조사여부 결정(무역위원회, 2월 이내)＞조사개시관보기재(무역위원회, 10일 이내)＞예비조사(무역위원회, 잠정조치여부결정－기획재정부, 3월 이내)＞본조사(무역위원회, 3월 이내)＞최종조치(기획재정부, 1월 이내)＞부과(5년 이하)

ⓐ 예비조사 제출일부터 1개월 이내에 잠정조치여부를 결정

ⓑ 예비조사결과 제출일 다음 날부터 본조사 개시

ⓒ 본조사 결과－덤핑방지관세 부과 및 약속제의 건의하고 기획재정부는 덤핑방지 관세 부과여부 및 세율을 결정(최종조치)

② 덤핑률: (조정된 정상가격－조정된 덤핑가격)/과세가격*100

③ 덤핑방지관세의 부과와 잠정조치는 각각의 조치일 이후 수입되는 물품에 대하여 적용

2) 상계관세

(1) 의의

상계관세란 수출국에서 장려금이나 보조금을 지급받은 물품이 수입되어 국내산업을 저해하는 경우에 이러한 물품의 수입을 억제하기 위하여 관세를 추가하여 부과하는 것을 말한다.

장려금이나 보조금을 받은 수출품은 그만큼 국제경쟁력이 강화되어 타국시장진출이 용이하고 수입국에서는 그에 따라서 국내산업이 저해될 가능성이 발생한다. 그리하여 수입국은 이에 대한 대항조치로서 보조금이나 장려금액만큼 관세액을 높이게되는데 이것이 상계관세이다. 상계관세의 성격은 덤핑방지관세와 비슷하며 그 조사와 과세방법도 같은 방법으로 실시된다.

외국에서 제조·생산 또는 수출에 관하여 직접·간접으로 보조금 또는 장려금(이하 "보조금 등"이라 한다)을 받은 물품의 수입으로 국내산업이 실질적인 피해를 받거나 받을 우려가 있거나 또는 국내산업 개발이 실질적으로 지연(이하 "실질적인 피해 등"이라 한다)되었음이 조사를 통하여 확인되고 당해 국내산업을 보호할 필요가 있다고 인정될 때에는 기획재정부령으로 그 물품과 수출자 또는 수출국을 지정하여 당해 물품

에 대하여 관세 외에 당해 보조금 등의 금액 이하의 관세(이하 "상계관세"라 한다)를 추가하여 부과할 수 있다.

(2) 보조금의 정의

"보조금 등"이라 함은 정부 또는 공공기관 등의 재정지원 등에 의한 혜택 중 특정성이 있는 것을 말한다. 다만, 기획재정부령이 정하는 보조금 등은 제외한다. "기획재정부령이 정하는 보조금"이라 함은 특정성은 있으나 연구·지역개발 및 환경관련 보조금 등으로서 국제협약에서 인정하고 있는 보조금을 말한다.

(3) 특정성의 정의

"특정성"이라 함은 보조금 등이 특정기업이나 산업 또는 특정기업군이나 산업군에 지급되는 경우를 말하며, 구체적인 판별기준은 기획재정부령으로 정한다. 다음의 1에 해당되는 경우에는 특정성이 있는 것으로 본다.
1. 보조금등이 일부 기업 등에 대하여 제한적으로 지급되는 경우
2. 보조금등이 제한된 수의 기업 등에 의하여 사용되어지는 경우
3. 보조금등이 특정한 지역에 한정되어 지급되는 경우
4. 기타 국제협약에서 인정하고 있는 특정성의 기준에 부합되는 경우

(4) 부과요청

보조금 등을 받은 물품의 수입으로 실질적인 피해 등을 받은 국내산업에 이해관계가 있는 자가 상계관세의 부과요청을 하고자 할 때에는 다음의 사항을 기재한 신청서에 관계증빙자료를 첨부하여 무역위원회에 제출하여야 한다.
① 당해 물품의 품명·규격·특성·용도·생산자 및 생산량
② 당해 물품의 수출국·수출자·수출실적 및 수출가능성과 우리나라의 수입자·수입실적 및 수입가능성
③ 당해 물품의 수출국에서의 공장도가격 및 시장가격과 우리나라에의 수출가격 및 제3국에의 수출가격
④ 국내의 동종·동질물품 또는 유사물품의 품명·규격·특성·용도·생산자·생산량·공장도가격·시장가격 및 원가계산
⑤ 보조금 등을 받은 물품의 수입으로 인한 관련 국내산업의 실질적인 피해 등에

관한사항

⑥ 수출국에서 당해 물품의 제조·생산 또는 수출에 관하여 지급한 보조금 등의 내용과 이로 인한 당해 물품의 수출가격 인하효과

⑦ 국내 동종·동질물품 또는 유사물품 생산자들의 당해 조사신청에 대한 지지 정도

⑧ 첨부한 자료를 비밀로 취급할 필요가 있는 경우에는 그 사유

⑨ 기타 기획재정부장관이 필요하다고 인정하는 사항

(5) 조사

기획재정부장관은 상계관세의 부과요청이 있는 경우 또는 보조금 등을 받은 물품의 수입사실과 당해 물품의 수입으로 국내산업에 실질적인 피해 등이 발생된다는 사실에 관한 충분한 증거가 있는 경우 필요하다고 인정할 때에는 관세청장 또는 무역위원회에 조사토록 하는 등 조사의 방법과 기간 등은 덤핑방지관세의 경우에 준하도록 하고 있다.

기획재정부장관은 조사의 필요가 있으면 수출자, 수입자 등 이해관계인에게 관계자료의 제출 또는 진술 등 협조를 요청할 수 있고, 이해관계인도 진술할 기회를 줄 것을 요청할 수 있으며, 이해관계인이 제출된 증빙자료 등에 대한 열람을 요구하는 등 기획재정부장관은 부득이한 사정이 없는 한 이를 수락하여야 한다.

(6) 잠정조치

기획재정부장관은 상계관세의 부과여부를 결정하기 위하여 조사가 개시된 물품이 보조금 등을 받아 수입되어 국내산업에 실질적인 피해 등이 발생된 사실이 있다고 추정되는 충분한 증거(약속을 철회하거나 위반한 경우와 당해 약속의 이행에 관한 자료를 제출하지 아니한 경우에는 이용가능한 최선의 정보)가 있음이 확인되는 경우로서 국내산업을 보호하기 위하여 필요하다고 인정되는 경우에는 조사가 종결되기 전이라도 그 물품의 수출자 또는 수출국 및 기간을 정하여 보조금 등의 추정액에 상당하는 금액 이하의 잠정상계관세의 부과를 명하거나 담보의 제공을 명하는 조치(이하 "잠정조치" 라 한다)를 할 수 있다.

(7) 가격수정의 약속

상계관세의 부과여부를 결정하기 위한 조사가 개시되어 보조금 등의 지급사실과

보조금 등을 받은 물품의 수입으로 인한 국내산업피해에 대한 예비조사결과 긍정판정이 내려진 경우에 당해 물품의 수출국정부 또는 기획재정부장관은 당해 물품에 대한 보조금 등을 철폐 또는 삭감하거나 보조금 등의 국내산업에 대한 피해효과를 제거하기 위한 적절한 조치에 관한 약속을 제의할 수 있으며, 당해 물품의 수출자는 수출국정부의 동의를 얻어 보조금 등의 국내산업에 대한 피해효과가 제거될 수 있을 정도로 가격을 수정하겠다는 약속을 제의할 수 있다.

(8) 약속의 수락

약속이 수락된 경우 기획재정부장관은 잠정조치 또는 상계관세의 부과없이 조사를 중지 또는 종결되게 하여야 하며, 잠정조치가 취하여진 때에는 당해 조치를 철회하여야 한다. 다만, 기획재정부장관이 필요하다고 인정하거나 수출국정부가 피해조사를 계속하여 줄 것을 요청한 때에는 그 조사를 계속할 수 있다.

(9) 기타절차

상계관세에 관한 기타의 절차는 덤핑방지관세에 관한 절차를 준용하고 있다 즉, 과세기준일, 차액환급 및 재조사, 부과 및 약속의 유효기간 등은 덤핑방지관세의 경우와 같다.

(10) 보조금 등의 금액

"보조금 등의 금액"은 수혜자가 실제로 받는 혜택을 기준으로 하여 다음이 정하는 바에 따라 계산한다.

➡ 보조금 등의 금액을 산정함에 있어서는 다음의 기준에 의한다.
1. 지분참여 형태의 경우: 당해 지분참여와 통상적인 투자행태와의 차이에 의하여 발생하는 금액 상당액
2. 대출의 경우: 당해 대출금리에 의하여 지불하는 금액과 시장금리에 의하여 지불하는 금액과의 차액 상당액
3. 대출보증의 경우: 당해 대출에 대하여 지불하는 금액과 대출보증이 없었을 경우 비교가능한 상업적 차입에 대하여 지불하여야 할 금액과의 차액 상당액
4. 재화·용역의 공급 또는 구매의 경우: 당해 가격과 시장가격과의 차이에 의하여 발생하는 금액 상당액
5. 기타 국제협약에서 인정하고 있는 기준에 의한 금액

> **상계관세**
>
> ① 의의
>
> 수출국에서 보조금, 장려금 등을 받은 물품이 수입되어 국내산업 저해시 기본 관세율 이외 보조금 등의 금액 이하의 관세를 추가하여 수입을 억제하고자 부과
>
> ② 발동요건
>
> 국내산업이 실질적인 피해를 받거나 받을 우려가 있는 경우, 국내산업의 발전이 실질적으로 지연된 경우
>
> ③ 보조금 등
>
> 정부 또는 공공기관 등의 재정지원 등에 의한 혜택 중 특정성이 있는 것
>
> ④ 부과절차
>
> 신청(기획재정부장관)>조사여부 결정(무역위원회, 2월 이내)>예비조사(3월 이내, 잠정조치, 약속제의)>본조사(3월 이내)>최종조치(1월 이내)>부과(5년 이하)
>
> ⑤ 보조금률
>
> 보조금 등의 금액가격/과세가격*100
>
> ⑥ 부과시기
>
> 상계관세의 부과와 잠정조치는 각각의 조치일 이후 수입되는 물품에 대하여 적용된다.

3) 보복관세

제63조(보복관세의 부과대상)

① 교역상대국이 우리나라의 수출물품 등에 대하여 다음 각 호의 어느 하나에 해당하는 행위를 하여 우리나라의 무역이익이 침해되는 경우에는 그 나라로부터 수입되는 물품에 대하여 피해상당액의 범위에서 관세(이하 "보복관세"라 한다)를 부과할 수 있다.

1. 관세 또는 무역에 관한 국제협정이나 양자 간의 협정 등에 규정된 우리나라의 권익을 부인하거나 제한하는 경우

2. 그 밖에 우리나라에 대하여 부당하거나 차별적인 조치를 하는 경우

② 보복관세를 부과하여야 하는 대상 국가, 물품, 수량, 세율, 적용시한, 그 밖에 필요한 사항은 대통령령으로 정한다.

(1) 의의

다른 나라가 우리나라의 수출품 및 선박 또는 항공기에 대하여 불리한 대우를 하는 경우에 그 나라로부터 수입되는 물품에 대하여 보복적으로 관세를 할증 부과하는 제도를 보복관세라 한다. 일국이 보복관세를 취하면 상대방 국가도 이에 대응하여 보복관세를 부과하게 되어 마침내는 이른바 관세전쟁에까지 번져 갈 가능성이 있어 이를 전쟁관세라고도 한다. 그렇기 때문에 보복관세의 발동은 좀처럼 되지 않으며 제도를 두고 있다는 자체만으로 위협적인 시위가 되고 있는 것이다.

(2) 부과사유

교역상대국이 우리나라의 수출물품 등에 대하여 다음의 하나에 해당하는 행위를 함으로써 우리나라의 무역이익이 침해되는 경우에는 그 나라로부터 수입되는 물품에 대하여 피해상당액의 범위 안에서 관세를 부과할 수 있다.

① 관세 또는 무역에 관한 국제협정이나 양자간 관세 또는 무역협정 등에 규정된 우리나라의 권익을 부인하거나 제한하는 경우

② 기타 우리나라에 대하여 부당 또는 차별적인 조치를 취하는 경우

위의 관세부과는 특별한 사유가 없는 한 관련 국제기구 또는 당사국과 미리 협의할 수 있다.

4) 긴급관세

(1) 의의

긴급관세란 국내산업의 보호를 위하여 긴급한 조치가 필요하거나 긴급히 어떤 물품의 수입을 억제하려 할 때 특정수입품의 관세율을 높여서 부과하는 관세이다. 수입억제방법으로는 무역계획에 의한 수량통제방식이 있으나, 이러한 직접적 억제 방법은 오늘날 자유무역을 지향하는 각국은 될 수 있는 대로 택하지 않고 간접적 억제방법인 관세율의 조정을 통한 수입억제와 국내산업보호를 꾀하고 있다.

(2) 긴급관세의 발동요건

특정물품의 수입증가로 인하여 동종물품 또는 직접적인 경쟁관계에 있는 물품을

생산하는 국내산업(이하 "국내산업"이라 한다)이 심각한 피해를 받거나 받을 우려(이하 "심각한 피해 등"이라 한다)가 있음이 조사를 통하여 확인되고 당해 국내산업을 보호할 필요가 있다고 인정될 때에는 당해 심각한 피해 등을 방지하거나 치유하고 조정을 촉진(이하 "피해의 구제"라 한다)하는 데 필요한 범위 안에서 관세(이하 "긴급관세"라 한다)를 추가하여 부과할 수 있다.

(3) 부과대상 및 부과기간

긴급관세의 부과 및 잠정긴급관세의 부과는 각각의 부과조치결정 시행일 이후 수입되는 물품에 한하여 적용한다.

긴급관세의 부과기간은 4년을 초과할 수 없으며, 잠정긴급관세는 200일을 초과하여 부과할 수 없다. 다만, 재심사의 결과에 따라 부과기간을 연장하는 경우에는 잠정긴급관세의 부과기간·긴급관세의 부과기간 또는 수입수량제한 등의 적용기간 및 그 연장기간을 포함한 총 적용기간은 8년을 초과할 수 없다.

(4) 이해관계인에 대한 자료협조 요청

기획재정부장관은 긴급관세 또는 잠정 긴급관세의 부과여부를 결정하기 위하여 필요하다고 인정하는 경우 관계행정기관의 장 및 이해관계인 등에게 관련자료의 제출 등 필요한 협조를 요청할 수 있다.

상기의 규정에 의하여 제출된 자료 중 자료를 제출하는 자가 정당한 사유를 제시하여 비밀로 취급하여 줄 것을 요청한 자료에 대하여는 당해 자료를 제출한 자의 명시적인 동의없이 이를 공개하여서는 아니된다. 비밀로 취급하는 자료에 대하여는 덤핑방지관세의 부과에 따른 자료의 비밀취급요청의 규정을 준용한다.

(5) 잠정긴급관세

긴급관세의 부과여부를 결정하기 위한 조사가 개시된 물품 또는 대외무역법의 규정에 의하여 잠정조치가 건의된 물품에 대하여 조사기간 중에 발생하는 심각한 피해 등을 방지하지 아니할 경우 회복하기 어려운 피해가 초래되거나 초래될 우려가 있다고 판단될 때에는 조사가 종결되기 전에 피해의 구제를 위하여 필요한 범위 안에서 잠정긴급관세를 추가하여 부과할 수 있다.

긴급관세의 부과 또는 대외무역법의 규정에 의한 수입수량제한 등(이하 "수입수량

제한 등"이라 한다)의 조치여부를 결정한 때에는 잠정긴급관세의 부과는 중단한다.

긴급관세의 부과 또는 수입수량제한 등의 조치여부를 결정하기 위한 조사결과 수입증가가 국내산업에 심각한 피해를 초래하거나 초래할 우려가 있다고 판단되지 아니하는 경우에는 납부한 잠정긴급관세는 환급하여야 한다.

(6) 긴급관세의 부과

긴급관세는 무역위원회의 긴급관세부과 건의가 있는 경우에 당해 국내산업의 보호 필요성, 국제통상관계, 긴급관세 부과에 따른 보상수준 및 국민경제 전반에 미치는 영향 등을 검토하여 부과여부 및 그 내용을 결정한다.

기획재정부장관은 긴급관세를 부과할 경우에는 이해당사국과 긴급관세부과의 부정적 효과에 대한 적절한 무역보상 방법에 관한 협의를 할 수 있다.

(7) 재심사 및 세율 등

기획재정부장관은 필요하다고 인정하는 경우 긴급관세의 부과결정에 대하여 재심사를 할 수 있으며, 재심사결과에 따라 부과내용을 변경할 수 있다. 이 경우 변경된 내용은 최초의 조치내용보다 더 강화되어서는 아니된다.

(8) 대상물품, 세율, 적용기간

긴급관세 또는 잠정긴급관세를 부과하여야 하는 대상물품·세율·적용기간과 수량 등에 관하여는 기획재정부령으로 정한다.

긴급관세

① 특정물품의 수입으로 국내생산자에게 중대한 피해를 주거나 우려가 있는 경우 (국내외 가격차 상당비율)
② 긴급관세의 부과기간은 4년을 초과할 수 없으며, 잠정긴급관세는 200일을 초과하여 부과할 수 없다.
③ 재심사의 결과에 따라 부과기간을 연장하는 때에는 잠정긴급관세의 부과기간, 긴급관세의 부과기간과 대외무역법 제39조제1항에 따른 수입수량제한 등의 적용기간 및 그 연장기간을 포함한 총 적용기간은 8년을 초과할 수 없다.

관세법

5) 농림축산물 특별긴급관세

제68조(농림축산물에 대한 특별긴급관세)
① 제73조에 따라 국내외 가격차에 상당한 율로 양허한 농림축산물의 수입물량이 급증하거나 수입가격이 하락하는 경우에는 대통령령으로 정하는 바에 따라 양허한 세율을 초과하여 관세(이하 "특별긴급관세"라 한다)를 부과할 수 있다.
② 특별긴급관세를 부과하여야 하는 대상 물품, 세율, 적용시한, 수량 등은 기획재정부령으로 정한다.

(1) 의의

WTO 마라케쉬 협정의 농업협정문은 관세화 대상품목의 수입이 급증하거나, 세계시장가격이 기준가격 이하로 하락할 경우 추가관세를 부과할 수 있도록 한 특별긴급구제조치를 인정하고 있는바, 이를 관세법 상에 수용한 것이 특별긴급관세이다. 특별긴급수입제한조치는 WTO 체제의 긴급수입제한조치와 달리 피해의 유무나 상응하는 보상 등이 불필요하다는 점에서 차이가 난다. 특별긴급관세는 UR 협상에서 그 동안 수입제한되었던 농산물도 예외없이 자유화하되, 이들 농산물에 대하여는 국내외 가격차만큼 관세상당치(TE ; Tariff Equivalent)로 양허되어 수입자유화된 품목에 대해 수입량이 급증하거나 수입가격이 하락한 경우에 대해 일정기준을 충족할 경우 관세상당치에 자동적으로 추가관세를 부과할 수 있도록 하여 농축산업의 피해를 사전에 막아 보호의 적시성을 확보할 수 있는 제도이다. 조정관세가 국제협정의 직접적인 근거규정이 없고, 농산물뿐만 아니라 공산품도 대상이 되는 반면, 특별긴급관세는 대상이 농산물중 관세상당치 양허품목에 한정되어 있고, 국제협정에 직접적인 근거규정을 두고 있는 점에서 차이가 난다.

(2) 운용상의 주요특징

매년 초 부과대상물품, 세율, 적용기간 등을 일괄규정하고, 별도의 산업피해조사 없이 규정된 수입증가 및 수입가격 하락시 부과할 수 있으며, 물량기준과 가격기준 중에서 부과효과가 높은 것을 적용하게 하고, WTO 농업협정에서 허용하는 한도에서 가장 높은 세율로 부과하여 구제효과의 극대화를 도모하고 있다. 또한 법 제43조의 8의 규정에 의하여 국내외가격차에 상당한 율로 양허한 농림축산물의 수입물량이 급증하거나, 수입가격이 하락하는 경우에는 대통령령이 정하는 바에 따라 양허한 세율을 초과하여 관세를 양허할 수 있다. 농림축산물에 대한 특별긴급관세의 적용을 받을 물품, 세율, 적용시한과 수량 등은 기획재정부령으로 정한다.

(3) 부과요청

관계부처의 장 또는 이해관계인이 특별긴급관세의 부과조치를 요청하고자 할 때에는 당해 물품과 관련된 다음의 사항에 관한 자료를 기획재정부장관에게 제출하여야 한다.

1. 당해 물품의 세번·품명·규격·용도 및 대체물품
2. 당해 물품의 최근 3년간 연도별 국내소비량·수입량 및 1988년부터 1990년까지의 평균수입가격
3. 인상하여야 할 세율, 인상이유, 적용기간 및 기타 참고사항

(4) 부과기준

농림축산물에 대한 특별긴급관세를 부과할 수 있는 경우는 다음과 같다. 다만, 다음의 기준에 모두 해당하는 경우에는 다음이 정하는 바에 따라 다음 중 하나를 선택하여 적용할 수 있다.

① 물량기준특별긴급관세

당해년도 수입량이 기준발동물량을 초과하는 경우로서, 당해연도 수입량의 누계가 기준발동물량을 초과하는 날의 다음 날부터 신고되는 물품에 부과된다.

② 가격기준 특별긴급관세

원화로 환산한 운임·보험료를 포함한 당해 물품의 수입가격(이하 "수입가격"이라 한다)이 1988년부터 1990년까지의 평균수입가격(이하 "기준가격"이라 한다)의 100분의 10을 초과하여 하락하는 경우

기준발동물량

기준발동물량은 자료입수가 가능한 최근 3년간의 평균수입량에 다음의 1에 규정된 기준발동계수를 곱한 것과 자료입수가 가능한 최근년도 당해 품목 국내소비량의 그

전년도대비 변화량을 합한 물량으로 한다. 다만, 위의 방식으로 산정된 기준발동물량이 최근 3년간 평균수입량의 100분의 105 미만인 경우에는 당해 기준발동물량은 최근 3년간 평균수입량의 100분의 105로 한다.

기준발동계수

당해 물품의 시장점유율(국내소비량)에 따라 특별긴급관세의 발동수준을 나타내는 계수를 말한다.

① 자료입수가 가능한 최근 3년 동안의 당해 물품 국내소비량에 대한 수입량 비율(이하 "시장점유율"이라 한다)이 100분의 10 이하인 때에는 기준발동계수는 100분의 125

② 시장점유율이 100분의 10 초과 100분의 30 이하인 때에는 기준발동계수는 100분의 110

③ 시장점유율이 100분의 30을 초과한 때에는 기준발동계수는 100분의 105

④ 시장점유율을 산정할 수 없는 때에는 기준발동계수는 100분의 125

시장점유율이 높을수록 기준발동계수는 낮아지게 되므로, 국내시장 점유율이 높은 수입품은 낮은 기준발동계수를 적용하여 수입증가로 인한 피해를 상대적으로 더 신속하게 줄일 수 있다.

(5) 부과금액

① 물량기준 특별긴급관세

이는 수입물품이 증가하여 부과하는 경우로서, 젖소, 골분, 고구마, 쌀보리 등 61개 품목이 이에 해당되는데, 수입물량이 급증하여 정해진 기준발동물량을 초과할 경우 특별긴급관세는 국내외 가격차에 상당한 율인 당해 양허세율에 그 양허세율의 3분의 1까지를 추가한 세율로 부과할 수 있으며, 당해 연도 말까지 수입되는 분에 대하여서만 이를 적용한다.

$$TE + TE \times \frac{1}{3}$$

② 가격기준 특별긴급관세

당해 물품의 수입가격(CIF기준)이 기준가격의 90%에 미달할 경우에 부과한다.

③ 물량기준 및 가격기준에 모두 해당하는 경우

세율이 높은 것 하나만 선택하여 부과하게 된다.

(6) 특별긴급관세를 부과할 수 없는 경우

① 물량기준의 경우

농림축산물에 대한 특별긴급관세를 부과하는 기준을 적용함에 있어서 부패하기 쉽거나 계절성이 있는 물품에 대하여는 기준발동물량을 산정할 때 3년보다 짧은 기간을 적용하거나 기준가격을 산정할 때 다른 기간 동안의 가격을 적용하는 등 당해 물품의 특성을 고려할 수 있다.

또한 국제기구와 관세에 관한 협상에서 양허된 시장접근물량으로 수입되는 물품은 특별긴급관세 부과대상에서 제외한다. 다만, 그 물품은 특별긴급관세 부과를 위하여 수입량을 산정하는 경우에는 이를 산입한다. 그리고, 특별긴급관세가 부과되기 전에 계약이 체결되어 운송 중에 있는 물품은 특별긴급관세 부과대상에서 제외한다. 다만, 동 물품은 다음 해에 특별긴급관세를 부과하기 위하여 필요한 수입량에는 산입할 수 있다.

② 가격기준의 경우

수입량이 수입신고일로부터 과거 6개월 이상 계속 감소하고 있다는 증빙자료를 첨부하여 수입자가 수입신고일에 세관장에게 특별긴급관세 적용배제를 요청하고 이를 확인한 경우에는 부과하지 않는다.

6) 조정관세

(1) 의의

조정관세란 정부의 개방정책실시에 따라 그 부작용을 관세정책면에서 시정·보정하려는 목적에서 1984년부터 실시된 제도이다. 즉, 국내산업의 국제경쟁력을 높이고 국내 소비자를 보호하기 위하여 수입자유화정책을 채택하면서 수입자동승인품목을 대폭 늘리는 한편 수입물품에 대한 관세율을 대폭 낮추도록 하였는바, 이러한 정책전환은 충분한 여건조성이 미진한 경우 일부 자유화된 품목의 수입이 급증하여 국내산업을 해치거나 국민소비생활을 어지럽힐 가능성이 많기 때문에 무역계획상으로는 자유화시켰지만 수용태세가 충분히 갖추어질 때까지 일정기간 동안 관세율을 상향 조정하는 등으로 관세장벽에 의하여 수입을 억제하려는 것이 이 제도의 목적이다.

제69조(조정관세의 부과대상)

다음 각 호의 어느 하나에 해당하는 경우에는 100분의 100에서 해당 물품의 기본세율을 뺀 율을 기본세율에 더한 율의 범위에서 관세를 부과할 수 있다. 다만, 농림축수산물 또는 이를 원재료로 하여 제조된 물품의 국내외 가격차가 해당 물품의 과세가격을 초과하는 경우에는 국내외 가격차에 상당하는 율의 범위에서 관세를 부과할 수 있다.

1. 산업구조의 변동 등으로 물품 간의 세율 불균형이 심하여 이를 시정할 필요가 있는 경우
2. 공중도덕 보호, 인간·동물·식물의 생명 및 건강 보호, 환경보전, 유한 천연자원 보존 및 국제평화와 안전보장 등을 위하여 필요한 경우
3. 국내에서 개발된 물품을 일정 기간 보호할 필요가 있는 경우
4. 농림축수산물 등 국제경쟁력이 취약한 물품의 수입증가로 인하여 국내시장이 교란되거나 산업기반이 붕괴될 우려가 있어 이를 시정하거나 방지할 필요가 있는 경우

---

(2) 발동요건

다음의 하나에 해당하는 경우에는 100분의 100에서 당해 물품의 기본세율을 뺀 율을 기본세율에 가산한 율의 범위 안에서 관세를 부과할 수 있다. 다만, 농림축수산물 또는 이를 원재료로 하여 제조된 물품의 국내외가격차가 당해 물품의 과세가격을 초과하는 경우에는 국내외가격차에 상당하는 율의 범위 안에서 관세를 부과할 수 있다.

① 산업구조의 변동 등으로 물품간의 세율이 현저히 불균형하여 이를 시정할 필요가 있는 경우
② 국민보건·환경보전·소비자보호 등을 위하여 필요한 경우
③ 국산개발된 물품 중 일정기간 보호가 필요한 경우
④ 농림축수산물 등 국제경쟁력이 취약한 물품의 수입증가로 국내시장이 교란되거나 산업기반을 붕괴시킬 우려가 있어 이를 시정 또는 방지할 필요가 있는 경우

(3) 적용기간 등

조정관세 부과대상, 가산세율의 적용을 받는 물품·세율 및 적용시한 등은 대통령령으로 정한다.

(4) 부과요청

관계부처의 장 또는 이해관계인이 조정관세의 규정에 의한 조치를 요청하고자 할 때에는 당해 물품과 관련된 다음의 사항에 관한 자료를 기획재정부장관에게 제출하여야 한다.

① 당해 물품의 세번·품명·규격·용도 및 대체물품
② 당해 물품의 제조용 투입원료 및 당해 물품을 원료로 하는 관련제품의 제조공정 설명서 및 용도
③ 인상하여야 할 세율·인상이유 및 그 적용기간
④ 당해 년도와 그 전후 1년간의 수급실적 및 계획
⑤ 최근 1년간의 월별 주요 수입국별 수입가격 및 수입실적
⑥ 최근 1년간의 월별 주요 국내제조업체별 공장도가격 및 출고실적

기획재정부장관은 조정관세 적용 여부의 조사에 필요한 관련 자료의 제출, 기타 필요한 협조를 관계기관 또는 이해관계인에게 요청할 수 있다.

조정관세의 부과대상

① 산업구조의 변동으로 물품간 세율불균형 시정
② 국민보건, 환경보전, 소비자 보호
③ 국산개발물품 일정기간 보호
④ 농림축산물 등 국제경쟁력 취약물품 수입증가로 국내시장 보호

---

7) 할당관세

(1) 의의

할당관세란 관세율의 조작에 의하여 수입수량을 규제하는 제도로서, 특정물품의 수입에 대하여 일정한 수량의 쿼터를 설정하여 놓고 그 수량 또는 금액만큼 수입되는 분에 대하여는 무세 내지 저세율을 적용하고 일정수량 또는 금액을 초과하여 수입될 때에는 고세율의 관세를 부과하는 제도로, 일종의 이중관세율제도이다. 이 제도는 특정물품에 대하여 그 수입을 억제하려는 국내생산자 측의 요청과 이 물품을 싼

값으로 수입하려는 수요자 측의 상반되는 요청이 공존하고 더욱이 그 물품의 국내총생산량이 총수요량에 따르지 못할 경우에 이중관세율에 의거 양자의 요청을 동시에 충족시키려는 취지에서 시행되는 것이다.

제71조(할당관세)

① 다음 각 호의 어느 하나에 해당하는 경우에는 100분의 40의 범위의 율을 기본세율에서 빼고 관세를 부과할 수 있다. 이 경우 필요하다고 인정될 때에는 그 수량을 제한할 수 있다.

1. 원활한 물자수급 또는 산업의 경쟁력 강화를 위하여 특정물품의 수입을 촉진할 필요가 있는 경우
2. 수입가격이 급등한 물품 또는 이를 원재료로 한 제품의 국내가격을 안정시키기 위하여 필요한 경우
3. 유사물품 간의 세율이 현저히 불균형하여 이를 시정할 필요가 있는 경우

② 특정물품의 수입을 억제할 필요가 있는 경우에는 일정한 수량을 초과하여 수입되는 분에 대하여 100분의 40의 범위의 율을 기본세율에 더하여 관세를 부과할 수 있다. 다만, 농림축수산물인 경우에는 기본세율에 동종물품·유사물품 또는 대체물품의 국내외 가격차에 상당하는 율을 더한 율의 범위에서 관세를 부과할 수 있다.

---

(2) 관세율의 인하

다음의 하나에 해당하는 경우에는 기본세율에서 100분의 40을 감한 율의 범위 안에서 관세를 부과할 수 있다. 이 경우 필요하다고 인정되는 때에는 그 수량을 제한할 수 있다.

① 원활한 물자수급 또는 산업의 경쟁력 강화를 위하여 특정물품의 수입을 촉진시킬 필요가 있는 경우

② 수입가격이 급등한 물품 또는 이를 원재료로 한 제품의 국내가격의 안정을 위하여 필요한 경우

③ 유사물품간의 세율이 현저히 불균형하여 이를 시정할 필요가 있는 경우

(3) 관세율의 인상

특정물품의 수입을 억제할 필요가 있을 때에는 일정한 수량을 초과하여 수입되는 분에 대하여 기본세율에 100분의 40을 가산한 율의 범위 안에서 관세를 부과할 수

있다. 다만, 농림축수산물의 경우에는 기본세율에 동종물품·유사물품 또는 대체물품의 국내외가격차에 상당한 율을 가산한 율의 범위 안에서 관세를 부과할 수 있다.

(4) 부과요청

① 세율인하의 요청

관계부처의 장 또는 이해관계인이 할당관세의 부과(관세율의 인하)를 요청하고자 할 때에는 당해 물품에 관련된 다음의 사항에 관한 자료를 기획재정부장관에게 제출하여야 한다.

　㉠ 할당관세를 적용하고자 하는 세율·인하 이유 및 그 적용기간
　㉡ 수량을 제한하여야 할 경우에는 그 수량 및 산출근거

② 세율인상의 요청

관계부처의 장 또는 이해관계인이 할당관세의 부과(관세율의 인상)를 요청하고자 할 때에는 당해 물품에 관련된 다음의 사항에 관한 자료를 기획재정부장관에게 제출하여야 한다.

　㉠ 할당관세를 적용하여야 할 세율·인상이유 및 그 적용기간
　㉡ 기본관세율을 적용하여야 할 수량 및 그 산출근거
　㉢ 농림축수산물의 경우에는 최근 2년간의 월별 또는 분기별 동종물품·유사물품
　　 또는 대체물품별 국내외가격동향

(5) 세율과 적용기간

할당관세의 적용을 받을 물품, 수량, 세율과 적용기간 등은 대통령령으로 정한다. 일정수량의 할당은 당해 수량의 범위 안에서 주무부장관 또는 그 위임을 받은 자의 추천으로 행한다. 다만, 기획재정부장관이 정하는 물품에 있어서는 수입신고 순위에 따르되, 일정수량에 달하는 날의 할당은 그 날에 수입신고되는 분을 당해 수량에 비례하여 할당한다.

일정수량까지의 수입통관실적의 확인은 관세청장이 이를 행한다.

(6) 준용규정

이해관계인에 대한 관계자료의 협조요청은 할당관세의 적용에 관하여 이를 준용

한다. 이 경우 "보복관세"는 "할당관세"로 본다.

① 인하(물자수급원활, 세율 불균형시정 40%), 인상(특정물품 수입억제)
② 국내생산자 측과 수요자측의 상반되는 요청이 공존하고 국내 총생산량이 총수요량을 따르지 못할 경우 이중관세율에 의거 양자의 요청을 동시 만족

8) 계절관세

(1) 의의

현행 관세법에서는 가격이 계절에 따라 현저하게 차이가 있는 물품으로서 동종 물품·유사물품 또는 대체물품의 수입으로 국내시장이 교란되거나 생산기반이 붕괴될 우려가 있는 경우에는 계절구분에 따라 당해 물품의 국내외가격차에 상당하는 율의 범위 안에서 기본세율보다 높게 관세를 부과하거나 기본세율에 100분의 40의 범위 안에서 기본세율보다 낮게 관세를 부과할 수 있음을 규정하고 있으며, 이 규정의 적용을 받는 물품·세율 및 적용시한 등은 기획재정부령으로 정하고 있다.

계절관세는 농산물과 자연산품 등 계절에 따라 가격이 많이 변하는 물품의 경우에 있어 그러한 가격변동이 심한 물품의 수입으로 임하여 국내물가에 영향을 미치는 것을 관세율의 조정에 의거 제거하고자 하는 목적에서 실시된다.

(2) 계절관세의 적용요청

관계행정기관의 장 또는 이해관계인이 계절관세의 부과를 요청하고자 할 때에는 다음 각호의 자료를 기획재정부장관에게 제출하여야 한다.

① 품명·규격·용도 및 대체물품
② 최근 1년간의 월별 수입가격 및 주요국제상품시장의 가격동향
③ 최근 1년간의 월별·주요국내제조업체별 공장도가격
④ 당해 물품 및 주요관련제품의 생산자물가지수·소비자물가지수 및 수입물가지수
⑤ 계절관세를 적용하고자 하는 이유 및 그 적용기간
⑥ 계절별 수급실적 및 전망
⑦ 변경하고자 하는 세율과 그 산출내역

(3) 준용규정

이해관계인에 대한 관계자료의 협조요청은 계절관세의 적용에 관하여 이를 준용한다. 이 경우 "보복관세"는 "계절관세"로 본다.

> **■ 계절관세**
>
> 농산물, 자연식품 등 계절에 따라 현저한 가격차이 있는 물품의 수입으로 국내물가에 영향을 미치는 것 방지(40% −, 가격차 상당비율 +)

9) 편익관세

(1) 의의

제74조(편익관세의 적용기준 등)
① 관세에 관한 조약에 따른 편익을 받지 아니하는 나라의 생산물로서 우리나라에 수입되는 물품에 대하여 이미 체결된 외국과의 조약에 따른 편익의 한도에서 관세에 관한 편익(이하 "편익관세"라 한다)을 부여할 수 있다.
② 편익관세를 부여할 수 있는 대상 국가, 대상 물품, 적용 세율, 적용방법, 그 밖에 필요한 사항은 대통령령으로 정한다.

관세에 관한 조약에 의한 편익을 받지 아니하는 나라의 생산물로서 수입되는 것은 대통령령으로 그 나라와 물품을 지정하여 기존 외국과의 조약의 규정에 의한 편익의 한도 내에서 관세에 관한 편익을 부여할 수 있다. 이와 같이 타국에 대하여 일방적으로 관세상의 편익을 부여하는 것은 그 나라의 정치적 또는 경제적 유대관계를 위한 목적으로 실시한다. 따라서 편익관세란 최혜국대우와 내용이 비슷하지만 이를 비교해 보면 최혜국대우는 타국과의 조약에 의하여 편익을 부여하는 것인 반면에 편익관세는 자국이 일방적으로 최혜국의 범위 내에서 편익을 주는 것이고, 상대방 국가는 권리로서 그 편익을 주장할 수 없다는 점이 다르다.

표 3-1 편익관세 적용대상 국가

지역	국가
아시아	부탄
중동	이란·이라크·레바논·시리아
대양주	나우루
아프리카	코모로·에티오피아·소말리아
유럽	안도라·모나코·산마리노·바티칸·덴마크(그린란드 및 페로제도에 한정한다)

(2) 적용정지

기획재정부장관은 다음의 하나에 해당하는 사유가 있을 때에는 국가·물품 및 기간을 지정하여 편익관세의 적용을 정지시킬 수 있다.

① 편익관세의 적용으로 국민경제에 중대한 영향이 초래되거나 초래될 우려가 있을 때

② 기타 편익관세의 적용을 정지시켜야 할 긴급한 사태가 있을 때

편익관세

조약에 의하여 관세 상의 편익을 받지 않은 나라의 생산물품이 수입될 때 기존의 타국과의 조약에 의하여 부여하고 있는 편익의 범위 내에서 관세에 관한 편익을 부여

국제협력관세

① 무역장벽의 제거 또는 완화나 국제적 조화와 개선을 도모하여 국제무역증진을 위하여 정부나 국제기구에 의해 수행되는 국제간의 협력

② 관세양허, 품목분류업무, 특혜관세, 과세가격결정업무, 지식재산권 보호, 원산지 업무 등

③ 양허 범위: 기본관세율의 100분의 50을 초과하여 양허할 수 없으며, 관세 이외에 과세가격 상당 범위 내에서 관세를 추가로 부과할 수 있다.

제76조(일반특혜관세의 적용기준)

① 대통령령으로 정하는 개발도상국가(이하 이 조에서 "특혜대상국"이라 한다)를 원산지로 하는 물품 중 대통령령으로 정하는 물품(이하 이 조에서 "특혜대상물품"이라 한다)에 대하여는 기본세율보다 낮은 세율의 관세(이하 이 관에서 "일반특혜관세"라 한다)를 부

과할 수 있다.

② 일반특혜관세를 부과할 때 해당 특혜대상물품의 수입이 국내산업에 미치는 영향 등을 고려하여 그 물품에 적용되는 세율에 차등을 두거나 특혜대상물품의 수입수량 등을 한정할 수 있다.

③ 국제연합총회의 결의에 따른 최빈(最貧) 개발도상국 중 대통령령으로 정하는 국가를 원산지로 하는 물품에 대하여는 다른 특혜대상국보다 우대하여 일반특혜관세를 부과할 수 있다.

④ 특혜대상물품에 적용되는 세율 및 적용기간과 그 밖에 필요한 사항은 대통령령으로 정한다.

제77조(일반특혜관세의 적용 정지 등)

① 기획재정부장관은 특정한 특혜대상 물품의 수입이 증가하여 이와 동종의 물품 또는 직접적인 경쟁관계에 있는 물품을 생산하는 국내산업에 중대한 피해를 주거나 줄 우려가 있는 등 일반특혜관세를 부과하는 것이 적당하지 아니하다고 판단될 때에는 대통령령으로 정하는 바에 따라 해당 물품과 그 물품의 원산지인 국가를 지정하여 일반특혜관세의 적용을 정지할 수 있다.

② 기획재정부장관은 특정한 특혜대상국의 소득수준, 우리나라의 총수입액 중 특정한 특혜대상국으로부터의 수입액이 차지하는 비중, 특정한 특혜대상국의 특정한 특혜대상물품이 지니는 국제경쟁력의 정도, 그 밖의 사정을 고려하여 일반특혜관세를 부과하는 것이 적당하지 아니하다고 판단될 때에는 대통령령으로 정하는 바에 따라 해당 국가를 지정하거나 해당 국가 및 물품을 지정하여 일반특혜관세의 적용을 배제할 수 있다.

04 품목분류와 HS

1) 품목분류

전 세계에서 거래되는 각종 물품을 세계관세기구(WCO)가 정한 국제통일상품분류체계(HS)에 의거 하나의 품목번호(Heading)에 분류하는 것으로서 국제통일상품분류체계에 관한 국제협약(The International Convention on the Harmonized Commodity Description and Coding System: HS 협약)에 의해 체약국은 HS체계에서 정한 원칙에 따라 품목분류업무를 수행한다.

2) HS의 중요성

국제통일상품분류체계(HS)는 관세, 무역통계, 운송, 보험 등과 같은 다양한 목적에 사용될 수 있도록 만든 다목적 상품분류제도로서 이러한 HS 제정의 목적은 상품분류 체계의 통일을 기하여 국제무역을 원활히 하고 관세율 적용의 일관성을 유지하기 위한 것이다.

3) 관세와 품목분류와의 관계

수입물품에 대한 관세는 해당 품목번호마다 적용되는 관세율이 미리 정해져 있으므로, 정확한 품목 분류가 선행되어야 납부할 관세액이 정확하게 산정될 수 있다. 따라서 정확한 관세를 납부하기 위해서 수입신고 시 올바른 품목분류를 하는 것은 매우 중요하다.

4) HS의 구조

HS(Harmonized Commodity Description and Coding System) 부호란 수출입 물품에 대해 HS협약에 의해 부여되는 상품분류 코드로서 6자리까지는 국제적으로 공통으로 사용하는 코드이며, 7자리부터는 각 나라에서 6단위 소호의 10자리까지 사용할 수 있다. 우리나라에서는 10자리까지 사용하며 이를 HSK(HS of Korea)라 한다(EU는 8, 일본은 9자리 사용).

5) 품목분류체계의 수정

기획재정부장관은 「통일상품명 및 부호체계에 관한 국제협약」에 따른 관세협력이사회의 권고 또는 결정이나 새로운 상품의 개발 등으로 별표 관세율표 또는 대통령령으로 정한 품목분류를 변경할 필요가 있는 경우 그 세율이 변경되지 아니하는 경우에는 대통령령으로 정하는 바에 따라 새로 품목분류를 하거나 다시 품목분류를 할 수 있다.

6) 품목분류의 적용기준 등

① 관세청장은 대통령령으로 정하는 바에 따라 품목분류를 적용하는 데에 필요한 기준을 정할 수 있다.

② 다음 각 호의 사항을 심의하기 위하여 관세청에 관세품목분류위원회를 둔다.
  ㉠ 품목분류의 적용기준
  ㉡ 특정물품에 적용될 품목분류의 사전심사
  ㉢ 특정물품에 적용될 품목분류의 변경
  ㉣ 그 밖에 품목분류에 관하여 관세청장이 분류위원회에 부치는 사항

7) 특정물품에 적용될 품목분류의 사전심사

① 물품을 수출입하려는 자, 수출할 물품의 제조자 및 「관세사법」에 따른 관세사·관세법인 또는 통관취급법인(관세사 등)은 수출입신고를 하기 전에 대통령령으로 정하는 서류를 갖추어 관세청장에게 해당 물품에 적용될 별표 관세율표상의 품목분류를 미리 심사하여 줄 것을 신청할 수 있다.

② 신청을 받은 관세청장은 해당 물품에 적용될 품목분류를 심사하여 이를 신청인에게 통지하여야 한다. 다만, 제출 자료의 미비 등으로 품목분류를 심사하기 곤란한 경우에는 그 뜻을 통지하여야 한다.

③ ②에 따라 통지를 받은 자는 통지받은 날부터 30일 이내에 대통령령으로 정하는 서류를 갖추어 관세청장에게 재심사를 신청할 수 있다. 이 경우 재심사의 기간 및 결과의 통지에 관하여는 ②를 준용한다.

④ 관세청장은 ②의 본문에 따라 품목분류를 심사한 물품 및 ③에 따른 재심사 결과 적용할 품목분류가 변경된 물품에 대하여는 해당 물품에 적용될 품목분류와 품명, 용도, 규격, 그 밖에 필요한 사항을 고시 또는 공표하여야 한다. 다만, 신청인의 영업 비밀을 포함하는 등 해당 물품에 적용될 품목분류를 고시 또는 공표하는 것이 적당하지 아니하다고 인정되는 물품에 대하여는 고시 또는 공표하지 아니할 수 있다.

⑤ 세관장은 제241조제1항에 따른 수출입신고가 된 물품이 ②의 본문 및 ③에 따라 통지한 물품과 같을 때에는 그 통지 내용에 따라 품목분류를 적용하여야 한

다. 이 경우 ③에 따른 재심사 결과 적용할 품목분류가 변경되었을 때에는 신청인이 변경 내용을 통지받은 날과 ④에 따른 고시 또는 공표일 중 빠른 날(이하 "변경일"이라 한다)부터 변경된 품목분류를 적용하되, 다음 각 호의 기준에 따라 달리 적용할 수 있다.

1. 변경일부터 30일이 지나기 전에 우리나라에 수출하기 위하여 선적된 물품에 대하여 변경 전의 품목분류를 적용하는 것이 수입신고인에게 유리한 경우: 변경 전의 품목분류 적용

2. 다음 각 목의 어느 하나에 해당하는 경우: 변경일 전에 수출입신고가 수리된 물품에 대해서도 소급하여 변경된 품목분류 적용

  가. 거짓자료 제출 등 신청인에게 책임 있는 사유로 품목분류가 변경된 경우
  나. 다음의 어느 하나에 해당하는 경우로서 수출입신고인에게 유리한 경우

   1) ① 및 ③에 따른 신청인에게 자료제출 미비 등의 책임 있는 사유가 없는 경우
   2) ① 및 ③에 따른 신청인이 아닌 자가 관세청장이 결정하여 고시하거나 공표한 품목분류에 따라 수출입신고를 한 경우

⑥ 관세청장은 사전심사에 따라 품목분류를 심사하기 위하여 해당 물품에 대한 구성재료의 물리적·화학적 분석이 필요한 경우에는 해당 품목분류를 심사하여 줄 것을 신청한 자에게 기획재정부령으로 정하는 수수료를 납부하게 할 수 있다.

⑦ 통지받은 사전심사 결과의 유효기간은 해당 통지를 받은 날부터 3년으로 한다. 다만, 재심사 결과 품목분류가 변경된 경우에는 해당 통지를 받은 날부터 유효기간을 다시 기산한다.

8) 특정물품에 적용되는 품목분류의 변경 및 적용

품목분류사전심사제도는 수출입하고자 하는 물품에 대하여 관세율표의 어떤 품목번호에 해당되는지 분명하지 않아 수출입신고 전에 세율과 수출입제한 사항을 미리 알아두고자 할 경우에 관세청장에게 당해물품에 대한 품목분류를 신청할 수 있다.

관세청장이 품목분류의 사전심사신청을 받고 품목분류를 정하여 통지 및 고시한 물품에 대해서도 다음의 사유가 있는 경우 품목분류가 변경될 수 있으며 이때 신청인은 이를 통지 받게 된다.

① 품목분류를 변경할 필요가 있는 경우

② 관세법령의 개정에 따라 당해 물품의 품목분류가 변경된 경우

③ 관세법 제87조의 규정에 의하여 품목분류가 변경된 경우 또는 신청인의 허위 자료 제출로 품목분류에 중대한 착오가 있는 경우

품목분류가 변경되었을 때에는 신청인이 변경 내용을 통지받은 날과 상기 7)의 ④에 따른 고시 또는 공표일 중 빠른 날(이하 "변경일"이라 한다)부터 변경된 품목분류를 적용하되, 다음 각 호의 기준에 따라 달리 적용할 수 있다.

1. 변경일부터 30일이 지나기 전에 우리나라에 수출하기 위하여 선적된 물품에 대하여 변경 전의 품목분류를 적용하는 것이 수입신고인에게 유리한 경우: 변경 전의 품목분류 적용

2. 다음 각 목의 어느 하나에 해당하는 경우: 변경일 전에 수출입신고가 수리된 물품에 대해서도 소급하여 변경된 품목분류 적용

   가. 거짓자료 제출 등 신청인에게 책임 있는 사유로 품목분류가 변경된 경우

   나. 다음의 어느 하나에 해당하는 경우로서 수출입신고인에게 유리한 경우
   (관계법령의 개정이나 품목분류체계의 수정에 따라 품목분류를 변경한 경우에는 이하를 적용하지 아니한다)

      1) 상기 7)의 ① 및 ③에 따른 신청인에게 자료제출 미비 등의 책임 있는 사유가 없는 경우

      2) 상기 7)의 ① 및 ③에 따른 신청인이 아닌 자가 관세청장이 결정하여 고시하거나 공표한 품목분류에 따라 수출입신고를 한 경우

관세품목분류위원회

① 설치: **관세청**

② 심의내용: 품목분류 적용기준 등

③ 위원장: **관세청장이 지정하는 자**

④ 구성인원: 위원장 1인과 20인 이상 30인 이하의 위원으로 구성한다.

⑤ 관세품목분류위원회의 위원장은 관세청의 3급 공무원 또는 고위공무원단에 속하는 일반직공무원으로서 관세청장이 지정하는 자가 되고, 위원은 다음 각 호의 어느 하나에 해당하는 자중에서 관세청장이 임명 또는 위촉한다.

   1. 관세청소속 공무원

관세법

2. 관계중앙행정기관의 공무원

3. 삭제 <2004.3.29>

4. 시민단체(「비영리민간단체 지원법」 제2조의 규정에 의한 비영리민간단체를 말한다. 이하 같다)에서 추천한 자

5. 기타 상품학에 관한 지식이 풍부한 자

⑥ 관세품목분류위원회의 위원장은 위원회의 회무를 통할하고 위원회를 대표한다.

⑦ 관세품목분류위원회의 위원장이 직무를 수행하지 못하는 부득이한 사정이 있는 때에는 위원장이 지명하는 위원이 그 직무를 대행한다.

⑧ 관세품목분류위원회의 위원중 공무원인 위원이 회의에 출석하지 못할 부득이한 사정이 있는 때에는 그가 소속된 기관의 다른 공무원으로 하여금 회의에 출석하여 그 직무를 대행하게 할 수 있다.

⑨ 관세청장은 회의의 원활한 운영을 위하여 품목분류와 관련된 기술적인 사항 등에 대한 의견을 듣기 위하여 관련 학계·연구기관 또는 협회 등에서 활동하는 자를 기술자문위원으로 위촉할 수 있다.

제 4 장 감면·환급 및 분할납부 등

01 감면제도

관세의 감면세란 관세의 납부의무를 특정의 경우에 무조건 또는 일정조건 하에 관세의 일부 또는 전부 면제하는 것을 말한다.

관세의 감세란 납세의무를 일부 면제하여 납부하여야 할 관세액을 경감하는 것을 말하고, 면세란 납부하여야 할 관세액 전액을 면제하는 것을 말한다. 그러므로 면세와 무세를 혼동하여서는 안된다. 즉, 무세란 관세율표상 세율이 0인 것을 말하고, 면세란 관세율표상 무세품이 아닌 것으로 일반적으로 과세대상이지만 특정의 경우에 신청에 의하여 세액을 면제하는 것을 말한다.

관세법상 납세의무의 완화제도

① 관세의 감면세제도

② 용도세율 적용

③ 관세의 분할납부제도

④ 천재/지변 등으로 인한 분할납부 및 징수유예

---

02 감면의 의의

감면세제도는 여러 가지의 정책적인 목적을 실현하는 수단으로 이용되고 있다. 관세의 재정수입 목적을 희생하면서까지 관세를 감면하려는 데에는 그만한 이유가 있어야 된다. 그 목적을 크게 나누어 보면 경제정책적 목적, 문화정책적 목적, 사회정책적 목적 등을 들 수 있고, 이를 좀 더 구체적으로 살펴보면 외교관례, 기간산업의 육성, 자원개발의 촉진, 특정산업의 보호, 학술연구의 촉진, 사회정책의 수행, 가공무역의 증진, 교역의 증대, 소비자의 보호, 물가의 안정 등 다양한 목적을 가지고 많은 감면세규정을 두고 있다.

현재, 관세의 감면은 납세의무자가 실수요자인 경우에 한하여 허용하므로, 시설대여업자가 수입하는 물품은 실수요자인 대여시설이용자를 납세의무자로 신고할 수 있도록 하여 관세를 감면받을 수 있도록 하고 있다.

03 감면제도의 문제점

① 관세기능의 상실
② 관세수입의 상대적 감소
③ 조세부담의 불공정 발생 가능성
④ 관세도의의 문란 우려
⑤ 사후관리 등 행정적 부담의 증가

04 관세감면제도

감면세제도는 무조건감면세와 조건부감면세의 두 가지로 크게 나눌 수 있다. 무조건감면세란 수입하는 때의 특정한 사실에 의거 면세를 하는 것으로서 수입신고가 수리된 이후에 사후관리가 수반되지 않는 것을 말한다.

그리고 조건부감면세란 감면세를 할 때에 해제조건을 붙여서 특정의 행위를 금지하고, 만약 당해 해제조건이 성취되면 면세를 취소하는 것을 의미하는데, 이는 특정의 용도에만 사용할 것을 조건으로 감면세하였다가 만약 지정된 용도가 아닌 다른 용도에 사용하게 되는 경우 감면세처분을 취소하고 감면된 관세를 다시 징수하게 되는 경우를 말한다.

① 감면신청시기
㉠ 당해 수입물품의 수입신고수리 전

© 과세표준, 세율, 관세의 감면세에 관한 규정 등의 적용착오, 기타 사유로 이미 징수한 금액에 부족이 있어 세관장이 부과징수하는 경우 납부고지를 받은 날로부터 5일 이내 신청하여야 한다.

© 수입신고수리 전까지 감면신청서를 제출하지 못한 경우 해당 수입신고수리일부터 15일 이내(해당 물품이 보세구역에서 반출되지 아니한 경우로 한정)

② 담보제공

㉠ 무조건면세: 원칙적 담보 제공 필요가 없다.

© 조건부면세: 재수출면세, 재수출감면세에만 성질, 채권확보가능성 등의 기준에 의거 담보제공

③ 사후관리

㉠ 관세의 감면 승인을 받고 수입신고가 수리된 물품에 대하여 용도 외 사용여부와 승인없이 무단양도행위 등의 여부를 확인 또는 관리

© 용도 외 사용/양도 시 즉시 감면된 관세징수

05 감면세신청

관세법 기타 관세에 관한 법률 또는 조약에 의하여 관세의 감면을 받고자 하는 자는 당해 물품의 수입신고수리 전에 다음 각 호의 사항을 기재한 신청서를 세관장에게 제출하여야 한다. 다만, 관세청장이 정하는 경우에는 감면신청을 간이한 방법으로 하게 할 수 있다.

① 감면을 받고자 하는 자의 주소·성명 및 상호
② 사업의 종류(업종에 따라 감면하는 경우에는 구체적으로 기재할 것)
③ 품명·규격·수량·가격·용도와 설치 및 사용 장소
④ 감면의 법적 근거
⑥ 기타 참고사항

관세감면신청서에 첨부하여야 할 서류와 그 기재사항은 기획재정부령이 정하는 바에 의한다.

06 감면물품의 용도 외 사용 등에 대한 승인신청

조건부감면세를 받은 물품을 용도 외에 사용하거나 다른 사람에게 양도할 때와 부득이한 사유로 멸실된 물품 또는 폐기할 물품에 대하여 세관장의 승인을 얻어 관세의 징수를 면제받으려고 할 때의 세관장의 승인을 받는 절차는 다음과 같다.

1) 용도 외 사용·양도 승인 신청

외교관면세품의 양수, 감면세물품의 사후관리, 재수출면세물품, 재수출감면세물품 및 용도세율의 적용물품 등의 규정에 의하여 세관장의 승인을 얻고자 하는 자는 다음 각 호의 사항을 기재한 신청서를 당해 물품의 소재지를 관할하는 세관장에게 제출하여야 한다.

① 당해 물품의 품명·규격·수량·관세감면액 또는 적용된 용도세율·수입신고수리연월일 및 수입신고 번호
② 당해 물품의 통관지 세관명
③ 승인신청 이유
④ 당해 물품의 양수인의 사업의 종류, 주소·상호 및 성명(법인인 경우에는 대표자의 성명)

2) 멸실물품에 대한 관세 면세 등 신청

재해 기타 부득이한 사유로 인하여 멸실된 물품에 대하여 용도세율, 재수출면세물품, 재수출감면세물품, 감면세물품의 사후관리, 다른 법령 등에 따른 감면물품의 관세징수 등 규정을 적용받고자 하는 자는 멸실 후 지체없이 다음의 사항을 기재한 신청서에 그 사실을 증빙할 수 있는 서류를 첨부하여 세관장에게 제출하여야 한다.

① 멸실된 물품의 품명·규격·수량·수입신고수리연월일 및 수입신고번호
② 멸실연월일 및 멸실장소
③ 멸실된 물품의 통관세관명

3) 폐기승인신청

물품폐기에 대한 세관장의 승인을 얻고자 하는 자는 다음의 사항을 기재한 신청서를 세관장에게 제출하여야 한다.

① 당해 물품의 품명·규격·수량·수입신고수리연월일 및 수입신고번호
② 당해 물품의 통관세관명
③ 폐기의 사유·방법·장소 및 예정 연월일

07 감면의 종류

1) 외교관용 물품 등의 면세

(1) 의의

외교관의 면세특권은 국제적인 관례로 인정되고 있다. 따라서 우리나라에 주재하는 외국공관과 외교관들은 상호조건 하에 관세의 면세혜택을 부여받고 있으며, 우리나라 외교관도 주재하는 나라에서 상호조건 하에 면세특권을 부여받고 있다. 이와같이 외교사절에 대하여 면세특권을 포함한 치외법권을 부여하는 것은 오랜 기간의 관례인데, 국제법상으로 처음 규정된 것은 1961년 4월 18일의 「외교관계에 관한 비엔나조약」에서이다. 이 조약에서는 외교공관의 공용품뿐만 아니라 외교관의 사용품과 외교관가족의 자용품까지도 관세와 내국세의 면세특권을 인정하고 있다.

우리나라 관세법에는 원칙적으로 외교공관의 공용품과 공관원 및 그 가족이 수입하는 자용품으로 수입되는 모든 수입품에 대하여 무조건면세를 하되, 특정 몇 개 품목만은 면세품의 양도를 제한하여 용도 외에 사용할 때는 양수자로부터 관세를 징수하도록 하고 있다.

(2) 대상

① 우리나라에 있는 외국의 대사관·공사관 기타 이에 준하는 기관의 업무용품
② 우리나라에 주재하는 외국의 대사·공사 기타 이에 준하는 사절 및 그 가족이 사용하는 물품

③ 우리나라에 있는 외국의 영사관 기타 이에 준하는 기관의 업무용품

④ 우리나라에 있는 외국의 대사관·공사관·영사관 기타 이에 준하는 기관의 직원과 그 가족이 사용하는 물품

⑤ 정부와의 사업계약을 수행하기 위하여 외국계약자가 계약조건에 따라 수입하는 업무용품

⑥ 국제기구 또는 외국정부로부터 정부에 파견된 고문관·기술단원 기타 기획재정부령이 정하는 자가 사용하는 물품

⑦ 수입신고수리일로부터 3년의 범위 내에서 관세청장이 정하는 기간 내에 용도 외의 다른 용도에 사용하기 위하여 이를 양수할 수 없다(예외: 세관장의 사전승인을 얻은 경우).

⑧ 기간 내에 용도 외 사용하기 위해 양수한 때에는 양수자로부터 면제된 관세를 즉시 징수한다.

(3) 특정물품의 양수제한

외교관면세를 받은 물품 중 기획재정부령으로 정하는 물품을 수입신고수리일부터 3년의 범위 안에서 대통령령이 정하는 기준에 따라 관세청장이 정하는 기간 내에 용도 외에 사용하기 위하여 이를 양수할 수 없다. 다만, 내동령령이 정하는 바에 의하여 미리 세관장의 승인을 얻은 때에는 그러하지 아니하다. 기획재정부령으로 정한 양수를 제한하는 물품은 다음과 같다.

① 자동차(자동 삼륜차와 자동 이륜차를 포함한다)

② 선박

③ 피아노

④ 전자오르간과 파이프오르간

⑤ 엽총

이와 같이 지정된 물품은 수입신고수리일로부터 3년 내에 용도 외에 사용할 자가 양수하려면 세관장의 승인을 받아야 하는데, 용도 외에 사용할 자는 면세특권이 없는 자를 말하며, 면세특권이 있는 외교관 신분을 가진 자 사이의 양도·양수는 포함되지 않는다. 세관장의 승인을 받아야 할 자는 양도자(외교관 등)가 아니라 양수자(비면세권자)이다.

만약 용도 외에 사용할 자(비면세권자)가 승인없이 양수한 때에는 양수자를 처벌한

다. 외교관은 치외법권이 있어 처벌할 수 없기 때문에 양수자가 승인받게 하고 양수자를 처벌의 대상으로 하는 것이다.

용도 외 사용목적으로 위의 양수제한대상 물품을 양수하고자 하는 자는 다음의 사항을 기재한 신청서를 당해 물품의 소재지를 관할하는 세관장에게 제출하여야 한다.

① 당해 물품의 품명·규격·수량·관세감면액 또는 적용된 용도세율·수입신고수리연월일 및 수입신고 번호
② 당해 물품의 통관 세관명
③ 승인신청 이유
④ 당해 물품의 양수인의 사업의 종류, 주소·상호 및 성명(법인인 경우에는 대표자의 성명)

양수가 제한된 외교관면세물품을 수입신고수리일로부터 3년의 범위 내에서 대통령령이 정하는 기준에 따라 관세청장이 정하는 기간 내에 용도 외에 사용하기 위하여 양수한 때에는 그 양수자로부터 면제된 관세를 즉시 징수한다.

2) 세율불균형물품의 면세

① 세율불균형을 시정하기 위하여 「조세특례제한법」 제5조제1항에 따른 중소기업이 대통령령으로 정하는 바에 따라 세관장이 지정하는 공장에서 다음 각 호의 어느 하나에 해당하는 물품을 제조 또는 수리하기 위하여 사용하는 부분품과 원재료(수출한 후 외국에서 수리·가공되어 수입되는 부분품과 원재료의 가공수리분을 포함한다) 중 기획재정부령[1]으로 정하는 물품에 대하여는 그 관세를 면제할 수 있다.
　㉠ 항공기(부분품을 포함한다)
　㉡ 반도체 제조용 장비(부속기기를 포함한다)
② 관세를 감면받고자 하는 자는 제조할 물품의 품명·규격·수량 및 가격, 제조개시 및 완료예정연월일과 지정제조공장의 명칭 및 소재지를 신청서에 기재하고,

---

1 동법 제35조(세율불균형물품에 대한 관세의 면세) 법 제89조제1항 각 호 외의 부분에 따라 관세가 면세되는 물품은 다음 각 호와 같다. 1. 항공기 제조업자 또는 수리업자가 항공기와 그 부분품의 제조 또는 수리에 사용하기 위하여 수입하는 부분품 및 원재료 2. 장비 제조업자 또는 수리업자가 반도체 제조용 장비의 제조 또는 수리에 사용하기 위하여 수입하는 부분품 및 원재료 중 산업통상자원부장관 또는 그가 지정하는 자가 추천하는 물품.

원자재소요량증명서 또는 이에 갈음할 서류를 첨부하여 세관장에게 제출하여야 한다. 다만, 세관장이 필요없다고 인정하는 때에는 원자재소요량증명서 등의 첨부를 생략할 수 있다.

③ 사후관리기간: 수입신고수리일부터 지정기간은 3년 이내로 하되, 지정을 받은 자의 신청에 의하여 연장할 수 있다.

④ 지정공장

세율불균형물품의 면세를 적용받은 물품은 세관장이 지정한 공장 내에서 사용되어야 한다.

▶▶ 지정공장의 지정요건:

다음 각 호의 어느 하나에 해당하는 자는 제1항에 따른 지정을 받을 수 없다.

1. 제175조(운영인 결격사유)제1호부터 제5호까지 및 제7호의 어느 하나에 해당하는 자
2. 지정이 취소(제175조제1호부터 제3호까지의 어느 하나에 해당하여 취소된 경우는 제외한다)된 날부터 2년이 지나지 아니한 자
3. 제1호 또는 제2호에 해당하는 사람이 임원(해당 공장의 운영업무를 직접 담당하거나 이를 감독하는 자로 한정한다)으로 재직하는 법인

▶▶ 지정기간: 3년 이내로 하되, 지정받은 자의 신청에 의하여 연장할 수 있다.

▶▶ 지정취소: 세관장은 제1항에 따라 지정을 받은 자가 다음 각 호의 어느 하나에 해당하는 경우에는 그 지정을 취소할 수 있다. 다만, 제1호 또는 제2호에 해당하는 경우에는 지정을 취소하여야 한다.

1. 제2항 각 호의 어느 하나에 해당하는 경우
2. 거짓이나 그 밖의 부정한 방법으로 지정을 받은 경우
3. 1년 이상 휴업하여 세관장이 지정된 공장의 설치목적을 달성하기 곤란하다고 인정하는 경우

3) 학술연구용품의 감면세

학술연구용품 감면세제도는 교육과 학술의 진흥 및 연구·개발을 촉진하기 위하여 수입되는 물품에 대한 감면세제도인데, 이러한 물품에 대하여는 관세를 전액 또는 일부 면제하는 한편 감면받은 물품이 당해 용도에 사용되지 않을 경우에는 면제된 관세를 징수하도록 하고 있다.

① 국가기관·지방자치단체와 기획재정부령이 정하는 기관에서 사용할 학술연구용

품·교육용품 및 실험실습용품으로 기획재정부령이 정하는 물품

② 학교·공공의료기관·공공직업훈련원·박물관 기타 이에 준하는 기획재정부령이 정하는 기관에서 사용할 표본, 참고품, 도서, 음반, 녹음된 테이프, 녹화된 슬라이드, 촬영된 필름, 시약류 기타 이와 유사한 물품 및 자료

③ ②의 기관에서 학술연구용·교육용·훈련용·실험실습용 및 과학기술연구용으로 사용할 물품 중 기획재정부령이 정하는 물품

④ ②의 기관에서 사용할 학술연구용품·교육용품·실험실습용품 및 과학기술연구용품으로 외국으로부터 기증되는 물품

⑤ 기획재정부령이 정하는 자가 산업기술의 연구·개발에 사용하기 위하여 수입하는 물품

학술연구용품 감면세의 규정에 따라 감면받은 물품은 수입신고수리일로부터 3년의 범위 내에서 대통령령이 정하는 기준에 따라 관세청장이 정하는 기간 내에는 그 감면받은 용도 외로 사용하거나 양도(임대를 포함한다)할 수 없다. 다만, 대통령령이 정하는 바에 따라 세관장의 승인을 얻은 경우에는 그러하지 아니하다.

따라서 전술한 기간 내에 감면받은 용도 외로 사용한 때 또는 감면받은 용도 외로 사용하고자 하는 자에게 양도한 때에는 그 용도 외로 사용한 자 또는 그 양도인(임대인을 포함한다. 이하 같다)으로부터 감면된 관세를 즉시 징수하며, 양도인으로부터 당해 관세를 징수할 수 없는 경우에는 양수인(임차인을 포함한다)으로부터 감면된 관세를 징수한다. 다만, 재해 기타 부득이한 사유로 멸실되었거나 미리 세관장의 승인을 얻어 폐기한 때에는 그러하지 아니하다.

4) 종교용품·자선용품·장애인용품 등의 면세

① 교회·사원 등 종교단체의 예배용품 및 식전용품으로서 외국으로부터 기증되는 물품. 다만, 기획재정부령으로 정하는 물품은 제외한다.

② 자선 또는 구호의 목적으로 기증되는 물품 및 자선·구호시설 또는 사회복지시설에 기증되는 물품으로서 당해 용도에 직접 사용하는 물품. 다만, 기획재정부령으로 정하는 물품은 제외한다.

③ 국제적십자사·외국적십자사 및 국제기구가 국제평화봉사/친선활동을 위하여 기증하는 물품

④ 시각·청각·언어의 장애인, 지체장애인, 만성신부전증환자 등을 위한 용도로 특수하게 제작 또는 제조된 물품
⑤ 장애인복지법규정에 의한 장애인의 재활의료를 목적으로 국가·지방자치단체 또는 사회복지법인이 운영하는 재활병원에서 사용하는 의료용구

5) 정부용품 등의 면세

정부용품 등 면세는 정부·지방자치단체에의 기증품·정부수입군수품·휴대품·이사화물·상용견품 및 소액우편물 등에 대한 면세를 규정하고 있다. 이러한 물품들은 재정수입이나 국내산업 보호에는 큰 영향을 미치지 않는 것으로 인정하여 면세를 하고 있다.

정부용품 등 면세는 무조건 면세조항이기 때문에 면세조건이행 여부의 사후관리나 추징 등의 문제는 발생하지 않는다.

다음 각 호의 어느 하나에 해당하는 물품이 수입될 때에는 그 관세를 면제할 수 있다.

① 국가기관이나 지방자치단체에 기증된 물품으로서 공용으로 사용하는 물품. 다만, 기획재정부령으로 정하는 물품은 제외한다.
② 정부가 외국으로부터 수입하는 군수품(정부의 위탁을 받아 정부 외의 자가 수입하는 경우를 포함한다) 및 국가원수의 경호용으로 사용하는 물품. 다만, 기획재정부령으로 정하는 물품은 제외한다.
③ 외국에 주둔하는 국군이나 재외공관으로부터 반환된 공용품
④ 미래창조과학부장관이 국가의 안전보장을 위하여 긴요하다고 인정하여 수입하는 비상통신용 물품 및 전파관리용 물품
⑤ 정부가 직접 수입하는 간행물, 음반, 녹음된 테이프, 녹화된 슬라이드, 촬영된 필름, 그 밖에 이와 유사한 물품 및 자료
⑥ 국가나 지방자치단체(이들이 설립하였거나 출연 또는 출자한 법인을 포함한다)가 환경오염(소음 및 진동을 포함한다)을 측정하거나 분석하기 위하여 수입하는 기계·기구 중 기획재정부령으로 정하는 물품
⑦ 상수도 수질을 측정하거나 이를 보전·향상하기 위하여 국가나 지방자치단체(이들이 설립하였거나 출연 또는 출자한 법인을 포함한다)가 수입하는 물품으로서

기획재정부령으로 정하는 물품

⑧ 국가정보원장 또는 그 위임을 받은 자가 국가의 안전보장 목적의 수행상 긴요하다고 인정하여 수입하는 물품

6) 특정물품의 면세 등

특정물품 감면세란 정책상의 필요에 의하여 관세를 감면하는 제도이다. 이 규정의 적용에 있어서 지정기간 내에 당해 감면용도에 사용하지 않을 경우에는 면제한 관세를 징수한다. 당해 감면세의 적용이 가능한 용도는 법에서 규정하고 있지만, 구체적인 감면대상물품은 기획재정부령으로 지정하거나 제한하고 있다.

① 동식물의 번식·양식 및 종자개량을 위한 물품 중 기획재정부령이 정하는 물품[2]

② 박람회·국제경기대회 그 밖에 이에 준하는 행사 중 기획재정부령이 정하는 행사에 사용하기 위하여 그 행사에 참가하는 자가 수입하는 물품[3]

③ 핵사고 또는 방사능긴급사태 시 그 복구지원 및 구호의 목적으로 외국으로부터 기증되는 물품으로서 기획재정부령이 정하는 물품

④ 우리나라 선박이 외국정부의 허가를 받아 외국의 영해에서 채집 또는 포획한

---

2 사료작물 재배용 종자(호밀·귀리 및 수수에 한한다)로 한다.
3 1. 「포뮬러원 국제자동차경주대회 지원법」에 따른 포뮬러원 국제자동차경주대회에 참가하는 자가 해당 대회와 관련하여 사용할 목적으로 수입하는 물품으로서 같은 법 제4조에 따른 포뮬러원국제자동차경주대회조직위원회가 확인하는 물품 2. 「2011대구세계육상선수권대회, 2013충주세계조정선수권대회, 2014인천아시아경기대회, 2014인천장애인아시아경기대회 및 2015광주하계유니버시아드대회 지원법」에 따른 2011대구세계육상선수권대회에 참가하는 국제육상경기연맹 또는 각국 육상경기연맹이 그 소속 직원·선수 등 구성원, 다른 참가단체 소속 직원·선수 등 구성원 또는 같은 법 제3조에 따른 2011대구세계육상선수권대회조직위원회(이하 이 항에서 "대회조직위원회"라 한다)에 제공하는 등 해당 대회와 관련하여 사용할 목적으로 수입하는 물품으로서 대회조직위원회가 확인하는 물품 3. 「2012여수세계박람회 지원특별법」에 따른 2012여수세계박람회에 참가하는 자가 해당 박람회와 관련하여 사용할 목적으로 수입하는 물품으로서 같은 법 제4조에 따른 2012여수세계박람회조직위원회(이하 이 조에서 "박람회조직위원회"라 한다)가 확인하는 물품 4. 「2011대구세계육상선수권대회, 2013충주세계조정선수권대회, 2014인천아시아경기대회, 2014인천장애인아시아경기대회 및 2015광주하계유니버시아드대회 지원법」에 따른 2013인천실내·무도아시아경기대회 및 2014인천아시아경기대회에 참가하는 아시아올림픽평의회·국제경기연맹·각국 경기연맹이 그 소속 직원·선수 등 구성원, 다른 참가단체 소속 직원·선수 등 구성원 또는 같은 법 제3조에 따른 2014인천아시아경기대회조직위원회에 제공하는 등 해당 대회와 관련하여 사용할 목적으로 수입하는 물품으로서 2014인천아시아경기대회조직위원회가 확인하는 물품. 동법 시행규칙 제43조 제2항.

수산물

⑤ 우리나라 선박이 외국의 선박과 협력하여 채집 또는 포획한 수산물로서 해양
수산부장관이 추천하는 것

⑥ 해양수산부장관의 허가를 받은 자가 기획재정부령이 정하는 요건에 적합하게
외국인과 합작하여 채집 또는 포획한 수산물 중 해양수산부장관이 기획재정부
장관과 협의하여 추천하는 것

⑦ 우리나라 선박 등에 의하여 채집 또는 포획된 수산물과 수산물의 포장에 사용
된 물품으로서 재사용이 불가능한 것

⑧ 우리나라를 방문하는 외국의 원수와 그 가족 및 수행원의 물품

⑨ 우리나라의 선박 기타 운송수단이 조난으로 인하여 해체된 경우 그 해체재 및
장비

⑩ 우리나라와 외국 간에 건설될 교량·통신시설·해저통로 기타 이에 준하는 시
설의 건설 또는 수리에 소요되는 물품

⑪ 우리나라 수출물품의 품질·규격·안전도 등이 수입국의 권한이 있는 기관이
정하는 조건에 적합한 것임을 표시하는 수출물품에 부착하는 증표로서 기획재
정부령이 정하는 물품

⑫ 우리나라의 선박 또는 항공기가 해외에서 사고로 인하여 발생한 피해를 복구
하기 위하여 외국의 보험회사 또는 외국의 가해자의 부담으로 행하는 수리부
분에 해당하는 물품

⑬ 우리나라의 선박 또는 항공기가 매매계약상의 하자보수보증기간 중에 외국에
서 발생한 고장에 대하여 외국의 매도인의 부담으로 행하는 수리부분에 해당
하는 물품

⑭ 국제올림픽·장애인올림픽·농아인올림픽 및 아시아운동경기·장애인아시아운동
경기 종목에 해당하는 운동용구(부분품을 포함한다)로서 기획재정부령으로 정하는
물품

⑮ 중소기업기본법의 규정에 의한 해외구매자의 주문에 따라 제작한 기계·기구가
당해 구매자가 요구한 규격 및 성능에 일치하는지 여부를 확인하기 위하여 행하
는 시험생산에 소요되는 원재료로서 기획재정부령이 정하는 요건에 적합한 물품

⑯ 국립묘지의 건설·유지·장식을 위한 자재와 국립묘지에 안장되는 자의 관·유
골함·장례용 물품

⑰ 피상속인의 사망으로 인하여 국내에 주소를 둔 자에게 상속되는 피상속인의 신변용품

※ ⑮, ⑯, ⑰의 물품의 경우 관세의 100분의 80을 감면할 수 있다.

특정물품 감면세의 규정에 따라 감면받은 물품은 수입신고수리일로부터 3년의 범위 내에서 대통령령이 정하는 기준에 따라 관세청장이 정하는 기간 내에는 그 감면받은 용도 외로 사용하거나 양도(임대를 포함한다)할 수 없다. 다만, 대통령령이 정하는 바에 따라 세관장의 승인을 얻은 경우에는 그러하지 아니하다.

따라서 전술한 기간 내에 감면받은 용도 외로 사용한 때 또는 감면받은 용도 외로 사용하고자 하는 자에게 양도한 때에는 그 용도 외로 사용한 자 또는 그 양도인(임대인을 포함한다. 이하 같다)으로부터 감면된 관세를 즉시 징수하며, 양도인으로부터 당해 관세를 징수할 수 없는 경우에는 양수인(임차인을 포함한다)으로부터 감면된 관세를 징수한다. 다만, 재해 기타 부득이한 사유로 멸실되었거나 미리 세관장의 승인을 얻어 폐기한 때에는 그러하지 아니하다.

7) 소액물품 등의 면세

① 우리나라의 거주자에게 수여된 훈장·기장 또는 이에 준하는 표창장 및 상패
② 기록문서 또는 기타의 서류
③ 상용견품 또는 광고용품으로서 다음의 하나에 해당하는 물품
　㉠ 물품이 천공 또는 절단되었거나 통상적인 조건으로 판매할 수 없는 상태로 처리되어 견품으로 사용될 것으로 인정되는 물품
　㉡ 판매 또는 임대를 위한 물품의 상품목록·가격표 및 교역안내서등
　㉢ 과세가격이 미화 250달러 이하인 물품으로서 견품으로 사용될 것으로 인정되는 물품
　㉣ 물품의 형상·성질 및 성능으로 보아 견품으로 사용될 것으로 인정되는 물품
④ 우리나라 거주자가 수취하는 소액물품으로서 다음의 하나에 해당하는 물품
　㉠ 당해 물품의 총과세가격이 미화 150달러 이하의 물품으로서 자가사용 물품으로 인정되는 것. 다만, 반복 또는 분할하여 수입되는 물품으로서 관세청장이 정하는 기준에 해당하는 것을 제외한다.
　㉡ 박람회 기타 이에 준하는 행사에 참가하는 자가 행사장 안에서 관람자에게

무상으로 제공하기 위하여 수입하는 물품(전시할 기계의 성능을 보여주기 위한 원료를 포함한다). 다만, 관람자 1인당 제공량의 정상도착가격이 미화 5달러 상당액 이하의 것으로서 세관장이 타당하다고 인정하는 것에 한한다.

8) 환경오염방지물품 등에 대한 감면세

① 다음 각 호의 어느 하나에 해당하는 물품으로서 국내에서 제작하기 곤란한 물품이 수입될 때에는 그 관세를 감면할 수 있다.

    ㉠ 오염물질(소음 및 진동을 포함한다)의 배출 방지 또는 처리를 위하여 사용하는 기계·기구·시설·장비로서 기획재정부령으로 정하는 것

    ㉡ 폐기물 처리(재활용을 포함한다)를 위하여 사용하는 기계·기구로서 기획재정부령으로 정하는 것

    ㉢ 기계·전자기술 또는 정보처리기술을 응용한 공장 자동화 기계·기구·설비(그 구성기기를 포함한다) 및 그 핵심부분품으로서 기획재정부령으로 정하는 것

② 관세를 감면하는 경우 그 감면기간과 감면율은 기획재정부령으로 정한다.

환경오염방지물품 등에 대한 감면세를 받은 물품은 수입신고수리일로부터 3년의 범위 내에서 대통령령이 정하는 기준에 따라 관세청장이 정하는 기간 내에는 그 감면받은 용도 외로 사용하거나 양도(임대를 포함)할 수 없다. 다만, 대통령령이 정하는 바에 따라 세관장의 승인을 얻은 경우에는 그러하지 아니하다.

따라서 전술한 기간 내에 감면받은 용도 외로 사용한 때 또는 감면받은 용도 외로 사용하고자 하는 자에게 양도한 때에는 그 용도 외로 사용한 자 또는 그 양도인(임대인을 포함한다. 이하 같다)으로부터 감면된 관세를 즉시 징수하며, 양도인으로부터 당해 관세를 징수할 수 없는 경우에는 양수인(임차인을 포함한다)으로부터 감면된 관세를 징수한다. 다만, 재해 기타 부득이한 사유로 멸실되었거나 미리 세관장의 승인을 얻어 폐기한 때에는 그러하지 아니하다.

9) 여행자휴대품·이사물품 등의 면세

① 여행자의 휴대품 또는 별송품으로서 여행자의 입국사유·체재기간·직업 기타의 사정을 고려하여 세관장이 타당하다고 인정하는 물품

② 우리나라로 거주를 이전하기 위하여 입국하는 자가 입국하는 때에 수입하는 이사물품으로서 거주이전의 사유, 거주기간, 직업, 가족 수 기타의 사정을 고려하여 세관장이 인정하는 물품

③ 외국무역선(기)의 승무원이 휴대하여 수입하는 물품으로서 항행일수·체재기간 기타의 사정을 고려하여 세관장이 타당하다고 인정하는 물품.

④ 여행자가 휴대품 또는 별송품(제1항에 해당하는 물품은 제외한다)을 기획재정부령으로 정하는 방법으로 자진신고하는 경우에는 15만원을 넘지 아니하는 범위에서 해당 물품에 부과될 관세의 100분의 30에 상당하는 금액을 경감할 수 있다.

10) 재수출면세

재수출면세란 우리나라에 수입된 물품에 대하여 단기간 내에 다시 수출되는 것을 조건으로 면세하는 제도이다. "수입신고수리일부터 1년의 범위 안에서 대통령령이 정하는 기준에 따라 세관장이 정하는 기간(기획재정부령이 정하는 물품으로서 부득이한 사유가 있다고 인정하여 세관장이 승인한 물품에 대하여는 세관장이 지정하는 기간)내에 다시 수출하는 물품에 대하여는 그 관세를 면제할 수 있다. 다만, 세관장은 부득이한 사유가 있다고 인정할 때에는 1년의 범위 안에서 그 기간을 연장할 수 있다."고 규정하고 있다.

세관장이 재수출면세기간을 정할 때에는 계약서·관계증빙서류 또는 물품의 성질·용도·수입자·내용연수 등을 고려하되, 일시 입국자가 본인 사용목적으로 수입하는 신변용품, 취재용품 등은 입국 후 처음 출국일까지 기간을, 박람회·전시회 등에 출품 또는 사용한 물품은 그 행사종료 후 재수출에 필요한 기일까지를, 가공·수리용품은 이에 소요되는 기간까지를 재수출면세기간으로 한다.

① 수입신고수리일부터 다음 각 호의 1의 기간 내에 다시 수출하는 물품에 대하여는 그 관세를 면제할 수 있다.

㉠ 기획재정부령이 정하는 물품: 1년의 범위 내에서 대통령령이 정하는 기준에 따라 세관장이 정하는 기간. 다만, 세관장은 부득이한 사유가 있다고 인정되는 때에는 1년의 범위 내에서 그 기간을 연장할 수 있다.

㉡ 1년을 초과하여 수출해야 할 부득이한 사유가 있는 물품으로서 기획재정부령이 정하는 물품: 세관장이 정하는 기간

② 관세의 면제를 받은 물품은 사후 기간 내에 동항에서 정한 용도 외의 다른 용도에 사용하거나 양도할 수 없다. 다만, 대통령령이 정하는 바에 의하여 미리 세관장의 승인을 얻은 때에는 그러하지 아니하다.

③ 관세를 면제받은 물품을 규정된 기간 내에 수출하지 아니한 경우 또는 정한 용도 외의 다른 용도에 사용하거나 당해 용도 외의 다른 용도에 사용하고자 하는 자에게 양도한 경우에는 수출을 하지 아니한 자, 용도 외에 사용한 자 또는 그 양도를 한 자로부터 면제된 관세를 즉시 징수하며, 양도인으로부터 당해 관세를 징수할 수 없는 때에는 그 양수인으로부터 면제된 관세를 즉시 징수한다. 다만, 재해 기타 부득이한 사유로 멸실되었거나 미리 세관장의 승인을 얻어 폐기한 때에는 그러하지 아니하다.

④ 세관장은 관세의 면세를 받은 물품 중 기획재정부령이 정하는 물품을 동항에 규정된 기간 내에 수출하지 아니한 때에는 500만원을 초과하지 아니하는 범위 안에서 관세의 100분의 20에 상당하는 금액을 가산세로서 징수한다.

11) 재수출감면세

제98조(재수출감면세)
① 장기간에 걸쳐 사용할 수 있는 물품으로서 그 수입이 임대차계약에 의하거나 도급계약의 이행과 관련하여 국내에서 일시적으로 사용하기 위하여 수입하는 물품 중 기획재정부령으로 정하는 물품이 그 수입신고수리일부터 2년(장기간의 사용이 부득이한 물품으로서 기획재정부령으로 정하는 것 중 수입하기 전에 세관장의 승인을 받은 것은 4년의 범위에서 대통령령으로 정하는 기준에 따라 세관장이 정하는 기간을 말한다) 이내에 재수출되는 것에 대하여는 다음 각 호의 구분에 따라 그 관세를 경감할 수 있다. 다만, 외국과 체결한 조약·협정 등에 따라 수입되는 것에 대하여는 상호 조건에 따라 그 관세를 면제한다.
1. 재수출기간이 6개월 이내인 경우: 해당 물품에 대한 관세액의 100분의 85
2. 재수출기간이 6개월 초과 1년 이내인 경우: 해당 물품에 대한 관세액의 100분의 70
3. 재수출기간이 1년 초과 2년 이내인 경우: 해당 물품에 대한 관세액의 100분의 55
4. 재수출기간이 2년 초과 3년 이내인 경우: 해당 물품에 대한 관세액의 100분의 40
5. 재수출기간이 3년 초과 4년 이내인 경우: 해당 물품에 대한 관세액의 100분의 30

재수출감면세는 기계·기구나 수리·가공용 기계·기구를 외국에서 빌려와서 국내에서 사용하다가 다시 돌려보내거나 외국으로부터 선박을 나용해 와서 사용하다가 다시 돌려주는 경우 등에 그 물품의 수입에 따르는 관세를 감면하는 제도를 말한다.

이러한 물품들은 국내에서의 사용기간이 비교적 장기간이므로 재수출면세 대상물품의 재수출기간보다 긴 2년 또는 4년의 재수출기간을 인정하는 한편, 그 물품이 국내에서 장기간 사용되는 동안 가치가 감소되는 점을 감안하여 그 세액을 전액 면제하지 않고 일부를 경감하도록 하고 있다.

다만, 외국과의 조약·협약 등에 의하여 수입될 때에는 상호조건에 의하여 그 관세를 전액 면제한다. 즉, 외국과 국제 간 임대차하는 물품에 관하여 상호 면세수입토록 할 것을 내용으로 한 조약 등을 체결한 경우에는 관세의 전액을 면제한다.

이와 같은 재수출감면세제도는 오늘날 성행하는 국제간 리스(Lease)산업을 합리적으로 지원하기 위한 조치라 할 수 있다.

① 대상

장기간에 걸쳐 사용할 수 있는 물품으로서 그 수입이 임대차계약에 의하거나 도급계약의 이행과 관련하여 국내에서 일시적으로 사용하기 위하여 수입하는 물품 중 재수출되는 것

② 재수출기간

수입신고수리일부터 2년(장기간의 사용이 부득이한 물품으로서 기획재정부령이 정하는 것 중 수입 전에 세관장의 승인을 얻은 것은 4년의 범위 내에서 세관장이 정하는 기간)

③ 감면율

㉠ 재수출기간이 6월 이내인 경우 당해 물품에 대한 관세액의 100분의 85
㉡ 재수출기간이 6월 초과 1년 이내인 경우 당해 물품에 대한 관세액의 100분의 70
㉢ 재수출기간이 1년 초과 2년 이내인 경우 당해 물품에 대한 관세액의 100분의 55
㉣ 재수출기간이 2년 초과 3년 이내인 경우 당해 물품에 대한 관세액의 100분의 40
㉤ 재수출기간이 3년 초과 4년 이내인 경우 당해 물품에 대한 관세액의 100분의 30
※ 외국과의 조약·협정 등에 의하여 수입되는 때에는 상호조건에 따라 그 관세를 면제한다.

재수출감면세를 받은 물품을 소정의 재수출기간 내에 당해용도 외에 사용하거나

양도할 수 없으나 미리 세관장의 승인을 얻은 때에는 예외로 한다는 것, 기간 내에 재수출을 하지 아니하거나 용도 외에 사용하거나 용도 외에 사용할 자에게 양도한 경우에 관세의 추징을 한다.

12) 재수입면세

제99조(재수입면세)

다음 각 호의 어느 하나에 해당하는 물품이 수입될 때에는 그 관세를 면제할 수 있다.

1. 우리나라에서 수출(보세가공수출을 포함한다)된 물품으로서 해외에서 제조·가공·수리 또는 사용(장기간에 걸쳐 사용할 수 있는 물품으로서 임대차계약 또는 도급계약 등에 따라 해외에서 일시적으로 사용하기 위하여 수출된 물품 중 기획재정부령으로 정하는 물품이 사용된 경우와 박람회, 전시회, 품평회, 그 밖에 이에 준하는 행사에 출품 또는 사용된 경우는 제외한다)되지 아니하고 수출신고 수리일부터 2년 내에 다시 수입(이하 이 조에서 "재수입"이라 한다)되는 물품. 다만, 다음 각 목의 어느 하나에 해당하는 경우에는 관세를 면제하지 아니한다.

   가. 해당 물품 또는 원자재에 대하여 관세를 감면받은 경우

   나. 이 법 또는 「수출용원재료에 대한 관세 등 환급에 관한 특례법」에 따른 환급을 받은 경우

   다. 이 법 또는 「수출용 원재료에 대한 관세 등 환급에 관한 특례법」에 따른 환급을 받을 수 있는 자 외의 자가 해당 물품을 재수입하는 경우. 다만, 재수입하는 물품에 대하여 환급을 받을 수 있는 자가 환급받을 권리를 포기하였음을 증명하는 서류를 재수입하는 자가 세관장에게 제출하는 경우는 제외한다.

   라. 보세가공 또는 장치기간경과물품을 재수출조건으로 매각함에 따라 관세가 부과되지 아니한 경우

2. 수출물품의 용기로서 다시 수입하는 물품

3. 해외시험 및 연구를 목적으로 수출된 후 재수입되는 물품

우리나라에 수입되는 물품은 모두 관세를 징수하는 것이 원칙이나 우리나라의 물품이 수출되었다가 단기간 내에 다시 수입되는 물품에 대하여는 면세를 하는 것이 합리적이다. 그리고 수출된 물품이 외국에서 가공·수리 등에 의거 가치가 상승되어 재수입된다면 가치상승분만을 과세를 하고 당초 수출한 때의 가치만큼은 감면을 하

는 것이 합리적이다. 이와 같이 우리나라에서 수출한 가공·수리목적의 수출품, 일반
수출품 또는 수출물품의 용기 등이 일정기간 내에 재수입되는 경우에 감면하는 제도
를 재수입감면세라 한다.

재수입기간은 가공·수리용품은 1년으로, 일반수출품은 1년 또는 2년으로 제한하
고 있고 수출물품용기에 대하여는 제한을 하지 않고 있다.

① 우리나라에서 수출(보세가공수출을 포함한다)된 물품으로서 수출신고수리일부터
   2년 내에 다시 수입되는 물품. 다만, 다음 각목의 1에 해당하는 경우에는 관세
   를 면제하지 아니한다.
   ㉠ 당해 물품 또는 원자재에 대하여 관세의 감면을 받은 경우
   ㉡ 관세법 또는 수출용원재료에 대한 관세 등 환급에 관한 특례법에 의한 환
      급을 받은 경우
   ㉢ 보세가공/장치기간경과물품을 재수출조건으로 매각함에 따라 관세가 부과
      되지 아니한 경우
② 수출물품의 용기로서 다시 수입하는 물품
③ 해외시험 및 연구목적으로 수출된 후 다시 수입되는 물품

13) 손상감세

손상감세란 수입신고한 물품이 수입신고수리 전에 변질 또는 손상한 때와 감면받
은 물품에 대하여 관세를 추징하는 경우 그 물품이 변질 또는 손상하거나 사용으로
인하여 가치가 감소된 때에 관세의 일부를 경감하는 제도를 말한다.

① 수입신고한 물품이 수입신고가 수리되기 전에 변질/손상된 때에는 관세를 경
   감할 수 있다.
② 관세법 기타 법률 또는 조약·협정 등에 의하여 관세의 감면을 받은 물품에 대
   하여 관세를 추징하는 경우 그 물품이 변질 또는 손상되거나 사용으로 인하여
   당해 물품의 가치가 감소된 때에는 대통령령이 정하는 바에 의하여 그 관세를
   경감할 수 있다.

관세법 기타 법률 또는 조약에 의하여 관세의 감면을 받은 물품에 대하여 관세를
추징하는 경우에 그 물품이 변질 또는 손상되거나 사용으로 인하여 당해 물품의 가
치가 감소된 것에 대하여는 대통령령이 정하는 바에 의하여 그 관세를 경감할 수 있

다. 다만, 수출용원자재 등의 감면세 및 환급의 경우에는 당해 물품이 재해 기타 부득이한 사유로 변질 또는 손상된 때에 한하여 그 관세를 경감할 수 있다.

조건부감면세를 받은 물품의 용도 외 사용, 용도 외 사용할 자에게 양도 또는 재수출불이행 등의 사유로 관세를 추징하는 경우에는 당초 감면한 세액을 전액 추징한다고 각 감면세조항에 규정하고 있으나 당해 감면세한 용도에 사용하는 동안에 일어난 변질·손상 또는 사용으로 인한 소모는 당해 감면의 목적을 이행하는 데 따르는 가치감소의 원인으로 보고 그만큼 관세를 경감해 주는 것이 합리적이라고 보기 때문에 본 조항에 의거 모든 감면물품추징 시에 경감이 가능하도록 한 것이다.

감면물품의 가치감소의 원인은 크게 두 가지로 나눌 수 있다. 그 하나는 변질과 손상으로서 이것은 자연적·우발적으로 일어나는 가치감소원인이다. 이 변질·손상은 추징요인이 발생한 시점 이전의 것이라야 경감대상이 될 수 있다. 즉, 용도 외 사용으로 인하여 추징하는 것이면 당해 용도대로의 사용기간 중에 일어난 변질·손상이라야 경감이 가능하고 용도 외 사용기간 동안에 일어난 변질·손상은 경감대상이 될 수 없다.

다른 하나의 가치감소 원인은 사용으로 인한 소모로서 시일이 지나는 동안에 계속해서 일어나는 현상이다. 예컨대, 기계는 내용연수가 있어 사용연수가 많아짐에 따라 소모는 커지고 잔존가치는 적어진다. 이것도 추징사유가 발생한 시점까지의 가치감소만이 경감대상이 된다. 즉, 용도 외 사용을 하고서 1년 후에 추징하는 경우 그 1년 동안의 가치감소분은 경감의 대상이 될 수 없는 것이다.

14) 해외임가공물품 등의 감세

원재료 또는 부분품을 수출하여 기획재정부령이 정하는 물품으로 제조·가공한 후 수입할 때에는 대통령령이 정하는 바에 따라 그 관세를 경감할 수 있다

상기의 규정에 의하여 경감하는 관세액은 수입물품의 제조·가공에 사용된 원재료 또는 부분품의 수출신고가격에 당해 수입물품에 적용되는 관세율을 곱한 금액으로 한다.

이와 같이 해외임가공을 목적으로 수출된 원재료 또는 부분품을 사용하여 제조·조립·가공된 것으로서 기획재정부령이 정하는 기준에 적합한 물품에 대하여는 그 원재료 등에 대한 관세를 경감하는데, 이는 수출물품과 수입물품이 동일물품이 아니더라도 수출된 물품에 해당하는 관세를 경감할 수 있도록 하여 국내생산을 지원하기 위함이다.

① 경감대상

㉠ 원재료 또는 부분품을 수출하여 별표 관세율표 제85류나 제90류 중 제9006호의 물품으로 제조·가공한 물품

㉡ 가공 또는 수리 목적으로 수출한 물품으로서 가공·수리 전후 물품의 품목분류상 10단위 품목번호와 일치하는 물품

② 감면 예외

㉠ 해당 물품 또는 원자재에 대하여 관세의 감면을 받은 경우

㉡ 관세법 또는 수출용원재료에 대한 관세 등 환급에 관한 특례법에 따른 환급을 받은 경우

㉢ 보세가공/장치기간경과물품을 재수출조건으로 매각함에 따라 관세가 부과되지 아니한 경우

15) 다른 법령 등에 의한 감면물품의 관세징수

관세법 이외의 법령으로서 관세감면규정을 두고 있는 것으로는 외자도입법을 들 수 있고 관세감면규정을 둔 조약 또는 협정으로는 SOFA, 한독기술원조협정, 한미기술원조협정, 한미구호협정, AID차관협정, IBRD차관협정, 한미항공협정 등 다수의 행정협정이 있다.

이러한 법령이나 조약 또는 협정에 의거 관세를 감면하는 경우 대개 그 감면물품을 특정용도에 사용할 것을 조건으로 하여 감면을 하고 있다. 그러나 그 법령이나 조약 또는 협정에서는 그 용도에 사용하지 않을 경우에는 관세를 추징한다는 규정을 두지 않는 경우가 많은데, 이러한 규정이 없더라도 용도를 변경한 경우에는 관세를 추징할 수 있도록 한 것이 본 규정의 취지이다.

타법령, 조약·협정 등에 의거 감면받은 물품의 용도 외 사용의 확인을 받으려면 그 물품의 품명, 규격, 수량, 관세감면액, 수입신고수리일, 수입신고번호, 통관지세관, 양수인에 관한 사항과 감면근거 법규(조약 또는 협정)를 기재한 확인신청서에 동 법령·조약 또는 협정의 규정에 의하여 당해 물품의 용도 외 사용 또는 양도에 필요한 요건을 갖춘 것임을 증빙하는 서류를 첨부하여 관할지세관장에게 제출하여야 한다.

① 관세법 외의 법령이나 조약·협정 등에 의하여 관세가 감면된 물품을 그 수입

신고수리일부터 3년 내에 당해 법령이나 조약·협정 등에 규정된 용도 외의 다른 용도에 사용하거나 당해 용도 외의 다른 용도에 사용하고자 하는 자에게 양도하고자 하는 때에는 세관장의 확인을 받아야 한다.

② 세관장의 확인을 받아야 하는 물품에 대하여는 당해 용도 외의 다른 용도에 사용한 자 또는 그 양도를 한 자로부터 감면된 관세를 즉시 징수하여야 하며, 양도인으로부터 당해 관세를 징수할 수 없는 때에는 그 양수인으로부터 감면된 관세를 즉시 징수한다.

③ 당해 물품이 재해 기타 부득이한 사유로 멸실되었거나 미리 세관장의 승인을 얻어 폐기한 때에는 예외로 한다.

표 4-1 용도 외 사용 시 조치사항

구 분	용도 외 사용 시 조치사항
관세법에 의한 감면	세관장의 승인
타법령에 의한 감면	세관장의 확인

16) 관세감면물품의 사후관리

① 관세를 감면받은 물품은 수입신고수리일부터 3년의 범위에서 대통령령으로 정하는 기준에 따라 관세청장이 정하는 기간에는 그 감면받은 용도 외의 다른 용도로 사용하거나 양도(임대를 포함한다. 이하 같다)할 수 없다. 다만, 기획재정부령으로 정하는 물품과 대통령령으로 정하는 바에 따라 미리 세관장의 승인을 받은 물품의 경우에는 그러하지 아니하다.

② 다음 각 호의 어느 하나에 해당하면 그 용도 외의 다른 용도로 사용한 자나 그 양도인(임대인을 포함한다. 이하 같다)으로부터 감면된 관세를 즉시 징수하며, 양도인으로부터 해당 관세를 징수할 수 없을 때에는 양수인(임차인을 포함한다. 이하 같다)으로부터 감면된 관세를 징수한다. 다만, 재해나 그 밖의 부득이한 사유로 멸실되었거나 미리 세관장의 승인을 받아 폐기하였을 때에는 그러하지 아니하다.

　㉠ 제1항에 따라 관세를 감면받은 물품을 제1항에 따른 기간에 감면받은 용도 외의 다른 용도로 사용한 경우

ⓛ 제1항에 따라 관세를 감면받은 물품을 제1항에 따른 기간에 감면받은 용도 외의 다른 용도로 사용하려는 자에게 양도한 경우

17) 관세감면물품의 용도 외 사용

① 법령, 조약, 협정 등에 따라 관세를 감면받은 물품을 감면받은 용도 외의 다른 용도로 사용하거나 감면받은 용도 외의 다른 용도로 사용하려는 자에게 양도하는 경우(해당 물품을 다른 용도로 사용하는 자나 해당 물품을 다른 용도로 사용하기 위하여 양수하는 자가 그 물품을 다른 용도로 사용하기 위하여 수입하는 경우에는 그 물품에 대하여 법령 또는 조약, 협정 등에 따라 관세를 감면받을 수 있는 경우로 한정한다)에는 대통령령으로 정하는 바에 따라 징수하여야 하는 관세를 감면할 수 있다. 다만, 이 법 외의 법령, 조약, 협정 등에 따라 그 감면된 관세를 징수할 때에는 그러하지 아니하다.
② 관세를 감면받은 경우 그 사후관리기간은 당초의 수입신고수리일부터 계산한다.

18) 시설대여업자에 대한 감면 등

① 「여신전문금융업법」에 따른 시설대여업을 하는 자(이하 이 조에서 "시설대여업자"라 한다)가 이 법에 따라 관세가 감면되거나 분할납부되는 물품을 수입할 때에는 제19조에도 불구하고 대여시설 이용자를 납세의무자로 하여 수입신고를 할 수 있다. 이 경우 납세의무자는 대여시설 이용자가 된다.
② 제1항에 따라 관세를 감면받거나 분할납부를 승인받은 물품에 대하여 관세를 징수하는 경우 납세의무자인 대여시설 이용자로부터 관세를 징수할 수 없을 때에는 시설대여업자로부터 징수한다.

08 분할납부

관세의 분할납부란 시설기계류·기초설비품, 정부 또는 지방자치단체가 수입하는 특정물품, 학교·직업훈련원·비영리법인이 수입하는 특정물품 등에 대하여 5년을 초

과하지 아니하는 기간을 정하여 관세를 분할하여 납부하게 하는 제도를 말하는데, 이는 산업시설기계나 기초설비품의 수입에 소요되는 막대한 자금상의 부담이 분산되도록 하여 줌으로써 중요 산업시설을 지원하고, 정부·지방자치단체·학교·직업훈련원·비영리법인 등의 예산사정을 고려하여 일시에 자금 부담이 되는 것을 방지하기 위하여 실시하는 것이다.

기존의 관세법에서는 시설대여업자가 관세감면물품을 수입하는 때에는 대여시설이용자를 납세의무자로 신고할 수 있었으나, 1999년 1월 1일 개정관세법에서는 시설대여업자가 관세감면물품 및 분할납부물품을 수입하는 때에는 대여시설이용자를 납세의무자로 신고할 수 있다. 이는 시설대여의 경우, 실수요자인 대여시설이용자를 대상으로 관세감면을 적용할 수 있도록 하는바, 분할납부의 경우도 동일하게 적용하여 중소업체들이 많은 대여시설이용자를 지원할 수 있도록 하기 위함이다.

1) 관세의 분할납부

① 세관장은 천재지변이나 그 밖에 대통령령이 정하는 사유로 인하여 신고, 신청, 청구 기타 서류의 제출, 통지, 납부 또는 징수를 정하여진 기한까지 할 수 없다고 인정되는 때에는 1년을 넘지 아니하는 기간을 정하여 관세를 분할하여 납부하게 할 수 있다.

② 다음 물품이 수입되는 때에는 세관장은 5년을 넘지 아니하는 기간을 정하여 관세의 분할납부를 승인할 수 있다(관세액이 30만원 미만인 경우 제외된다).

   ㉠ 시설기계류, 기초설비품, 건설용 재료 및 그 구조물과 공사용 장비로서 기획재정부장관이 고시하는 물품. 다만, 기획재정부령으로 정하는 업종에 소요되는 물품은 제외한다.

상기 ㉠의 분할납부 적용요건

• 법 별표 관세율표에서 부분품으로 분류되지 아니할 것
• 법 기타 관세에 관한 법률 또는 조약에 의하여 관세를 감면받지 아니할 것
• 당해 관세액이 500만원 이상일 것. 다만, 「중소기업기본법」 제2조제1항의 규정에 의한 중소기업이 수입하는 경우에는 100만원 이상일 것
• 법 제51조 내지 제72조의 규정을 적용받는 물품이 아닐 것

ⓛ 정부 또는 지방자치단체가 수입하는 물품으로서 기획재정부령이 정하는 물품

ⓒ 학교 또는 직업훈련원에서 수입하는 물품 및 비영리법인이 공익사업을 위하여 수입하는 물품으로서 기획재정부령이 정하는 물품

ⓔ 의료기관 등 기획재정부령이 정하는 사회복지기관 및 시설에서 수입하는 물품 중 기획재정부장관이 고시하는 물품

ⓜ 기획재정부령이 정하는 기업부설연구소·산업기술연구조합 및 비영리법인인 연구기관 기타 이와 유사한 연구기관에서 수입하는 기술개발연구용품 및 실험실습용품 중 기획재정부장관이 고시하는 물품

ⓗ 기획재정부령이 정하는 중소제조업체가 직접 사용하기 위하여 수입하는 물품

상기 ⓗ의 분할납부 적용요건

- 법 기타 관세에 관한 법률 또는 조약에 의하여 관세의 감면을 받지 아니할 것
- 당해 관세액이 100만원 이상일 것
- 법 제51조 내지 제72조의 규정을 적용받는 물품이 아닐 것
- 국내에서 제작이 곤란한 물품으로서 당해 물품의 생산에 관한 사무를 관장하는 주무부처의 장 또는 그 위임을 받은 기관의 장이 확인한 것일 것

ⓢ 기획재정부령이 정하는 기업부설 직업훈련원에서 직업훈련에 직접 사용하기 위하여 수입하는 교육용품 및 실험실습용품 중 국내제작이 곤란한 물품

③ 관세의 분할납부승인을 얻은 자가 당해 물품의 용도를 변경하거나 그 물품을 양도하고자 하는 때에는 미리 세관장의 승인을 얻어야 한다.

제107조(관세의 분할납부)

① 세관장은 천재지변이나 그 밖에 대통령령으로 정하는 사유로 이 법에 따른 신고, 신청, 청구, 그 밖의 서류의 제출, 통지, 납부 또는 징수를 정하여진 기한까지 할 수 없다고 인정될 때에는 1년을 넘지 아니하는 기간을 정하여 대통령령으로 정하는 바에 따라 관세를 분할하여 납부하게 할 수 있다.

② 다음 각 호의 어느 하나에 해당하는 물품이 수입될 때에는 세관장은 기획재정부령으로 정하는 바에 따라 5년을 넘지 아니하는 기간을 정하여 관세의 분할납부를 승인할 수 있다.

1. 시설기계류, 기초설비품, 건설용 재료 및 그 구조물과 공사용 장비로서 기획재정부장관이 고시하는 물품. 다만, 기획재정부령으로 정하는 업종에 소요되는 물품은 제외한다.

2. 정부나 지방자치단체가 수입하는 물품으로서 기획재정부령으로 정하는 물품
3. 학교나 직업훈련원에서 수입하는 물품과 비영리법인이 공익사업을 위하여 수입하는 물품으로서 기획재정부령으로 정하는 물품
4. 의료기관 등 기획재정부령으로 정하는 사회복지기관 및 사회복지시설에서 수입하는 물품으로서 기획재정부장관이 고시하는 물품
5. 기획재정부령으로 정하는 기업부설연구소, 산업기술연구조합 및 비영리법인인 연구기관, 그 밖에 이와 유사한 연구기관에서 수입하는 기술개발연구용품 및 실험실습용품으로서 기획재정부장관이 고시하는 물품
6. 기획재정부령으로 정하는 중소제조업체가 직접 사용하려고 수입하는 물품. 다만, 기획재정부령으로 정하는 기준에 적합한 물품이어야 한다.
7. 기획재정부령으로 정하는 기업부설 직업훈련원에서 직업훈련에 직접 사용하려고 수입하는 교육용품 및 실험실습용품 중 국내에서 제작하기가 곤란한 물품으로서 기획재정부장관이 고시하는 물품

[시행규칙 별표 4] 〈개정 2013.3.23〉

관세의 분할납부대상 물품 및 기관

1. 법 제107조제2항제2호의 규정에 의하여 관세를 분할납부할 물품
   가. 정부 또는 지방자치단체에서 수입하는 소방차
   나. 교육부에서 국제개발협회 및 국제부흥개발은행의 차관 및 기타 교육차관의 자금으로 수입하는 교육용 기자재
   다. 정부 또는 지방자치단체에서 수입하는 상수도확장시설용 물품과 종합하수처리장 및 동 구역안에 병설되는 위생처리시설건설용 물품
   라. 서울특별시에서 수입하는 종합운동경기장 건설용품
   마. 정부에서 수입하는 경찰용장비와 그 장비의 제조용 부분품 및 부속품
2. 법 제107조제2항제3호의 규정에 의하여 관세를 분할납부할 물품
   한국방송공사 또는 한국교육방송공사가 수입하는 방송용의 송수신기기·중계기기·조정기기 및 이동방송차
3. 법 제107조제2항제4호의 규정에 의하여 관세를 분할납부할 기관
   가. 국립 또는 공립의료기관(특수법인병원 및 공사형태의 의료기관을 포함한다)
   나. 의료법인(비영리의료재단법인을 포함한다)으로서 보건복지가족부장관이 확인하

여 추천하는 기관
다. 의료취약지구에 설립된 의료기관으로서 보건복지부장관이 확인하여 추천하는 기관
라. 「사회복지사업법」, 「노인복지법」, 「장애인복지법」 또는 「아동복지법」의 규정에 의하여 복지사업을 목적으로 설립된 것으로서 보건복지가족부장관이 확인하여 추천하는 시설 및 단체
4. 법 제107조제2항제5호의 규정에 의하여 관세를 분할납부할 기관
가. 「기술개발촉진법」 제7조제1항제2호 및 같은 법 시행령 제15조에 따른 기업부설 연구소임을 미래창조과학부장관이 인정한 기업부설연구소
나. 「산업기술연구조합 육성법」에 의한 산업기술연구조합임을 미래창조과학부장관이 인정하는 산업기술연구조합
다. 「산업기술혁신 촉진법」 제38조에 따른 한국산업기술평가원
라. 「산업기술혁신 촉진법」 제42조에 따른 전문생산기술연구소임을 산업통상자원부장관이 인정한 전문생산기술연구소

분할납부

① 납부기한별로 납세고지
② 즉시징수사유 발생시 10일 이내의 납부 기한을 정하여 납세고지
③ 내국세의 분할납부
내국세 등은 분할납부를 할 수 없기 때문에 수입신고수리 전 또는 15일 이내에 관세 1차분과 함께 납부하여야 한다.

2) 신청인

① 원칙적으로 실수요자가 신청
② 대여시설 이용자도 신청 가능

3) 납세의무의 승계

① 관세의 분할납부승인을 얻은 물품을 동일한 용도에 사용할 자에게 양도한 때에는 그 양수인, 용도 외에 사용할 자에게 양도한 때에는 그 양도인이 관세를

납부하여야 하며, 양도인으로부터 당해 관세를 징수할 수 없을 때에는 그 양수인으로부터 이를 징수한다.

② 관세의 분할납부승인을 얻은 법인이 합병·분할·분할합병된 때에는 합병·분할·분할합병 후 존속하거나 합병·분할·분할합병으로 인하여 설립된 법인이 연대하여 관세를 납부하여야 한다.

③ 관세의 분할납부승인을 얻은 자가 파산선고를 받은 때에는 그 파산관재인이 관세를 납부하여야 하며, 관세의 분할납부승인을 얻은 법인이 해산한 때에는 그 청산인이 관세를 납부하여야 한다.

④ 다음 각 호의 어느 하나에 해당하는 경우에는 납부하지 아니한 관세의 전액을 즉시 징수한다.

    ㉠ 관세의 분할납부를 승인받은 물품을 분할납부승인기간에 해당 용도 외의 다른 용도로 사용하거나 해당 용도 외의 다른 용도로 사용하려는 자에게 양도한 경우

    ㉡ 관세를 지정된 기한까지 납부하지 아니한 경우. 다만, 관세청장이 부득이한 사유가 있다고 인정하는 경우는 제외한다.

    ㉢ 파산선고를 받은 경우

    ㉣ 법인이 해산한 경우

표 4-2 납세의무의 승계

사 유	승계인
동일 용도 사용자에게 양도	양수인
용도 외 사용자에게 양도	양도인 또는 양수인
사망한 경우	상속인
파산선고를 받은 경우	파산관재인
합병, 분할, 분할합병	사후 존속법인
법인이 해산한 경우	청산인

표 4-3 관세의 즉시징수사유

즉시징수사유	납세의무자
용도 외 사용	용도 외 사용한 자
용도 외 사용자에게 양도	양도인 또는 양수인
지정기간 내 관세 미납	분할납부의 승인을 얻은 자
파산선고를 받은 경우	파산관재인
법인이 해산한 경우	청산인

[시행규칙 별표 5]

관세분할납부 기간 및 방법

물품	기간	방법
1. 법 제107조제2항제1호의물품(제59조제3항에 따른 중소제조업체가 직접사용하기 위하여 수입하는 물품을 제외한다) 가. 분할납부승인액이 1억원미만인 물품 나. 분할납부승인액이 1억원 이상 5억원 미만인 물품 다. 분할납부승인액이 5억원이상인 물품 라. 임차선박	분할납부승인일부터2년6월 분할납부승인일부터3년6월 분할납부승인일부터4년6월 가목 내지 다목의 기간내에서 임차기간내	분할납부승인액을 수입신고수리일부터 6월마다 균등하게 분할하여 납부하여야 한다. 다만, 제1차분은 수입신고수리일부터 15일 이내에 납부하여야 한다.
2. 법 제107조제2항제2호및 제3호의 물품	분할납부승인일부터2년	분할납부승인액을 2등분하여 제1차분은 승인일부터 1년 이내에, 제2차분은 2년 이내에 납부하여야 한다.
3. 법 제107조제2항제4호의물품(별표4제3호다목의 규정에 의한 의료취약지구에 설립한 의료기관이 수입하는 물품을 제외한다)	분할납부승인일부터1년6월	분할납부승인액을 수입신고수리일부터 6월마다 균등하게 분할하여 납부하여야 한다. 다만, 제1차분은 수입신고수리일부터 15일 이내에 납부하여야 한다.
4. 별표4제3호다목의 규정에 의한 의료취약지구에 설립한 의료기관이 수입하는 물품	분할납부승인일부터4년6월	분할납부승인액을 수입신고수리일부터 6월마다 균등하게 분할하여 납부하여야 한다. 다만, 제1차분은 수입신고수리일부터 15일 이내에 납부하여야 한다.
5. 법 제107조제2항제6호의 물품 및 법 제107조제2항제1호의 물품중 제59조제3항에 따른 중소제조업체가 직접 사용하기 위하여 수입하는 물품 가. 분할납부승인액이 2천만원 미만인 물품 나. 분할납부승인액이 2천만원 이상 5천만원 미만인 물품 다. 분할납부승인액이 5천만원 이상인 물품	분할납부승인일부터2년6월 분할납부승인일부터3년6월 분할납부승인일부터4년6월	분할납부승인액을 수입신고수리일부터 6월마다 균등하게 분할하여 납부하여야 한다. 다만, 제1차분은 수입신고수리일부터 15일 이내에 납부하여야 한다.

4) 용도세율

동일한 물품이라도 당해 물품의 용도에 따라 관세율이 상이한 경우가 있다. 이와 같이 동일한 물품의 경우에도 용도에 따라 달리하는 세율 중에서 낮은 세율을 관세법에서는 용도세율이라 하는데, 이는 동일한 물품이라도 당해 용도에 따라 경제적 효과가 상이하기 때문이다. 즉, 국민경제적으로 볼 때 수입을 늘려야 할 필요가 있는 용도에 사용하는 경우에는 세율을 인하해 줄 필요가 있고, 불요불급의 용도에 사용할 경우에는 세율을 올려야 할 필요가 있기 때문이다.

이와 같이 동일한 품목이라도 용도에 따라 세율이 다른 품목을 수입함에 있어서 그 중 낮은 세율이 적용되는 용도에 사용하기 때문에 낮은 세율을 적용받고자 하는 자, 즉 용도세율을 적용받고자 하는 자는 당해 물품의 수입신고 시부터 수입신고가 수리되기 전까지 그 품명·규격·수량·가격·용도·사용방법 및 사용 장소를 기재한 신청서를 세관장에게 제출하여야 한다.

용도세율의 적용에 규정하는 낮은 세율(이하 용도세율)의 적용을 받은 물품은 그 수입신고수리일로부터 3년의 범위 내에서 대통령령이 정하는 기준에 따라 관세청장이 정하는 기간 내에 당해용도 외에 사용하거나 양도할 수 없다. 다만, 대통령령이 정하는 바에 의하여 미리 세관장의 승인을 얻은 때에는 그러하지 아니하다.

용도세율을 적용받은 물품에 대하여도 감면받은 물품과 같이 사후관리를 하는바 이는 낮은 세율을 적용받았다가 높은 세율의 용도에 사용하지 않도록 하기 위해서이다.

① 용도에 따라 세율이 상이한 물품
② 특정용도에 사용하는 것을 조건
③ 낮은 세율을 적용
④ 관세의 감면과 같은 효과 발생
⑤ 세관장의 승인을 받아야 한다.
⑥ 수입신고수리일부터 3년 이내의 사후관리
⑦ 용도 외 사용 시
    ㉠ 용도세율과 용도 외 세율과의 차액을 추징
    ㉡ 양도인으로부터 징수할 수 없는 경우 양수인으로부터 징수

용도세율의 적용을 받은 물품을 수입신고수리일로부터 3년의 범위 내에 당해용도 외에 사용하거나 그 용도 외에 사용할 자에게 양도한 때에는 그 용도 외에 사용한

자 또는 그 양도인으로부터 당해 물품을 특정용도 외에 사용한 자 또는 그 양도인으로부터 당해 물품을 특정용도에 사용할 것을 요건으로 하지 아니하는 세율에 의하여 계산한 관세액과 당해 용도세율에 의하여 계산한 관세액과의 차액에 상당하는 관세를 즉시 징수하며, 양도인으로부터 당해 관세를 징수할 수 없는 때에는 그 양수인으로부터 이를 즉시 징수한다. 다만, 재해 기타 부득이한 사유로 인하여 멸실되었거나 미리 세관장의 승인을 얻어 폐기한 때에는 그러하지 아니하다.

즉, 이 경우에 관세의 추징액은 당해 물품의 고세율에 의한 세액과 저세율에 의한 세액과의 차액이 되고, 납세의무자는 관세의 감면의 경우와 같이 용도 외 사용자 또는 양도인이 되는데, 양도인으로부터 관세를 추징하지 못하면 양수인으로부터 추징한다.

09 계약 내용과 다른 물품 등에 대한 관세 환급

① 수입신고가 수리된 물품이 계약 내용과 다르고 수입신고 당시의 성질이나 형태가 변경되지 아니한 경우 해당 물품이 수입신고수리일부터 1년 이내에 다음 각 호의 어느 하나에 해당하면 그 관세를 환급한다.

　㉠ 외국으로부터 수입된 물품: 보세구역(제156조제1항에 따라 세관장의 허가를 받았을 때에는 그 허가받은 장소를 포함한다. 이하 이 조에서 같다)에 이를 반입하였다가 다시 수출하였을 것. 이 경우 수출은 수입신고수리일부터 1년이 지난 후에도 할 수 있다.

　㉡ 보세공장에서 생산된 물품: 보세공장에 이를 다시 반입하였을 것

② 수입물품으로서 세관장이 환급세액을 산출하는 데에 지장이 없다고 인정하여 승인한 경우에는 그 수입물품의 일부를 수출하였을 때에도 제1항에 따라 그 관세를 환급할 수 있다.

③ 수입물품의 수출을 갈음하여 이를 폐기하는 것이 부득이하다고 인정하여 그 물품을 수입신고수리일부터 1년 내에 보세구역에 반입하여 미리 세관장의 승인을 받아 폐기하였을 때에는 그 관세를 환급한다.

④ 수입신고가 수리된 물품이 수입신고수리 후에도 지정보세구역에 계속 장치되어 있는 중에 재해로 멸실되거나 변질 또는 손상되어 그 가치가 떨어졌을 때에는 대통령령으로 정하는 바에 따라 그 관세의 전부 또는 일부를 환급할 수 있다.

⑤ 해당 수입물품에 대한 관세의 납부기한이 종료되기 전이거나 징수유예 중 또는 분할납부기간이 끝나지 아니하여 해당 물품에 대한 관세가 징수되지 아니한 경우에는 세관장은 해당 관세의 부과를 취소할 수 있다.

위약물품 관세환급

관세를 납부하고 수입한 물품이 위약물품인 경우에는 일정기간 내에 보세구역에 반입하여 수출 또는 폐기한 때에는 수입시 납부한 관세를 환급하게 된다.

1. 요건
위약물품으로 인해 관세를 환급받기 위해서는 다음의 요건을 갖추어야 한다.
① 물품의 수입시 관세를 납부하고 수입한 물품이 위약물품이어야 한다.
② 수출 또는 폐기하고자 하는 위약물품이 수입신고 당시의 성질 또는 형태가 변경되지 아니하여야 한다.
③ 수입신고수리일로부터 1년 이내에 보세구역으로 반입해야 한다.
④ 보세구역에 반입한 위약물품을 수출 또는 폐기해야 한다.

2. 수출하는 경우

(1) 환급신청
수출하고자 하는 경우에 수출신고서 등을 보세구역 관할 세관장에게 제출하여야 하며, 수출 후 환급신청을 당해 물품의 보세구역 관할 세관장에게 해야 한다.

(2) 환급액
이미 납부한 관세의 전액을 환급하나, 구분이 가능한 경우에 승인을 얻어 일부를 수출하는 때에도 일부에 대한 관세 등을 환급받을 수 있다.

3. 폐기하는 경우

(1) 폐기 및 환급신청
보세구역에 반입한 위약물품을 폐기하고자 하는 경우에는 보세구역 관할세관장에게 수입신고필증 및 폐기가 부득이 한 것임을 증명하는 서류를 제출하여 승인을 받아야 하며, 폐기 후 환급신청서와 폐기승인서를 보세구역 관할 세관장에게 제출하여야 한다.

(2) 환급액
이미 납부한 관세를 전부 환급하나, 폐기 후 잔존물이 있는 경우에는 잔존물이 부과된 관세 등을 공제한 후 환급하며 잔존물은 수입통관을 거쳐야 한다.

<u>10</u> 수입한 상태 그대로 수출되는 자가사용물품에 대한 관세 환급

① 수입신고가 수리된 개인의 자가사용물품이 수입한 상태 그대로 수출되는 경우로서 다음 각 호의 어느 하나에 해당하는 경우에는 수입할 때 납부한 관세를 환급한다. 이 경우 수입한 상태 그대로 수출되는 경우의 기준은 대통령령으로 정한다.

1. 수입신고수리일부터 6개월 이내에 보세구역에 반입하였다가 다시 수출하는 경우

2. 수입신고수리일부터 6개월 이내에 관세청장이 정하는 바에 따라 세관장의 확인을 받고 다시 수출하는 경우

② 제1항에 따른 관세 환급에 관하여는 제46조, 제47조 및 제106조제2항·제5항을 준용한다.

제5장 납세자의 권리 및 불복절차

01 납세자의 권리

1) 납세자권리헌장의 제정 및 교부

① 관세청장은 납세자의 권리보호에 관한 사항을 포함하는 납세자권리헌장(이하이 조에서 "납세자권리헌장"이라 한다)을 제정하여 고시하여야 한다.

② 세관공무원은 다음 각 호의 어느 하나에 해당하는 경우에는 납세자권리헌장의 내용이 수록된 문서를 납세자에게 내주어야 한다.

　㉠ 관세포탈, 부정감면 또는 부정환급(「수출용원재료에 대한 관세 등 환급에 관한 특례법」에 따른 부정환급을 포함한다)에 대한 범칙사건을 조사하는 경우

　㉡ 관세의 과세표준과 세액의 결정 또는 경정을 위하여 납세자를 방문 또는 서면으로 조사(제110조의2에 따른 통합조사를 포함한다. 이하 이 절에서 "관세조사"라 한다)하는 경우

　㉢ 그 밖에 대통령령으로 정하는 경우

③ 세관공무원은 납세자를 긴급히 체포·압수·수색하는 경우 또는 현행범인 납세자가 도주할 우려가 있는 등 조사목적을 달성할 수 없다고 인정되는 경우에는 납세자권리헌장을 내주지 아니할 수 있다.

2) 통합조사의 원칙

세관공무원은 특정한 분야만을 조사할 필요가 있는 등 대통령령으로 정하는 경우를 제외하고는 신고납부세액과 이 법 및 다른 법령에서 정하는 수출입 관련 의무 이행과 관련하여 그 권한에 속하는 사항을 통합하여 조사하는 것을 원칙으로 한다.

3) 관세조사 대상자 선정

제110조의3(관세조사 대상자 선정)

① 세관장은 다음 각 호의 어느 하나에 해당하는 경우에 정기적으로 신고의 적정성을 검증하기 위하여 대상을 선정(이하 "정기선정"이라 한다)하여 조사를 할 수 있다. 이 경우 세관장은 객관적 기준에 따라 공정하게 그 대상을 선정하여야 한다.

1. 관세청장이 수출입업자의 신고 내용에 대하여 정기적으로 성실도를 분석한 결과 불성실 혐의가 있다고 인정하는 경우
2. 최근 4년 이상 조사를 받지 아니한 납세자에 대하여 업종, 규모 등을 고려하여 대통령령으로 정하는 바에 따라 신고 내용이 적정한지를 검증할 필요가 있는 경우
3. 무작위추출방식으로 표본조사를 하려는 경우

① 세관장은 다음 각 호의 어느 하나에 해당하는 경우에 정기적으로 신고의 적정성을 검증하기 위하여 대상을 선정(이하 "정기선정"이라 한다)하여 조사를 할 수 있다. 이 경우 세관장은 객관적 기준에 따라 공정하게 그 대상을 선정하여야 한다.

⑴ 관세청상이 수출입업자의 신고 내용에 대하여 정기적으로 성실도를 분석한 결과 불성실 혐의가 있다고 인정하는 경우

⑵ 최근 4년 이상 조사를 받지 아니한 납세자에 대하여 업종, 규모 등을 고려하여 대통령령으로 정하는 바에 따라 신고 내용이 적정한지를 검증할 필요가 있는 경우

⑶ 무작위추출방식으로 표본조사를 하려는 경우

② 세관장은 정기선정에 의한 조사 외에 다음 각 호의 어느 하나에 해당하는 경우에는 조사를 할 수 있다.

⑴ 납세자가 신고·신청, 과세자료의 제출 등의 납세협력의무를 이행하지 아니한 경우

⑵ 수출입업자에 대한 구체적인 탈세제보 등이 있는 경우

⑶ 신고내용에 탈세나 오류의 혐의를 인정할 만한 자료가 있는 경우

③ 세관장은 부과고지를 하는 경우 과세표준과 세액을 결정하기 위한 조사를 할 수 있다.

④ 세관장은 최근 2년간 수출입신고 실적이 일정금액 이하인 경우 등 대통령령으로 정하는 요건을 충족하는 자에 대해서는 제1항에 따른 조사를 하지 아니할 수 있다. 다만, 객관적인 증거자료에 의하여 과소 신고한 것이 명백한 경우에는 그러하지 아니하다.

4) 관세조사권 남용 금지

① 세관공무원은 적정하고 공평한 과세를 실현하고 통관의 적법성을 보장하기 위하여 필요한 최소한의 범위에서 관세조사를 하여야 하며 다른 목적 등을 위하여 조사권을 남용하여서는 아니 된다.

② 세관공무원은 다음 각 호의 어느 하나에 해당하는 경우를 제외하고는 해당 사안에 대하여 이미 조사받은 자를 다시 조사할 수 없다.

　　㉠ 관세포탈 등의 혐의를 인정할 만한 명백한 자료가 있는 경우

　　㉡ 이미 조사받은 자의 거래상대방을 조사할 필요가 있는 경우

　　㉢ 이 법에 따른 이의신청·심사청구 또는 심판청구가 이유 있다고 인정되어 내려진 필요한 처분의 결정에 따라 조사하는 경우

　　㉣ 그 밖에 탈세혐의가 있는 자에 대한 일제조사 등 대통령령으로 정하는 경우

5) 관세조사의 경우 조력을 받을 권리

납세자는 세관공무원에게 조사를 받는 경우에 변호사, 관세사로 하여금 조사에 참여하게 하거나 의견을 진술하게 할 수 있다.

6) 납세자의 성실성 추정 등

① 세관공무원은 납세자가 이 법에 따른 신고 등의 의무를 이행하지 아니한 경우 또는 납세자에게 구체적인 관세포탈 등의 혐의가 있는 경우 등 대통령령으로 정하는 경우를 제외하고는 납세자가 성실하며 납세자가 제출한 신고서 등이 진실한 것으로 추정하여야 한다.

② 세관공무원이 납세자가 제출한 신고서 등의 내용에 관하여 질문을 하거나 신

고한 물품에 대하여 확인을 하는 행위 등 대통령령으로 정하는 행위를 하는 것을 제한하지 아니한다.

7) 관세조사의 사전통지와 연기신청

① 세관공무원은 조사를 하기 위하여 해당 장부, 서류, 전산처리장치 또는 그 밖의 물품 등을 조사하는 경우에는 조사를 받게 될 납세자(그 위임을 받은 자를 포함한다. 이하 이 조에서 같다)에게 조사 시작 10일 전에 조사 대상, 조사 사유, 그 밖에 대통령령으로 정하는 사항을 통지하여야 한다. 다만, 다음 각 호의 어느 하나에 해당하는 경우에는 그러하지 아니다.
  ㉠ 범칙사건에 대하여 조사하는 경우
  ㉡ 사전에 통지하면 증거인멸 등으로 조사 목적을 달성할 수 없는 경우
② 통지를 받은 납세자가 천재지변이나 그 밖에 대통령령으로 정하는 사유로 조사를 받기가 곤란한 경우에는 대통령령으로 정하는 바에 따라 해당 세관장에게 조사를 연기하여 줄 것을 신청할 수 있다.

8) 관세조사의 결과 통지

세관공무원은 조사를 종료하였을 때에는 그 조사 결과를 서면으로 납세자에게 통지하여야 한다. 다만, 납세자가 폐업한 경우 등 대통령령으로 정하는 경우에는 그러하지 아니다.

9) 비밀유지

① 세관공무원은 납세자가 이 법에서 정한 납세의무를 이행하기 위하여 제출한 자료나 관세의 부과·징수 또는 통관을 목적으로 업무상 취득한 자료 등(이하 "과세정보"라 한다)을 타인에게 제공하거나 누설하여서는 아니 되며, 사용 목적 외의 용도로 사용하여서도 아니 된다. 다만, 다음 각 호의 어느 하나에 해당하는 경우에는 그 사용 목적에 맞는 범위에서 납세자의 과세정보를 제공할 수 있다.
  ㉠ 국가기관이 관세에 관한 쟁송이나 관세범에 대한 소추(訴追)를 목적으로 과

세정보를 요구하는 경우

ⓛ 법원의 제출명령이나 법관이 발부한 영장에 따라 과세정보를 요구하는 경우

ⓒ 세관공무원 상호간에 관세를 부과·징수, 통관 또는 질문·검사하는 데에 필요하여 과세정보를 요구하는 경우

ⓔ 다른 법률에 따라 과세정보를 요구하는 경우

② 제1항 ㉠ 및 ㉣에 따라 과세정보의 제공을 요구하는 자는 문서로 해당 세관장에게 요구하여야 한다.

③ 세관공무원은 제1항 및 제2항에 위반되게 과세정보의 제공을 요구받으면 이를 거부하여야 한다.

④ 과세정보를 알게 된 자는 타인에게 제공하거나 누설하여서는 아니 되며, 그 목적 외의 용도로 사용하여서도 아니 된다.

⑤ 이 조에 따라 과세정보를 제공받아 알게 된 자 중 공무원이 아닌 자는 「형법」이나 그 밖의 법률에 따른 벌칙을 적용할 때 공무원으로 본다.

10) 고액·상습체납자의 명단 공개

① 관세청장은 체납발생일부터 1년이 지난 관세 및 내국세등(이하 이 항에서 "체납관세 등"이라 한다)이 2억원 이상인 체납자에 대하여는 그 인적사항과 체납액 등을 공개할 수 있다. 다만, 체납관세 등에 대하여 이의신청·심사청구 등 불복청구가 진행 중이거나 체납액의 일정금액 이상을 납부한 경우 등 대통령령으로 정하는 사유에 해당하는 경우에는 그러하지 아니하다.

② 체납자의 인적사항과 체납액 등에 대한 공개 여부를 심의하거나 재심의하기 위하여 관세청에 관세정보공개심의위원회(이하 이 조에서 "심의위원회"라 한다)를 둔다.

③ 관세청장은 심의위원회의 심의를 거친 공개대상예정자에게 체납자 명단 공개대상예정자임을 통지하여 소명할 기회를 주어야 한다.

④ 관세청장은 통지한 날부터 6개월이 지나면 심의위원회로 하여금 체납액의 납부이행 등을 고려하여 체납자의 명단 공개 여부를 재심의하게 한다.

⑤ 공개는 관보에 게재하거나 관세청장이 지정하는 정보통신망 또는 관할 세관의 게시판에 게시하는 방법으로 한다.

⑥ 체납자 명단 공개 및 심의위원회의 구성·운영 등에 필요한 사항은 대통령령으로 정한다.

> **납세증명서의 제출 및 발급**
>
> ① 납세자(미과세된 자를 포함한다. 이하 이 조에서 같다)는 다음 각 호의 어느 하나에 해당하는 경우에는 대통령령으로 정하는 바에 따라 납세증명서를 제출하여야 한다.
> 1. 국가, 지방자치단체 또는 대통령령으로 정하는 정부관리기관으로부터 대금을 지급받을 경우
> 2. 관세를 납부할 의무가 있는 외국인이 출국할 경우
> 3. 내국인이 외국으로 이주하거나 1년을 초과하여 외국에 체류할 목적으로 외교부장관에게 거주목적의 여권을 신청하는 경우
> ② 세관장은 납세자로부터 납세증명서의 발급신청을 받았을 때에는 그 사실을 확인하고 즉시 납세증명서를 발급하여야 한다.

11) 정보의 제공

세관공무원은 납세자가 납세자의 권리행사에 필요한 정보를 요구하면 신속하게 제공하여야 한다. 이 경우 세관공무원은 납세자가 요구한 정보와 관련되어 있어 관세청장이 정하는 바에 따라 납세자가 반드시 알아야 한다고 판단되는 그 밖의 정보도 함께 제공하여야 한다.

제118조(과세전 적부심사)
① 세관장은 제38조의3제6항 또는 제39조제2항에 따라 납부세액이나 납부하여야 하는 세액에 미치지 못한 금액을 징수하려는 경우에는 미리 납세의무자에게 그 내용을 서면으로 통지하여야 한다. 다만, 다음 각 호의 어느 하나에 해당하는 경우에는 그러하지 아니하다.
1. 통지하려는 날부터 3개월 이내에 제21조에 따른 관세부과의 제척기간이 만료되는 경우
2. 제28조제2항에 따라 납세의무자가 확정가격을 신고한 경우
3. 제38조제2항 단서에 따라 수입신고 수리 전에 세액을 심사하는 경우로서 그 결과에

따라 부족세액을 징수하는 경우

4. 제97조제3항 또는 제102조제2항에 따라 감면된 관세를 징수하는 경우
5. 제270조에 따른 관세포탈죄로 고발되어 포탈세액을 징수하는 경우
6. 그 밖에 관세의 징수가 곤란하게 되는 등 사전통지가 적당하지 아니한 경우로서 대통령령으로 정하는 경우

② 납세의무자는 제1항에 따른 통지를 받았을 때에는 그 통지를 받은 날부터 30일 이내에 기획재정부령으로 정하는 세관장에게 통지 내용이 적법한지에 대한 심사(이하 이 조에서 "과세전적부심사"라 한다)를 청구할 수 있다. 다만, 법령에 대한 관세청장의 유권해석을 변경하여야 하거나 새로운 해석이 필요한 경우 등 대통령령으로 정하는 경우에는 관세청장에게 이를 청구할 수 있다.

③ 과세전적부심사를 청구받은 세관장이나 관세청장은 그 청구를 받은 날부터 30일 이내에 제124조에 따른 관세심사위원회의 심사를 거쳐 결정을 하고, 그 결과를 청구인에게 통지하여야 한다. 다만, 과세전적부심사 청구기간이 지난 후 과세전적부심사청구가 제기된 경우 등 대통령령으로 정하는 사유에 해당하는 경우에는 관세심사위원회의 심사를 거치지 아니하고 결정할 수 있다.

④ 과세전적부심사 청구에 대한 결정은 다음 각 호의 구분에 따른다.
1. 청구가 이유 없다고 인정되는 경우: 채택하지 아니한다는 결정
2. 청구가 이유 있다고 인정되는 경우: 채택한다는 결정. 다만, 청구의 일부가 이유 있다고 인정되는 경우에는 일부를 채택하는 결정을 할 수 있다.
3. 청구기간이 지났거나 보정기간 내에 보정하지 아니하는 경우: 심사하지 아니한다는 결정

⑤ 제1항 각 호 외의 부분 본문에 따른 통지를 받은 자는 과세전적부심사를 청구하지 아니하고 통지를 한 세관장에게 통지받은 내용의 전부 또는 일부에 대하여 조기에 경정해 줄 것을 신청할 수 있다. 이 경우 해당 세관장은 즉시 신청받은 대로 세액을 경정하여야 한다.

⑥ 과세전적부심사에 관하여는 제122조제2항, 제123조, 제126조 및 제130조를 준용한다.
⑦ 과세전적부심사에 관하여는 「행정심판법」 제15조, 제16조, 제20조부터 제22조까지, 제29조, 제39조 및 제40조를 준용한다. 이 경우 "위원회"는 "관세심사위원회"로 본다.
⑧ 과세전적부심사의 방법과 그 밖에 필요한 사항은 대통령령으로 정한다.

02 심사와 심판

1) 행정상 쟁송의 의의

국가의 행정조치에 하자가 있을 경우에, 하자있는 행정의 시정방법으로 상급 행정관청의 하급관청에 대한 행정감독에 의하는 방법과 권리 또는 이익의 침해를 당한 자의 쟁송에 의거 구제하는 방법의 두 가지가 있다. 그 중 후자의 방법은 행정기관 내부에서 이루어지는 쟁송과 사법적 절차에 의하여 이루어지는 쟁송이 있는바, 행정기관 내부에서 이루어지는 쟁송절차를 행정상 쟁송 또는 행정구제제도라고 한다. 요컨대 행정상 쟁송이란, 행정청의 위법 또는 부당한 처분으로 인하여 권리이익을 침해당한 자가 행정기관에 쟁송을 제기하여 처분을 한 행정청 또는 그 감독기관이 그 처분의 정당 여부를 재심사, 결정하는 제도이다. 관세의 부과, 징수 및 관세와 관련된 처분은 국민의 재산권에 직접 영향을 미치기 때문에, 그리고 관세가 갖는 특수성 때문에 관세법은 행정심판법과 별도로 관세에 관한 행정구제제도를 따로 규정하고 있으며, 감사원에 의한 직무감찰의 대상이 되는 관세청장, 세관장의 직무에 대하여 감사원법에 의해 당해 불이익에 대한 구제를 청할 수도 있다.

① 행정조치에 하자가 있을 경우에, 하자있는 행정의 시정방법으로 상급 행정관청의 하급관청에 대한 행정감독에 의하는 방법

② 권리 또는 이익의 침해를 당한 자의 쟁송에 의거 구제하는 방법의 두 가지가 있다.

→ 행정기관 내부에서 이루어지는 쟁송과 사법적 절차에 의하여 이루어지는 쟁송이 있는데 행정기관 내부에서 이루어지는 쟁송절차를 행정상 쟁송 또는 행정구제제도라고 한다.

③ 행정상 쟁송이란, 행정청의 위법 또는 부당한 처분으로 인하여 권리이익을 침해당한 자가 행정기관에 쟁송을 제기하여 처분을 한 행정청 또는 그 감독기관이 그 처분의 정당 여부를 재심사, 결정하는 제도이다.

④ 관세의 부과, 징수 및 관세와 관련된 처분은 국민의 재산권에 직접 영향을 미치기 때문에, 관세가 갖는 특수성 때문에 관세법은 행정심판법과 별도로 관세에 관한 행정구제제도를 따로 규정하고 있으며, 감사원에 의한 직무감찰의 대상이 되는 관세청장, 세관장의 직무에 대하여 감사원법에 의해 당해 불이익에

대한 구제를 청할 수도 있다.

2) 필요성

① 쟁송에 대한 심의결정기관이 행정상 쟁송은 행정기관인 데 비하여, 사법적 쟁송은 법원이 그 주체가 된다.
② 쟁송제기의 대상이 행정상 쟁송의 경우는 행정행위의 위법, 부당 또는 행정청의 부작위까지 광범위하게 인정되고 있는 데 반하여, 사법적 쟁송은 단지 행정행위의 위법한 행위만을 대상으로 하고 있다.
③ 사법적 쟁송은 신중하고 공정하기는 하지만 시간, 노력, 비용이 많이 드는 데 반해, 행정상 쟁송은 1차적으로 행정청 자신에게 맡겨서 행정의 전문성과 기술성을 가지며, 간편하고 신속하게 권리를 구제할 수 있다.
④ 사법상의 절차에 의한 권리구제의 결함을 보완할 필요가 있고, 처분청 스스로 시정의 기회를 갖게 하며, 재결청이 처분청의 상급 감독관청인 경우에는 그 구제절차를 통하여 하급관서의 업무를 감독하는 자율적 행정통제기능을 수행한다.

3) 관세에 관한 행정구제

① 이의신청은 처분을 했거나 해야 할 세관장에게 처분의 취소·변경 또는 새로운 처분의 요구를 하는 쟁송
② 심사청구는 세관장에 대한 감독기관인 관세청장에게 처분을 취소·변경하게 하거나 또는 필요한 처분을 하게 요구하는 쟁송
③ 심판청구는 관세에 관한 위법·부당한 처분 또는 필요한 처분의 부재로 인하여 권리·이익을 침해당한 경우에 국세심판소에 이의 불복을 제기하는 쟁송

(1) 직권구제

처분청 스스로 위법, 부당한 처분을 발견하여 스스로 이를 취소, 변경함으로써 권리를 사전에 구제하는 직권시정을 말한다. 다음의 하나에 해당하여 불복 청구가 이유가 있다고 인정되는 경우에는 즉시 직권으로 시정하고 청구인에게 그 결과를 서면으로 통지하도록 규정하고 있다.

① 법, 고시, 훈령, 예규, 통첩 등에 위배된 처분
② 과세자료, 세액 등이 착오로 계산된 처분
③ 청구인이 정당한 거증을 제시한 경우
④ 처분당시 명백히 사실 판단을 그르친 경우 등

(2) 행정구제

행정구제는 관세행정상의 권익을 침해받은 자가 세관장에게 이의신청, 관세청장에게 심사청구, 국세심판소장에게 심판청구를 제기하여 그 처분의 취소 또는 변경이나 필요한 처분을 청구하는 것이다. 예외적으로 감사원법에 의하여 감사원장에게 심사청구를 할 수 있으며, 감사원장의 결정에 대하여 불복하는 자는 국세심판소장의 심판청구를 거치지 않고 바로 행정소송을 제기할 수 있다.

4) 결정방식

결정은 요식행위로서 서면으로 하되, 결정시에는 주문, 이유 등을 기재하고 재결청이 기명날인한다. 결정을 한 때에는 결정기간 내에 그 이유를 기재한 결정서에 의하여 청구인에게 통지하여야 한다. 통지는 인편 또는 등기우편으로 하여야 하며, 인편인 경우에는 수령증을 받아야 한다. 소원인의 주소 또는 거소가 불명하거나 기타의 사유로 인편이나 등기우편으로 통지할 수 없을 때에는 그 요지를 재결관서의 게시판 기타 적절한 장소에 공고하여야 한다.

5) 결정의 효력

청구인에게 결정통지가 도달함으로써, 다음과 같은 효력이 발생한다.

(1) 공정력

결정은 무효한 경우를 제외하고는 적법성의 추정을 받으며 취소되지 않는 한 아무도 그 효력을 부정할 수 없다.

(2) 집행력

결정내용이 인용인 경우에는 처분청에 대해서, 각하 또는 기각인 경우에는 청구인에게 대해서 결정내용을 실현시키는 효력을 갖는다.

(3) 불가쟁력

결정내용에 불복하는 경우에는 청구인은 국세심판소에 심판청구를 제기할 수 있다.

(4) 불가변력

결정은 준사법적 행정행위로서 법적 확정성이라는 그 행위의 성질 때문에 일단 결정을 한 이상 해당 기관장 자신도 이를 취소 또는 변경할 수 없다.

(5) 기속력

결정은 청구인과 처분청을 동시에 기속한다. 그러므로 처분청은 그 결정의 취지에 따라 필요한 처분을 해야 한다.

6) 심사청구

(1) 심사청구기간

① 심사청구는 해당 처분을 한 것을 안 날(처분하였다는 통지를 받았을 때에는 통지를 받은 날을 말한다)부터 90일 이내에 제기하여야 한다.
② 이의신청을 거친 후 심사청구를 하려는 경우에는 이의신청에 대한 결정을 통지받은 날부터 90일 이내에 하여야 한다. 다만, 결정기간 내에 결정을 통지받지 못한 경우에는 결정을 통지받기 전이라도 그 결정기간이 지난 날부터 심사청구를 할 수 있다.
③ 기한 내에 우편으로 제출(「국세기본법」 제5조의2에서 정한 날을 기준으로 한다)한 심사청구서가 청구기간이 지나 세관장 또는 관세청장에게 도달한 경우에는 그 기간의 만료일에 청구된 것으로 본다.
④ 심사청구인이 신고, 신청, 청구, 그 밖의 서류의 제출 및 통지에 관한 기한 연장 사유로 정한 기간 내에 심사청구를 할 수 없을 때에는 그 사유가 소멸한 날

부터 14일 이내에 심사청구를 할 수 있다. 이 경우 심사청구인은 그 기간 내에 심사청구를 할 수 없었던 사유, 그 사유가 발생한 날과 소멸한 날, 그 밖에 필요한 사항을 적은 문서를 함께 제출하여야 한다.

(2) 심사청구절차

① 심사청구는 대통령령으로 정하는 바에 따라 불복하는 사유를 심사청구서에 적어 해당 처분을 하였거나 하였어야 하는 세관장을 거쳐 관세청장에게 하여야 한다.
② 심사청구기간을 계산할 때에는 제1항에 따라 해당 심사청구서가 세관장에게 제출된 때에 심사청구가 된 것으로 본다. 해당 심사청구서가 제1항에 따른 세관장 외의 세관장이나 관세청장에게 제출된 경우에도 또한 같다.
③ 해당 심사청구서를 제출받은 세관장은 이를 받은 날부터 7일 내에 그 심사청구서에 의견서를 첨부하여 관세청장에게 보내야 한다.

(3) 심사청구서의 보정

① 관세청장은 심사청구의 내용이나 절차가 이 절에 적합하지 아니하지만 보정할 수 있다고 인정되는 경우에는 20일 이내의 기간을 정하여 해당 사항을 보정할 것을 요구할 수 있다. 다만, 보정할 사항이 경미한 경우에는 직권으로 보정할 수 있다.
② 보정기간은 심사청구기간에 산입(算入)하지 아니한다.

(4) 관세심사위원회

① 과세전적부심사, 심사청구 및 이의신청을 심의하기 위하여 세관 및 관세청에 각각 관세심사위원회를 둔다.
② 관세심사위원회의 조직과 운영, 심의사항 및 그 밖에 필요한 사항은 대통령령으로 정한다.

(5) 심사청구 등이 집행에 미치는 효력

이의신청·심사청구 또는 심판청구는 법령에 특별한 규정이 있는 경우를 제외하고는 해당 처분의 집행에 효력을 미치지 아니한다. 다만, 해당 재결청이 필요하다고 인정할 때에는 그 처분의 집행을 중지하게 하거나 중지할 수 있다.

(6) 대리인

① 이의신청인, 심사청구인 또는 심판청구인은 변호사나 관세사를 대리인으로 선임할 수 있다.
② 이의신청인, 심사청구인 또는 심판청구인은 신청 또는 청구의 대상이 대통령령으로 정하는 금액 미만인 경우에는 배우자, 4촌 이내의 혈족 또는 배우자의 4촌 이내의 혈족을 대리인으로 선임할 수 있다.
③ 대리인의 권한은 서면으로 증명하여야 한다.
④ 대리인은 본인을 위하여 청구에 관한 모든 행위를 할 수 있다. 다만, 청구의 취하는 특별한 위임을 받은 경우에만 할 수 있다.
⑤ 대리인을 해임하였을 때에는 그 뜻을 서면으로 해당 재결청에 신고하여야 한다.

(7) 결정절차

① 심사청구가 있으면 관세청장은 관세심사위원회의 심의를 거쳐 이를 결정하여야 한다.
② 관세심사위원회의 회의는 공개하지 아니한다. 다만, 관세심사위원회의 위원장이 필요하다고 인정할 때에는 공개할 수 있다.

(8) 결정

① 심사청구에 대한 결정은 다음 각 호의 구분에 따른다.
  ㉠ 심사청구가 기간이 지난 후 제기되었거나 심사청구를 제기한 후 보정기간 내에 필요한 보정을 하지 아니한 경우: 그 청구를 각하하는 결정
  ㉡ 심사청구가 이유 없다고 인정되는 경우: 그 청구를 기각하는 결정
  ㉢ 심사청구가 이유 있다고 인정되는 경우: 그 청구의 대상이 된 처분의 취소·경정 또는 필요한 처분의 결정
② 심사청구에 대한 결정은 심사청구를 받은 날부터 90일 이내에 하여야 한다. 다만, 부득이한 사유가 있을 때에는 그러하지 아니하다.
③ 심사청구에 대한 결정을 하였을 때에는 결정기간 내에 그 이유를 적은 결정서를 심사청구인에게 통지하여야 한다.
④ 보정기간은 결정기간에 산입하지 아니한다.

(9) 불복방법의 통지

① 이의신청·심사청구 또는 심판청구의 재결청은 결정서에 다음 각 호의 구분에 따른 사항을 함께 적어야 한다.

    ㉠ 이의신청인 경우: 결정서를 받은 날부터 90일 이내에 심사청구 또는 심판청구를 제기할 수 있다는 뜻

    ㉡ 심사청구 또는 심판청구인 경우: 결정서를 받은 날부터 90일 이내에 행정소송을 제기할 수 있다는 뜻

② 이의신청·심사청구 또는 심판청구의 재결청은 해당 신청 또는 청구에 대한 결정기간이 지날 때까지 결정을 하지 못한 경우에는 지체 없이 신청인이나 청구인에게 다음 각 호의 사항을 서면으로 통지하여야 한다.

    ㉠ 이의신청인 경우: 결정을 통지받기 전이라도 그 결정기간이 지난 날부터 심사청구 또는 심판청구를 제기할 수 있다는 뜻

    ㉡ 심사청구 또는 심판청구인 경우: 결정을 통지받기 전이라도 그 결정기간이 지난 날부터 행정소송을 제기할 수 있다는 뜻

7) 심판청구

법 제119조 제1항에 따른 심판청구에 관하여는 「국세기본법」 제7장 제3절을 준용한다. 이 경우 「국세기본법」 중 "세무서장"은 "세관장"으로, "국세청장"은 "관세청장"으로 본다.

8) 이의신청

① 이의신청은 대통령령으로 정하는 바에 따라 불복의 사유를 갖추어 해당 처분을 하였거나 하였어야 할 세관장에게 하여야 한다. 이 경우 우편물의 통관에 따른 세액에 관한 이의신청은 해당 결정사항 또는 세액에 관한 통지를 직접 우송한 우체국의 장에게 이의신청서를 제출함으로써 할 수 있고, 우체국의 장이 이의신청서를 접수한 때에 세관장이 접수한 것으로 본다.

② 이의신청을 받은 세관장은 관세심사위원회의 심의를 거쳐 결정하여야 한다.

표 5-1 관세에 관한 행정구제

	이 의 신 청(임의절차)	심 사 청 구 (행정소송의 전심절차)	심 판 청 구 (행정소송의 전심절차)
불 복 의 대 상	관세에 관한 위법·부당한 처 분 또는 필요한 처분의 부재로 인하여 권리·이익을 침해당 한 경우 [제외되는 경우] ① 관세청장의 조사·결정· 　처리에 의한(할) 처분 ② 심사청구·심판청구에 대한 　처분 ③ 관세법상 통고처분 ④ 감사원법에 의한 심사청구 　를 한 처분이나 그 심사청 　구에 대한 결정	관세에 관한 위법·부당한 처 분 또는 필요한 처분의 부재로 인하여 권리·이익을 침해당 한 경우 [제외되는 경우] ① 심사청구·심판청구에 대한 　처분 ② 관세법상 통고처분 ③ 감사원법에 의한 심사청구 　를 한 처분이나 그 심사청 　구에 대한 결정	관세에 관한 위법·부당한 처 분 또는 필요한 처분의 부재로 인하여 권리·이익을 침해당 한 경우 [제외되는 경우] ① 심사청구·심판청구에 대한 　처분 ② 관세법상 통고처분 ③ 감사원법에 의한 심사청구 　를 한 처분이나 그 심사청 　구에 대한 결정
제기 기간	처분이 있은 것을 안 날(처분의 통지를 받은 때는 그 통지를 받은 날)로부터 90일내		
제기 기관	처분한(할) 세관장	관세청장	조세심판원장
결정 또는 재결	각하·기각·인용	각하·기각·인용	각하·기각·인용
결정 기간	받은 날로부터 30일내. 다만, 부득이한 경우는 예외	받은 날로부터 90일내. 다만, 부득이한 경우는 예외	받은 날로부터 90일내.
심의 결정 기관	해당 세관장	관세심사위원회의 심의 후 관세청장	조세심판관회의 의결 후 조세심판원장

제130조(서류의 열람 및 의견 진술)

이의신청인·심사청구인 또는 심판청구인은 그 청구와 관계되는 서류를 열람할 수 있으며 대통령령으로 정하는 바에 따라 해당 재결청에 의견을 진술할 수 있다.

제 6 장　운송수단

　관세법은 수출입물품뿐만 아니라 수출입물품과 관련이 있는 운송기관도 그 규제대상으로 하고 있다. 운송기관이라 함은 선박·항공기·차량이며, 운송기관은 용도에 따라 외국무역선(기)과 내항선(기)로 구분되는데, 그 용도에 따라 규제의 내용을 달리하게 된다.

　외국무역선(기)이라 함은 무역을 위하여 우리나라와 외국 간을 왕래(운항)하는 선박(항공기)을 말하며 원칙적으로 관세법은 외국무역선(기)에 대한 감시와 단속을 하게된다. 이는 관세법상 외국무역선은 외국 또는 보세구역으로 간주하게 되는 까닭이다. 또한 외국무역선(기)의 정의에 있어 무역을 위한 목적을 명시하였으므로 무역을 위한것이 아닌 선박(항공기)은 외국무역선에서 제외된다.

　이에 반해 내국무역선(기)은 내국에서만 운항(왕래)하는 선박(항공기)을 말하는데 원칙적으로 내항선(기)은 관세법상의 규제를 받지 아니하나, 보세운송 등의 예외적인 경우에 있어 관세법상의 감시·단속의 대상이 된다.

　관세징수권을 확보·유지하려는 목적에서의 운송기관에 대한 규제와 개항의 감시·단속이 이루어지고 있다.

01　개항의 지정 등

　개항의 항계는 「항만법」 시행령 별표1에 따른 항만의 수상구역 또는 「공항시설법」에 의한 범위로 한다. 이상은 관세법에 의해 지정된 개항인바 이와 별도로 「항만법」시행령과 「공항시설법」에 의하여 개항이 지정되어 있으나, 이들 법에 의한 개항 중서귀포항은 관세법상으로는 불개항으로 취급된다.

　개항에는 세관, 법무부 출입국관리사무소, 검역소 등 외국무역선(기)과 해외여행자의 입출국에 따로 제반업무를 수행하는 국가기관이 있다.

불개항이란 관세법상 개항으로 지정되지 아니한 항만, 공항 기타의 장소를 말한다. 불개항에 출입하고자 할 때에는 불개항을 관할하는 세관장의 허가를 받아야 한다. 다만, 외국무역선(기)의 항행의 편의 기타 특별한 사정이 있을 때에는 다른 세관장의 허가를 받을 수 있다.

① 개항과 개항의 시설기준 등에 관하여 필요한 사항은 대통령령으로 지정한다.

② 외국무역선 또는 외국무역기는 개항에 한하여 운항할 수 있다. 다만, 개항이 아닌 지역에 대한 출입의 허가를 받은 경우에는 그러하지 아니하다.

③ 외국무역선의 선장이나 외국무역기의 기장은 제1항 단서의 규정에 의한 허가를 받고자 하는 때에는 허가수수료를 납부하여야 한다.

표 6-1 관세법상 개항

구분	개항명
항구	인천항, 부산항, 마산항, 여수항, 목포항, 군산항, 제주항, 동해·묵호항, 울산항, 통영항, 삼천포항, 장승포항, 포항항, 장항항, 옥포항, 광양항, 평택·당진항, 대산항, 삼척항, 진해항, 완도항, 속초항, 고현항, 경인항
공항	인천공항·김포공항·김해공항·제주공항·청주공항·대구공항·무안공항

시행령 제155조의2(개항의 지정요건)

법 제133조제2항에 따른 개항의 지정요건은 다음 각 호와 같다.

1. 「선박의 입항 및 출항 등에 관한 법률」 또는 「공항시설법」에 의하여 외국무역선(기)이 상시 입출항할 수 있을 것

2. 국내선과 구분되는 국제선 전용통로 및 그 밖에 출입국업무를 처리하는 행정기관의 업무수행에 필요한 인력·시설·장비를 확보할 수 있을 것

3. 공항 및 항구의 여객수 또는 화물량 등에 관한 다음 각 목의 구분에 따른 기준을 갖출 것

　　가. 공항의 경우: 다음의 어느 하나의 요건을 갖출 것

　　　　1) 정기여객기가 주 6회 이상 입항하거나 입항할 것으로 예상될 것

　　　　2) 여객기로 입국하는 여객수가 연간 4만명 이상일 것

　　나. 항구의 경우: 외국무역선인 5천톤급 이상의 선박이 연간 50회 이상 입항하거나 입항할 것으로 예상될 것

02 선박과 항공기

관세법상 운송기관이라 함은 선박, 항공기 및 차량을 말하며, 특히 운송기관 가운데 규제대상이 되는 것은 주로 외국무역선과 외국무역기이다. 외국무역선(기)이라 함은 무역을 위하여 우리나라와 외국 간을 왕래하는 선박(항공기)을 말한다.

관세법에서 외국무역선(기)를 규제하는 이유는 이러한 운송기관이 외국물품을 운송하기 때문에 일정한 법적 규제를 하여 밀수출입을 효과적으로 단속하기 위해서이다. 내항선(기)이라 함은 우리나라 항구나 공항만을 왕래하는 선박과 항공기를 말한다.

외국을 왕래하는 운송기관은 관세법의 규제대상이지만 내국에서만 왕래하는 운송기관(국경하천만을 운항하는 내국선박 포함)은 원칙적으로 규제대상이 아니다. 다만, 외국물품을 보세운송하는 경우에 한하여 규제대상이 된다. 국경을 출입하는 차량에는 철도차량과 철도차량이 아닌 차량이 있다.

1) 입항절차

① 외국무역선이나 외국무역기가 개항(제134조제1항 단서에 따라 출입허가를 받은 지역을 포함한다. 이하 같다)에 입항하였을 때에는 선장이나 기장은 대통령령으로 정하는 사항이 적힌 선용품 또는 기용품의 목록, 여객명부, 승무원명부, 승무원 휴대품목록과 적하목록을 첨부하여 지체 없이 세관장에게 입항보고를 하여야 하며, 외국무역선은 선박국적증서와 최종 출발항의 출항면장(出港免狀)이나 이를 갈음할 서류를 제시하여야 한다. 다만, 세관장은 감시·단속에 지장이 없다고 인정될 때에는 선용품 또는 기용품의 목록이나 승무원 휴대품목록의 첨부를 생략하게 할 수 있다.

② 세관장은 신속한 입항 및 통관절차의 이행과 효율적인 감시·단속을 위하여 필요할 때에는 관세청장이 정하는 바에 따라 입항하는 해당 선박 또는 항공기가 소속된 선박회사 또는 항공사(그 업무를 대행하는 자를 포함한다. 이하 같다)로 하여금 제1항에 따른 여객명부·적하목록 등을 입항하기 전에 제출하게 할 수 있다. 다만, 제222조제1항제2호에 따른 화물운송주선업자(제254조의2제1항에 따른 탁송품 운송업자로 한정한다. 이하 이 항에서 같다)로서 대통령령으로 정하는 요건을 갖춘 자가 작성한 적하목록은 관세청장이 정하는 바에 따라 해당 화물운송주선업자로 하여금 제출하게 할 수 있다.

2) 출항절차

① 외국무역선 또는 외국무역기가 개항을 출항하려면 선장 또는 기장은 출항하기 전에 세관장에게 출항허가를 받아야 한다.

② 선장 또는 기장은 제1항의 규정에 의한 출항허가를 받고자 하는 때에는 그 개항에서 적재한 물품의 목록을 제출하여야 한다. 다만, 세관장이 필요하다고 인정하여 출항허가 후 7일의 범위 내에서 따로 기간을 정하는 때에는 당해 기간 내에 그 목록을 제출할 수 있다.

선박의 출항신청서에는 선박의 종류·등록기호·명칭·국적·선적지·총톤수 및 순톤수, 여객·승무원·통과여객의 수, 적재물품의 개수 및 톤수와 선적지·출항목적지 및 출항일시를 기재하여야 한다.

항공기의 출항신청서에는 항공기의 종류·등록기호·명칭·국적·선적지·목적지 및 출항일시와 여객·승무원·통과여객의 수를 기재하여야 한다. 물품목록에 관하여는 관세청장이 정하는 바에 의한다.

제137조의2(승객예약자료의 요청)

① 세관장은 다음 각 호의 어느 하나에 해당하는 업무를 수행하기 위하여 필요한 경우 제135조에 따라 입항하거나 제136조에 따라 출항하는 선박 또는 항공기가 소속된 선박회사 또는 항공사가 운영하는 예약정보시스템의 승객예약자료(이하 이 조에서 "승객예약자료"라 한다)를 정보통신망을 통하여 열람하거나 기획재정부령으로 정하는 시한 내에 제출하여 줄 것을 선박회사 또는 항공사에 요청할 수 있다. 이 경우 해당 선박회사 또는 항공사는 이에 따라야 한다.

1. 제234조에 따른 수출입금지물품을 수출입한 자 또는 수출입하려는 자에 대한 검사업무
2. 제241조제1항·제2항을 위반한 자 또는 제241조제1항·제2항을 위반하여 다음 각 목의 어느 하나의 물품을 수출입하거나 반송하려는 자에 대한 검사업무
   가. 「마약류관리에 관한 법률」에 따른 마약류
   나. 「총포·도검·화약류 등 단속법」에 따른 총포·도검·화약류·분사기·전자충격기 및 석궁

② 세관장이 제1항에 따라 열람이나 제출을 요청할 수 있는 승객예약자료는 다음 각 호의 자료로 한정한다.

1. 국적, 성명, 생년월일, 여권번호 및 예약번호

관세법

2. 주소 및 전화번호
3. 예약 및 탑승수속 시점
4. 항공권 또는 승선표의 번호·발권일·발권도시 및 대금결제방법
5. 여행경로 및 여행사
6. 동반탑승자 및 좌석번호
7. 수하물 자료
8. 항공사 또는 선박회사의 회원으로 가입한 경우 그 회원번호 및 등급과 승객주문정보
③ 제1항에 따라 제공받은 승객예약자료를 열람할 수 있는 사람은 관세청장이 지정하는 세관공무원으로 한정한다.

3) 간이입출항절차

① 외국무역선 또는 외국무역기가 개항에 입항하여 물품을 하역하지 아니하고 입항한 때부터 24시간 이내에 출항하는 경우 세관장은 적하목록, 선용품 또는 기용품의 목록, 여객명부, 승무원명부, 승무원휴대품목록 또는 적재물품의 목록의 제출을 생략하게 할 수 있다.

② 세관장은 외국무역선 또는 외국무역기가 개항에 입항하여 규정에 의한 절차를 완료한 후 다시 우리나라의 다른 개항에 입항하는 때에는 제1항의 규정을 준용하여 서류제출의 생략 등 간이한 절차로 입출항하게 할 수 있다.

제138조(재해나 그 밖의 부득이한 사유로 인한 면책)
① 제134조부터 제137조까지 및 제140조부터 제143조까지의 규정은 재해나 그 밖의 부득이한 사유에 의한 경우에는 적용하지 아니한다.
② 제1항의 경우 선장이나 기장은 지체 없이 그 이유를 세관공무원이나 국가경찰공무원(세관공무원이 없는 경우로 한정한다)에게 신고하여야 한다.
③ 제2항에 따른 신고를 받은 국가경찰공무원은 지체 없이 그 내용을 세관공무원에게 통보하여야 한다.
④ 선장이나 기장은 재해나 그 밖의 부득이한 사유가 종료되었을 때에는 지체 없이 세관장에게 그 경과를 보고하여야 한다.

4) 외국기착의 보고

재해 기타 부득이한 사유로 인하여 내항선 또는 내항기가 외국에 기항하고 우리나라로 되돌아 온 때에는 선장 또는 기장은 지체없이 그 사실을 세관장에게 보고하여야 하며 외국에서 적재한 물품이 있는 때에는 그 목록을 제출하여야 한다.

03 물품의 하역

외국무역선 또는 외국무역기는 입항절차를 종료한 후가 아니면 물품을 적재·하선(기) 또는 이적할 수 없다. 다만, 세관장의 허가를 받은 경우에는 예외로 한다.

이는 입항수속을 할 때에 적하목록과 선용품목록 등에 의거 필요한 확인을 한 후에 하역을 허용함으로써 보세화물감시와 밀수단속을 효과적으로 하기 위한 것이다. 그리고 운항선사가 화물을 하선하고자 하는 때에는 Master B/L 단위의 적하목록을 기준으로 하선장소를 기재한 하선신고서를 세관장에게 제출하여야 한다.

1) 물품의 하역

① 외국무역선 또는 외국무역기는 입항절차를 종료한 후가 아니면 물품을 하역하거나 환적할 수 없다. 다만, 세관장의 허가를 받은 경우에는 그러하지 아니하다.
② 외국무역선 또는 외국무역기에 물품을 하역하거나 환적하고자 하는 때에는 세관장에게 신고하고 현장에서 세관공무원의 확인을 받아야 한다. 다만, 세관공무원이 확인할 필요가 없다고 인정하는 때에는 그러하지 아니하다.
③ 세관장은 감시·단속을 위하여 필요한 때에는 제2항의 규정에 의하여 물품을 하역하는 장소 및 통로와 기간을 제한할 수 있다.
④ 외국무역선 또는 외국무역기에는 내국물품을 적재할 수 없으며, 내항선 또는 내항기에는 외국물품을 적재할 수 없다. 다만, 세관장의 허가를 받은 때에는 그러하지 아니하다.

2) 외국물품의 일시양륙 등

외국물품의 일시양륙신고를 받고자 하는 자는 선박(항공기)의 종류·명칭·국적, 입항년월일·양륙일시 및 양륙기간, 양륙하고자 하는 물품의 품명·수량·가격·포장의 종류, 기호, 번호, 개수 및 최종목적지, 양륙하고자 하는 장소를 기재한 신고서를 세관장에게 제출하여야 한다.

일시양륙하고자 하는 외국물품을 장치할 수 있는 장소의 범위 등에 관하여는 관세청장이 정한다.

외국물품을 일시양륙하고자 하는 경우 세관장에게 신고를 하고, 현장에서 세관공무원의 확인을 받아야 한다.

세관장에게 신고 확인 사항

① 외국물품을 운송수단으로부터 일시적으로 육지에 내려놓고자 하는 경우
② 당해 운송수단에 여객·승무원 또는 운전자가 아닌 자가 타고자 하는 경우
③ 외국물품을 적재한 운송수단에서 다른 운송수단으로 물품을 환적 또는 복합환적하거나 사람을 이동시키는 경우

---

3) 항외하역

항외하역이란 개항에 입항하거나 입항하였던 외국무역선이 적재물품의 거대중량 등으로 항내에서 하역할 수 없는 부득이한 사유로 항외에서 하선작업을 하고 입항할 경우 또는 항내로부터 출항하여 선적하는 것을 말하며, 그렇지 않고 처음부터 항외에서만 하역을 할 경우에는 불개항출입허가를 받아야 한다.

여기서의 항외란 개항의 항계 밖을 의미하며, 개항의 항계는 「항만법」 시행령 별표1에 따른 항만의 수상구역 또는 공항시설법에 의한 범위를 의미한다. 항외하역을 허가하는 경우에는 밀수출입 등의 단속을 위하여 세관공무원을 파견할 필요가 있기 때문에 세관장의 허가를 받도록 하고 있다.

항외하역의 허가를 받고자 하는 자는 항외하역을 하고자 하는 장소 및 일시, 선박의 종류·명칭·국적·총톤수 및 순톤수, 당해 물품의 내·외국물품의 구별·품명·수량 및 가격과 포장의 종류·기호·번호 및 개수 그리고 신청사유를 기재한 신청서를

세관장에게 제출하여야 한다.

　① 외국무역선이 개항의 바깥에서 물품을 하역하거나 환적하고자 하는 때에는 선
　　 장은 세관장의 허가를 받아야 한다.

　② 선장은 항외하역의 허가를 받고자 하는 때에는 허가수수료를 납부하여야 한다.

4) 선용품 및 기용품의 하역 등

　선용품은 음식료, 연료, 소모품, 밧줄, 수리용 예비부분품 및 부속품, 집기 기타 이
와 유사한 물품으로서 당해 선박에서만 사용되는 것을 말하고, 기용품이란 선용품에
준하는 물품으로서 항공기에서 사용되는 것을 말한다.

　여기서의 "수리용 예비부분품 및 부속품"이라 함은 당해 선박의 시설 중에서 전체
를 제외한 시설의 일부가 소모 또는 마모되어 수리 및 교체가 예상되는 물품의 부분
품 및 부속품으로 항해도중 선원에 의해 자체적으로 수리 및 교체에 공하여지는 물
품을 말하고 "기타 이와 유사한 물품으로서 선박에만 사용되는 것"이라 함은 선박의
항해에 직·간접으로 필요한 물품으로서 닻, 구명용구, 및 사소한 전기기구류, 계기
류, 수리부품을 말한다.

　외국무역선(기)내 판매물품이란 우리나라 선박(항공기포함)회사의 외국취항선박 및
항공기(외항선)내에서 승객의 편의를 위하여 외화 또는 원화를 받고 판매하는 물품을
말하는데, 보세창고에 장치하여야 하고, 외항선에 적재하고자 할 때에는 세관장의 허
가를 받아야 한다.

　① 선용품 또는 기용품, 외국무역선 또는 외국무역기안에서 판매하는 물품에 해당
　　 하는 물품을 외국무역선 또는 외국무역기에 하역하거나 환적하고자 하는 때에
　　 는 세관장의 허가를 받아야 한다.

　② 제1항에 해당하는 물품이 외국으로부터 우리나라에 도착한 외국물품인 때에는
　　 보세구역으로부터 외국무역선 또는 외국무역기에 적재하는 경우에 한하여 그
　　 외국물품 그대로 적재할 수 있다.

　③ 제1항의 물품의 종류 및 수량은 선박 또는 항공기의 종류·톤수 또는 무게, 항
　　 행 또는 운행일수, 여객과 승무원의 수 등을 고려하여 세관장이 타당하다고 인
　　 정하는 범위 안이어야 한다.

　④ 외국물품인 선용품 또는 기용품과 외국무역선 또는 외국무역기안에서 판매할

　　　　　　　　　　　　　　　　　　　　　　　　　　　　　관세법

물품이 제1항의 규정에 의한 하역허가의 내용대로 운송수단에 적재되지 아니한 때에는 당해 허가를 받은 자로부터 즉시 그 관세를 징수한다. 다만, 다음의 하나에 해당하는 경우에는 그러하지 아니하다.

　㉠ 세관장이 지정한 기간 내에 그 물품이 다시 보세구역에 반입된 경우

　㉡ 재해 기타 부득이한 사유에 의하여 멸실된 경우

　㉢ 미리 세관장의 승인을 받고 폐기한 경우

⑤ 선용품 및 기용품의 하역 등의 규정에 의하여 허가를 받아야 하는 물품의 종류·수량 등에 관하여 필요한 사항은 관세청장이 정하여 고시한다.

5) 외국무역선의 내항선으로의 전환 등

외국무역선 또는 외국무역기를 내항선 또는 내항기로 전환하거나, 내항선 또는 내항기를 외국무역선 또는 외국무역기로 전환하고자 하는 때에는 선장 또는 기장은 세관장의 승인을 얻어야 한다.

외국무역선 또는 외국무역기가 내항선 또는 내항기로, 내항선 또는 내항기가 외국무역선 또는 외국무역기로 그 자격을 변경하고자 할 때에는 선장 또는 기장은 세관장의 승인을 얻어야 한다.

외국무역선(기)의 내항기(선)로의 자격변경을 자격내변, 내항선(기)의 외국무역선(기)으로의 자격변경을 자격외변이라고 한다. 자격변경의 승인을 얻고자 하는 자는 선박 또는 항공기의 명칭·종류 또는 등록기호·국적·선적항·선(기)주의 주소·성명, 총톤수 및 순톤수 또는 자중·현재의 자격 및 변경하고자 하는 자격과 변경사유를 기재한 신청서를 세관장에게 제출하여야 하며, 상기의 신청이 있을 때에는 세관장은 당해 선박에 적재되어 있는 물품을 검사하여야 한다. 외국무역선(기)의 자격을 내항선(기)로 변경할 때에는 그 선(기)용품과 승무원의 휴대품에 대하여는 과세를 하게 되나, 그 선박이 바로 다시 외국무역선(기)으로 자격을 변경할 것이 예상되면 과세를 보류한다.

6) 그 밖의 선박 또는 항공기

① 다음 각 호의 어느 하나에 해당하는 선박이나 항공기는 외국무역선이나 외국

무역기에 관한 규정을 준용한다. 다만, 대통령령으로 정하는 선박 및 항공기에 대하여는 그러하지 아니하다.

  ㉠ 외국무역선 또는 외국무역기 외의 선박이나 항공기로서 외국에 운항하는 선박 또는 항공기

  ㉡ 외국을 왕래하는 여행자와 물품을 전용으로 운송하기 위하여 국내에서만 운항하는 항공기(이하 "환승전용내항기"라 한다)

② 환승전용내항기에 대해서는 효율적인 통관 및 감시·단속을 위하여 필요한 사항은 대통령령으로 따로 정할 수 있다.

제147조(국경하천을 운항하는 선박)

국경하천만을 운항하는 내국선박에 대하여는 외국무역선에 관한 규정을 적용하지 아니한다.

---

04 차량

1) 관세통로

① 국경을 출입하는 차량(이하 "국경출입차량"이라 한다)은 관세통로를 경유하여야 하며, 통관역 또는 통관장에 정차하여야 한다.

② 관세통로는 육접국경으로부터 통관역에 이르는 철도와 육접국경으로부터 통관장에 이르는 육로 또는 수로 중에서 세관장이 지정한다.

③ 통관역은 국외와 연결되고 국경에 근접한 철도역 중에서 관세청장이 지정한다.

④ 통관장은 관세통로에 접속한 장소 중에서 세관장이 지정한다.

2) 국경출입차량의 도착절차

① 국경출입차량이 통관역 또는 통관장에 도착한 때는 통관역장 또는 도로차량의 운전자는 차량용품목록·여객명부·승무원명부 및 승무원휴대품목록과 관세청장이 정하는 적하목록을 첨부하여 지체없이 세관장에게 도착보고를 하여야 하

며, 최종출발지의 출발허가서 또는 이를 갈음하는 서류를 제시하여야 한다.

② 세관장은 신속한 입국 및 통관절차의 이행과 효율적인 감시·단속을 위하여 필요한 때에는 관세청장이 정하는 바에 의하여 도착하는 당해 차량이 소속된 회사에 여객명부·적하목록 등을 도착하기 전에 제출하게 할 수 있다.

③ 일정 기간에 일정량으로 나누어 반복적으로 운송하는 데 사용되는 도로차량의 운전자는 사증(査證)으로 도착보고를 대신할 수 있다.

④ 사증을 받는 것으로 도착보고를 대신하는 도로차량의 운전자는 최종 도착보고를 하는 때에 서류를 한꺼번에 제출하여야 한다.

3) 출발절차

① 국경출입차량이 통관역이나 통관장을 출발하려면 통관역장이나 도로차량의 운전자는 출발하기 전에 세관장에게 출발보고를 하고 출발허가를 받아야 한다.

② 통관역장이나 도로차량의 운전자는 ①에 따른 허가를 받으려면 그 통관역 또는 통관장에서 적재한 물품의 목록을 제출하여야 한다.

③ ①에도 불구하고 대통령령으로 정하는 물품을 일정 기간에 일정량으로 나누어 반복적으로 운송하는 데에 사용되는 도로차량의 운전자는 사증을 받는 것으로 출발보고 및 출발허가를 대신할 수 있다. 다만, 최초 출발보고와 최초 출발허가의 경우는 제외한다.

④ ③에 따른 도로차량을 운행하려는 자는 기획재정부령으로 정하는 바에 따라 미리 세관장에게 신고하여야 한다.

4) 물품의 하역 등

통관역 또는 통관장에서 외국물품을 차량에 하역하고자 하는 자는 세관장에게 신고를 하고, 현장에서 세관공무원의 확인을 받아야 한다.

5) 국경출입차량의 국내운행차량으로의 전환 등

국경출입차량을 국내에서만 운행하는 차량으로 전환하거나 국내운행차량을 국경출입차량으로 전환하려는 때에는 통관역장 또는 도로차량의 운전자는 세관장의 승인을 얻어야 한다.

6) 도로차량의 국경출입

① 국경을 출입하려는 도로차량의 운전자는 해당도로차량이 국경을 출입할 수 있음을 증명하는 서류를 세관장으로부터 교부받아야 한다.
② 국경을 출입하는 도로차량의 운전자는 출입할 때마다 증명 서류를 세관공무원에게 제시하고 사증을 받아야 한다. 이 경우 전자적인 방법으로 서류의 제시 및 사증을 받는 것을 대신할 수 있다.
③ 사증을 받으려는 자는 수수료를 납부하여야 한다.

제 7 장　보세구역

　물품관리에 관한 관세법상 규제내용으로 물품의 보세구역 집중관리, 물품의 국내운송제한, 운송기관에 대한 규제, 물품취급인의 관리·감독, 물품취급시간의 제한 등이 있다. 물품을 보세구역에 집중·관리한다는 것은 관리대상물품은 보세구역에 반입·장치해야 하며, 반출될 때까지 세관에서 감시·감독한다는 의미이다.

　보세란 외국에서 반입된 물품을 수입신고수리를 받지 아니하는 상태에 두는 것, 즉 수입신고수리 미필상태를 말한다. 일반적으로 보세라 하면 관세가 징수되지 않은 상태로서의 관세유보를 의미한다고 해석되나, 무세품의 경우에 있어서도 수입신고수리 이전에는 보세화물이라고 부르는 점에서 보세는 수입신고수리 전의 상태로 보는 것이 정확한 관점이다. 따라서 유세품은 물론 무세품도 보세의 대상이 된다. 또한 수출신고가 수리된 물품은 관세법상 외국물품이므로 이 또한 보세의 대상이 되는 것이다.

　보세제도는 통관질서의 확립, 세관업무의 효율화, 수출촉진, 관세징수권의 확보를 목적으로 하며, 이러한 보세제도는 보세구역제도와 보세운송제도로 구분할 수 있다. 보세구역은 보세화물을 반입·장치·가공·제조·전시·건설·판매하는 구역을 말하고, 보세운송은 보세화물을 보세상태에서 운송하는 것을 말한다.

　보세구역제도는 수입신고수리가 미필한 상태로 외국물품을 장치·검사·전시·판매하거나 이를 사용하여 물품을 제조·가공하거나 산업시설을 건설할 수 있는 제도이며 보세운송제도는 외국물품을 수입신고수리미필 상태로 국내에서 운송할 수 있는 제도이다. 전자를 정적 보세제도라 하고, 후자를 동적 보세제도라 한다.

　관세법상의 보세구역의 규정은 설영인 등의 자율관리의 추세를 보여주고 있으며, 특히 외자유치와 경쟁적 제고를 위하여 99년 관세법의 개정을 통하여 특허보세구역의 기능을 종합적으로 수행할 수 있는 종합보세구역제도가 도입되었다.

보세제도의 기능

① 관세를 유보한 상태
② 수입신고수리 미필 상태
③ 수출 및 산업지원
④ 통관업무의 효율화
⑤ 관세징수권의 확보

보세구역과 유사한 제도로서 수출자유지역 등과 같은 자유무역지역제도와 타소장
치장 등이 있다.

자유무역지역제도는 자유무역지역(Free Trade Zone), 자유항(Free Port), 수출자유지
역(Export Free Zone) 등이 있는데, 보세구역과 자유지역은 외국물품이 보세상태로 그
역내에 반입될 수 있다는 점에서는 같으나 보세구역 내에서는 장치물품이 세관의 통
제 하에 있으며, 반입물품도 원재료만이 외국물품 상태로 반입될 수 있고, 시설재는
내국물품만이 반입이 허용된다. 이에 반해 자유지역은 비관세지역으로서 관세법의
적용이 원칙적으로 배제되고 세관의 통제는 외곽관리와 물품의 역외로의 반출감시에
한정되며, 역내에서는 원재료에서 시설재까지 외국물품 상태로 반입된다는 것이다.

또한 자유지역의 설치목적이 주로 수출물품의 가공이나 중계무역 상품의 장치 등
에 있다면 보세구역은 보세화물의 가공수출(수출용 보세공장) 외에 외국물품의 장치,
가공, 전시, 판매 등의 목적을 수행할 수 있다는 점에서 다르다고 할 수 있다.

이밖에 보세구역의 기능을 보완하거나 재해 등 기타 부득이한 경우에 한하여 일시
적 조치로 보세구역의 기능을 부여하고 있는 제도로 타소장치장, 재해품 임시장치장
소, 검역물품장치장 등이 있다.

01 보세구역제도

1) 보세구역

보세구역은 외국물품을 장치·검사·전시·판매하거나 이를 사용하여 물품을 제조·

가공하거나 산업시설을 건설할 수 있는 장소로서 관세청장 또는 세관장이 지정하거나 특허한 장소이다. 이는 정적인 보세제도로서 다음과 같은 요건을 갖추어야 한다.

① 보세구역은 일정한 범위를 가지고 있어야 한다. 일정한 구획된 토지 또는 이에 정착하고 있는 건설물이어야 한다.

② 보세구역은 관세청장 또는 세관장이 보세구역으로 지정하거나 특허를 하여야 한다. 보세구역은 외국물품의 장치 등을 위한 장소이므로 아무런 제한없이 자유로이 설치되고, 물품을 장치하게 되면 통관의 적정과 관세채권의 확보가 어려우므로 관세청장 또는 세관장이 보세구역으로 지정하거나 특허를 하여 그 구역을 감시·단속할 수 있어야 한다.

③ 원칙적으로 보세구역은 세관 가까이에 위치해야 하는데, 이것은 세관 행정의 편의와 능률면으로 보아 세관인근에 집중하는 것이 합리적이기 때문이다.

2) 보세구역의 종류

보세구역은 지정보세구역과 특허보세구역 및 종합보세구역으로 구분하고 지정보세구역은 지정장치장 및 세관검사장으로, 특허보세구역은 보세장치장, 보세창고, 보세공장, 보세전시장, 보세건설장, 보세판매장으로 구분한다.

① 지정보세구역: 지정장치장, 세관검사장
② 특허보세구역: 보세창고, 보세공장, 보세전시장, 보세건설장, 보세판매장
③ 종합보세구역

3) 관세법상 보세구역에 대한 일반적 적용 규정

(1) 물품의 장치

원칙적으로 외국물품과 내국운송신고를 하고자 하는 내국물품은 보세구역 아닌 장소에 장치할 수 없다. 그러나, 현행의 수입신고제도에 있어 입항전 수입신고제도의 경우에는 물품장치규정의 예외적 사항이 된다.

① 외국물품과 내국운송 신고를 하고자 하는 내국물품은 보세구역에 장치해야 한다.
② 보세구역이 아닌 장소에 장치 가능한 물품(보세구역외 장치의 허가)
  ㉠ 수출신고가 수리된 물품

ⓛ 크기나 무게의 과다 기타의 사유로 보세구역에 장치하기 곤란하거나 부적
    당한 물품
ⓒ 재해 기타 부득이한 사유에 해당하는 물품
ⓔ 검역물품
ⓜ 압수물품
ⓗ 우편물품

(2) 보세구역외 장치의 허가

보세화물은 원칙적으로 보세구역에 장치하도록 하고, 보세화물의 성질상 보세구역
에 반입할 수 없거나 보세구역에 반입하는 것이 실익이 없는 경우에는 보세구역이
아닌 장소에 장치할 수 있도록 하고 있다.

거대중량 기타의 사유로 보세구역에 장치하기 곤란하거나 부적당한 물품을 보세
구역 아닌 장소에 장치하고자 하는 자는 세관장의 허가를 받아야 한다. 이 때 허가를
받으려는 자는 기획재정부령으로 정하는 금액과 방법 등에 따라 수수료를 납부하여
야 한다. 또한 세관장은 외국물품에 대하여 허가를 하려는 때에는 그 물품의 관세에
상당하는 담보의 제공, 필요한 시설의 설치 등을 명할 수 있다.

보세화물 관리에 관한 고시 규정에 의한 타소장치를 허가할 물품은 다음의 하나에
의한다. 다만, 최종소비재로서 바로 전매될 우려가 있는 물품은 타소장치허가를 하지
않을 수 있다.

① 물품이 크기 또는 무게의 과다로 보세구역의 고내(庫內)에 장치하기 곤란한 물품
② 다량의 산물로서 보세구역에 장치 후 다시 운송하는 것이 불합리하다고 인정
    하는 물품
③ 부패, 변질의 우려가 있거나, 부패, 변질하여 다른 물품을 오손할 우려가 있는
    물품과 방진, 방습 등 특수보관이 필요한 물품
④ 귀중품, 의약품, 살아있는 동·식물 등으로서 보세구역에 장치하는 것이 곤란한
    물품
⑤ 보세구역이 아닌 검역시행장에 반입할 검역물품
⑥ 보세구역과 교통이 불편한 지역에 양륙된 물품으로서 보세구역에 운반하는 것
    이 불합리한 물품
⑦ 「대외무역관리규정」 제2조 제11호에 따른 중계무역물품으로서 보수작업이 필

요한 경우 시설미비, 장소협소 등의 사유로 인하여 보세구역내에서 보수 작업이 곤란하고 감시단속상 문제가 없다고 세관장이 인정하는 물품

⑧ 자가공장 및 시설(용광로 또는 전기로, 압연시설을 말한다)을 갖춘 실수요자가 수입하는 고철 등 물품

⑨ 그 밖에 세관장이 보세구역외장치를 허가할 필요가 있다고 인정하는 물품

(3) 물품의 반입·반출

① 보세구역에 물품을 반입·반출하고자 하는 자는 세관장에게 신고하여야 한다.
② 세관공무원은 당해 물품을 검사할 수 있다.
③ 세관장은 반입물품의 종류를 제한할 수 있다.

(4) 수입신고수리물품의 반출

관세청장이 정하는 보세구역에 반입되어 수입신고가 수리된 물품의 화주 또는 반입자는 수입신고수리일부터 15일 이내에 당해 물품을 보세구역으로부터 반출하여야 한다. 단, 세관장으로부터 당해 반출기간의 연장승인을 얻은 경우는 예외로 한다.

(5) 보수작업

보세구역에 장치된 물품에 대하여는 그 현상을 유지하기 위하여 필요한 보수작업과 그 성질이 변하지 아니하는 범위 안에서 포장을 바꾸거나 구분·분할·합병 기타 유사한 보수작업을 할 수 있다. 이 경우 보세구역에서의 보수작업이 곤란하다고 세관장이 인정한 때에는 기간 및 장소를 지정받아 보세구역 밖에서 보수작업을 할 수 있다.

보세구역에 장치한 물품에 대하여는 그 물품의 현상유지를 위하여 수송도중에 파손된 포장을 개보수하거나 녹슨 기계에 기름을 치는 등 보수를 할 필요가 있으며, 하역 또는 통관을 위하여 물품의 포장을 바꾸거나 개장, 구분, 분할, 합병 등의 조치를 할 필요가 있다.

이처럼 보세화물의 현상을 보존, 유지하기 위하여 물품의 성질이 변하지 않는 범위에서 물품에 대하여 가하는 작업을 보수작업이라 한다.

① 보수작업을 하고자 하는 자는 세관장의 승인을 얻어야 한다.
② 보수작업으로 외국물품에 부가된 내국물품은 외국물품으로 본다.

③ 외국물품은 수입될 물품의 보수작업의 재료로 사용할 수 없다.

(6) 해체·절단 등의 작업

보세구역에 장치된 물품에 대하여는 세관장의 허가를 받아 그 원형을 변경하거나 해체·절단 등의 작업을 할 수 있으며, 작업을 할 수 있는 물품의 종류는 관세청장이 정한다. 관세청장이 정하는 물품이란 해체용 선박, 각종 설비 중 세관장이 원형변경·해체·절단 등의 작업이 필요하다고 인정하는 물품 및 세관장이 견품 진정화 작업이 필요하다고 인정하는 물품 등이다.

① 원형을 변경하거나 해체·절단 등의 작업을 하고자 하는 자는 세관장의 허가를 받아야 한다.
② 작업을 할 수 있는 물품의 종류는 관세청장이 정한다.
③ 세관장은 수입신고한 물품에 대하여 필요하다고 인정될 때에는 화주 또는 그 위임을 받은 자에게 작업을 명할 수 있다.

(7) 장치물품의 폐기

① 부패·손상 기타의 사유로 보세구역에 장치된 물품을 폐기하고자 하는 자는 세관장의 승인을 얻어야 한다.
② 보세구역에 장치된 외국물품이 멸실되거나 폐기된 때에는 그 운영인 또는 보관인으로부터 즉시 그 관세를 징수한다. 다만, 재해나 그 밖의 부득이한 사유로 멸실된 때와 미리 세관장의 승인을 받아 폐기한 때에는 예외로 한다.
③ 폐기 후에 남아 있는 부분에 대하여는 폐기 후의 성질과 수량에 따라 관세를 부과한다.
④ 세관장이 폐기/반송명령 또는 통고 후 폐기할 수 있는 물품
　　㉠ 사람의 생명/재산을 해할 우려가 있는 물품
　　㉡ 부패 또는 변질한 물품
　　㉢ 유효기간이 경과된 물품
　　㉣ 상품가치를 상실한 물품
　　㉤ 관세청장이 정하는 물품
⑤ 화주 등의 주소 및 거소가 불명하거나 기타의 사유로 인하여 통고할 수 없는 때에는 공고로써 이를 갈음할 수 있다.

⑥ 세관장이 물품을 폐기하거나 화주 등이 물품을 폐기/반송한 경우 비용은 화주 등이 부담한다.

외국물품이 멸실된 경우에는 관세를 징수하는 경우와 징수하지 않는 경우가 있는데, 외국물품이 재해 기타 부득이한 사유로 멸실된 때에는 그 물품의 관세를 징수하지 아니하며, 그 이외의 사유로 멸실된 때에는 그 물품의 관세를 징수한다.

(8) 견품반출

① 보세구역에 장치된 외국물품을 견품으로 반출하고자 하는 경우 세관장의 허가가 필요
② 검사상 필요한 경우 견품으로 채취가 가능
③ 채취된 물품이 사용·소비된 때에는 수입신고를 하여 관세를 납부하고 수리된 것으로 본다.

견품반출의 사유는 수출입물품의 검사상, 검역상, 상거래상의 필요 등에 의하여 수입신고수리를 받기 전에 반출할 필요가 있는 것이다.

견품반출은 최소한의 수량으로 제한하여야 하며, 관세채권의 확보에 어려움이 있다고 판단되는 경우 또는 고가품인 경우에는 견품반출허가를 하지 아니할 수 있다.

제163조(세관공무원의 파견)

세관장은 보세구역에 세관공무원을 파견하여 세관사무의 일부를 처리하게 할 수 있다.

---

(9) 자율관리보세구역

수출입물량은 무역규모의 수치적 증가에서 알 수 있듯이 크게 증가하고 있으나, 세관공무원의 인력은 세관행정의 표본, 관리행정의 추세에 따라 점차 축소되는 경향을 보이고 있다. 이로 인하여 수출입화물의 현실적, 직접적인 관리가 불가능하게 됨에 따라 대부분의 보세화물은 해당업체가 자율적으로 관리하고 세관은 그 관리 상태를 확인하는 간접관리방식으로 전환하게 되었다. 이러한 보세화물의 효율적인 관리를 위하여 관리상태가 양호하고 보세사를 채용하고 있는 보세구역은 자율관리 보세구역으로 지정하여 세관의 일부절차를 생략하고 세관업무를 위탁하여 처리하고 있다.

보세사

(1) 보세사 자격
① 일반직 공무원으로서 5년 이상 관세행정에 종사한 경력이 있는 자
② 보세화물관리업무에 관한 전형에 합격한 자

(2) 보세사의 등록
① 보세구역을 관할하는 세관장에게 등록
② 등록의 취소
  ㉠ 제175조제1호 내지 제7호의 1에 해당하게 된 때(운영인의 결격사유)
  ㉡ 사망한 때
③ 6월의 범위 안에서의 업무정지: 관세법 또는 관세법에 의한 명령을 위반한 때
④ 보세사는 다른 사람에게 자신의 성명·상호를 사용하여 보세사 업무를 하게 하거나 그 자격증 또는 등록증을 빌려주어서는 아니 된다.

지정보세구역 또는 특허보세구역 중 물품의 관리 및 세관감시에 지장이 없다고 인정하여 관세청장이 정하는 바에 따라 세관장이 지정하는 보세구역(이하 "자율관리보세구역"이라 한다)에 장치한 물품에 대하여는 세관공무원의 참여와 이 법의 규정에 의한 절차 중 관세청장이 정하는 절차를 생략한다.

세관장은 자율관리보세구역의 지정신청을 받은 경우에 당해 보세구역의 위치·시설 상태 등을 확인하여 물품의 관리 및 세관감시에 지장이 없어 자율관리보세구역에 적합하다고 인정되는 때에는 당해 보세구역을 자율관리보세구역으로 지정할 수 있다.

02 지정보세구역

1) 지정보세구역의 지정

① 국가, 지방자치단체, 공항(항만)시설 관리법인의 토지·건물 또는 그 밖의 시설('토지 등')을 지정보세구역으로 지정할 수 있다.
② 세관장이 관리하지 아니하는 토지 등을 지정보세구역으로 지정하고자 하는 경우 소유자의 동의를 얻어야 하며, 임차료를 지급할 수 있다.

2) 지정보세구역지정의 취소

세관장은 수출입물량의 감소 등으로 존속시킬 필요가 없는 경우 지정을 취소하여야 한다.

제168조(지정보세구역의 처분)

① 지정보세구역의 지정을 받은 토지 등의 소유자나 관리자는 다음 각 호의 어느 하나에 해당하는 행위를 하려면 미리 세관장과 협의하여야 한다. 다만, 해당 행위가 지정보세구역으로서의 사용에 지장을 주지 아니하거나 지정보세구역으로 지정된 토지 등의 소유자가 국가 또는 지방자치단체인 경우에는 그러하지 아니하다.

1. 해당 토지등의 양도, 교환, 임대 또는 그 밖의 처분이나 그 용도의 변경
2. 해당 토지에 대한 공사나 해당 토지 안에 건물 또는 그 밖의 시설의 신축
3. 해당 건물 또는 그 밖의 시설의 개축·이전·철거나 그 밖의 공사

② 세관장은 제1항에 따른 협의에 대하여 정당한 이유 없이 이를 거부하여서는 아니 된다.

---

3) 지정장치장

지정장치장은 통관을 하고자 하는 물품을 일시장치하기 위한 장소로서 세관장이 지정하는 지역으로 한다. 세관장이 국가, 지방자치단체 또는 공공단체의 영조물 또는 토지에 대해 지정하는데, 세관 구내 창고, 공항만 창고 등이 있다.

지정장치장은 공공창고로서 수출입화주 및 국제운송인의 통관편의를 제공하고 누구나 저렴한 비용으로 이용할 수 있도록 공항만, 부두창고 등 세관과 가장 가까운 거리에 국가가 의무적으로 설치하는 것이다.

(1) 장치기간

지정장치장에 장치되는 물품은 통관을 하고자 하는 물품이다. 보세공장물품의 사용 전 검사, 또는 물품의 검사는 물품의 장치규정에 의하여 장치할 수 있는 장소에서 행한다고 규정하고 있으므로 지정장치장에는 통관하고자 하는 물품 이외에 검사를 받고자 하는 보세공장 및 기타 검사물품도 장치할 수 있다. 그러나 내국물품은 반입을 불허하고 있다.

① 6월의 범위 내에서 관세청장이 정한다.
② 3월의 범위 이내에서 세관장이 연장가능

(2) 물품에 대한 보관책임

지정장치장에 반입한 물품에 대하여는 화주가 그 보관의 책임을 진다. 세관장은 지정장치장의 질서유지와 화물의 안전관리를 위하여 필요하다고 인정할 때에는 대통령령이 정하는 바에 의하여 화주에 갈음하여 보관의 책임을 지는 화물관리인을 지정할 수 있다. 이와 같이 화물관리인이 지정된 경우 지정장치장에 반입한 물품에 대하여는 화주가 아닌 지정된 화물관리인이 반입물품에 대한 보관책임을 지게 된다.

① 지정장치장에 반입한 물품은 화주 또는 반입자가 그 보관의 책임을 진다.
② 세관장은 지정장치장의 질서유지와 화물의 안전관리를 위하여 필요하다고 인정할 때에는 화주를 갈음하여 보관의 책임을 지는 화물관리인을 지정할 수 있다. 다만, 세관장이 관리하는 시설이 아닌 경우에는 세관장은 해당 시설의 소유자나 관리자와 협의하여 화물관리인을 지정하여야 한다.
③ 지정장치장의 화물관리인은 화물관리에 필요한 비용(제323조에 따른 세관설비 사용료를 포함한다)을 화주로부터 징수할 수 있다. 다만, 그 요율에 대하여는 세관장의 승인을 빋아야 한다.
④ 지정장치장의 화물관리인은 ③에 따라 징수한 비용 중 세관설비 사용료에 해당하는 금액을 세관장에게 납부하여야 한다.
⑤ 세관장은 불가피한 사유로 화물관리인을 지정할 수 없을 때에는 화주를 대신하여 직접 화물관리를 할 수 있다. 이 경우 ③에 따른 화물관리에 필요한 비용을 화주로부터 징수할 수 있다.
⑥ ②에 따른 화물관리인의 지정기준, 지정절차, 지정의 유효기간, 재지정 및 지정 취소 등에 필요한 사항은 대통령령으로 정한다.

4) 세관검사장

① 세관검사장은 통관을 하고자 하는 물품을 검사하기 위한 장소로서 세관장이 지정하는 지역으로 한다.
② 세관장은 검사를 받을 물품의 전부 또는 일부를 세관검사장에 반입하여 검사

관세법

할 수 있다.

③ 세관검사장에 반입되는 물품의 채취·운반 등에 관한 비용은 화주가 부담한다.

03 특허보세구역

1) 특허보세구역의 설치·운영에 관한 특허

① 특허보세구역을 설치·운영하려는 자는 세관장의 특허를 받아야 한다. 기존의 특허를 갱신하려는 경우에도 또한 같다.

② 특허보세구역의 설치·운영에 관한 특허를 받으려는 자, 특허보세구역을 설치·운영하는 자, 이미 받은 특허를 갱신하려는 자는 기획재정부령으로 정하는 바에 따라 수수료를 납부하여야 한다.

③ ①에 따른 특허를 받을 수 있는 요건은 보세구역의 종류별로 대통령령으로 정하는 기준에 따라 관세청장이 정한다.

시행규칙 제68조(특허수수료)

① 법 제174조제2항의 규정에 의하여 납부하여야 하는 특허신청의 수수료는 4만5천원으로 한다.

② 법 제174조제2항의 규정에 의하여 납부하여야 하는 특허보세구역의 설치·운영에 관한 수수료(이하 이 조에서 "특허수수료"라 한다)는 다음 각 호의 구분에 의한 금액으로 한다. 다만, 보세공장과 목재만 장치하는 수면의 보세창고에 대하여는 각호의 구분에 의한 금액의 4분의 1로 한다.

1. 특허보세구역의 연면적이 1천제곱미터 미만인 경우: 매 분기당 7만2천원

2. 특허보세구역의 연면적이 1천제곱미터 이상 2천제곱미터 미만인 경우: 매 분기당 10만8천원

3. 특허보세구역의 연면적이 2천제곱미터 이상 3천5백제곱미터 미만인 경우: 매 분기당 14만4천원

4. 특허보세구역의 연면적이 3천5백제곱미터 이상 7천제곱미터 미만인 경우: 매 분기당 18만원

5. 특허보세구역의 연면적이 7천제곱미터 이상 1만5천제곱미터 미만인 경우: 매 분기당

22만5천원

6. 특허보세구역의 연면적이 1만5천제곱미터 이상 2만5천제곱미터 미만인 경우: 매 분기당 29만1천원

7. 특허보세구역의 연면적이 2만5천제곱미터 이상 5만제곱미터 미만인 경우: 매 분기당 36만원

8. 특허보세구역의 연면적이 5만제곱미터 이상 10만제곱미터 미만인 경우: 매 분기당 43만5천원

9. 특허보세구역의 연면적이 10만제곱미터 이상인 경우: 매 분기당 51만원

③ 특허수수료는 분기단위로 매분기말까지 다음 분기분을 납부하되, 특허보세구역의 설치·운영에 관한 특허가 있는 날이 속하는 분기분의 수수료는 이를 면제한다. 이 경우 운영인이 원하는 때에는 1년 단위로 일괄하여 미리 납부할 수 있다.

④ 특허수수료를 계산함에 있어서 특허보세구역의 연면적은 특허보세구역의 설치·운영에 관한 특허가 있는 날의 상태에 의하되, 특허보세구역의 연면적이 변경된 때에는 그 변경된 날이 속하는 분기의 다음 분기 첫째 달 1일의 상태에 의한다.

⑤ 특허보세구역의 연면적이 수수료납부 후에 변경된 경우 납부하여야 하는 특허수수료의 금액이 증가한 때에는 변경된 날부터 5일내에 그 증가분을 납부하여야 하고, 납부하여야 하는 특허수수료의 금액이 감소한 때에는 그 감소분을 다음 분기 이후에 납부하는 수수료의 금액에서 공제한다.

⑥ 영 제193조의 규정에 의한 특허보세구역의 휴지 또는 폐지의 경우에는 당해 특허보세구역 안에 외국물품이 없는 때에 한하여 그 다음 분기의 특허수수료를 면제한다. 다만, 휴지 또는 폐지를 한 날이 속하는 분기분의 특허수수료는 이를 환급하지 아니한다.

⑦ 우리나라에 있는 외국공관이 직접 운영하는 보세전시장에 대하여는 특허수수료를 면제한다.

⑧ 제1항 및 제2항의 규정에 의한 수수료를 납부하여야 하는 자가 관세청장이 정하는 바에 의하여 이를 따로 납부한 때에는 그 사실을 증명하는 증표를 특허신청서 등에 첨부하여야 한다.

(1) 운영인의 결격사유

다음 각 호의 어느 하나에 해당하는 자는 특허보세구역을 설치·운영할 수 없다.
① 미성년자
② 피성년후견인과 피한정후견인

③ 파산선고를 받고 복권되지 아니한 자

④ 이 법을 위반하여 징역형을 선고받고 집행이 종료/면제된 후 2년이 경과되지 아니한 자

⑤ 이 법을 위반하여 징역형의 집행유예의 선고를 받고 그 유예기간 중에 있는 자

⑥ 특허가 취소된 후 2년이 경과되지 아니한 자

⑦ 벌금형을 선고받거나 통고처분을 이행한 후 2년이 경과되지 아니한 자

⑧ ②~⑦에 해당하는 자를 임원(해당 보세구역의 운영업무를 직접 담당하거나 감독하는 자 한정)으로 하는 법인

(2) 특허기간

① 특허기간은 10년 이내로 한다.

② 보세전시장: 당해 박람회 등의 기간을 고려하여 세관장이 정하는 기간

③ 보세건설장: 당해 건설공사의 기간을 고려하여 세관장이 정하는 기간

④ 보세창고·보세공장: 10년의 범위 내에서 신청인이 신청한 기간

⑤ 보세판매장: 5년 이내

특허보세구역의 특례

① 세관장은 보세판매장 특허를 부여하는 경우에 「중소기업기본법」 제2조에 따른 중소기업 및 「중견기업 성장촉진 및 경쟁력 강화에 관한 특별법」 제2조제1호에 따른 중견기업으로서 매출액, 자산총액 및 지분 소유나 출자 관계 등이 대통령령으로 정하는 기준에 맞는 기업 중 제174조제3항에 따른 특허를 받을 수 있는 요건을 갖춘 자에게 대통령령으로 정하는 일정 비율 이상의 특허를 부여하여야 하고, 「독점규제 및 공정거래에 관한 법률」 제14조제1항에 따른 상호출자 제한 기업 집단에 속한 기업에 대해 대통령령으로 정하는 일정 비율 이상의 특허를 부여할 수 없다.

② 제1항에도 불구하고 기존 특허가 만료되었으나 제3항에 따른 신규 특허의 신청이 없는 등 대통령령으로 정하는 경우에는 제1항을 적용하지 아니한다.

③ 보세판매장의 특허는 대통령령으로 정하는 일정한 자격을 갖춘 자의 신청을 받아 대통령령으로 정하는 평가기준에 따라 심사하여 부여한다. 기존 특허가 만료되는 경우에도 또한 같다.

④ 보세판매장의 특허수수료는 제174조제2항에도 불구하고 기획재정부령으로 정하는 바에 따라 다른 종류의 보세구역 특허수수료와 달리 정할 수 있다.

⑤ 보세판매장의 특허기간은 제176조제1항에도 불구하고 5년 이내로 한다.

⑥ 기획재정부장관은 매 회계연도 종료 후 3개월 이내에 보세판매장별 매출액을 대통령령으로 정하는 바에 따라 국회 소관 상임위원회에 보고하여야 한다.

⑦ 기타 보세판매장 특허절차에 관한 사항은 대통령령으로 정한다.

(3) 특허보세구역의 물품의 장치기간

① 보세창고

　㉠ 외국물품(㉢에 해당하는 물품을 제외한다): 1년의 범위 내에서 관세청장이 정하는 기간(1년의 범위 안에서 그 기간을 연장할 수 있다)

　㉡ 내국물품(㉢에 해당하는 물품을 제외한다): 1년의 범위 안에서 관세청장이 정하는 기간

　㉢ 정부비축용 물품, 정부와의 계약이행을 위하여 비축하는 방위산업용 물품, 장기간 비축이 필요한 수출용원재료와 수출품보수용 물품으로서 세관장이 인정하는 물품, 국제물류의 촉진을 위하여 관세청장이 정하는 물품: 비축에 필요한 기간

② 기타 특허보세구역: 특허보세구역의 특허기간

(4) 반입정지 등과 특허의 취소

① 반입정지 등

　㉠ 정지 기간: 6월의 범위

　㉡ 운영인이 다음의 하나에 해당하는 경우

　　ⓐ 장치물품에 대한 관세를 납부할 자금능력이 없다고 인정되는 경우

　　ⓑ 본인 또는 사용인이 이 법 또는 이 법에 의한 명령에 위반한 경우

　　ⓒ 당해 시설의 미비 등으로 특허보세구역의 설치목적을 달성하기 곤란한 경우

　㉢ 과징금: 세관장은 물품반입 등 정지처분이 그 이용자에게 심한 불편을 주거나 공익을 해칠 우려가 있는 경우에는 운영인에게 정지처분을 갈음하여 매출액의 100분의 3 이하의 과징금을 부과할 수 있다.

② 특허의 취소

세관장은 특허보세구역의 운영인이 다음 각 호의 어느 하나에 해당하는 경우에는 그 특허를 취소할 수 있다. 다만, ㉠ 및 ㉡에 해당하는 경우에는 특허를 취소하여야 한다.

㉠ 거짓이나 그 밖의 부정한 방법으로 특허를 받은 경우

㉡ 제175조 각 호의 어느 하나에 해당하게 된 경우

㉢ 1년 이내에 3회 이상 물품반입 등의 정지처분(제3항에 따른 과징금 부과처분을 포함한다)을 받은 경우

㉣ 2년 이상 물품의 반입실적이 없어서 세관장이 특허보세구역의 설치 목적을 달성하기 곤란하다고 인정하는 경우

㉤ 법 제177조의2를 위반하여 명의를 대여한 경우

(5) 특허의 효력상실 및 승계

① 특허보세구역의 효력 상실

㉠ 운영인이 특허보세구역을 운영하지 않은 때

㉡ 운영인이 해산 또는 사망한 때

㉢ 특허기간이 만료한 때

㉣ 특허가 취소된 때

② 특허보세구역의 설치·운영에 관한 특허를 받은 자가 사망 또는 해산한 경우 피상속인 또는 피승계법인이 사망 또는 해산한 날부터 30일 이내에 세관장에게 신고하여야 한다.

③ 사망 또는 해산한 날부터 신고를 한 날까지의 기간에 있어서 피상속인 또는 피승계법인의 특허보세구역의 설치·운영에 관한 특허는 이를 상속인 또는 승계법인에 대한 특허로 본다.

(6) 특허보세구역의 설치·운영에 관한 감독 등

① 세관장은 특허보세구역의 운영인을 감독한다.

② 세관장은 특허보세구역의 운영에 관하여 필요한 시설·기계 및 기구의 설치를 명할 수 있다.

③ 세관장은 특허보세구역의 운영인에게 그 설치·운영에 관한 보고를 명하거나

세관공무원에게 특허보세구역의 운영상황을 검사하게 할 수 있다.

④ 특허보세구역의 설치목적에 합당하지 아니한 때에는 세관장은 당해 물품에 대하여 다른 보세구역으로 반출을 명할 수 있다.

(7) 특허의 효력상 실시 조치 등

① 특허보세구역의 설치·운영에 관한 특허의 효력이 상실되었을 때에는 운영인이나 그 상속인은 해당 특허보세구역에 있는 외국물품을 지체 없이 다른 보세구역으로 반출하여야 한다.

② 특허보세구역의 설치·운영에 관한 특허의 효력이 상실되었을 때에는 해당 특허보세구역에 있는 외국물품의 종류와 수량 등을 고려하여 6개월의 범위에서 세관장이 지정하는 기간 동안 그 구역은 특허보세구역으로 보며, 운영인이나 그 상속인에 대하여는 해당 구역과 장치물품에 관하여 특허보세구역의 설치·운영에 관한 특허가 있는 것으로 본다.

2) 보세창고

① 보세창고에는 외국물품이나 통관을 하려는 물품을 장치한다.

② 운영인은 미리 세관장에게 신고를 하고 제1항에 따른 물품의 장치에 방해되지 아니하는 범위에서 보세창고에 내국물품을 장치할 수 있다. 다만, 동일한 보세창고에 장치되어 있는 동안 수입신고가 수리된 물품은 신고 없이 계속하여 장치할 수 있다.

③ 운영인은 보세창고에 1년(제2항 단서에 따른 물품은 6개월) 이상 계속하여 제2항에서 규정한 내국물품만을 장치하려면 세관장의 승인을 받아야 한다.

④ 제3항에 따른 승인을 받은 보세창고에 내국물품만을 장치하는 기간에는 제161조1와 제177조2를 적용하지 아니한다.

---

1 제161조(견본품 반출) ① 보세구역에 장치된 외국물품의 전부 또는 일부를 견본품으로 반출하려는 자는 세관장의 허가를 받아야 한다. ② 세관공무원은 보세구역에 반입된 물품에 대하여 검사상 필요하면 그 물품의 일부를 견본품으로 채취할 수 있다. ③ 다음 각 호의 어느 하나에 해당하는 물품이 사용·소비된 경우에는 수입신고를 하여 관세를 납부하고 수리된 것으로 본다. 1. 제2항에 따라 채취된 물품 2. 다른 법률에 따라 실시하는 검사·검역 등을 위하여 견본품으로 채취된 물품으로서 세관장의 확인을 받은 물품.

2 제177조(장치기간) ① 특허보세구역에 물품을 장치하는 기간은 다음 각 호의 구분에 따른다.

④ 내국물품으로 장치기간이 경과한 물품은 기간 경과 후 10일 내에 운영인의 책임으로 반출한다.

3) 보세공장

① 외국물품을 원료 또는 재료로 하거나 외국물품과 내국물품을 원료 또는 재료로 하여 제조·가공 기타 이와 비슷한 작업을 할 수 있다.
② 세관장의 허가를 받지 아니하고는 내국물품만을 원료로 하거나 재료로 하여 제조·가공 기타 이와 비슷한 작업을 할 수 없다.
③ 보세공장 중 수입하는 물품을 제조·가공을 목적으로 하는 보세공장의 업종은 기획재정부령이 ·정하는 바에 의하여 이를 제한할 수 있다.
④ 세관장은 수입통관 후 보세공장에서 사용하게 될 물품에 대하여는 보세공장에 직접 반입하여 수입신고를 하게 할 수 있다.

(1) 사용신고 등

① 운영인은 보세공장에 반입된 물품을 그 사용 전에 세관장에게 사용신고를 하여야 한다. 이 경우 세관공무원은 그 물품을 검사할 수 있다.
② 사용신고를 한 외국물품이 마약, 총기 등 다른 법령에 따라 허가·승인·표시 또는 그 밖의 요건을 갖출 필요가 있는 물품으로서 관세청장이 정하여 고시하는 물품인 경우에는 세관장에게 그 요건을 갖춘 것임을 증명하여야 한다.

(2) 보세공장 외 작업허가

① 세관장은 가공무역 또는 국내산업의 진흥에 필요한 때에는 기간·장소·물품 등을 정하여 당해 보세공장 외에서 작업을 허가할 수 있다.

---

1. 보세창고: 다음 각 목의 어느 하나에서 정하는 기간 가. 외국물품(다목에 해당하는 물품은 제외한다): 1년의 범위에서 관세청장이 정하는 기간. 다만, 세관장이 필요하다고 인정하는 경우에는 1년의 범위에서 그 기간을 연장할 수 있다. 나. 내국물품(다목에 해당하는 물품은 제외한다): 1년의 범위에서 관세청장이 정하는 기간 다. 정부비축용물품, 정부와의 계약이행을 위하여 비축하는 방위산업용물품, 장기간 비축이 필요한 수출용원재료와 수출품보수용 물품으로서 세관장이 인정하는 물품, 국제물류의 촉진을 위하여 관세청장이 정하는 물품: 비축에 필요한 기간 2. 그 밖의 특허보세구역: 해당 특허보세구역의 특허기간 ② 세관장은 물품관리에 필요하다고 인정될 때에는 제1항제1호의 기간에도 운영인에게 그 물품의 반출을 명할 수 있다.

② 보세공장 외 작업허가를 한 경우 세관공무원은 당해 물품이 반출되는 때에 검사할 수 있다.

③ 공장 외 작업장에 반입된 외국물품은 지정기간이 만료될 때까지 보세공장에 있는 것으로 본다.

④ 지정된 기간이 경과한 경우 당해 공장 외 작업장에 허가된 외국물품 또는 그 제품이 있는 때에는 당해 물품의 허가를 받은 보세공장의 운영인으로부터 그 관세를 즉시 징수한다.

(3) 제품과세

외국물품이나 외국물품과 내국물품을 원료로 하거나 재료로 하여 작업을 하는 경우 그로써 생긴 물품은 외국으로부터 우리나라에 도착한 물품으로 본다. 다만, 대통령령으로 정하는 바에 따라 세관장의 승인을 받고 외국물품과 내국물품을 혼용하는 경우에는 그로써 생긴 제품 중 해당 외국물품의 수량 또는 가격에 상응하는 것은 외국으로부터 우리나라에 도착한 물품으로 본다.

관세법 시행령 제204조(외국물품과 내국물품의 혼용에 관한 승인)

① 법 제188조 단서의 규정에 의한 승인을 얻고자 하는 자는 다음 각 호의 사항을 기재한 신청서를 세관장에게 제출하여야 한다.

1. 혼용할 외국물품 및 내국물품의 기호·번호·품명·규격별 수량 및 손모율
2. 승인을 얻고자 하는 보세작업 기간 및 사유

② 제1항의 규정에 의한 승인을 할 수 있는 경우는 작업의 성질·공정 등에 비추어 당해 작업에 사용되는 외국물품과 내국물품의 품명·규격별 수량과 그 손모율이 확인되고, 제4항의 규정에 의한 과세표준이 결정될 수 있는 경우에 한한다.

③ 세관장은 제1항의 규정에 의한 승인을 얻은 사항중 혼용하는 외국물품 및 내국물품의 품명 및 규격이 각각 동일하고, 손모율에 변동이 없는 동종의 물품을 혼용하는 경우에는 새로운 승인신청을 생략하게 할 수 있다.

④ 법 제188조 단서의 규정에 의하여 외국물품과 내국물품을 혼용한 때에는 그로써 생긴 제품 중에서 그 원료 또는 재료 중 외국물품의 가격(종량세물품인 경우에는 수량을 말한다)이 차지하는 비율에 상응하는 분을 외국으로부터 우리나라에 도착된 물품으로 본다.

---

(4) 원료과세

① 보세공장에서 제조된 물품을 수입하는 경우 사용신고 전에 미리 세관장에게 해당 물품의 원료인 외국물품에 대한 과세의 적용을 신청한 때에는 사용신고를 하는 때의 그 원료의 성질 및 수량에 의하여 관세를 부과한다.

② 세관장은 대통령령으로 정하는 기준에 해당하는 보세공장에 대하여는 1년의 범위에서 원료별, 제품별 또는 보세공장 전체에 대하여 원료과세에 따른 신청을 하게 할 수 있다.

원료과세

① 보세공장에 원료가 반입될 당시 원료과세 적용물품 반입 검사신청에 의하여 반입검사를 받은 경우
② 보세공장에 원료가 반입되어 그 원료로 제조된 물품을 국내로 반입하는 경우에 해당
③ 반입 당시의 성질과 수량에 따라 과세
④ 외국물품인 원료의 세율과 과세가격에 의거하여 세액을 계산
④ 국내 제조업 육성
⑤ 고용증대
⑥ 외국인 투자 유치

제품과세

① 혼용된 내국물품은 외국물품으로 간주
② 제품의 세율과 과세가격에 의거하여 세액 산출
③ 수입신고 시 과세물건이 확정

제품과세와 원료과세의 비교

수입원재료 $100 ·· 원재료 세율 5%
국산원재료 $100 ·· 제품가격 $300
제품세율 10%

제품과세 (혼용비구분)	관세액=제품가격×제품세율 300×10%=30
제품과세 (혼용구분)	관세액=제품가격×(수입원재료가격/수입+국산가격)×제품세율 300×(100/100+100)×10%=15
원료과세	관세액=원재료가격×원료세율 100×5%=5

4) 보세전시장

보세전시장에서는 박람회·전람회·견본품 전시회 등의 운영을 위하여 외국물품을 장치·전시하거나 사용할 수 있다.

5) 보세건설장

보세건설장에서는 산업시설의 건설에 소요되는 외국물품인 기계류 설비품 또는 공사용 장비를 장치·사용하여 당해 건설공사를 할 수 있다.

(1) 사용 전 수입신고

운영인은 보세건설장에 외국물품을 반입한 때에는 사용 전에 당해 물품에 대하여 수입신고를 하고 세관공무원의 검사를 받아야 한다.

(2) 반입물품의 장치제한

세관장은 보세건설장에 반입된 외국물품에 대하여 필요하다고 인정되는 때에는 보세건설장 안에서 물품을 장치할 장소를 제한하거나 사용상황에 관하여 운영인이 보고하게 할 수 있다.

(3) 보세건설물품의 가동제한

운영인은 보세건설장에서 건설된 시설을 제248조의 규정에 의한 수입신고가 수리되기 전에 가동하여서는 아니 된다.

(4) 보세건설장외 작업허가

세관장은 보세작업상 필요하다고 인정되는 때 보세건설장외에서 작업을 허가할 수 있다.

6) 보세판매장

① 보세판매장에서는 외국으로 반출하거나 관세의 면제를 받을 수 있는 자가 사용하는 것을 조건으로 외국물품을 판매할 수 있다.
② 세관장은 보세판매장에서 판매할 수 있는 물품의 종류·수량·장치장소 등을 제한할 수 있다.
③ 판매하는 물품의 반입·반출·인도 및 관리에 관하여 필요한 사항은 대통령령[3]으로 정한다.

04 종합보세구역

1) 종합보세구역의 지정 등

① 관세청장은 직권 또는 관계중앙행정기관의 장이나 지방자치단체의 장 그 밖에 지정요청자의 요청에 의하여 무역진흥에의 기여정도, 외국물품의 반입·반출물량 등을 고려하여 일정한 지역을 종합보세구역으로 지정할 수 있다.
② 종합보세구역에서는 보세창고·보세공장·보세전시장·보세건설장 또는 보세판매장의 기능 중 둘 이상의 기능을 종합적으로 수행할 수 있다.

---

3 동법 시행령 제213조(보세판매장의 관리 등) ① 보세판매장의 운영인은 보세판매장에서 물품을 판매하는 때에는 판매사항·구매자인적사항 기타 필요한 사항을 관세청장이 정하는 바에 따라 기록·유지하여야 한다. ② 관세청장은 보세판매장에서의 판매방법, 구매자에 대한 인도방법 등을 정할 수 있다. ③ 보세판매장의 운영인이 외국으로 출국하는 내국인에게 보세판매장의 물품을 판매하는 때에는 기획재정부령이 정하는 금액 한도 안에서 판매하여야 한다. ④ 세관장은 연 2회 이상 보세화물의 반출입량·판매량·외국반출현황·재고량 등을 파악하기 위하여 보세판매장에 대한 조사를 실시할 수 있다. ⑤ 관세청장은 보세화물이 보세판매장에서 불법적으로 반출되지 아니하도록 하기 위하여 반입·반출의 절차 기타 필요한 사항을 정할 수 있다.

③ 종합보세구역의 지정요건, 지정절차 등에 관하여 필요한 사항은 대통령령4으로 정한다.

2) 종합보세사업장의 설치·운영에 관한 신고 등

① 종합보세구역에서 종합보세기능을 수행하고자 하는 자는 기능을 정하여 세관장에게 신고하여야 한다.
② 종합보세기능을 변경하고자 하는 때에는 세관장에게 이를 신고하여야 한다.

3) 종합보세구역에의 물품의 반입·반출 등

① 종합보세구역에 물품을 반입·반출하고자 하는 자는 세관장에게 신고하여야 한다.
② 종합보세구역에 반입·반출되는 물품이 내국물품인 경우 신고를 생략하거나 간이한 방법으로 반입·반출하게 할 수 있다.

4) 송합보세구역의 판매물품에 대한 관세 환급

외국인관광객 등 대통령령이 정하는 자가 종합보세구역에서 구입한 물품을 국외로 반출하는 경우에는 당해 물품을 구입할 때 납부한 관세 및 내국세 등을 환급받을 수 있다.

---

4 동법 시행령 제214조(종합보세구역의 지정 등) ① 법 제197조에 따른 종합보세구역(이하 "종합보세구역"이라 한다)은 다음 각 호의 어느 하나에 해당하는 지역으로서 관세청장이 종합보세구역으로 지정할 필요가 있다고 인정하는 지역을 그 지정대상으로 한다. 1.「외국인투자촉진법」에 의한 외국인투자지역 2.「산업입지 및 개발에 관한 법률」에 의한 산업단지 3. 삭제 <2007.4.5> 4.「유통산업발전법」에 의한 공동집배송센터 5.「물류시설의 개발 및 운영에 관한 법률」에 따른 물류단지 6. 기타 종합보세구역으로 지정됨으로써 외국인투자촉진·수출증대 또는 물류촉진 등의 효과가 있을 것으로 예상되는 지역 ② 법 제197조제1항의 규정에 의하여 종합보세구역의 지정을 요청하고자 하는 자(이하 "지정요청자"라고 한다)는 다음 각 호의 사항을 기재한 지정요청서에 당해 지역의 도면을 첨부하여 관세청장에게 제출하여야 한다. 1. 당해 지역의 소재지 및 면적 2. 구역안의 시설물현황 또는 시설계획 3. 사업계획 ③ 관세청장은 직권으로 종합보세구역을 지정하고자 하는 때에는 관계중앙행정기관의 장 또는 지방자치단체의 장과 협의하여야 한다.

5) 반출입물품의 범위 등

① 종합보세구역에서 소비 또는 사용되는 물품으로서 기획재정부령이 정하는 물품은 수입통관 후 이를 소비 또는 사용하여야 한다.
② 종합보세구역에 반입한 물품의 장치기간은 이를 제한하지 아니한다(관세청장이 수출입물품의 원활한 유통을 촉진하기 위하여 필요하다고 인정하여 지정한 장소에 반입되는 물품의 경우 1년의 범위 안에서 관세청장이 정하는 기간).
③ 세관장은 국가안전·공공질서·국민보건 또는 환경보전 등에 지장이 초래되거나 종합보세구역의 지정목적에 부합되지 아니하는 물품이 반입·반출되고 있다고 인정되는 때 당해 물품의 반입·반출을 제한할 수 있다.

6) 운영인의 물품관리

① 운영인은 종합보세구역에 반입된 물품을 종합보세기능별로 구분하여 관리하여야 한다.
② 세관장은 종합보세구역에 장치된 물품 중 유치/예치규정에 해당되는 물품은 매각할 수 있다.
③ 운영인은 종합보세구역에 반입된 물품을 종합보세구역 안에서 이동·사용 또는 처분을 하는 때에는 장부 또는 전산처리장치를 이용하여 그 기록을 유지하여야 한다. 이 경우 기획재정부령이 정하는 물품에 대하여는 미리 세관장에게 신고하여야 한다.

7) 설비의 유지의무 등

① 운영인은 종합보세기능의 수행에 필요한 시설 및 장비 등을 유지하여야 한다.
② 종합보세구역에 장치된 물품에 대하여 보수작업을 하거나 종합보세구역 밖에서 보세작업을 하고자 하는 자는 세관장에게 신고하여야 한다.

8) 종합보세구역에 대한 세관의 관리 등

① 세관장은 관세채권의 확보, 감시·단속 등 종합보세구역의 효율적인 운영을 위하여 출입을 통제하거나 운송하는 물품을 검사할 수 있다.
② 세관장은 종합보세구역에 반입·반출되는 물품의 반입·반출 상황, 그 사용 또는 처분내역 등을 확인하기 위하여 장부나 전산처리장치를 이용한 기록을 검사/조사할 수 있으며, 운영인으로 하여금 업무실적 등 필요한 사항을 보고하게 할 수 있다.
③ 관세청장은 종합보세구역 안에 있는 외국물품의 감시·단속에 필요하다고 인정되는 경우 지정요청자에게 보세화물의 불법유출, 분실, 도난방지 등을 위한 시설의 설치를 요구할 수 있다.

9) 종합보세구역지정의 취소 등

① 관세청장은 종합보세구역을 존속시킬 필요가 없다고 인정되는 때에는 종합보세구역의 지정을 취소할 수 있다.
② 운영인의 종합보세기능 중지 사유
  ㉠ 운영인의 결격사유에 해당하는 경우
  ㉡ 운영인이 수행하는 종합보세기능과 관련하여 반입·반출되는 물량 감소 등의 사유가 발생한 경우

05 유치 및 매각 등

1) 유치 및 예치

① 허가·승인·표시 기타 조건이 구비되지 아니한 것은 세관장이 이를 유치할 수 있다.
  ㉠ 여행자의 휴대품
  ㉡ 우리나라와 외국 간을 왕래하는 운송수단에 종사하는 승무원의 휴대품

② 유치한 물품은 그 사유가 해소되었거나 반송하는 경우에 한하여 그 유치를 해제한다.

③ 수입할 의사가 없는 물품은 세관장에게 신고하여 일시 예치시킬 수 있다.

2) 유치 및 예치물품의 보관

① 유치 또는 예치한 물품은 세관장이 관리하는 장소에 보관한다.

② 세관장은 유치 또는 예치된 물품의 원활한 통관을 위하여 필요하다고 인정되는 때에는 당해 물품을 유치 또는 예치될 때에 유치 또는 예치기간 내에 수출·수입 또는 반송하지 아니하면 매각한다는 뜻을 통고할 수 있다.

3) 매각대상 및 매각절차

① 세관장은 보세구역에 반입한 외국물품의 장치기간이 지나면 그 사실을 공고한 후 해당 물품을 매각할 수 있다.

기간 경과되기 전 공고 후 매각 대상물품

① 살아 있는 동식물
② 부패하거나 부패할 우려가 있는 것
③ 창고나 다른 물품에 해를 끼칠 우려가 있는 것
④ 기간이 지나면 사용할 수 없게 되거나 상품가치가 현저히 감소될 우려가 있는 것
⑤ 화주의 요청이 있는 것

---

② 공고할 여유가 없는 때에는 매각한 후 공고할 수 있다.

③ 매각된 물품의 질권자 또는 유치권자는 그 물품을 매수인에게 인도하여야 한다.

④ 매각대행기관을 통하여 대행할 수 있는 경우

　㉠ 신속한 매각을 위하여 사이버몰 등에서 전자문서를 통하여 매각하고자 하는 경우

　㉡ 매각에 전문지식이 필요한 경우

　㉢ 기타 특수한 사정이 있어 직접 매각하기에 적당하지 아니하다고 인정되는

경우

⑤ 매각대행기관이 매각을 대행하는 경우에는 매각대행기관의 장을 세관장으로 본다.

⑥ 매각대행기관이 매각을 대행하는 경우에는 매각대행에 따른 실비 등을 참작하여 수수료를 지급할 수 있다.

4) 통고

① 세관장은 장치기간경과물품을 매각하고자 하는 경우 화주 등에 대하여 통고일부터 1월내에 당해 물품을 수출/수입/반송을 통고하여야 한다.

② 화주 등이 분명하지 아니하거나 소재가 불명하여 통고를 할 수 없는 경우 공고한다.

5) 매각방법

① 매각은 일반경쟁입찰·지명경쟁입찰·수의계약·경매 및 위탁판매에 의하여야 한다.

② 경쟁입찰의 방법으로 매각히려는 경우 매각되지 아니하였을 때에는 5일 이상의 간격을 두어 다시 입찰에 부칠 수 있으며 그 예정가격은 최초 예정가격의 100분의 10 이내의 금액을 입찰에 부칠 때마다 줄일 수 있다. 이 경우에 줄어들 예정가격 이상의 금액을 제시하는 응찰자가 있을 때에는 대통령령으로 정하는 바에 따라 그 응찰자가 제시하는 금액으로 수의계약을 할 수 있다.

③ 경매 또는 수의계약에 의한 매각
다음 각 호의 어느 하나에 해당하는 경우에는 경매나 수의계약으로 매각할 수 있다.

1. 제2항에 따라 2회 이상 경쟁입찰에 부쳐도 매각되지 아니한 경우

2. 매각물품의 성질·형태·용도 등을 고려할 때 경쟁입찰의 방법으로 매각할 수 없는 경우

④ 매각되지 아니한 물품과 대통령령으로 정하는 물품5에 대하여는 위탁판매의

---

5 동법 시행령 제222조(매각방법 등) ① 법 제210조제2항의 규정에 의한 예정가격의 체감은 제2회 경쟁입찰 때부터 하되, 그 체감한도액은 최초예정가격의 100분의 50으로 한다. 다만, 관세

방법에 의하여 매각할 수 있다.

⑤ 매각된 물품의 경우 최초예정가격을 기초로 하여 과세가격을 산출한다.

⑥ 세관장은 매각할 때에는 매각 물건, 매각 수량, 매각 예정가격 등을 매각 시작 10일 전에 공고하여야 한다.

6) 잔금처리

① 세관장은 매각대금을 그 매각비용, 관세, 각종 세금의 순으로 충당하고, 잔금이 있을 때에는 이를 화주에게 교부한다.

② 매각하는 물품의 질권자나 유치권자는 해당 물품을 매각한 날부터 1개월 이내에 그 권리를 증명하는 서류를 세관장에게 제출하여야 한다.

③ 세관장은 매각된 물품의 질권자나 유치권자가 있을 때에는 그 잔금을 화주에

청장이 정하는 물품을 제외하고는 최초예정가격을 기초로 하여 산출한 세액이하의 금액으로 체감할 수 없다. ② 응찰가격 중 다음 회의 입찰에 체감될 예정가격보다 높은 것이 있는 때에는 응찰가격의 순위에 따라 법 제210조제2항의 규정에 의한 수의계약을 체결한다. 단독응찰자의 응찰가격이 다음 회의 입찰시에 체감될 예정가격보다 높은 경우 또는 공매절차가 종료한 물품을 최종 예정가격 이상의 가격으로 매수하려는 자가 있는 때에도 또한 같다. ③ 제2항의 경우 수의계약을 체결하지 못하고 재입찰에 부친 때에는 직전입찰에서의 최고응찰가격을 다음 회의 예정가격으로 한다. ④ 제2항의 규정에 의하여 수의계약을 할 수 있는 자로서 그 체결에 응하지 아니하는 자는 당해 물품에 대한 다음 회 이후의 경쟁입찰에 참가할 수 없다. ⑤ 법 제210조제4항에서 "대통령령으로 정하는 물품"이란 다음 각 호의 어느 하나에 해당하는 물품 중에서 관세청장이 신속한 매각이 필요하다고 인정하여 위탁판매대상으로 지정한 물품을 말한다. 1. 부패하거나 부패의 우려가 있는 물품 2. 기간경과로 사용할 수 없게 되거나 상품가치가 현저히 감소할 우려가 있는 물품 3. 공매하는 경우 매각의 효율성이 저하되거나 공매에 전문지식이 필요하여 직접 공매하기에 부적합한 물품 ⑥ 법 제210조제4항의 규정에 의하여 위탁판매하는 경우 판매가격은 당해 물품의 최종예정가격(제5항의 규정에 해당하는 물품은 제7항의 규정에 의하여 산출한 가격을 말한다)으로 하고, 위탁판매의 장소·방법·수수료 기타 필요한 사항은 관세청장이 정한다. ⑦ 법 제210조의 규정에 의하여 매각한 물품의 예정가격과 매각된 물품의 과세가격은 관세청장이 정하는 바에 의하여 산출한다. ⑧ 법 제210조의 규정에 의하여 매각한 물품으로 다음 각호의 1에 해당하는 물품은 수출하거나 외화를 받고 판매하는 것을 조건으로 매각한다. 다만, 제2호의 물품으로서 관세청장이 필요하다고 인정하는 물품은 주무부장관 또는 주무부장관이 지정하는 기관의 장과 협의하여 수입하는 것을 조건으로 판매할 수 있다. 1. 법률에 의하여 수입이 금지된 물품 2. 기타 관세청장이 지정하는 물품 ⑨ 법 제210조제3항제2호에서 "매각물품의 성질·형태·용도 등을 고려할 때 경쟁입찰의 방법으로 매각할 수 없는 경우"란 다음 각 호의 어느 하나에 해당하는 경우를 말한다. 1. 부패·손상·변질 등의 우려가 현저한 물품으로서 즉시 매각하지 아니하면 상품가치가 저하할 우려가 있는 경우 2. 물품의 매각예정가격이 50만원 미만인 경우 3. 경쟁입찰의 방법으로 매각하는 것이 공익에 반하는 경우

게 교부하기 전에 그 질권이나 유치권에 의하여 담보된 채권의 금액을 질권자나 유치권자에게 교부한다.

④ 제3항에 따라 질권자나 유치권자에게 공매대금의 잔금을 교부하는 경우 그 잔금액이 질권이나 유치권에 의하여 담보된 채권액보다 적고 교부받을 권리자가 2인 이상인 경우에는 세관장은 「민법」이나 그 밖의 법령에 따라 배분할 순위와 금액을 정하여 배분하여야 한다.

⑤ 잔금의 교부는 관세청장이 정하는 바에 따라 일시 보류할 수 있다.

⑥ 매각대행기관이 매각을 대행하는 경우에는 매각대행기관이 제1항부터 제5항까지의 규정에 따라 매각대금의 잔금처리를 대행할 수 있다.

7) 국고귀속

(1) 의의

장치기간이 경과한 외국물품을 매각하려고 공매에 붙였으나 매각되지 않는 경우에는 무한정 그 물품을 보세구역에 장치할 수 없으므로 장치장소에서 그 물품을 반출할 수 있는 기회를 다시 한 번 그 물품의 화주에게 주고 그래도 반출되지 않을 때에는 부득이 국민의 사유재산권을 다소 제한하는 경우라 할지라도 그 물품의 소유권을 국고에 귀속시킬 수 있다.

(2) 국고귀속의 절차

① 예정통고

세관장은 장치기간경과물품의 매각규정에 의하여 처분되지 아니한 물품에 대하여는 해당 물품의 화주 등에 대하여 장치장소로부터 지체없이 반출할 것을 통고하여야 한다.

통고일로부터 당해 물품이 1월 내에 반출되지 아니할 때에는 소유권이 포기된 것으로 보고 이를 국고에 귀속시킬 수 있다.

국고귀속예정통고를 할 때에는 등기우편으로 하여야 하고, 통고일로부터 1월 내에 수입, 수출 또는 반송의 신고수리를 받아, 장치장소로부터 반출할 것과 만일 반출기한 내에 반출하지 않을 때에는 그 물품의 소유권을 포기한 것으로 보고 그 물품을

관세법

국고에 귀속시킨다는 요지를 기재하여야 한다. 만일 그 물품의 화주, 반입자 또는 그 위임을 받은 자의 주소·거소가 불분명하여 국고귀속 예정통고를 할 수 없을 때에는 세관게시판에 게시공고로써 이에 갈음할 수 있다.

② 국고귀속의 시기

국고귀속예정통고서상의 반출기한 내에 해당 물품을 반출하지 아니할 때에는 그 물품의 소유권을 포기한 것으로 보고 국고에 귀속시킬 수 있다. 이는 민법 제252조(무주물의 귀속)제1항에 규정된 무주물의 점유자 소유권 취득 원칙에 의거 매각절차를 거치지 않고 국고귀속 조치를 할 수 있는 것이다. 그리고 국고귀속된 물품은 다시 한 번 국고귀속 공매를 하고 그래도 매각되지 않을 때는 소요부처·기관 및 단체에 배정하거나 폐기처분하게 된다.

제 8 장   운 송

　보세운송은 보세화물을 보세상태에서 운송하는 것을 말한다. 외국물품을 국내에서 운송함에 있어서는 관세징수의 확보, 무면허유출의 방지 등을 위해 보세운송의 발송지와 도착지를 한정하여 개항, 보세구역, 세관관서, 통관장, 통관역, 타소장치 허가를 받은 장소 간에만 보세운송을 할 수 있게 하고 있다.

　1996년 7월 1일부터 개정관세법의 시행에 맞추어 종전의 보세운송면허제를 보세운송신고제로 전환하여 신고방법을 이원화하였다. 즉 보세운송신고와 보세운송승인이 그것이다. 보세운송신고는 간이보세운송업자 등이 보세운송제한물품 이외의 물품을 보세운송담보, 물품검사 등이 없이 보세운송신고수리가 되는 것을 말하며, 보세운송승인은 보세운송제한물품에 대해 보세운송 담보제공 및 물품검사 등을 하고 보세운송승인을 받는 것을 말한다. 또한 수출물품에 대하여 ① 보세공장 제조 수출물품 ② 수출자유지역 제조 수출물품 ③ 반송물품 등을 제외하고는 원칙적으로 보세운송제도를 폐지하고 대신에 수출신고수리일로부터 30일 내에 선적하는 제도로 변경되었다. 그리고 입항 전 사전보세운송을 전면 허용하여 적하목록이 정확하게 작성되어 세관에 제출된 물품은 입항 전 또는 하선(기)장소반입 전이라도 사전보세운송신고를 하고 입항 즉시 부두에서 직보세 운송하여 반출할 수 있게 하였다. 통관화물 보세운송절차를 간소화하여 이적허가신청서와 통합하였으며, 간이보세운송업자 등을 통폐합하고 단순화하여 일반간이보세운송업자 및 특정물품 간이보세운송업자 등으로 분류하였다. 보세운송제도의 운영과 관리에 대하여 관세법 및 동 시행령에 따른 세부사항을 규정하기 위하여 보세운송에 관한 고시가 운용되고 있다.

　보세운송을 하고자 하는 자는 세관장에게 보세운송의 신고 또는 승인을 얻어야 하며, 세관장은 관세채권의 확보상 필요하다고 인정되는 경우 담보를 제공하도록 규정하고 있다.

　내국물품을 외국무역선에 의하여 운송하는 경우에도 세관장의 승인을 얻어야 하며, 당해 물품을 보세구역에 반입·장치하여야 한다. 현행 관세법상 보세운송에 관한 규정은 다음과 같다.

01 보세운송의 신고

제213조(보세운송의 신고)
① 외국물품은 다음 각 호의 장소 간에 한정하여 외국물품 그대로 운송할 수 있다. 다만, 제248조에 따라 수출신고가 수리된 물품은 해당 물품이 장치된 장소에서 다음 각 호의 장소로 운송할 수 있다.
1. 개항
2. 보세구역
3. 제156조에 따라 허가된 장소
4. 세관관서
5. 통관역
6. 통관장
7. 통관우체국
② 제1항에 따라 보세운송을 하려는 자는 관세청장이 정하는 바에 따라 세관장에게 보세운송의 신고를 하여야 한다. 다만, 물품의 감시 등을 위하여 필요하다고 인정하여 대통령령으로 정하는 경우에는 세관장의 승인을 받아야 한다.
③ 세관공무원은 감시·단속을 위하여 필요하다고 인정될 때에는 관세청장이 정하는 바에 따라 보세운송을 하려는 물품을 검사할 수 있다.
④ 수출신고가 수리된 물품은 관세청장이 따로 정하는 것을 제외하고는 보세운송절차를 생략한다.
⑤ 제2항과 제3항에 따른 보세운송의 신고·승인 및 검사에 대하여는 제247조와 제250조를 준용한다.

① 외국물품은 다음 장소간에 한하여 외국물품 그대로 운송할 수 있다.
  ㉠ 개항
  ㉡ 보세구역
  ㉢ 제156조의 규정에 의하여 허가된 장소

    ㄹ 세관관서

    ㅁ 통관역

    ㅂ 통관장

    ㅅ 통관우체국

② 보세운송을 하고자 하는 자는 세관장에게 보세운송의 신고를 하여야 한다.

③ 감시·단속을 위하여 필요하다고 인정되는 때에는 보세운송물품을 검사할 수 있다.

④ 수출신고가 수리된 물품에 대하여는 관세청장이 따로 정하는 것을 제외하고는 보세운송절차를 생략한다.

보세운송의 신고인

① 화주

② 관세사 등

③ 보세운송업자

보세운송을 하고자 하는 자는 관세청장이 정한 바에 따라 세관장에게 보세운송의 신고를 하여야 한다. 다만, 물품의 감시 등을 위하여 필요하다고 인정하여 대통령령으로 정하는 경우에는 세관장의 승인을 받아야 한다. 보세운송신고를 하거나 승인을 얻고자 하는 자는 다음 각 호의 사항을 기재한 신고(또는 신청)서를 세관장에게 제출하여야 한다. 다만, 외국무역선 또는 외국무역기에의 효율적인 적재·하선(기)을 위하여 필요하거나 세관의 감시단속상 지장이 없다고 인정하여 관세청장이 따로 정하는 경우에는 그 정하는 바에 의한다.

① 운송수단의 종류·명칭 및 번호

② 운송통로와 목적지

③ 화물상환증, 선하증권 번호 또는 항공화물운송장번호와 물품의 적재지, 생산지 또는 제조지

④ 포장의 종류·번호 및 개수

⑤ 품명·규격·수량 및 가격

⑥ 운송기간

⑦ 화주의 명칭(성명)·주소·사업자등록번호 및 대표자성명

그리고, 보세운송하고자 하는 물품이 동일한 보세구역으로부터 동일한 목적지로 운송되는 경우에는 1건으로 일괄하여 보세운송신고를 할 수 있으며, 수출 또는 반송할 물품을 보세운송하고자 하는 경우에는 "수출(반송)신고서"에 필요한 사항을 기입하고, 보세운송 신고인란에는 실제 운송하는 사람을 신고인으로 하여 세관장에게 신고해야 한다.

보세운송을 하고자 하는 물품 중 세관공무원은 감시·단속을 위하여 필요하다고 인정하는 경우에는 관세청장이 정하는 바에 의하여 당해 물품에 대한 검사를 할 수 있다. 다만, 세관장이 감시단속상 현품검사의 필요성이 없다고 인정되는 물품에 대해서는 검사의 일부 또는 전부를 생략할 수 있다.

02 보세운송기간 경과시의 징수

보세운송하는 외국물품이 지정된 기간 내에 목적지에 도착하지 아니한 때에는 즉시 그 관세를 징수한다. 다만, 해당 물품이 재해나 그 밖의 부득이한 사유로 망실되었거나 미리 세관장의 승인을 받아 그 물품을 폐기하였을 때에는 그러하지 아니하다. 보세운송인이 물품을 보세구역에 도착시킨 경우에는 지체없이 보세운송신고필증 2부를 보세구역설영인 또는 화물관리인에게 제시하고 물품을 인계한다. 한편 도착된 물품에 과부족이 있거나 이상이 발견된 경에는 지체없이 세관장에게 보고하고, 보고받은 세관장은 담당공무원에게 그 실태를 조사하게 할 수 있다.

03 조난물품의 운송

① 재해 기타 부득이한 사유로 인하여 선박/항공기로부터 내린 외국물품은 물품이 있는 장소로부터 제213조제1항의 장소에 운송할 수 있다.
② 외국물품을 운송하고자 하는 자는 승인을 얻어야 한다. 다만, 긴급을 요하는 때에는 세관공무원 또는 국가경찰공무원에게 신고하여야 한다.
③ 신고를 받은 국가경찰공무원은 지체없이 그 요지를 세관공무원에게 통보하여야 한다.

보세운송의 보고, 보세운송통로, 보세운송기간 경과시의 징수, 보세운송의 담보의 규정은 조난물품의 운송의 경우에 이를 준용한다. 조난 물품의 운송승인을 받고자 하는 자는 법 제110조 제1항(보세운송신청서의 기재사항) 각 호의 사항을 기재한 신청서를 세관장에게 제출하여야 한다.

세관장은 운송거리 기타의 사정을 참작하여 필요가 없다고 인정할 때에는 보세운송신청서 기재사항 중 일부를 생략하게 할 수 있다.

04 간이보세운송

세관장은 보세운송을 하고자 하는 물품의 성질 및 형태, 보세운송업자의 신용도 등을 감안하여 관세청장이 정하는 바에 의하여 보세운송업자 또는 물품을 지정하여 신고절차의 간소화, 검사의 생략, 담보제공의 면제의 조치를 할 수 있다.

05 내국운송의 신고

내국물품을 외국무역선에 의하여 운송하는 것을 내국운송이라고 한다. 예컨대, 인천항에 입항한 외국무역선에 적재된 외국물품을 수입신고가 수리된 후 그 일부만을 양륙하고, 잔여분은 내국물품 상태로 당해 선박으로 부산항까지 다시 운송하는 경우를 말한다.

내국물품을 외국무역선(기)에 의하여 운송하고자 하는 때 내국운송의 신고를 하여야 한다.

06 보세운송업자 등

1) 보세운송업자 등의 등록

① 다음 각 호의 어느 하나에 해당하는 자(이하 "보세운송업자 등"이라 한다)는 대통

령령으로 정하는 바에 따라 관세청장이나 세관장에게 등록하여야 한다.

ㄱ 보세운송업자

ㄴ 보세화물을 취급하려는 자로서 다른 법령에 따라 화물운송의 주선을 업으로 하는 자(이하 "화물운송주선업자"라 한다)

ㄷ 외국무역선·외국무역기 또는 국경출입차량에 물품을 하역하는 것을 업으로 하는 자

ㄹ 외국무역선·외국무역기 또는 국경출입차량에 다음 각 목의 어느 하나에 해당하는 물품 등을 공급하는 것을 업으로 하는 자

　가. 선용품

　나. 기용품

　다. 차량용품

　라. 선박·항공기 또는 철도차량 안에서 판매할 물품

　마. 용역

ㅁ 개항 안에 있는 보세구역에서 물품이나 용역을 제공하는 것을 업으로 하는 자

ㅂ 외국무역선·외국무역기 또는 국경출입차량을 이용하여 상업서류나 그 밖의 견본품 등을 송달하는 것을 업으로 하는 자

② 등록의 기준·절차 등에 관하여 필요한 사항은 대통령령으로 정한다.

③ 관세청장이나 세관장은 필요하다고 인정할 때는 보세운송업자 등에게 그 영업에 관하여 보고를 하게 하거나 장부 또는 그 밖의 서류를 제출하도록 명할 수 있다.

④ 관세청장이나 세관장은 화물운송주선업자에게 해당 업무에 관하여 보고하게 할 수 있다.

⑤ 등록의 유효기간은 3년으로 하되, 대통령령으로 정하는 바에 따라 갱신할 수 있다. 다만, 관세청장이나 세관장은 안전관리 기준의 준수 정도 측정·평가 결과가 우수한 자가 등록을 갱신하는 경우에는 유효기간을 2년의 범위에서 연장하여 정할 수 있다.

2) 보세운송업자 등의 등록요건

① 결격사유에 해당하지 아니할 것

관세법

② 관련 법령에 의한 면허·허가·지정 등을 받거나 등록을 할 것

③ 관세 및 국세의 체납이 없을 것

④ 보세운송업자 등록이 취소된 후 2년이 경과될 것

3) 보세운송업자 등의 행정제재

① 세관장은 보세운송업자등이 다음 각 호의 어느 하나에 해당하는 경우에는 등록의 취소, 6개월의 범위에서의 업무정지 또는 그 밖에 필요한 조치를 할 수 있다. 다만, ㉠ 및 ㉡에 해당하는 경우에는 등록을 취소하여야 한다.

㉠ 거짓이나 그 밖의 부정한 방법으로 등록을 한 경우

㉡ 운영인의 결격사유 각 호의 어느 하나에 해당하는 경우

㉢ 「항만운송사업법」 등 관련 법령에 따라 면허·허가·지정·등록 등이 취소되거나 사업정지처분을 받은 경우

㉣ 보세운송업자등(그 임직원 및 사용인을 포함한다)이 보세운송업자등의 업무와 관련하여 이 법이나 이 법에 따른 명령을 위반한 경우

㉤ 보세운송업자등의 명의대여 등의 금지를 위반한 경우

㉥ 보세운송업자등(그 임직원 및 사용인을 포함한다)이 보세운송업자등의 업무와 관련하여 「조세범 처벌법」 제4조제4항에 따른 과태료를 부과받은 경우

② 세관장은 ①에 따른 업무정지가 그 이용자에게 심한 불편을 주거나 공익을 해칠 우려가 있을 경우에는 보세운송업자등에게 업무정지처분을 갈음하여 해당 업무 유지에 따른 매출액의 100분의 3 이하의 과징금을 부과할 수 있다. 이 경우 매출액 산정, 과징금의 금액 및 과징금의 납부기한 등에 관하여 필요한 사항은 대통령령으로 정한다.

③ ②에 따른 과징금을 납부하여야 할 자가 납부기한까지 납부하지 아니한 경우 과징금의 징수에 관하여는 담보 등이 없는 경우의 관세징수 규정(제26조)을 준용한다.

4) 보세화물 취급 선박회사 등의 신고 및 보고

① 보세화물을 취급하는 선박회사 또는 항공사(그 업무를 대행하는 자를 포함한다.

이하 같다.)는 대통령령으로 정하는 바에 따라 세관장에게 신고하여야 한다. 신고인의 주소 등의 중요한 사항을 변경한 때에도 또한 같다.

② 세관장은 통관의 신속을 기하고 보세화물의 관리절차를 간소화하기 위하여 필요하다고 인정할 때에는 선박회사 또는 항공사로 하여금 해당 업무에 관하여 보고하게 할 수 있다.

제 9 장　통　관

　　통관이란 관세법에 의해서 수출, 수입, 반송되는 것을 의미한다. 즉, 대외무역법상 수출과 수입을 위해서 현장에 장치되어 있는 물품과 관세법상 수출과 수입을 위해 신고한 서류와의 일치성 여부를 판단하는 것이 통관이다. 따라서 서류상에 부족한 부분이나 의심이 있는 경우 현장에 있는 물품을 확인하는 과정을 가지게 되는데 이 것이 수출입 검사이다.

　　통관은 수입통관, 수출통관, 반송통관, 휴대품통관, 우편물통관 등으로 구분할 수 있는데, 이 중에서 휴대품과 우편물의 통관을 간이통관이라고 한다. 이러한 통관제도는 관세의 징수와는 직접 관련이 없는 별개의 제도이다. 이전 수입면허제가 시행되던 시기에 있어서는 통관과 징수의 절차가 함께 이루어졌으나, 현행의 통관제도는 신용담보나 포괄담보 등을 제공하면 우선 물품을 사전에 반출하고 나중에 관세 등 제세를 사후 납부할 수 있도록 하고 있다.

　　우리나라는 전자통관을 원칙으로 하고 있으며, 이 장은 제2장 과세와 더불어 관세법상 가장 핵심이 되는 부분으로 현행 관세법상 통관의 의의와 절차 등에 대해서 자세히 살펴보고자 한다.

제226조(허가·승인 등의 증명 및 확인)
① 수출입을 할 때 법령에서 정하는 바에 따라 허가·승인·표시 또는 그 밖의 조건을 갖출 필요가 있는 물품은 세관장에게 그 허가·승인·표시 또는 그 밖의 조건을 갖춘 것임을 증명하여야 한다.
② 통관을 할 때 제1항의 구비조건에 대한 세관장의 확인이 필요한 수출입물품에 대하여는 다른 법령에도 불구하고 그 물품과 확인방법, 확인절차, 그 밖에 필요한 사항을 대통령령으로 정하는 바에 따라 미리 공고하여야 한다.

---

01 수출입 통관

1) 수출통관절차

수출통관절차란 물품의 수출신고에서 수출신고의 수리까지의 과정에 해당되는 것이다. 수출자는 세관에서 수출신고를 하기 전에 산업통상자원부장관 또는 관계행정기관의 장의 수출승인(E/L)을 받아야 하고 해당 수출품을 통관하려는 세관에서 수출신고를 하여야 한다.

수출통관은 선적항의 세관에서 행하며 곧장 선적할 수도 있고 수출품 제조지의 내륙세관에서 운송하여 선적할 수도 있다.

관세법에 따라 수입과 반송의 신고인은 화주 또는 관세사 등(관세사, 관세사법인, 통관취급법인)의 명의로 하여야 하나, 수출신고의 경우에는 화주에게 해당 수출물품을 제조하여 공급한 자의 명의로도 할 수 있다. 이는 「수출용 원재료에 대한 관세 등 환급에 관한 특별법」에 따라 환급을 받고자 하는 자의 절차상의 편의성을 도모하기 위함이다. 그리고 신고서류는 일반적으로 수출신고서와 수출허가(승인)서, 송품장, 포장명세서 등이다. 세관은 수출신고를 받으면 우선 구비서류를 심사하고 세관검사대상품목에 대하여 현품을 검사하며 분석을 요하는 물품에 대하여는 분석을 하기도 하나, 세관검사대상품목이 아닌 물품은 서면심사만 한다. 심사와 검사가 끝나면 수출신고수리를 하고 수출신고필증을 교부받아 당해 물품을 선(기)적항의 보세구역에 보세운송하여 선(기)적하게 된다.

1996년부터 시행되는 관세법에서는 수출통관절차를 대폭 간소화하여 수출신고를 하면 관리대상인 일부품목(예: 법 제145조의 세관장 확인대상물품, 지식재산권 침해우려 물품, 우범성 정보가 있는 것 등)을 제외하고는 즉시 신고수리가 되게 하였고, 신고절차도 EDI시스템(전자자료교환방식)을 도입, 전자문서로 하게 하여 통관의 신속화를 기하였다.

2) 수입통관절차

수입통관절차는 관세의 징수, 감면, 분할납부승인, 징수유예승인 등의 절차가 겹쳐있기 때문에 수출통관의 경우보다 그 절차가 훨씬 복잡하다.

수입신고 전 절차를 살펴보면, 우선 관계행정기관의 장의 수입승인(I/L)을 받고 선화증권(B/L)·송품장·보험증권 등의 선적서류를 외국환은행으로부터 수령하여 이 중에서 선화증권을 선박회사에 제출하여 화물인도지시서(Delivery Order;D/O)를 발급받고, 화물을 양륙(하역)하여 보세구역반입 또는 타소장치 허가를 얻어 타소장치를 하고 수입신고를 한다.

수입신고는 장치확인이 되어야 할 수 있고 신고인은 화주 또는 관세사 등이어야 하며, 신고서류는 일반적으로 수입신고서, 수입승인서, 송품장 등 평가자료를 첨부한 가격신고서, 포장명세서, 원산지증명서(양허세율적용 품목에 한한다) 등이다.

신고납부의 규정에 의한 신고납부 대상물품의 수입신고서는 납세신고서를 겸하고 있기 때문에 이 경우에는 과세표준·세율·세액 등을 납세의무자의 책임 하에 기입하여 신고납부서를 첨부하여 제출하여야 한다. 수입신고된 수입품은 검사·심사 등을 거쳐 신고가 수리되거나, 즉시 신고가 수리되어 반출 후에 과세가격 평가·납부 등의 절차가 이루어진다.

1996년부터 시행된 개정관세법에서는 수입통관절차를 신속·간소화하기 위하여 특정화물(LCL화물 등) 이외에는 입항 전에 수입신고를 할 수 있고, 특정의 관리대상(심사·검사대상) 물품 이외에는 형식요건만 갖추면 즉시 신고수리하고, 수리 후에 심사, 세금납부를 할 수 있게 하였다. 그 과정에서 납세신고한 납세의무자는 수정신고를 할 수 있고 세관장은 신고사항의 경정을 할 수 있다. 수입신고가 수리되면 수입신고필증을 교부받아서 이를 D/O(화물인도지시서)와 함께 물품을 장치한 보세구역 등에 제시하여 물품을 반출하게 된다.

감면 또는 분할납부의 승인 및 징수유예를 받을 물품은 수입신고 시부터 수입신고수리 전까지 사이에 신청을 하여 감면, 분납승인 또는 징수유예를 받고 이에 따른 담보조치 등을 하고 수입신고수리를 얻는다.

수입통관에도 EDI시스템(전자자료교환방식)이 1996년 7월부터 도입되어 신고자료를 신고인이 전송으로 보내어 수입신고를 할 수 있고, 특정물품에 대하여는 일반수입신고서류의 제출을 생략하고 전자서류에 의거하여 수입신고 할 수 있게 하며, 신고수리 여부도 전산으로 조회할 수 있게 하였으며, 현행 우리나라는 전자통관을 원칙으로 하고 있으며 관세청 전자통관시스템(UNIPASS)을 통하여 신속하고 건전한 통관을 제도를 실시하고 있다.

UNIPASS 통관제도

1) UNIPASS의 의의

① 관세청전자통관시스템(UNIPASS)은 관세청에서 현재 운용하고 있는 수출입 통관절차와 관련하여 필수적으로 결합되어 일관성 있게 가동되는 시스템이다.

② 수출통관시스템, 수입통관시스템, 징수시스템, 수출 및 수입화물관리시스템, 환급시스템, 통관단일창구시스템으로 구성되어 있으며, 수출 및 수입화물관리시스템의 경우 B/L번호만 입력하면 수출입화물에 대한 위치정보를 기업이 직접 사무실에서 확인할 수 있다.

2) 전자통관시스템(UNIPASS)의 구성

① 수출통관시스템
② 수입통관시스템
③ 징수시스템
④ 수출 및 수입화물관리시스템
⑤ 환급시스템
⑥ 통관단일창구시스템

표 9-1 전자통관시스템의 구축 성과

경제적 성과	정성적 성과
물류비용 절감: 2조 2,106억원('05년)	업무처리시간 단축
화물처리비용 등 연간 200억원 절감	인력절감효과
통관단일창구 구축으로 인한 관리비용 절감	업무처리의 투명성 확보
WCO 회원국가 중 가장 빠른 통관시스템 구축	무역거래의 원스톱(One-Stop)단일창구 역할

3) 반송절차

반송이란 외국으로부터 우리나라에 도착된 물품을 어떠한 사정에 의하여 수출신고의 수리를 얻지 않고 이를 다시 외국에 반출하는 것을 말한다. 즉, 외국물품을 외국물품 상태로 다시 반출하는 것을 의미한다.

이와 같은 반송을 하는 경우로는 ① 수입한 외국물품이 위약물품이기 때문에 보세구역에서 바로 반송하는 경우, ② 수입외국물품에 대한 수입신고의 요건을 갖추지 못하여 반송하는 경우(수입승인을 받지 못한 경우 및 당해 물품에 부과된 관세 등을 납부하지 않은 경우 등), ③ 중계무역을 위하여 보세창고에 반입·장치한 물품을 제3국으로 반출하는 경우, ④ 전시를 위하여 보세전시장에 반입한 외국물품을 전시를 마치고 외국으로 다시 반출하는 경우, ⑤ 외국무역선(기)의 선(기)내에서 판매하기 위하여 수입한 외국물품(양주·담배 등)을 보세창고에 반입하였다가 반송의 승인을 받고 선(기)내에 적재하는 경우 및 ⑥ 보세공장에 반입한 외국물품을 보세가공하여 외국으로 반송하는 경우 등이 있다.

반송절차는 보세구역에 반입된 상태에서 반송신고를 하여 검사를 받은 후 반송의 승인을 받는 절차를 거치는데, 반송의 절차는 일반적으로 수출통관의 절차와 유사하다.

4) 수출·수입 또는 반송의 신고

(1) 신고와 신고수리

물품을 수출·수입(수출자유지역에의 반입을 포함한다) 또는 반송하고자 할 때에는 당해 물품의 품명·규격·수량 및 가격 등 기타 대통령령이 정하는 사항을 세관장에게 신고하여야 한다.

수출·수입 또는 반송의 신고(declaration)란 세관장에게 수출·수입 또는 반송의 의사표시, 즉 수출·수입 또는 반송통관의 의사표시를 말한다. 수출 또는 반송신고의 경우에는 과세되지 않기 때문에 별다른 문제가 없으나 수입신고의 경우에는 그 신고시점에서 과세물건이 확정되고, 신고일에 시행되는 법령, 즉 세율, 환율, 감면세규정 등이 당해 수입물품에 적용되기 때문에 대단히 중요하다.

그리고 1995년 12월 6일 관세법이 개정되어 종전의 수출·수입 또는 반송의 면허제에서 현행의 수출·수입 또는 반송의 신고제로 변경됨에 따라 종전에 사용하던 수출·수입 또는 통관의 면허라는 용어가 삭제되고 수출 또는 수입의 신고수리와 반송의 신고수리제로 변경되었다.

따라서 종전 관세법에서 사용하던 면허란 수출·수입 또는 반송의 신고를 받은 세관장이 신고사항을 확인하여 일정 요건을 갖추었을 때 수출·수입 또는 반송을 신고인에게 허용하는 행위를 말하였고, 현행의 신고수리제도도 수출·수입 또는 반송의 신고를 받은 세관장이 신고사항을 확인하여 소정의 신고요건을 갖추었을 때 수출·수입의 신고수리 또는 반송의 신고를 수리하는 행위를 말한다.

이와 같이 형식적으로는 종전의 수출·수입 또는 반송의 면허제에서 수출·수입 또는 반송의 신고제로 수출입통관제도가 변경되었지만 실질적인 운용면에서는 큰 변동이 없다고 할 수 있다.

또한 수출입의 승인과 신고수리를 비교하여 보면 다음과 같은 점에서 차이가 있다. 즉, 수출입의 승인이란 무역관리를 담당하는 산업통상자원부장관의 위탁을 받은 관계행정기관의 장이 특정물품의 수출입을 추상적으로 허용하는 행위를 말하고, 수출입의 신고수리란 이와 같이 수출입의 승인된 사항을 구체적으로 현품과 대조확인하여 수출입의 승인사항과 부합할 때 당해 물품의 수출입을 현실적으로 가능하게 하는 세관장의 행위이다.

따라서 수출의 신고수리는 내국물품을 외국물품화하는 결과가 되고, 수입의 신고수리는 외국물품을 내국물품화하는 결과를 가져온다. 그러나 수출자유지역에의 반입의 신고수리는 외국물품을 내국물품화하는 것이 아니고 반입신고수리가 되었다 하여도 외국물품의 상태 그대로 존속하는 것이고, 반송승인의 경우에는 외국물품을 외국물품의 상태로 그대로 존속시키는 것이다.

(2) 신고절차

물품을 수출·수입(수출자유지역에의 반입을 포함한다) 또는 반송하고자 할 때에는 당해 물품의 품명·규격·수량 및 가격 기타 대통령령이 정하는 사항을 세관장에게 신고하여야 한다.

상기의 규정에서 대통령령이 정하는 사항이라 함은 다음 각호와 같다.

① 포장의 종류·번호 및 개수

② 목적지·원산지·선적지

③ 원산지표시 대상물품인 경우에는 표시유무·방법 및 형태

④ 상표

⑤ 사업자등록번호·통관고유부호·해외공급자부호 또는 해외구매자부호

⑥ 물품의 장치장소

⑦ 기타 참고사항

그런데, 수입신고를 함에 있어 신고납부의 규정에 의거하여 납세신고를 하고자 하는 자는 수입신고서에 위와 같은 기재사항 이외에 다음과 같은 사항을 기재하여 세관장에게 제출하여야 한다.

① 당해 물품의 관세율표상의 품목분류·세율과 품목분류마다 납부하여야 할 세액 및 그 합계액

② 법 기타 관세에 관한 법률 또는 조약에 의하여 관세의 감면을 받는 경우에는 그 감면액과 법적 근거

③ 특수관계의 범위 각호의 규정에 해당하는지의 여부와 그 내용

④ 기타 과세가격 결정에 참고가 될 사항

그리고 수출입 또는 반송신고의 규정에 의하여 수출·수입 또는 반송의 신고를 하고자 하는 자는 품명·규격·수량·가격 등을 기재한 수출·수입 또는 반송의 신고서를 세관장에게 제출하여야 한다.

(3) 수출·수입 또는 반송의 신고

① 물품을 수출·수입 또는 반송하고자 하는 때에는 당해 물품의 품명·규격·수량 및 가격 등을 세관장에게 신고하여야 한다.

② 신고 생략 또는 간이신고대상

  ㉠ 휴대품·탁송품 또는 별송품

  ㉡ 우편물

  ㉢ 관세가 면제되는 물품

  ㉣ 컨테이너(기본세율이 무세인 것에 한한다)

③ 물품을 반입일 또는 장치일부터 30일 이내에 신고를 하여야 한다.

④ 기간 내에 수입 또는 반송의 신고를 하지 아니하는 때에는 과세가격의 100분의 2에 상당하는 금액의 범위 안에서 가산세를 징수하며 가산세액은 500만원을 초과할 수 없다.

가산세를 징수할 물품은 물품의 신속한 유통이 긴요하다고 인정하여 보세구역의 종류와 물품의 특성을 감안하여 관세청장이 정하는 물품으로 한다고 규정하여 징수대상물품을 다시 관세청장에게 위임하고 있다. 가산세는 가산금과 그 취지와 성격이 다르다. 가산금은 체납세에 부가하여 징수하는 연체세의 성격을 가진 것으로 체납발생을 방지하기 위한 제도라 할 수 있다.

표 9-2 신고기한 경과 가산세

신고기한 경과	가산세
신고기한 경과 20일 이내 신고한 경우	과세가격의 1000분의 5(0.5%)
신고기한 경과 50일 이내 신고한 경우	과세가격의 1000분의 10(1%)

신고기한 경과	가산세
신고기한 경과 80일 이내 신고한 경우	과세가격의 1000분의 15(1.5%)
이외의 경우	과세가격의 1000분의 20(2%)

⑤ 세관장은 다음에 해당하는 경우에는 당해 물품에 대하여 납부할 세액의 100분의 20(제1호의 경우에는 100분의 40으로 하되, 반복적으로 자진신고를 하지 아니하는 경우 등 대통령령으로 정하는 사유에 해당하는 경우에는 100분의 60)에 상당하는 금액을 가산세로 징수한다.

ㄱ 여행자 또는 승무원이 휴대품을 신고하지 아니하여 과세하는 경우

ㄴ 우리나라로 거주를 이전하기 위하여 입국하는 자가 입국하는 때에 수입하는 이사물품을 신고하지 아니하여 과세하는 경우

⑥ 전기·유류 등 대통령령이 정하는 물품을 그 물품의 특성으로 인하여 전선이나 배관 등 대통령령이 정하는 시설 또는 장치 등을 이용하여 수출·수입 또는 반송하는 자는 1개월을 단위로 하여 해당물품에 대한 사항을 대통령령이 정하는 바에 따라 다음 달 10일까지 신고하여야 한다. 이 경우 기간 내에 수출·수입 또는 반송의 신고를 하지 아니하는 때의 가산세 징수에 관하여는 제4항의 규정을 준용한다.

5) 수출·수입·반송 등의 신고인

① 화주 또는 관세사 등의 명의로 하여야 한다.

② 수출신고의 경우에는 화주에게 당해 수출물품을 제조하여 공급한 자의 명의로 할 수 있다.

6) 신고의 요건

① 수입의 신고는 당해 물품을 적재한 선박 또는 항공기가 입항된 후에 한하여 할 수 있다.

② 반송의 신고는 당해 물품이 이 법에 규정된 장치장소에 있는 경우에 한하여 할 수 있다.

③ 밀수출 등 불법행위가 발생할 우려가 높거나 감시단속상 필요하다고 인정하여 대통령령으로 정하는 물품은 관세청장이 정하는 장소에 반입한 후 수출의 신고를 하게 할 수 있다.

7) 입항전수입신고

① 당해 물품을 적재한 선박 또는 항공기가 입항하기 전에 수입신고를 할 수 있다. 이 경우 입항전수입신고가 된 물품은 우리나라에 도착한 것으로 본다.
② 세관장은 입항전수입신고를 한 물품에 대하여 물품검사의 실시를 결정한 때에는 수입신고를 한 자에게 이를 통보하여야 한다.
③ 검사대상으로 결정된 물품은 수입신고를 한 세관의 관할보세구역(보세구역이 아닌 장소에 장치하는 경우 그 장소를 포함한다)에 반입되어야 한다. 다만, 세관장이 적재상태에서 검사가 가능하다고 인정하는 물품은 당해 물품을 적재한 선박 또는 항공기에서 검사할 수 있다.
④ 검사대상으로 결정되지 아니한 물품에 대하여는 입항 전에 그 수입신고를 수리할 수 있다.

8) 물품의 검사

검사는 통관절차에 있어서 매우 중요한 부분이다. 검사를 하는 목적은 수출입물품이 수출입승인서상에 기재된 물품과 동일품명·동일규격의 물품인가, 또 수출입이 금지된 물품은 아닌가를 확인하고, 특히 수출물품에 대하여는 당해 수출물품에 사용된 원재료의 소요량(종류 및 수량)을 확인하여 관세 등 환급액 산출의 정확을 기하게 하고 수입의 경우는 과세가격과 세율을 확정하는 데 정확을 기하려는 데 있다.

이와 같은 검사의 목적을 달성하기 위해서는 모든 수출입물품을 빠짐없이 검사를 하여야 할 것이나 수출입물량에 비하여 이를 검사할 세관의 인력은 한정되어 있어 모든 물품의 전량검사란 불가능할 뿐만 아니라 실제 현품의 검사를 일일이 하지 않아도 별 문제가 없는 물품, 즉 검사의 실효가 없는 물품들에 대하여는 굳이 검사를 할 필요는 없는 것이다. 그리하여 본조에서도 "검사를 할 수 있다"고 표현하여 검사를 할 필요가 있는 물품에 대하여만 검사를 하고 기타의 물품은 검사를 생략하도록 하고 있다.

(1) 물품의 검사

① 세관공무원은 수출·수입 또는 반송하고자 하는 물품에 대하여 검사를 할 수 있다.
② 관세청장은 검사의 효율을 거두기 위하여 검사대상·검사범위·검사방법 등에 관하여 필요한 기준을 정할 수 있다.
③ 화주는 수입신고를 하고자 하는 물품에 대하여 수입신고 전에 관세청장이 정하는 바에 의하여 확인을 할 수 있다.
④ 관세청장 또는 세관장은 제246조에 따른 세관공무원의 적법한 물품검사로 인하여 물품에 손실이 발생한 경우 그 손실을 입은 자에게 보상(이하 "손실보상"이라 한다)하여야 한다.

(2) 수출검사

수출검사에는 원래 수출검사법 등에 의한 검사와 세관검사의 두 가지가 있는데, 그 중 수출검사법 등에 의한 검사란 우리나라 수출품의 대외성가를 유지하기 위한 품질검사를 주목적으로 하여 품목별로 정하여진 수출검사기관에서 하는 것이나, 수출에 지장이 있다는 이유로 원칙적으로 검사를 하지 않도록 하고 있다. 세관검사란 위장수출의 방지, 불법수출의 방지 및 관세 등 환급의 정확을 기하려는 데 그 목적이 있어 수출품의 규격·수량 등의 확인에 주안을 두고 있다.

그러나 신속한 수출통관을 통한 적기선적을 도와줌으로써 수출지원을 한다는 의미에서 세관검사는 특별히 지정된 경우에만 하고 그 밖의 것은 원칙적으로 검사를 생략하고 있다.

검사대상은 ① 우범물품으로 선별된 것, ② 무작위방식으로 선별된 것, ③ 우범성 정보가 있거나 과다중량차이가 있는 것과 재무구조 취약업체의 물품으로 검사의 필요가 있는 것 등이고 검사대상에 해당되더라도 반복 수출되는 것, 전자서류신고물품, 성실업체 신고물품, 소액수출품 등은 검사를 생략할 수 있다.

(3) 수입검사

수입물품에 대한 검사의 목적은 수입물품의 규격과 수량을 확인하고 수입허가 또는 승인사항과 현품을 대조하여 무역관리를 현실적으로 실현하는 동시에 그 물품의

HS를 확인하여 세율을 결정하고 물품의 손상변질 등을 사항을 확인하여 관세가격을 결정함과 아울러 정상무역을 가장하여 밀수품이 수입되는 것 등을 발견하려는 데 있다. 수입품의 검사대상은 물품 자체의 우범성, 수입업체나 수입지역 등을 고려하여 필수검사대상물품과 불규칙검사대상물품으로 구분하여 지정하고 있으며, 검사대상으로 지정되어 있어도 반복수입품, 수출용 원재료, 소액물품·무세품은 검사를 생략하고 있다.

(4) 수입신고전 확인

화주는 수입신고를 하고자 하는 물품에 대하여 수입신고 전에 관세청장이 정하는 바에 의하여 확인을 할 수 있다.

신고납부제의 실시에 따라 관세의 납세의무자는 과세표준·세율 및 납부세액을 자진신고하도록 되어 있는데 이와 같은 자진신고를 납세신고라 하고 납세신고는 수입신고를 할 때에 하도록 되어 있다. 납세의무자는 수입물품에 대한 적용세율을 확인하기 위하여 품목분류에 관한 질의를 관세청장에게 할 수 있고 관세청장은 그 세번을 회시할 의무가 있다.

그 밖에 신고 전에 보세구역 등에 장치되어 있는 현품을 보고 HS(품목분류)를 확정하는 등의 필요에 의하여 수입물품에 대한 사전확인을 할 수 있게 하고 있다. 관세청장이 정한 사전확인방법은 다음과 같다. 즉, 납세신고 전에 물품의 확인을 하고자 하는 화주는 당해 물품의 장치장 관리 담당과에 신고전 물품확인신청을 하여야 한다. 이 때 화주의 물품확인은 세관직원의 입회하에 행하며 동 확인사실을 화물관리대장에 기록하도록 한다.

표 9-3 수출통관 절차

구 분	내 용
수출신고 시기	수출품 선적 전까지(예외적으로 선적 후 신고 가능)
수출신고 서류	수출신고서(세관보관용 및 수출신고필증용) 수출승인서(E/L) 상업송장(Commercial Invoice) 포장명세서(Packing List) 기타 세관장 요구서류
수출신고인	관세사, 관세사법인, 통관법인 또는 화주
서류심사	관세법, 대외무역법, 외국환거래법, 기타 특별법상 적법여부 최종 심사

구　분	내　　　　용
실물검사/감정	검사목적: 위장, 불법 수출 방지 검사내용: HS품목분류번호, 품명 검사방법: 무작위추출(Random sample) 불규칙검사와 전량필수 검사
수출신고필증교부	수출신고한 서류심사 및 실물검사 감정 결과 적법하면 수출자에게 수출신고 필증 교부
선적	수출신고필(신고수리) 후 30일 이내에 선적

9) 검사장소

① 지정장치장 또는 세관검사장
② 수출하고자 하는 물품에 대한 검사는 당해 물품이 장치되어 있는 장소에서 행한다.
③ 부득이한 경우 당해 물품을 보세구역에 반입하게 한 후 검사할 수 있다.
④ 검사장소가 지정장치장 또는 세관검사장이 아닌 경우 신고인은 기획재정부령이 정하는 바에 의하여 수수료를 납부하여야 한다.
⑤ 보세창고의 경우, 신고인이 운영인과 다른 경우에는 수수료를 납부하지 아니한다.

세관검사의 장소는 물품이 장치되어 있는 보세구역에서 하는 것이 원칙이나 통관할 물품이 타소장치되어 있으면 그 장소에 가서, 그리고 수출품은 그 장치장소(대개는 제조공장)에 가서 검사한다.

세관장은 효율적인 검사를 위하여 부득이하다고 인정하는 경우에는 관세청장이 정하는 바에 따라 당해 물품을 보세구역에 반입하게 한 후, 검사할 수 있다.

그런데 세관의 인력을 효율적으로 활용하고 검사의 효율을 높이기 위하여는 세관의 구내나 인근에 있는 지정보세구역인 지정장치장 또는 세관검사장에서 집중적으로 검사하는 것이 바람직하다. 특히 세관검사장에는 검사받을 물품의 일부만을 견본으로 수취·반입하여 검사를 할 수 있게 하고 있는데, 이는 보세장치장 장치물품 또는 타소장치한 물품에 대한 검사도 견품을 채취하여 지정장치장이나 세관검사장에서 하는 것을 원칙으로 하기 위한 것이다.

표 9-4 수입통관 절차

구 분	내　　　용
수입신고시기	원칙: 선박 또는 항공기 입항 후 입항 전 신고: 신속한 통관이 필요시(출항 후) 출항 전 신고: 신속통관이 필요하고 운송기간이 단기간일 때 보세구역 장치 후 신고: 보세구역 반입 후에 수입신고(주로 심사/검사 대상 품목) 보세구역 도착 전 신고: 물품도착 후 장치장 입고 전에 신고
수입신고서류	수입신고서, 수입승인서(I/L) 상업송장(Commercial Invoice) 포장명세서(Packing List) B/L 사본, 기타(원산지증명서 등)
수입신고인	관세사, 관세사법인, 통관법인 또는 화주
통관 심사	수입신고를 접수한 세관은 수입신고 서류의 서면심사 및 현품검사(해당시) 후 적법하면 수입신고 수리함
관세 납부	납세신고 수리 후 15일 이내에 세관에 납부(수리전도 납부가능)
수입신고필증교부	수입신고 수리 후 관세를 납부하고 납부서를 세관에 제출하면 수입신고필증이 교부되며, 이로써 외국물품이 아닌 내국물품이되어 운송 및 처분이 가능하다.

우범화물자동선별시스템(C/S)

C/S(Cargo Selectivity)란 수출입되는 물품 중에서 미리 전산에 등록된 기준에 따라 우범성이 높다고 예상되는 물품을 골라 집중적으로 검사함으로써 검사의 효율성을 높이고자 하는 검사관리기법을 말한다.

C/S는 제한된 검사인원으로 수출입통관 물량 증가에 대처하여 우범성이 있는 물품에 대하여 필요·최소한의 물품만을 골라 검사함으로써 전체 수출입물품에 대한 검사비율은 낮추고 적발비율을 높여서 화물의 신속한 유통으로 물류비용을 경감시키며 위법·부당한 물품의 통관기회를 효과적으로 적발하고 예방하기 위한 제도이다.

그러나, 최근 C/S란 개념이 넓은 의미로 확대·운용되어, 수출입신고된 물품 중 검사를 하기 위한 물품의 선별이나 검사착안사항의 시달뿐만 아니라 수출입통관 관련법령상의 규제 및 각종 지시사항 등을 전산에 등록하여 접수화면을 통해 세관검사직원에게 정보를 제공하는 기능까지도 수행하고 있다.

10) 수입신고수리 요건

(1) 허가·승인 등의 증명 및 확인

① 수출입에 있어서 법령이 정하는 바에 의하여 허가·승인·표시 기타 조건의 구비를 요하는 물품은 세관장에게 그 허가·승인·표시 기타 조건을 구비한 것임을 증명하여야 한다.
② 통관에 있어서 제1항의 구비조건에 대한 세관장의 확인이 필요한 수출입물품에 대하여는 필요한 사항을 대통령령이 정하는 바에 의하여 미리 공고하여야 한다.

(2) 의무이행의 요구

세관장은 다른 법령에 따라 수입 후 특정한 용도에의 사용 등 의무를 이행하도록 되어 있는 물품에 대하여는 문서로써 당해 의무를 이행할 것을 요구할 수 있다.

(3) 통관표지

① 세관장은 다음 각호의 1에 해당하는 물품에 대하여는 관세보전을 위하여 법 제228조의 규정에 의한 통관표지의 첨부를 명할 수 있다.
   1. 법에 의하여 관세의 감면 또는 용도세율의 적용을 받은 물품
   2. 법 제107조제2항의 규정에 의하여 관세의 분할납부승인을 얻은 물품
   3. 부정수입물품과 구별하기 위하여 관세청장이 지정하는 물품
② 통관표지첨부대상, 통관표지의 종류, 첨부방법 등에 관하여 필요한 사항은 관세청장이 정한다.

실효보호관세율

실효보호율＝(관세부과 후 부가가치−관세부과 전 부가가치)/관세부과 전 부가가치

〈실례1〉 디지털카메라 가격: 10만원, 카메라 수입관세율: 20%, 국내 부품조달 및 생산가능함
       실효보호율＝(12만−10만)/10만＝20%로 명목관세율과 동일

〈실례2〉 디지털카메라 국내생산시 5만원 상당의 중간투입재(렌즈)를 수입하여 제작함. 중간투입재의 수입관세율은 제로임.
       실효보호율＝(7만−5만)/5만＝40%

〈실례3〉 중간투입재 수입시 최종재에 대한 관세율보다는 낮은 10% 종가세율이 적용됨

실효보호율＝(6만5천−5만)/5만＝30%

11) 신고의 취하 및 각하

① 신고는 정당한 이유가 있는 때에 한하여 세관장의 승인을 얻어 이를 취하할 수
있다. 다만, 수입 및 반송은 운송수단·관세통로·하역통로 또는 이 법에서 규
정된 장치장소에서 물품을 반출한 후에는 이를 취하할 수 없다.
② 수출·수입 또는 반송의 신고를 수리한 후 신고의 취하를 승인한 때에는 신고
수리의 효력은 상실된다.
③ 세관장은 신고가 그 요건을 갖추지 못하였거나 부정한 방법으로 된 때에는 당
해 수출·수입 또는 반송의 신고를 각하할 수 있다.

세관장이 수출입의 신고를 취하하는 것을 승인할 수 있는 정당한 사유란 수출의
경우로는 신용장(L/C)의 취소, 수입국에서의 수입금지조치 및 수입국의 천재·지변
또는 부두파업 등으로 수출을 할 수 없게 된 경우 등을 말하고, 수입의 경우로는 수
입된 물품이 위약물품임을 발견한 경우에 있어 우리나라에서 수입금지조치가 내려진
경우 및 운송 도중에 변질·손상 등이 발생하였을 경우 등이다.

신고취하의 승인을 얻고자 하는 자는 당해 물품에 관한 사항, 신고의 종류, 신고연
월일, 신고번호와 신청사유를 기재한 신청서를 세관장에게 제출하여야 한다.

신고취하를 할 수 있는 시기는 신고 이후 신고수리까지는 물론이고 신고수리 이후
라도 가능한 것이나, 수입이나 반송의 경우는 운송기관·관세통로 또는 장치장에서
물품을 반출한 후에는 하지 못한다. 수출의 경우는 신고수리 후 선적이 되었다 하더
라도 그 선박이 출항하지 않았다면 신고를 취하하여 그 물품을 하선할 수 있다.

신고수리 이전에 신고의 취하를 승인하였을 경우는 당해 물품에 별다른 효과가 발
생하는 것이 아니나 신고수리가 된 후에 신고취하의 승인이 있으면, 당해 신고수리의
효력은 상실한다. 따라서 수출의 경우는 신고수리로 외국물품화한 물품이 다시 내국
물품화되고, 수입의 경우는 신고수리로 내국물품화한 물품이 다시 외국물품화된다.

반면 신고의 각하란 세관장이 직권으로 당해 신고를 거절하거나 취소하여 돌려보
내는 것을 말한다.

신고를 각하할 수 있는 사유는, 첫째 수출입의 요건을 갖추지 못한 경우로서 수출입의 승인을 받지 못하거나 서류의 내용에 불비가 있는 경우 등이고, 둘째로 사위(詐僞)기타 부정한 방법으로 신고된 경우로서 위장수출, 합법가장밀수입, 구비서류의 위조·변조 또는 중대한 허위사실의 신고 등의 경우를 들 수 있다.

서류의 불비가 경미한 경우에는 보완지시를 하여 구비토록 하는 것이나 보완에 의해서 완비가 불가능한 경우에는 각하를 하게 되고, 사위 기타 부정방법에 의한 신고에 대하여는 각하를 하는 동시에 심리의뢰하여 관세법 위반 여부를 조사하여야 할 것이다.

12) 수출신고수리물품의 적재 등

수출신고가 수리된 물품은 수출신고가 수리된 날부터 30일 이내에 운송수단에 적재하여야 한다. 다만, 기획재정부령이 정하는 바에 의하여 1년의 범위 내에서 적재기간 연장승인을 얻은 것은 그러하지 아니하다.

13) 수입신고수리전 반출

수입신고를 한 물품을 세관장의 수리 진에 딩해 물품이 장치된 장소로부터 반출하고자 하는 자는 납부하여야 할 관세에 상당하는 담보를 제공하고 세관장의 승인을 얻어야 한다.

수입신고를 하였으나 어떤 사유로 인하여 조속한 시일 내에 수입신고수리를 할 수 없으나 당해 물품의 사용이 시급한 경우에는 수입신고수리 전에 반출하여 사용할 수 있게 하고 사후에 수입신고수리를 하도록 하는 것이 신고수리전 반출제도이다.

신고수리전 반출을 승인할 때에는 반드시 담보를 제공하여야 한다. 수리전 반출을 한 후에 수입신고수리를 할 때에는 제세를 징수하여야 하는 것이므로 정부 또는 지방자치단체 수입물품 이외에는 납부하여야 할 제세 상당액의 담보를 제공하도록 하고 있으며, 지정증권이나 부동산 등은 담보물이 될 수 없다. 수리전 반출의 경우, 세액이 미정된 경우의 담보액의 산출은 세액이 많이 산출되는 방법으로 산출한 세액에 상당한 금액으로 한다.

신고수리전 반출의 승인을 얻고자 하는 자는 당해 물품에 관한 사항, 신고의 종류, 신고연월일, 신고번호와 신청사유를 기재한 신청서를 세관장에게 제출하여야 하며,

세관장이 신고수리전 반출승인을 할 때에는 관세청장이 정하는 절차에 따라야 한다.

신고수리전 반출을 승인한 후 당해 사유가 해소되어 납세신고한 금액대로 제세를 납부하게 할 경우에는 세관장은 납부서에 의하여 신고인에게 통지한다.

수입신고에 대하여 과세가격 또는 적용할 세번·세율의 결정에 장시간이 소요되는 경우 등 세관 측의 사정에 의하여 신고수리가 늦어지는 경우에 신고수리전 일시반출하는 것과, 수입승인 등의 요건을 구비하지 않은 경우 등의 이유로 신고수리가 불가능한 경우를 제외한 수입자가 요청하는 경우에 즉시 승인하는 신고수리전 즉시반출의 두 가지 방식이 있는데, 신고수리전 반출사유 및 절차에 관한 구체적인 사항은 수입통관 사무처리 규정에 명시되어 있다.

14) 수입신고전의 물품반출

① 수입하고자 하는 물품을 수입신고 전에 운송수단·관세통로·하역통로 또는 이 법의 규정에 의한 장치장소로부터 즉시 반출하고자 하는 자는 대통령령이 정하는 바에 의하여 세관장에게 즉시반출신고를 하여야 한다. 이 경우 세관장은 납부하여야 하는 관세에 상당하는 담보를 제공하게 할 수 있다

② 즉시반출신고를 하고 반출을 하는 자는 즉시반출신고를 한 날부터 10일 이내에 수입신고를 하여야 한다.

③ 기간 내에 수입신고를 하지 아니하는 때에는 관세를 부과·징수한다. 이 경우 당해 물품에 대한 관세의 100분의 20에 상당하는 금액을 가산세로 징수한다.

15) 탁송품의 특별통관

① 탁송품은 운송업자가 다음 각 호에 해당하는 사항이 기재된 목록을 세관장에게 제출함으로써 수입신고를 생략할 수 있다.

통관목록

1. 물품의 송하인/수하인의 성명, 주소, 국가
2. 물품의 품명, 수량, 중량 및 가격
3. 탁송품의 통관목록에 관한 것으로 기획재정부령으로 정하는 사항

② 탁송품 운송업자는 통관목록을 사실과 다르게 제출하여서는 아니 된다.

③ 탁송품 운송업자는 제1항에 따라 제출한 통관목록에 적힌 수하인의 주소지가 아닌 곳에 탁송품을 배송하거나 배송하게 한 경우(「우편법」 제31조 단서에 해당하는 경우는 제외한다)에는 배송한 날이 속하는 달의 다음달 15일까지 실제 배송한 주소지를 세관장에게 제출하여야 한다.

④ 세관장은 탁송품 운송업자가 제2항 또는 제3항을 위반하거나 이 법에 따라 통관이 제한되는 물품을 국내에 반입하는 경우에는 통관절차의 적용을 배제할 수 있다.

⑤ 관세청장 또는 세관장은 탁송품에 대하여 세관공무원으로 하여금 검사하게 하여야 하며, 탁송품의 통관목록의 제출시한, 실제 배송지의 제출, 물품의 검사 등에 필요한 사항은 관세청장이 정하여 고시한다.

⑥ 세관장은 관세청장이 정하는 절차에 따라 별도로 정한 지정장치장에서 탁송품을 통관하여야 한다. 다만, 세관장은 탁송품에 대한 감시·단속에 지장이 없다고 인정하는 경우 탁송품을 해당 탁송품 운송업자가 운영하는 보세창고 또는 시설(「자유무역지역의 지정 및 운영에 관한 법률」 제11조에 따라 입주계약을 체결하여 입주한 업체가 해당 자유무역지역에서 운영하는 시설에 한정한다)에서 통관할 수 있다.

⑦ 탁송품 운송업자가 운영하는 보세창고 또는 시설에서 통관하는 경우 그에 필요한 탁송품 검사설비 기준, 설비이용 절차, 설비이용 유효기간 등에 관하여 필요한 사항은 대통령령으로 정한다.

16) 수출입 안전관리 우수 공인업체

① 관세청장은 수출입물품의 제조·운송·보관 또는 통관 등 무역과 관련된 자가 시설·서류관리·직원교육 등에서 대통령령으로 정하는 안전관리 기준을 충족하는 경우 수출입 안전관리 우수업체로 공인할 수 있다.

② 관세청장은 수출입 안전관리 우수업체로 공인받으려고 심사를 요청한 자에 대하여 대통령령으로 정하는 절차에 따라 심사하여야 한다. 이 경우 관세청장은 대통령령으로 정하는 기관이나 단체에 안전관리 기준 충족 여부를 심사하게 할 수 있다.

③ 수출입 안전관리 우수업체로 공인된 업체에 대하여는 관세청장이 정하는 바에

따라 통관절차상의 혜택을 제공할 수 있다.

④ 관세청장은 다른 국가의 수출입 안전관리 우수 공인업체에 대하여 상호 조건에 따라 제3항에 따른 통관절차상의 혜택을 제공할 수 있다.

⑤ 관세청장은 수출입 안전관리 우수 공인업체가 다음 각 호의 어느 하나에 해당하는 경우에는 공인을 취소할 수 있다.

ㄱ 안전관리 기준에 미달하게 되는 경우

ㄴ 공인 심사요청을 거짓으로 한 경우

⑥ 관세청장은 「중소기업기본법」 제2조에 따른 중소기업 중 수출입물품의 제조·운송·보관 또는 통관 등 무역과 관련된 기업을 대상으로 수출입 안전관리 우수업체로 공인을 받거나 유지하는 데에 필요한 상담·교육 등의 지원사업을 할 수 있다.

AEO(Authorized Economic Operator)

기업이 일정 수준 이상의 요건을 갖춘 경우 통관에 있어서 편의를 제공하는 제도로 9·11 테러 이후 미국 세관에서 안전을 강조하면서 통관이 지연되자 세계관세기구(WCO)에서 관련 규정을 강화하기 위해 도입한 것이다. AEO 적용대상은 제조자, 화주, 관세사 등, 운송업자, 항만, 공항 등이 모두 포함된다.

미국은 C-TPAT라는 용어를 쓰고 있으며 2010년 6월까지 전체 154개 회원국이 의무적으로 도입해야 한다. 대한민국은 2008년 관세법 개정 등을 통해 이미 도입한 상태며 수출입 안전관리 우수업체제도라는 명칭으로 시행이 되고 있다.

---

17) 우편물

① 우편물(서신은 제외)은 통관우체국을 경유

② 통관우체국은 체신관서 중에서 관세청장이 지정한다.

③ 통관우체국장이 우편물을 접수한 때에는 세관장에게 우편물목록을 제출하고 당해 우편물에 대한 검사를 받아야 한다.

④ 통관우체국의 장은 세관장이 우편물에 대하여 수출·수입 또는 반송을 할 수 없다고 결정한 때에는 그 우편물을 발송하거나 수취인에게 교부할 수 없다.

⑤ 체신관서는 관세를 징수할 우편물을 관세를 징수하기 전에 수취인에게 교부할

수 없다.

⑥ 수입인지 또는 금전으로 관세를 납부

⑦ 우편물에 대한 관세의 납세의무는 당해 우편물이 반송됨으로써 소멸한다.

18) 전자상거래물품 등의 특별통관

관세청장은 전자문서로 거래되는 수출입물품에 대하여 수출입신고·물품검사 등 기타 통관에 필요한 사항을 따로 정할 수 있다.

19) 상호주의에 의한 간이통관

국제무역 및 교류를 증진하고 국가간의 협력을 촉진하기 위하여 우리나라에 대하여 통관절차의 편익을 제공하는 국가에서 수입되는 물품에 대하여는 상호조건에 따라 간이한 통관절차를 적용할 수 있다.

ATA까르네

1) **ATA까르네(ATA Carnet)의 의의**
   ① Admission Temporaire(불어)와 Temporary Admission(영어)의 합성어이며 Carnet는 불어로 표(증서)라는 뜻으로 물품의 무관세임시통관증서이다.
   ② ATA협약 가입국간에 일시적으로 물품을 수입·수출 또는 보세운송하는 데 요구되는 복잡한 통관 서류나 담보금 대신 이용하는 증서
   ③ 통관 절차를 대폭 간소화함으로써 국제무역의 확대에 기여코자 하는 것이 시행 목적이다.
   ④ 통관서류와 담보를 대신하게 되어 신속하고 원활한 통관이 가능하다.
   ⑤ 일명 상품을 위한 방문 비자라고도 한다.
   ⑥ 각종 전시회에 참가하는 업체들이 이 제도를 이용하는 경향이 증가 추세에 있다.

2) **ATACarnet로 통관이 가능한 물품**
   ① 상품견본(Commercial Samples)
   ② 직업용구(Professional Equipments)

③ 전시회(Fairs/Exhibitions)의 용도 물품

④ 농산물, 식료품, 위험물품, 소모품 등 부패의 우려가 있거나 1회용품 또는 반입국이 수입금지 하고 있는 물품에 대해서는 사용할 수 없다.

3) ATA Carnet 유효기간

① 발급일로부터 최장 1년으로 유효기간을 연장할 수 없다.

② 수입국 세관이 재수출기간을 정한 경우에는 해당 기간 내에 재수출되어야 한다.

20) 국가간 세관정보의 상호교환 등

① 관세청장은 물품의 신속한 통관과 이 법을 위반한 물품의 반입을 방지하기 위하여 세계관세기구에서 정하는 수출입 신고 항목 및 화물식별번호를 발급하거나 사용하게 할 수 있다.

② 관세청장은 세계관세기구에서 정하는 수출입 신고 항목 및 화물식별번호 정보를 다른 국가와 상호 조건에 따라 교환할 수 있다.

21) FTA 발효국 확인

① 관세청 전자통관시스템(http://unipass.customs.go.kr)에서 FTA 포털에서 FTA 발효국을 확인할 수 있다.

② 물품의 HS CODE 확인은 관세청 전자통관시스템의 관세법령정보포털을 통해

그림 9-1 FTA 포털사이트

확인이 가능하다.

③ HS CODE를 정확하게 알고 있어야 물품에 대한 수입 요건을 확인할 수 있으며, FTA 발효국별로 당해물품에 대한 관세율을 확인할 수 있다.

22) 부두직통관

부두직통관제도는 복잡한 수출입화물의 유통체계 합리화 방안의 하나로 기존 수출입컨테이너화물 유통체계를 단순화하여 부두에서 직접 수출입통관하거나 보세운송신고수리를 해주는 제도이다.

수출입화물은 선적 또는 양화되어 부두에서 바로 처리되어 직상차하여 목적지로 운송되는 것이 유통기간과 비용을 최소화할 수 있다는 취지 아래 국가경쟁력 확보차원으로 1992년 7월 1일 부산항, 1993년 10월 1일 인천항에서 컨테이너화물을 부두 내에서 직접 통관하거나 화주가 희망하는 목적지로 직보세운송할 수 있는 컨테이너화물 직통관제도가 실시되었다.

표 9-5 수입신고시기에 따른 통관절차 구분

구분	출항 전 신고	입항 전 신고	입항 후 보세구역 도착 전 신고	보세구역장치 후 신고
신고시기	선박(항공기) 출항 전	선박(항공기) 출항 후 입항 보고 전	입항 후 당해 물품이 반입될 보세구역 도착 전	당해 물품이 보세구역에 장치된 후
신고대상제한	• 항공기로 수입되는 물품 • 일본, 대만, 홍콩, 중국으로부터 선박으로 수입되는 물품 • 컨테이너화물은 FCL의 경우에 한함 • 담보면제 및 포괄담보 운영에 관한 고시에 의거 담보면제한도액 또는 담보사용한도액이 있거나, 신고수리 전에 담보를 제공하거나 관세를 미리 납부한 물품	• 컨테이너화물은 FCL인 경우에 한함 • 담보면제 및 포괄담보 운영에 관한 고시에 의거하여 담보면제한도액 또는 담보사용한도액이 있거나, 신고수리 전에 담보를 제공하거나 관세를 미리 납부한 물품	제한 없음	제한 없음

구분	출항 전 신고	입항 전 신고	입항 후 보세구역 도착 전 신고	보세구역장치 후 신고
신고세관	입항예정지 세관	입항예정지 세관	입항지 또는 보세구역관할 세관	보세구역 관할 세관
검사대상 통보시기	출항 후	수입신고일	수입신고일	수입신고일
검사생략물품 신고수리시기	적하목록 제출 후	적하목록 제출 후	보세구역 도착일	수입신고일
검사대상물품 신고수리시기	검사 후	검사 후	검사 후	검사 후

특히 1996년 7월 1일부터 수출입신고제가 시행되고 신용담보와 포괄담보에 의한 사후납부제가 일반화되었으며, 특히, 입·출항 전 수입신고제도 실시로 인하여 부두 직통관제도는 크게 활성화될 수 있는 계기를 마련하였다.

02 원산지 규정

원산지란 당해물품의 전부 또는 2개국 이상이 제조하는 경우 당해물품의 본질적인 특성을 최종적으로 부여한 국가를 의미한다.

오늘날 협정세율의 적용, 원산지 허위 표시를 통한 불공정 무역의 방지 등 다양한 목적에서 모든 국가에서 원산지와 관련된 많은 규정을 가지고 있으며, 우리나라의 경우에도 대외무역법, 관세법 등 무역 관련 법령에서 원산지 관리를 위한 많은 규정이 있다. 이하에서 관세법상 원산지에 관한 규정을 살펴보고자 한다.

1) 원산지확인기준

① 이 법·조약·협정 등에 의하여 관세를 부과·징수하기 위한 원산지를 확인하는 때에는 다음에 해당하는 나라를 원산지로 한다.
  ㉠ 당해 물품의 전부를 생산·가공·제조한 나라
  ㉡ 당해 물품이 2개국 이상에 걸쳐 생산·가공 또는 제조된 경우에는 그 물품의 본질적 특성을 부여하기에 충분한 정도의 실질적인 생산·가공·제조과

정이 최종적으로 수행된 나라

② 조약·협정 등의 시행을 위하여 원산지확인기준 등을 따로 정할 필요가 있는
때에는 기획재정부령으로 원산지확인기준 등을 따로 정한다.

수출입물품의 원산지 판정 기준

① 완전생산기준(Wholly Obtained Criteria)
당해 물품의 전부를 생산한 국가를 원산지로 본다. 주로 농수산물이나 광산물
등이 주로 이에 해당하는데 한 나라에서 생산한 원재료를 가지고 처음부터 그
나라에서 가공한 완제품의 원산지는 바로 그 나라가 되는 것이다.

② 실질적 변형기준(Substantial Transformation Criteria)
외국에서 원재료를 수입하여 한 나라에서 가공하는 경우와 같이 생산이 2개국
이상에 걸쳐 일어나는 경우의 원산지는 실질적 변형기준으로 판정한다.

ⓐ 세번변경 기준(Tariff Shift Rule)
세번변경 기준이란 수입되는 원료(Input)의 세번과 완제품(Output)의 세번
을 비교하여 세번이 일정단위 이상으로 변하는 경우 실질적 변형으로 인정
하여 원산지를 부여하는 것을 말한다.

ⓑ 부가가치 기준(Value Added Rule)
부가가치 기준이란 특정제품의 전체 가치 중에서 최종 공정을 수행한 나라
에서 일정수준의 부가가치를 창출하는 경우 원산지를 인정하는 기준이다.
일반적으로 수입산 재료의 가격(CIF 기준)을 완제품의 가격(FOB 가격)으로
나눈 것으로 WTO 통일원산지 규정에서는 EU가 기계류에서 적극 주장하는
것으로 일반기계는 45%, 수송용 기계는 60% 부가가치 기준을 주장하고 있다.

ⓒ 특정가공공정 기준(Processing Operation Rules)
실질적 변형을 판정하는 또 다른 기준이 특정공정 기준이다. 이는 가장 객관
적 기준으로 제조공정 중 특정공정을 수행하거나 특정 부품을 사용한 국가
를 원산지로 인정하는 기준을 말한다.

※ 영화의 경우 제작자가 속하는 국가가 원산지이다.

---

2) 원산지허위표시물품 등의 통관제한

세관장은 법령의 규정에 의하여 원산지를 표시하여야 하는 물품이 다음에 해당하

는 때에는 당해 물품의 통관을 허용하여서는 아니된다. 다만, 그 위반사항이 경미한 때에는 이를 보완·정정하도록 한 후 통관을 허용할 수 있다.

　㉠ 원산지표시가 법령에서 정하는 기준과 방법에 부합되지 아니하게 표시된 경우

　㉡ 부정한 방법으로 원산지표시가 사실과 다르게 표시된 경우

　㉢ 원산지표시가 되어 있지 아니한 경우

원산지 표시방법과 면제대상

(1) 원산지표시 대상물품

원산지표시 대상물품은 일반소비자가 직접 구매, 사용하는 물품이며, 원산지표시를 할 범위는 당해 수입물품 및 부장품이다. 여기서 부장품이란 재사용이 가능한 포장용품 또는 당해 부분판매가 가능한 부속품 및 부분품 등을 말한다.

우리나라에서는 교토협약에 따라 다음 물품에 한하여 원산지를 대한민국으로 판정한다. 단, 수출대상국(수입국)이 별도의 원산지 판정기준이 있을 경우에는 예외로 적용할 수 있다.

① 대한민국 영토내에서 채굴한 광물

② 대한민국 영토내에서 수확된 농·임산물, 사육생산된 축산물, 포획물

③ 대한민국 영해에서 포획 또는 채취한 수산물

④ 대한민국 영해밖의 해상이나 지층에서 채취한 광물 및 수산물

　(단, 대한민국이 당해 해상이나 지층개발 점유권이 있는 경우에 해당)

⑤ 공해상에서 대한민국 국기를 달고 있는 선박이 포획한 수산물(가공물)

⑥ 대한민국에서 생산된 재료를 사용하며 가공, 제조한 물품

⑦ 외국산 원자재를 사용하여 가공, 생산된 물품으로서 가공과정에서 새로운 물품적 특성이 부여된 물품

(2) 원산지표시방법

① 한글, 영문 또는 한문으로 표시해야 한다. 한글로 표시할 경우에는 "제조국 국명"을, 영문으로 표시할 경우에는 "Made in" 또는 "Product of"로 표시하고 영문으로 된 국명을 표시하며, 한문으로 표시할 경우는 국가명 뒤에 "産"을 붙인다.

② 최종구매자가 용이하게 판독할 수 있는 형태와 방법으로 식별하기 용이한 위치에 유통의 과정에서 쉽게 제거되지 않게 영구적으로 보존될 수 있는 방법으로 표시해야 하며, 쉽게 제거할 수 있는 라벨 등의 부착에 의한 원산지표시는 인정하지 않는다.

③ 국내의 제조업자, 유통업자, 무역업자의 상호·상표가 표시되어 있거나, 상표 등이 한글 등으로 표시되어 국산품으로 오인할 우려가 있는 수입물품은 당해 물품의 전면에 원산지를 표시한다.

④ 원산지를 오인·혼동시킬 우려가 있는 상호·상표·지명·국명·국기 또는 언어 등이 표시된 물품을 수입하거나 수입 후에 표시하는 경우에도 당해 물품의 전면에 원산지를 표시한다.

⑤ 수입 후 최종구매자가 구매하기 전에 다른 물품과 결합되는 물품은 당해 물품만이 그 원산지의 것임을 명확히 하여 원산지를 표시한다.

⑥ 수입 후 분할·재포장(분할·재포장에 준하는 단순 제조·가공 포함)하여 판매하는 물품은 당해 분할·재포장된 물품에 원산지를 표시한다.

⑦ 수입 후 해포하여 재포장하지 않고 낱개 또는 살물거래되는 물품은 판매시 당해 물품 또는 판매용기 및 판매장소에 스티커 부착, 푯말 부착, 안내판 게시 등의 방법으로 원산지를 표시한다.

(3) 원산지표시 면제대상물품
다음의 경우에는 원산지표시가 면제된다.

① 수출용원재료

② 비영리 목적으로 수입하는 것으로서 세관장이 타당하다고 인정하는 경우

③ 수입 후 실질적 변형을 일으키는 제조공정에 투입되는 부품 및 원재료로서 실수요자가 직접 수입하는 물품

④ 제조업자가 판매 또는 임대목적이 아닌 직접 제조에 사용할 목적으로 제조용 시설 및 기자재(부분품 및 예비부품 포함)를 수입하는 경우

⑤ 연구목적으로 사용하는 학술연구 대상물품 및 기자재를 실수요자가 수입하는 경우

⑥ 견본품(전시용이나 판매용이 아닌 것에 한함) 및 수입된 물품의 하자보수용 물품

⑦ 개인에게 무상 송부된 탁송품, 별송품

⑧ 당해 물품의 경제적 가치에 비하여 원산지표시 비용이 과다하여 원산지표시가 불가능한 물품

⑨ 우리나라로 수입되기 20년 전에 생산된 물품

⑩ 단순히 우리나라를 경유하는 통과화물

⑪ 우리나라에서 수출된 후 재수입하는 물품

⑫ 재수출조건부 면세대상물품 등 일시 수입물품

⑬ 외교관 면세대상물품

⑭ 수입된 물품의 종류, 성질, 형상 또는 그 상표, 생산국명, 제조자 등에 의해 원산지 인정이 가능한 물품으로 세관장이 인정한 경우

(4) 원산지확인물품

원산지표시 대상품목, 통합공고에 의해 특정지역에서 수입이 제한되는 품목 등이다. 원산지확인대상물품은 수입신고 시 세관에 필히 원산지증명서를 제출하여야 한다. 다만, 다음의 어느 하나의 경우에 해당하는 경우에는 원산지증명서 제출을 생략할 수 있다.

① 수출용원재료로 수입승인을 받아 수입된 물품

② 과세가격(종량제의 경우에는 이를 관세법 규정에 준하여 산출한 가격)이 15만 원 이하인 물품

③ 우편물(관세법 제258조제2항에 해당하는 것을 제외한다)

④ 개인에게 무상송부된 탁송품, 별송품 또는 여행자의 휴대품

⑤ 재수출조건부 면세대상물품 등 일시 수입물품

⑥ 보세운송, 환적 등에 의하여 우리나라를 단순히 경유하는 통과화물

⑦ 수입된 물품의 하자보수용 물품

⑧ 물품의 종류, 성질, 형상 또는 그 상표, 생산국명, 제조자 등에 의해 원산지가 인정되는 물품

3) 환적물품 등에 대한 유치 등

① 세관장은 일시적으로 육지에 내려지거나 다른 운송수단으로 환적 또는 복합환적되는 외국물품 중 원산지가 우리나라로 허위 표시된 물품은 이를 유치할 수 있다.

② 유치하는 외국물품은 세관장이 관리하는 장소에 보관하여야 한다. 다만, 세관장이 필요하다고 인정하는 때에는 그러하지 아니하다.

③ 세관장은 외국물품을 유치하는 때에는 그 사실을 그 물품의 화주 또는 그 위임을 받은 자에게 통지하여야 한다.

④ 세관장은 유치에 의한 통지를 하는 때에는 이행기간을 정하여 원산지표시의 수정 등 필요한 조치를 명할 수 있다. 이 경우 지정한 이행기간 내에 명령을

이행하지 아니하면 매각한다는 뜻을 함께 통지하여야 한다.

⑤ 세관장은 이행기간의 규정에 의한 명령이 이행된 때에는 물품의 유치를 즉시 해제하여야 한다.

⑥ 세관장은 이행기간의 규정에 의한 명령이 이행되지 아니한 때에는 이를 매각 할 수 있다.

⑦ 상표권 및 저작권 등을 침해하는 물품에 관하여 세관장은 당해 권리의 보유자 에게 유치사실을 통보한 후 권리보유자가 통보를 받은 날부터 10일 이내에 법 원에 손해배상을 청구하지 아니한 때에는 물품의 유치를 해제하여야 한다.

4) 원산지증명서 등

① 이 법, 조약·협정 등에 의하여 원산지확인이 필요한 물품을 수입하는 자는 당 해 물품의 원산지를 증명하는 서류를 제출하여야 한다.

② 세관장은 원산지증명서를 제출하지 아니하는 때에는 이 법, 조약·협정 등에 의한 관세율을 적용함에 있어서 일반특혜관세·국제협력관세 또는 편익관세를 배제하는 등 관세의 편익을 적용하지 아니할 수 있다.

③ 세관장은 원산지확인이 필요한 물품을 수입한 자로 하여금 제1항의 규정에 의 하여 제출받은 원산지증명서의 내용을 확인하기 위하여 필요한 자료를 제출하 게 할 수 있다. 이 경우 원산지확인이 필요한 물품을 수입한 자가 정당한 사유 없이 원산지증명서 확인자료를 제출하지 아니하는 때에는 세관장은 수입신고 시 제출받은 원산지증명서의 내용을 인정하지 아니할 수 있다.

④ 세관장은 원산지증명서 확인자료를 제출한 자가 정당한 사유를 제시하여 그 자료를 공개하지 아니할 것을 요청한 때에는 그 제출인의 명시적 동의 없이 당 해 자료를 공개하여서는 아니 된다.

5) 원산지증명서 등의 확인요청

세관장은 원산지증명서를 발행한 국가의 세관 기타 발급권한이 있는 기관에게 제 출된 원산지증명서 및 원산지증명서 확인자료의 진위 여부, 정확성 등의 확인을 요 청할 수 있다. 이 경우 세관장의 확인요청은 당해 물품의 수입신고가 수리된 이후에

행하여야 한다.

제233조의2(수출입물품의 원산지정보 수집·분석)

① 관세청장은 이 법과 「자유무역협정의 이행을 위한 관세법의 특례에 관한 법률」 및 조약·협정 등에 따라 수출입물품의 원산지 확인·결정 또는 검증 등의 업무에 필요한 정보를 수집·분석할 수 있다.

② 관세청장은 제1항에 따른 정보를 효율적으로 수집·분석하기 위하여 필요한 경우 대통령령으로 정하는 업무의 일부를 대통령령으로 정하는 법인 또는 단체에 위탁할 수 있다. 이 경우 관세청장은 예산의 범위에서 위탁업무의 수행에 필요한 경비를 지원할 수 있다

③ 제1항에 따른 수출입물품의 원산지정보 수집·분석을 위하여 필요한 사항은 대통령령으로 정한다.

---

6) 수출입물품의 원산지정보 수집·분석

① 관세청장은 이 법과 「자유무역협정의 이행을 위한 관세법의 특례에 관한 법률」 및 조약·협정 등에 따라 수출입물품의 원산지 확인·결정 또는 검증 등의 업무에 필요한 정보를 수집·분석할 수 있다.

② 관세청장은 원산지 확인·결정 또는 검증 등의 업무에 따른 정보를 효율적으로 수집·분석하기 위하여 필요한 경우 업무의 일부를 대통령령으로 정하는 법인 또는 단체의 장에게 위탁할 수 있다.

③ 수출입물품의 원산지정보 수집·분석을 위하여 필요한 사항은 대통령령으로 정한다.

제233조의3(원산지표시위반단속기관협의회)

① 이 법, 「농수산물의 원산지표시에 관한 법률」 및 「대외무역법」에 따른 원산지표시 위반 단속업무에 필요한 정보교류 등 대통령령으로 정하는 사항을 협의하기 위하여 관세청에 원산지표시위반단속기관협의회를 둔다.

② 제1항에 따른 원산지표시위반단속기관협의회의 구성·운영과 그 밖에 필요한 사항은 대통령령으로 정한다.

원산지 검증

1. 원산지 검증의 의의

원산지 검증이란 협정 또는 국내법에서 정한 원산지요건(원산지결정기준, 원산지 증빙서류 등) 충족 여부를 확인하고 위반시 취하는 일련의 행정절차로 원산지요건 이외에 관련 협정 및 국내법에서 정한 모든 특혜 요건(거래당사자, 세율, 운송경로, 신청절차 등) 또는 허위표시 여부를 확인하고 필요한 조치를 취하는 것을 의미한다.

특혜 적용받은 협정관세의 적정 여부와 수출입물품의 원산지 확인을 위하여 국내 수입자·수출자·생산자 및 원산지 증빙서류 발급기관, 체약상대국 수출자·생산자를 대상으로 원산지를 조사한다.

2. 원산지 검증의 목적
① 불공정무역행위의 방지
② 제3국 물품의 우회수출입방지를 통한 국내산업보호
③ 관세탈루방지를 통한 세수증대
④ 협정국간 교역과 투자촉진
⑤ 상대국의 검증요청 수행을 통한 FTA 이행관리

03 통관의 제한

1) 수출입의 금지

다음 각 호의 1에 해당하는 물품은 수출 또는 수입을 할 수 없다.

① 헌법질서를 문란하게 하거나 공공의 안녕질서 또는 풍속을 해치는 서적·간행물·도화·
   영화·음반·비디오물·조각물 기타 이에 준하는 물품

국헌을 문란하게 하는 물품이란, 우리나라의 헌정체제를 부정하거나 국가원수 등 헌법기관을 모독하는 것, 반 국가단체나 그 구성원 또는 국외공산계열의 활동을 찬양·고무·동조하거나 선동하는 것 등을 말하고, 공안 또는 풍속을 해칠 물품이란 국가안보를 위해하는 물품, 사회생활의 안정·평온을 해칠 물품, 미풍양속을 해칠 음란성·잔학성을 표현한 물품 등을 말한다.

② 정부의 기밀을 누설하거나 첩보활동에 사용되는 물품

이는 국가안보에 위해를 가져올 물품들로서, 군사기밀뿐만 아니라 보안을 대상으로 하고 있는 정부의 각종 비밀(문서 및 시설)과 대외비문서 이외에 중요산업시설에 관한 기밀 등을 모두 포함한다고 보아야 할 것이다.

③ 화폐·채권 기타 유가증권의 위조품·변조품 또는 모조품

여기서 유가증권의 위조품은 경제질서를 혼란하게 하는 원인이 되기 때문에 이를 절대적 수출입금지품으로 하고 있는데, 위조품이란, 진부를 가릴 수 없을 만큼 정교한 것이고 거래상에서 진정품으로 믿게 될 우려가 있는 것까지도 포함된다. 그리고 변조품이란, 진정품에 변경을 가한 것을 말하고, 모조품은 위조의 공정까지에는 이르지 못하지만, 진정품과 혼동될 형태로 만들어진 것을 말한다.

2) 지식재산권 보호

① 다음 각 호의 어느 하나에 해당하는 지식재산권을 침해하는 물품은 수출하거나 수입할 수 없다.

ㄱ 「상표법」에 따라 설정 등록된 상표권

ㄴ 「저작권법」에 따른 저작권과 저작인접권(이하 "저작권 등"이라 한다)

ㄷ 「식물신품종보호법」에 따라 설정 등록된 품종보호권

ㄹ 「농산물품질관리법」 또는 「수산물품질관리법」에 따라 등록되거나 조약·협정 등에 따라 보호대상으로 지정된 지리적표시권 또는 지리적 표시(이하 "지리적 표시권 등"이라 한다)[1]

---

1 지리적 표시제도는 보성 녹차, 캘리포니아산 건포도 등과 같이 특정지역의 우수 농산물과 그 가공품에 지역명 표시를 할 수 있도록 함으로써 생산자와 소비자를 보호하는 제도이다.
지리적 표시는 상품의 품질이나 명성이 지리적 특성에 근거를 두고 있는 상품임을 알리는 것으로 세계무역기구(WTO)협정에 규정돼 있다. WTO협정은 원산지 국가에서 보호받지 못하는 지리적 표시는 국제적으로도 보호받을 수 없도록 규정해 놓고 있다.
국내에서는 1999년 법규가 만들어져 지리적 표시 제1호 특산품으로 2002년 1월 '보성녹차'가 등록되었다.
지리적 표시의 등록은 특정지역에서 지리적 특성을 가진 농수산물 또는 농수산가공품을 생산하거나 제조·가공하는 자로 구성된 법인만 신청할 수 있다. 다만, 지리적 특성을 가진 농수산물 또는 농수산가공품의 생산자 또는 가공업자가 1인인 경우에는 법인이 아니라도 등록신청을 할 수 있다.

㉤ 「특허법」에 따라 설정 등록된 특허권

㉥ 「디자인보호법」에 따라 설정 등록된 디자인권

② 관세청장은 제1항 각 호에 따른 지식재산권을 침해하는 물품을 효율적으로 단속하기 위하여 필요한 경우에는 해당 지식재산권을 관계 법령에 따라 등록 또는 설정등록한 자 등으로 하여금 해당 지식재산권에 관한 사항을 신고하게 할 수 있다.

③ 세관장은 다음 각 호의 어느 하나에 해당하는 물품이 제2항에 따라 신고된 지식재산권을 침해하였다고 인정될 때에는 그 지식재산권을 신고한 자에게 해당 물품의 수출입, 환적, 복합환적, 보세구역 반입, 보세운송 또는 제141조제1호에 따른 일시양륙의 신고(이하 이 조에서 "수출입신고 등"이라 한다) 사실을 통보하여야 한다. 이 경우 통보를 받은 자는 세관장에게 담보를 제공하고 해당 물품의 통관 보류나 유치를 요청할 수 있다.

㉠ 수출입 신고된 물품

㉡ 환적 또는 복합환적 신고된 물품

㉢ 보세구역에 반입 신고된 물품

㉣ 보세운송 신고된 물품

㉤ 제141조제1호에 따라 일시양륙이 신고된 물품

④ 지식재산권을 보호받으려는 자는 세관장에게 담보를 제공하고 해당 물품의 통관 보류나 유치를 요청할 수 있다.

⑤ 세관장은 특별한 사유가 없는 한 당해 물품의 통관을 보류하거나 유치하여야 한다.

⑥ 수출입신고를 한 자가 담보를 제공하고 통관 또는 유치해제를 요청하는 때에는 다음의 물품을 제외하고는 해당 물품의 통관을 서용하거나 유치를 해제할 수 있다.

㉠ 위조하거나 유사한 상표를 부착하여 제1항제1호에 따른 상표권을 침해하는 물품

신청 접수는 국립농산물품질관리원에서 받으며 지리적 표시등록심의회의 심의를 거친 후에 등록된다. 표시제 등록상품은 법적으로 표시권을 보호받아 비등록 품목이 등록품목의 지리적 표시를 사용하거나 유사한 표시를 하는 경우 농수산물품질관리법에 따라 3년 이하 징역이나 3,000만원 이하 벌금에 처해진다.

ⓛ 불법복제된 물품으로서 저작권등을 침해하는 물품

ⓒ 같거나 유사한 품종명칭을 사용하여 제1항제3호에 따른 품종보호권을 침해하는 물품

ⓔ 위조하거나 유사한 지리적표시를 사용하여 지리적표시권등을 침해하는 물품

ⓜ 특허로 설정등록된 발명을 사용하여 제1항제5호에 따른 특허권을 침해하는 물품

ⓗ 같거나 유사한 디자인을 사용하여 제1항제6호에 따른 디자인권을 침해하는 물품

⑦ 세관장은 수출입물품이 지식재산권을 침해하였음이 명백한 경우에는 직권으로 해당물품의 통관을 보류하거나 유치할 수 있다. 이 경우 세관장은 해당물품의 수출입신고 등을 한 자에게 그 사실을 즉시 통보하여야 한다.

3) 통관물품 및 통관절차의 제한

관세청장 또는 세관장은 감시상 필요하다고 인정되는 때에는 통관역·통관장 또는 특정한 세관에서 통관할 수 있는 물품을 제한할 수 있다.

4) 세관장의 통관의 보류사유

① 수출·수입 또는 반송에 관한 신고서의 기재사항의 보완이 필요한 경우
② 제출서류 등이 미비되어 보완이 필요한 경우
③ 이 법의 규정에 의한 의무사항을 위반하거나 국민보건 등을 해칠 우려가 있는 경우
④ 물품에 대한 안전성 검사가 필요한 경우
⑤ 세관장에게 체납처분이 위탁된 해당 체납자가 수입하는 경우
⑥ 그 밖에 이 법에 따라 필요한 사항을 확인할 필요가 있다고 인정하여 대통령령으로 정하는 경우

5) 보세구역 반입명령

관세청장 또는 세관장은 수출신고가 수리되어 외국으로 반출되기 전에 있는 물품과 수입신고가 수리되어 반출된 물품으로서 이 법의 규정에 의한 의무사항을 위반하거나 국민보건 등을 위해할 우려가 있는 경우에는 대통령령이 정하는 바에 따라 당해 물품을 보세구역으로 반입할 것을 명할 수 있다. 또한 이러한 반입명령을 받은 자는 당해 물품을 지정받은 보세구역에 반입하여야 한다.

① 관세청장 또는 세관장은 이 법의 규정에 의한 의무사항을 위반하거나 국민보건 등을 해칠 우려가 있는 물품은 보세구역으로 반입할 것을 명할 수 있다.

　㉠ 수출신고가 수리되어 외국으로 반출되기 전에 있는 물품

　㉡ 수입신고가 수리되어 반출된 물품

② 반입명령을 받은 자는 당해 물품을 지정받은 보세구역에 반입하여야 한다.

관세청장 또는 세관장이 반입명령을 하는 경우에는 반입 대상물품, 반입할 보세구역, 반입사유, 반입기한을 기재한 명령서를 화주 또는 수출입신고자에게 송달하여야 한다. 또한 관세청장 또는 세관장은 명령서를 받을 자의 주소 또는 거소가 불분명한 때에는 관세청 또는 세관의 게시판 및 기타 적당한 장소에 반입명령사항을 공시할 수 있다. 이 경우 공시한 날부터 2주일이 경과한 때에는 명령서를 받을 자에게 반입명령서가 송달된 것으로 본다.

그리고 세관장은 지정보세구역에 반입된 물품에 대하여 명령을 받은 자에게 그 물품을 반송 또는 폐기할 것을 명하거나 보완 또는 정정 후, 반출하게 할 수 있다. 이 경우 반송 또는 폐기에 소요되는 비용은 명령을 받은 자가 이를 부담하고 반입된 물품이 반송 또는 폐기된 경우에는 당초의 수출입신고수리는 취소된 것으로 본다.

또한 반송 또는 폐기된 물품에 대하여는 관세환급금의 환급 및 환급가산금의 규정을 준용하며, 관세청장은 보세구역 반입명령의 적정한 시행을 위하여 필요한 반입보세구역·반입기한·반입절차·수출입신고필증의 관리방법 등에 관한 세부기준을 정할 수 있다.

6) 통관의 예외적용

(1) 수입으로 보지 아니하는 소비 또는 사용

① 선용품·기용품 또는 차량용품을 운송수단 안에서 그 용도에 따라 소비 또는

사용하는 경우

② 선용품·기용품 또는 차량용품을 세관장이 정하는 지정보세구역에서 「출입국관리법」에 따라 출국심사를 마치거나 우리나라에 입국하지 아니하고 우리나라를 경유하여 제3국으로 출발하려는 자에게 제공하여 그 용도에 따라 소비 또는 사용하는 경우

③ 여행자가 휴대품을 운송수단 또는 관세통로에서 소비 또는 사용하는 경우

④ 이 법의 규정에 의하여 인정된 바에 따라 소비 또는 사용하는 경우

(2) 수출입의 의제

외국물품은 원칙적으로 수입신고의 수리절차(과세물품은 납세를 하고)를 밟아서 내국물품화하여 국내에서 유통 또는 소비를 할 수 있고, 내국물품은 수출신고의 수리절차를 거쳐 외국물품화하여 외국으로 반출할 수 있다. 그러나 형식적으로는 수출입의 신고수리를 얻지 않았더라도 소정의 절차를 거쳐 적법하게 인취하거나, 외국으로 반출한 물품에 대하여는 수출입의 신고수리가 된 것으로 의제하는 제도가 있는데, 이를 수출입의 의제라 한다.

① 수출입의 의제에 해당하는 외국물품은 이 법의 규정에 의하여 적법하게 수입된 것으로 보고 관세 등은 따로 징수하지 아니한다.

  ㉠ 체신관서가 수취인에게 교부한 우편물

  ㉡ 매각된 물품

  ㉢ 몰수된 물품

  ㉣ 통고처분으로 납부된 물품

  ㉤ 법령에 의하여 국고에 귀속된 물품

  ㉥ 몰수에 갈음하여 추징된 물품

② 체신관서가 외국으로 발송한 우편물은 이 법의 규정에 의하여 적법하게 수출되거나 반송된 것으로 본다.

이는 우편물의 간이통관절차에 의한 외국에의 반출을 정당화한 것이라 할 수 있다. 그러나 대외무역법의 규정에 의한 수출의 승인을 얻은 경우에는 정상적인 통관절차를 받아야 한다.

7) 통관 후 유통이력 관리

통관 후 유통이력 관리제도는 수입되는 물품 중 원산지를 변경하거나 비식용을 식용으로 변형하여 국민보건건강에 위해를 입힐 가능성이 있는 물품 등에 대해서 수입통관 후 거래 단계별로 관세청에 신고하고 이를 관리함으로써 건전한 유통질서의 확립과 국민 보건 건강에 이바지함을 목적으로 하여 시행하고 있는 제도이다.

(1) 통관 후 유통이력 신고

① 외국물품을 수입하는 자와 수입물품을 국내에서 거래하는 자(소비자에 대한 판매를 주된 영업으로 하는 사업자를 제외)는 사회안전 또는 국민보건을 해칠 우려가 현저한 물품 등으로서 관세청장이 지정하는 물품에 대한 유통이력을 관세청장에게 신고하여야 한다.

② 유통이력 신고의 의무가 있는 자는 유통이력을 장부에 기록(전자적 기록방식을 포함)하고, 그 자료를 거래일부터 1년간 보관하여야 한다.

③ 관세청장은 유통이력 신고물품을 지정함에 있어 미리 관계행정기관의 장과 협의하여야 한다.

④ 관세청장은 유통이력 신고물품의 지정, 신고의무 존속기한 및 신고대상 범위실정 등에 있어 수입물품을 내국물품에 비하여 부당하게 차별하여서는 아니 되며, 이를 이행하는 유통이력 신고의무자의 부담이 최소화 되도록 하여야 한다.

⑤ 유통이력 신고물품별 신고의무 존속기한, 유통이력의 범위, 신고 절차, 그 밖에 유통이력 신고에 관하여 필요한 사항은 관세청장이 정한다.

(2) 유통이력조사

① 관세청장은 세관공무원으로 하여금 유통이력 신고의무자의 사업장에 출입하여 영업 관계의 장부나 서류를 열람하여 조사를 하게 할 수 있다.

② 유통이력 신고의무자는 정당한 사유 없이 제1항에 따른 조사를 거부·방해 또는 기피하여서는 아니 된다.

③ 조사를 하는 세관공무원은 신분을 확인할 수 있는 증표를 지니고 이를 관계인에게 내보여야 한다.

제10장 세관공무원의 자료 제출 요청 등

관세법은 그 성격상 조세법으로서의 성격과 통관법 및 형사법적 성격을 가짐에 따라 세관공무원에게 수출입신고물품에 대한 검사권, 관세의 현장 수납권 등의 권한을 부여하고 있다. 특히, 외국물품에 대한 밀수입과 내국물품의 밀수출의 방지를 효과적으로 하기 위해서 관세법에서는 세관공무원에게 직무상의 권한을 별도로 부여하고 있다. 이와 같은 권한은 남용되어서는 아니 된다.

01 세관장 등의 과세자료 요청 등

1) 운송수단의 출발 중지 등

관세청장이나 세관장은 이 법 또는 이 법에 따른 명령을 집행하기 위하여 필요하다고 인정될 때에는 운송수단의 출발을 중지시키거나 그 진행을 정지시킬 수 있다.

2) 서류의 제출 또는 보고 등의 명령

관세청장이나 세관장은 이 법(「수출용원재료에 대한 관세 등 환급에 관한 특례법」을 포함한다. 이하 이 조에서 같다) 또는 이 법에 따른 명령을 집행하기 위하여 필요하다고 인정될 때에는 물품·운송수단 또는 장치 장소에 관한 서류의 제출·보고 또는 그 밖에 필요한 사항을 명하거나, 세관공무원으로 하여금 수출입자·판매자 또는 그 밖의 관계자에 대하여 관계 자료를 조사하게 할 수 있다.

3) 과세자료의 제출 등

(1) 과세자료의 요청

관세청장은 국가기관 및 지방자치단체 등 관계 기관 등에 대하여 관세의 부과·징수 및 통관에 관계되는 자료 또는 통계를 요청할 수 있다.

관세법의 각 규정에는 세관장은 과세가격의 결정, 밀수단속 등의 목적으로 수출입업자 및 보세구역설영인 등에게 자료를 제출하게 하거나 보고를 하게 할 수 있도록 규정하고 있으나 본조에서는 내·외국물품이나 운송기관 또는 장치장소에 관한 서류를 제출하게 하거나 보고 기타 필요한 사항을 명할 수 있게 하였다.

(2) 과세자료제출기관의 범위

과세자료를 제출하여야 하는 기관 등(이하 "과세자료제출기관"이라 한다)은 다음 각호와 같다.

1. 「국가재정법」 제6조에 따른 중앙관서(중앙관서의 업무를 위임받거나 위탁받은 기관을 포함한다. 이하 같다)와 그 하급행정기관 및 보조기관
2. 지방자치단체(지방자치단체의 업무를 위임받거나 위탁받은 기관과 지방자치단체조합을 포함한다. 이하 같다)
3. 공공기관, 정부의 출연·보조를 받는 기관이나 단체, 「지방공기업법」에 따른 지방공사·지방공단 및 지방자치단체의 출연·보조를 받는 기관이나 단체
4. 「민법」 외의 다른 법률에 따라 설립되거나 국가 또는 지방자치단체의 지원을 받는 기관이나 단체로서 그 업무에 관하여 제1호나 제2호에 따른 기관으로부터 감독 또는 감사·검사를 받는 기관이나 단체, 그 밖에 공익 목적으로 설립된 기관이나 단체 중 대통령령으로 정하는 기관이나 단체
5. 「여신전문금융업법」에 따른 신용카드업자와 여신전문금융업협회
6. 「금융실명거래 및 비밀보장에 관한 법률」 제2조제1호에 따른 금융회사 등

(3) 과세자료의 범위

① 과세자료제출기관이 제출하여야 하는 과세자료는 다음 각 호의 어느 하나에 해당하는 자료로서 관세의 부과·징수와 통관에 직접적으로 필요한 자료로 한다.
  1. 수입하는 물품에 대하여 관세 또는 내국세 등을 감면받거나 낮은 세율을 적

용받을 수 있도록 허가, 승인, 추천 등을 한 경우 그에 관한 자료

2. 과세자료제출기관이 법률에 따라 신고받거나 제출받아 보유하고 있는 자료 중 제27조, 제38조, 제241조에 따른 신고내용의 확인 또는 관세 면제 여부의 확인을 위하여 필요한 자료

3. 허가·승인·표시 또는 그 밖의 조건을 증명할 필요가 있는 물품에 대하여 과세자료제출기관이 허가 등을 갖추었음을 확인하여 준 경우 그에 관한 자료

4. 이 법에 따라 체납된 관세 등의 징수를 위하여 필요한 자료

5. 중앙관서 중 중앙행정기관 외의 기관이 보유하고 있는 자료로서 관세청장이 관세의 부과·징수와 통관에 필요한 최소한의 범위에서 해당 기관의 장과 미리 협의하여 정하는 자료

6. 거주자의 「여신전문금융업법」에 따른 신용카드 등의 대외지급(물품구매 내역에 한한다) 및 외국에서의 외국통화 인출 실적

② 과세자료의 구체적인 범위는 과세자료제출기관별로 대통령령으로 정한다.

(4) 과세자료의 제출방법

① 과세자료제출기관의 장은 분기별로 분기만료일이 속하는 달의 다음 달 말일까지 대통령령으로 정하는 바에 따라 관세청장 또는 세관장에게 과세자료를 제출하여야 한다. 다만, 과세자료의 발생빈도와 활용시기 등을 고려하여 대통령령으로 정하는 바에 따라 그 과세자료의 제출시기를 달리 정할 수 있다.

② 과세자료제출기관의 장이 과세자료를 제출하는 경우에는 그 기관이 접수하거나 작성한 자료의 목록을 함께 제출하여야 한다.

③ 과세자료의 목록을 제출받은 관세청장 또는 세관장은 이를 확인한 후 제출받은 과세자료에 누락이 있거나 보완이 필요한 경우 그 과세자료를 제출한 기관에 대하여 추가하거나 보완하여 제출할 것을 요청할 수 있다.

④ 과세자료의 제출서식 등 제출방법에 관하여 그 밖에 필요한 사항은 기획재정부령으로 정한다.

(5) 과세자료의 수집에 관한 협조

① 관세청장 또는 세관장으로부터 과세자료의 제출을 요청받은 기관 등의 장은 다른 법령에 특별한 제한이 있는 경우 등 정당한 사유가 없으면 이에 협조하여

야 한다.

② 관세청장 또는 세관장은 과세자료의 범위에 따른 자료 외의 자료로서 관세의 부과·징수 및 통관을 위하여 필요한 경우에는 해당 자료를 보유하고 있는 과세자료제출기관의 장에게 그 자료의 수집에 협조하여 줄 것을 요청할 수 있다.

(6) 과세자료의 관리 및 활용 등

① 관세청장은 이 법에 따른 과세자료의 효율적인 관리와 활용을 위한 전산관리체계를 구축하는 등 필요한 조치를 마련하여야 한다.

② 관세청장은 이 법에 따른 과세자료의 제출·관리 및 활용 상황을 수시로 점검하여야 한다.

(7) 과세자료제출기관의 책임 등

① 과세자료제출기관의 장은 그 소속 공무원이나 임직원이 이 법에 따른 과세자료의 제출 의무를 성실하게 이행하는지를 수시로 점검하여야 한다.

② 관세청장은 과세자료제출기관 또는 그 소속 공무원이나 임직원이 이 법에 따른 과세자료의 제출 의무를 이행하지 아니하는 경우 그 기관을 감독 또는 감사·검사하는 기관의 장에게 그 사실을 통보하여야 한다.

(8) 비밀유지의무

① 관세청 및 세관 소속 공무원은 제출받은 과세자료를 타인에게 제공 또는 누설하거나 목적 외의 용도로 사용하여서는 아니 된다.

② 관세청 및 세관 소속 공무원은 제1항을 위반하는 과세자료의 제공을 요구받으면 이를 거부하여야 한다.

③ 과세자료를 제공받은 자는 이를 타인에게 제공 또는 누설하거나 목적 외의 용도로 사용하여서는 아니 된다.

(9) 과세자료 비밀유지의무 위반에 대한 처벌

① 과세자료를 타인에게 제공 또는 누설하거나 목적 외의 용도로 사용한 자는 3년 이하의 징역 또는 1천만원 이하의 벌금에 처한다.

② 과세자료 비밀유지의무 위반에 대해서는 징역과 벌금은 병과할 수 있다.

02 세관공무원의 물품검사 등

1) 물품 또는 운송수단 등에 대한 검사 등

세관공무원은 이 법 또는 이 법에 따른 명령(대한민국이 체결한 조약 및 일반적으로 승인된 국제법규에 따른 의무를 포함한다)을 위반한 행위를 방지하기 위하여 필요하다고 인정될 때에는 물품, 운송수단, 장치 장소 및 관계 장부·서류를 검사 또는 봉쇄하거나 그 밖에 필요한 조치를 할 수 있다.

2) 장부 또는 자료의 제출 등

① 세관공무원은 이 법에 따른 직무를 집행하기 위하여 필요하다고 인정될 때에는 수출입업자·판매업자 또는 그 밖의 관계자에 대하여 질문하거나 문서화·전산화된 장부, 서류 등 관계 자료 또는 물품을 조사하거나, 그 제시 또는 제출을 요구할 수 있다.

② 상설영업장을 갖추고 외국에서 생산된 물품을 판매하는 자로서 기획재정부령으로 정하는 기준에 해당하는 자는 해당 물품에 관하여 「부가가치세법」 제32조 및 제35조에 따른 세금계산서나 수입 사실 등을 증명하는 자료를 영업장에 갖춰 두어야 한다.

③ 관세청장이나 세관장은 이 법 또는 이 법에 따른 명령을 집행하기 위하여 필요하다고 인정될 때에는 상설영업장의 판매자나 그 밖의 관계인으로 하여금 대통령령으로 정하는 바에 따라 영업에 관한 보고를 하게 할 수 있다.

3) 총기의 휴대 및 사용

① 관세청장이나 세관장은 직무를 집행하기 위하여 필요하다고 인정될 때에는 그 소속 공무원에게 총기를 휴대하게 할 수 있다.

② 세관공무원은 그 직무를 집행할 때 특히 자기나 다른 사람의 생명 또는 신체를 보호하고 공무집행에 대한 방해 또는 저항을 억제하기 위하여 필요한 상당한 이유가 있는 경우 그 사태에 응하여 부득이하다고 판단될 때에는 총기를 사용

할 수 있다.

4) 관계 기관의 장에 대한 원조 요구

① 세관공무원은 해상에서 직무를 집행하기 위하여 필요하다고 인정될 때에는 다음 각 호의 어느 하나에 해당하는 자에게 협조를 요청할 수 있다.
  1. 육군·해군·공군의 각 부대장
  2. 국가경찰관서의 장
  3. 해양경찰관서의 장
② 협조 요청을 받은 자는 밀수 관련 혐의가 있는 선박에 대하여 추적감시 또는 진행정지명령을 하거나 세관공무원과 협조하여 해당 선박에 대하여 검문·검색을 할 수 있으며, 이에 따르지 아니하는 경우 강제로 그 선박을 정지시키거나 검문·검색을 할 수 있다.

5) 명예세관원

① 관세청장은 밀수감시단속 활동의 효율적인 수행을 위하여 필요한 경우에는 수출입 관련 분야의 민간종사자 등을 명예세관원으로 위촉하여 다음 각 호의 활동을 하게 할 수 있다.
  1. 공항·항만에서의 밀수 감시
  2. 정보 제공과 밀수 방지의 홍보
② 명예세관원의 자격요건, 임무, 그 밖에 필요한 사항은 기획재정부령으로 정한다.

제11장 벌 칙

  관세법은 관세법의 목적을 효율적으로 달성하기 위하여 벌칙 및 조사와 처분에 대한 규정을 두고 있다.

  관세법 위반에 대하여 과하는 처벌을 관세형벌이라고 하며, 이러한 관세형벌에는 형법총칙을 적용하는 관세행정형벌과 과태료가 부과되는 관세행정질서벌로 구분할 수 있다.

01 관세범

1) 관세범

  관세범이라 함은 이 법 또는 이 법에 의한 명령에 위반하는 행위로써 이 법에 의하여 처벌되는 것을 말한다. 관세법령에는 관세징수를 확보하고 통관질서의 확립을 위하여 각종 규제조항을 두고 여기에 위반한 자는 각종 처벌을 가하도록 규정하고 있는 바, 이러한 규제위반행위를 관세범이라 한다.

  따라서 관세징수의 확보를 위한 규제에 위반한 행위란 점에서 관세범은 조세범 또는 재정범의 일종이고, 나아가서는 행정범의 일종이다.

2) 행정범과 형사범

  일반적으로 형법상에 규정된 범죄를 형사범이라 하고, 행정법규에 규정된 범죄를 행정범이라고 한다. 형사범과 행정범을 구별하는 경우에 형사범은 그 행위가 법규정을 기다릴 것 없이 그 자체가 반도덕성이나 반사회성을 지니고 있는 것이기 때문에 이를 자연범이라고도 한다.

이에 반하여 행정범은 그 행위 자체는 반도덕성이나 반사회성을 지닌 것이 아니고 단순히 법규가 정한 명령·금지에 위반한 것으로서 이를 실정범이라고도 하는데, 형사범은 논리성이 강조되고 행정범은 행정의 합목적성이 강조되고 있다.

3) 실질범과 형식범(질서범)

행정범으로서의 관세범은 실질범과 형식범(질서범)의 2종으로 구분할 수 있는데, 여기서 실질범이란 범법행위가 실질적으로 법익의 침해 또는 위험의 결과가 발생함을 필요로 하는 범죄를 말하고 이를 결과범이라고도 하는데, 관세법 금지품수출입죄, 관세포탈죄, 밀수품의 취득죄 등이 이에 해당된다.

그리고 형식범(질서범)이란 범죄의 구성요건인 일정한 행위(작위 또는 부작위)를 필요로 하는 데 그칠 뿐이고, 그것으로 어떤 법익침해 또는 위험상태가 발생함을 요건으로 하지 아니하고 행위만으로 성립되는 범죄를 말한다.

4) 관세형벌

관세범에 대한 처벌을 관세형벌이라고 한다. 각종 행정법규에서는 행정의 실효성을 확보하기 위하여 여러 가지 명령·금지·의무 등을 규정하고 있으며, 이러한 규정을 위반하였을 때에는 처벌한다는 규정을 두고 있는데, 이와 같은 행정법상의 처벌을 행정벌이라 한다. 관세형벌도 행정벌의 일종으로서 관세징수의 확보와 통관의 적정을 기하기 위하여 즉, 관세행정의 실효를 확보하기 위하여 규정한 제도이다.

행정벌은 행정제재와 구별된다. 오늘날 행정벌은 죄형법정주의에 따라 반드시 법률에 처벌규정이 있는 경우에 한하여 당해 법규정에 정한 범위 내에서만 가능하다. 이에 반하여, 행정제재란 특정인에게 행정적인 수단에 의거 영업정지, 허가취소, 출입국금지 등의 불이익을 주어 실질적으로는 처벌을 받는 것과 같은 효과를 가져오게 하는 것인데, 이는 법률의 근거를 요하지 않는다.

관세형벌을 규정하고 있는 법규로는 관세법 이외에 특별법규가 있는데, 일반적으로 관세형법이라고 하면 관세법상의 관세형벌에 관한 규정으로서 벌칙과 조사와 처분이 있다. 그리고 벌칙은 다시 총칙에 해당하는 규정과 각론에 해당하는 규정으로 구분되는데, 이 벌칙은 특별한 규정이 있는 경우를 제외하고는 형법총칙의 규정이 적용된다.

또한 조사와 처분은 관세범의 조사방법과 처벌절차를 규정한 것으로서 관세법에서 규정된 것 이외는 형사소송법을 준용하도록 하고 있다.

관세형벌에 관한 특별법규로는 특정범죄가중처벌 등에 관한 법률상의 관세범에 대한 처벌조항과 SOFA 실시에 따른 관세법 등의 감시특례에 관한 법률상의 처벌조항 등이 있다.

02 관세법상 벌칙

1) 전자문서 위조·변조죄 등

① 위조 또는 변조하거나 위조 또는 변조된 정보를 행사한 자는 1년 이상 10년 이하의 징역 또는 1억원 이하의 벌금에 처한다.
② 5년 이하의 징역 또는 5천만원 이하의 벌금
　㉠ 지정을 받지 아니하고 국가관세종합정보망을 운영하거나 관세청장의 지정을 받지 아니하고 전자문서중계업무를 행한 자
　㉡ 국가관세종합정보망 또는 전자문서중계사업자의 전산처리설비에 기록된 전자문서 등 관련정보를 훼손하거나 그 비밀을 침해한 자
　㉢ 업무상 지득한 전자문서 등 관련정보에 관한 비밀을 누설하거나 도용한 국가관세종합정보망 운영사업자 또는 전자문서중계사업자의 임원·직원이거나 임원 또는 직원이었던 자

2) 밀수출입죄

① 제234조 각 호의 물품을 수출하거나 수입한 자는 7년 이하의 징역 또는 7천만원 이하의 벌금에 처한다.
② 다음 각 호의 어느 하나에 해당하는 자는 5년 이하의 징역 또는 관세액의 10배와 물품원가 중 높은 금액 이하에 상당하는 벌금에 처한다.

1. 제241조제1항·제2항 또는 제244조제1항에 따른 신고를 하지 아니하고 물품을 수입한 자. 다만, 제253조제1항에 따른 반출신고를 한 자는 제외한다.

2. 제241조제1항·제2항 또는 제244조제1항에 따른 신고를 하였으나 해당 수입물품과 다른 물품으로 신고하여 수입한 자

③ 다음 각 호의 어느 하나에 해당하는 자는 3년 이하의 징역 또는 물품원가 이하에 상당하는 벌금에 처한다.

1. 제241조제1항 및 제2항에 따른 신고를 하지 아니하고 물품을 수출하거나 반송한 자

2. 제241조제1항 및 제2항에 따른 신고를 하였으나 해당 수출물품 또는 반송물품과 다른 물품으로 신고하여 수출하거나 반송한 자

3) 관세포탈죄 등

① 제241조제1항·제2항 또는 제244조제1항에 따른 수입신고를 한 자 중 다음 각 호의 어느 하나에 해당하는 자는 3년 이하의 징역 또는 포탈한 관세액의 5배와 물품원가 중 높은 금액 이하에 상당하는 벌금에 처한다. 이 경우 제1호의 물품원가는 전체 물품 중 포탈한 세액의 전체 세액에 대한 비율에 해당하는 물품만의 원가로 한다.

1. 세액결정에 영향을 미치기 위하여 과세가격 또는 관세율 등을 거짓으로 신고하거나 신고하지 아니하고 수입한 자

2. 세액결정에 영향을 미치기 위하여 거짓으로 서류를 갖추어 제86조제1항·제3항에 따른 사전심사·재심사 및 제87조제3항에 따른 재심사를 신청한 자

3. 법령에 따라 수입이 제한된 사항을 회피할 목적으로 부분품으로 수입하거나 주요 특성을 갖춘 미완성·불완전한 물품이나 완제품을 부분품으로 분할하여 수입한 자

② 제241조제1항·제2항 또는 제244조제1항에 따른 수입신고를 한 자 중 법령에 따라 수입에 필요한 허가·승인·추천·증명 또는 그 밖의 조건을 갖추지 아니하거나 부정한 방법으로 갖추어 수입한 자는 3년 이하의 징역 또는 3천만원 이하의 벌금에 처한다.

③ 제241조제1항 및 제2항에 따른 수출신고를 한 자 중 법령에 따라 수출에 필요

한 허가·승인·추천·증명 또는 그 밖의 조건을 갖추지 아니하거나 부정한 방법으로 갖추어 수출한 자는 1년 이하의 징역 또는 2천만원 이하의 벌금에 처한다.

④ 부정한 방법으로 관세를 감면받거나 관세를 감면받은 물품에 대한 관세의 징수를 면탈한 자는 3년 이하의 징역에 처하거나, 감면받거나 면탈한 관세액의 5배 이하에 상당하는 벌금에 처한다.

⑤ 부정한 방법으로 관세를 환급받은 자는 3년 이하의 징역 또는 환급받은 세액의 5배 이하에 상당하는 벌금에 처한다. 이 경우 세관장은 부정한 방법으로 환급받은 세액을 즉시 징수한다.

4) 가격조작죄

다음 각 호의 신청 또는 신고를 할 때 부당하게 재물이나 재산상 이득을 취득하거나 제3자로 하여금 이를 취득하게 할 목적으로 물품의 가격을 조작하여 신청 또는 신고한 자는 2년 이하의 징역 또는 물품원가와 5천만원 중 높은 금액 이하의 벌금에 처한다.

① 보정신청
② 수정신고
③ 수출, 수입, 반송 신고 규정에 따른 신고
④ 간이신고 규정에 따른 간이신고
⑤ 입항전 수입신고에 따른 신고

5) 체납처분면탈죄 등

① 납세의무자 또는 납세의무자의 재산을 점유하는 자가 체납처분의 집행을 면탈할 목적 또는 면탈하게 할 목적으로 그 재산을 은닉·탈루하거나 거짓 계약을 하였을 때에는 3년 이하의 징역 또는 3천만원 이하의 벌금에 처한다.

② 압수물건의 보관자 또는 「국세징수법」 제38조에 따른 압류물건의 보관자가 그 보관한 물건을 은닉·탈루, 손괴 또는 소비하였을 때에도 3년 이하의 징역 또는 3천만원 이하의 벌금에 처한다.

③ 위의 규정된 사정을 알고도 이를 방조하거나 거짓 계약을 승낙한 자는 2년 이하의 징역 또는 2천만원 이하의 벌금에 처한다.

6) 타인에 대한 명의대여죄

관세(세관장이 징수하는 내국세 등을 포함한다)의 회피 또는 강제집행의 면탈을 목적으로 타인에게 자신의 명의를 사용하여 제38조에 따른 납세신고를 할 것을 허락한 자는 1년 이하의 징역 또는 1천만원 이하의 벌금에 처한다.

7) 미수범 등

① 그 정황을 알면서 밀수출입죄 및 관세포탈죄에 따른 행위를 교사하거나 방조한 자는 정범(正犯)에 준하여 처벌한다.
② 제268조의2¹, 밀수출입죄 및 관세포탈죄의 미수범은 본죄에 준하여 처벌한다.
③ 제268조의2, 밀수출입죄 및 관세포탈죄의 죄를 범할 목적으로 그 예비를 한 자는 본죄의 2분의 1을 감경하여 처벌한다.

8) 밀수 전용 운반기구의 몰수

밀수출입의 죄에 전용(專用)되는 선박·자동차나 그 밖의 운반기구는 그 소유자가 범죄에 사용된다는 정황을 알고 있고, 다음 각 호의 어느 하나에 해당하는 경우에는 몰수한다.
① 범죄물품을 적재하거나 적재하려고 한 경우
② 검거를 기피하기 위하여 권한 있는 공무원의 정지명령을 받고도 정지하지 아니하거나 적재된 범죄물품을 해상에서 투기·파괴 또는 훼손한 경우
③ 범죄물품을 해상에서 인수 또는 취득하거나 인수 또는 취득하려고 한 경우
④ 범죄물품을 운반한 경우

---

1 5천만원이하 벌금 또는 5년 이하의 징역에 해당하는 전자문서 위조변조죄

9) 범죄에 사용된 물품의 몰수 등

① 밀수출입죄에 사용하기 위하여 특수한 가공을 한 물품은 누구의 소유이든지 몰수하거나 그 효용을 소멸시킨다.
② 밀수출입죄에 해당되는 물품이 다른 물품 중에 포함되어 있는 경우 그 물품이 범인의 소유일 때에는 그 다른 물품도 몰수할 수 있다.

10) 밀수품의 취득죄 등

① 다음 각 호의 어느 하나에 해당되는 물품을 취득·양도·운반·보관 또는 알선 하거나 감정한 자는 3년 이하의 징역 또는 물품원가 이하에 상당하는 벌금에 처한다.
　㉠ 밀수출입죄에 해당되는 물품
　㉡ 관세포탈죄 제1항제3호, 같은 조 제2항 및 제3항에 해당되는 물품
② 제1항에 규정된 죄의 미수범은 본죄에 준하여 처벌한다.
③ 제1항에 규정된 죄를 범할 목적으로 그 예비를 한 자는 본죄의 2분의 1을 감 경하여 처벌한다.

11) 징역과 벌금의 병과

제269조부터 제271조까지 및 제274조의 죄를 범한 자는 정상(情狀)에 따라 징역과 벌금을 병과할 수 있다.

12) 허위신고죄 등

① 삭제
② 다음 각 호의 어느 하나에 해당하는 자는 물품원가 또는 2천만원 중 높은 금액 이하의 벌금에 처한다.
　㉠ 종합보세사업장의 설치·운영에 관한 신고를 하지 아니하고 종합보세기능 을 수행한 자

ⓛ 세관장의 중지조치를 위반하여 종합보세기능을 수행한 자

ⓒ 보세구역 반입명령에 대하여 반입대상 물품의 전부 또는 일부를 반입하지 아니한 자

ⓔ 수출, 수입, 반송, 입항전 수입신고 규정에 따른 신고를 할 때 신고사항을 신고하지 아니하거나 허위신고를 한 자

ⓜ 보정신청 또는 수정신고를 할 때 허위로 신청하거나 신고한 자

ⓗ 신고수리 전 장치 장소에서 물품을 반출한 자

③ 다음 각 호의 어느 하나에 해당되는 자는 2천만원 이하의 벌금에 처한다. 다만, 과실로 ⓛ, ⓒ 또는 ⓜ의 규정에 해당하게 된 경우에는 300만원 이하의 벌금에 처한다.

ⓐ 부정한 방법으로 적하목록을 작성하였거나 제출한 자

ⓛ 제12조(제277조제5항제2호에 해당하는 경우는 제외한다), 제98조제2항, 제109조제1항(제277조제4항제3호에 해당하는 경우는 제외한다), 제134조제1항, 제136조제2항, 제148조제1항, 제149조, 제222조제1항(제146조제1항에서 준용하는 경우를 포함한다) 또는 제225조제1항 전단을 위반한 자

ⓒ 제83조제2항, 제88조제2항, 제97조제2항 및 제102조제1항을 위반한 자. 다만, 제277조제4항제3호에 해당하는 자는 제외한다.

ⓔ 제174조제1항에 따른 특허보세구역의 설치·운영에 관한 특허를 받지 아니하고 특허보세구역을 운영한 자

ⓜ 제227조에 따른 세관장의 의무 이행 요구를 이행하지 아니한 자

ⓗ 제38조제3항 후단에 따른 자율심사 결과를 거짓으로 작성하여 제출한 자

ⓢ 제178조제2항제1호 및 제224조제1호에 해당하는 자

④ 다음 각 호의 어느 하나에 해당하는 자는 1천만원 이하의 벌금에 처한다. 다만, 과실로 ⓛ부터 ⓔ까지의 규정에 해당하게 된 경우에는 200만원 이하의 벌금에 처한다.

ⓐ 세관공무원의 질문에 대하여 거짓의 진술을 하거나 그 직무의 집행을 거부 또는 기피한 자

ⓛ 입항보고를 거짓으로 하거나 출항허가를 거짓으로 받은 자

ⓒ 제135조제1항(제146조제1항에서 준용하는 경우를 포함하며 제277조제4항제4호에 해당하는 자는 제외한다), 제136조제1항(제146조제1항에서 준용하는 경우를 포함

관세법

한다), 제137조의2제1항 각 호 외의 부분 후단(제277조제4항제4호에 해당하는 자는 제외한다), 제140조제1항·제2항·제4항(제146조제1항에서 준용하는 경우를 포함한다), 제141조제1호·제3호(제146조제1항에서 준용하는 경우를 포함한다), 제142조제1항(제146조제1항에서 준용하는 경우를 포함한다), 제144조(제146조제1항에서 준용하는 경우를 포함한다), 제150조, 제151조 또는 제213조제2항을 위반한 자

ㄹ 제135조제2항(제146조제1항에서 준용하는 경우를 포함하며 제277조제4항 제4호에 해당하는 자는 제외한다), 제200조제3항, 제203조제1항 또는 제262조에 따른 관세청장 또는 세관장의 조치를 위반하거나 검사를 거부·방해 또는 기피한 자

ㅁ 부정한 방법으로 신고필증을 발급받은 자

ㅂ 제263조를 위반하여 서류의 제출·보고 또는 그 밖에 필요한 사항에 관한 명령을 이행하지 아니하거나 거짓의 보고를 한 자

ㅅ 세관장 또는 세관공무원의 조치를 거부 또는 방해한 자

ㅇ 세관공무원의 장부 또는 자료의 제시요구 또는 제출요구를 거부한 자

⑤ 제165조제2항을 위반한 자는 500만원 이하의 벌금에 처한다.

13) 과태료

자료제출을 요구받은 특수관계에 있는 자가 정당한 사유 없이 정한 기한까지 자료를 제출하지 아니하거나 거짓의 자료를 제출하는 경우에는 1억원 이하의 과태료를 부과한다.

14) 양벌 규정

관세법의 규제대상에 관련되는 업무를 하는 자의 사용인이 그 업무를 수행함에 있어서 행한 행위가 관세법에 의한 처벌대상이 될 경우에는 그 사용인을 처벌하는 동시에, 업무주체인 본인도 처벌한다. 이와 같이 행위자와 업무주체를 양벌하는 것은 업무주체에게 주의감독의 책임을 부담시켜 범죄를 미연에 방지하자는 데 그 목적이 있다.

관세법상 양벌 규정은 다음과 같다. 법인의 대표자나 법인 또는 개인의 대리인, 사

용인, 그 밖의 종업원이 그 법인 또는 개인의 업무에 관하여 벌칙(과태료 제외)에 해당하는 위반행위를 하면 그 행위자를 벌하는 외에 그 법인 또는 개인에게도 벌금형을 과한다. 다만, 법인 또는 개인이 그 위반행위를 방지하기 위하여 해당 업무에 관하여 상당한 주의와 감독을 게을리하지 아니한 경우에는 그러하지 아니하다.

개인

1. 특허보세구역 또는 종합보세사업장의 운영인
2. 수출·수입 또는 운송을 업으로 하는 자
3. 관세사
4. 개항 안에서 물품 및 용역의 공급을 업으로 하는 자
5. 국가관세종합정보망 운영사업자 및 전자문서중계사업자

15) 몰수·추징

① 밀수출입죄의 경우에는 그 물품을 몰수한다.
② 밀수출입죄 또는 밀수품취득죄 제1항 제1호의 경우에는 범인이 소유하거나 점유하는 그 물품을 몰수한다. 다만, 밀수출입죄 제2항의 경우로서 다음 각 호의 어느 하나에 해당하는 물품은 몰수하지 아니할 수 있다.
   ㉠ 보세구역에 신고를 한 후 반입한 외국물품
   ㉡ 세관장의 허가를 받아 보세구역이 아닌 장소에 장치한 외국물품
③ 몰수할 물품의 전부 또는 일부를 몰수할 수 없을 때에는 그 몰수할 수 없는 물품의 범칙 당시의 국내도매가격에 상당한 금액을 범인으로부터 추징한다. 다만, 물품을 감정한 자는 제외한다.
④ 개인 및 법인은 제1항부터 제3항까지의 규정을 적용할 때에는 이를 범인으로 본다.

16) 관세범에 대한 형법총칙의 적용

형법 제8조에 "본법 총칙은 타법령에 정한 죄에 적용한다. 단, 그 법령에 특별한

규정이 있는 때에는 예외로 한다."고 규정하고 있으므로 관세형벌을 과함에 있어서도 관세법상에 특별히 규정한 경우 이외는 원칙적으로 형법총칙의 규정을 적용하여야 한다.

형법총칙에서는 각종 범죄에 대한 처벌에 관하여 총괄적으로 규정하고 있는데, 그 중에서도 관세범 처벌에 있어서 적용되어야 할 원칙적인 부분을 몇 가지 발췌하여 설명하여 보면 다음과 같다.

(1) 죄형법정주의

누구든지 법률에 의하지 아니하고는 체포·구금·압수·수색·심문을 받지 아니하며, 법률과 적법한 절차에 의하지 않고는 처벌·보안처분 또는 강제노역을 받지 아니한다고 규정하여 법규의 근거없이 처벌할 수 없도록 하고 있고, 모든 국민은 행위시의 법률에 의하여 범죄를 구성하지 아니하는 행위로 소추되지 아니하며, 모든 국민은 소급입법에 의하여 참정권을 제한받거나 또는 재산권을 박탈당하지 아니한다고 규정되어 있고, 범죄의 성립과 처벌은 행위시의 법률에 의한다고 규정하여 형법불소급원칙을 규정하고 있다.

(2) 형법의 효력

형법의 효력은 시간적으로 소급하여 발생하지 않는 것을 원칙으로 한다. 그러나 범죄 후 법률의 변경에 의하여 그 행위가 범죄를 구성하지 아니하거나 형이 구법보다 경한 때에는 신법에 의한다는 예외규정을 두고 있다. 또한, 형법은 원칙적으로 모든 국민에게 공평히 적용되어야 한다. 형법의 적용은 우리나라 국민뿐만 아니라 우리나라에 있는 외국인에 대하여도 똑같이 공평하게 적용된다. 그러나 법률이나 조약에 의거 특정인에게는 면책특권이 부여되는 경우가 있다. 대통령은 내란 또는 외환의 죄를 범한 경우를 제외하고는 재직 중 형사상의 소추를 당하지 않으며 외국의 원수, 외교사절 등은 국제법에 의거, 형사상의 면책특권을 가지고 있다.

형법의 토지에 관한 효력은 속지주의를 원칙으로 하고, 속인주의와 보호주의를 가미하고 있다. 즉, 형법에서 본법은 대한민국 영역 내에서 죄를 범한 내국인과 외국인에게 적용한다고 하고, 본법은 대한민국 영역 외에 있는 대한민국의 선박이나 항공기내에서 범한 외국인에게 적용한다고 규정하고, 국외에 있는 우리나라 선박이나 항공기 내를 우리나라 영역으로 취급하였으며, 본법은 대한민국의 영역 외에서 죄를 범한 내국인에게 적용한다고 하였으며, 외국에서 범죄에 의하여 형의 전부 또는 일부의 집행을 받았더라도 동일행위에 대하여 다시 처벌할 수 있으나 형을 경감 또는 면제할 수 있도록 하였다.

(3) 인과관계

형법에는 어떤 행위라도 죄의 요소되는 위험발생에 연결되지 아니한 때에는 그 결과로 인하여 벌하지 아니한다라고 규정하여 인과관계를 규정하고 있다. 여기서 인과주의란 행위와 결과 간에 존재함을 필요로 하는 하나의 연관관계를 말한다. 형식범(질서범)인 경우는 결과를 묻지 않고 행위 자체만으로 범죄가 구성되므로 인과관계의 문제는 없다. 그러나 실질범인 경우에는 행위와 결과 간에 인과관계가 존재하여야만 범죄가 성립된다.

(4) 위법성 조각사유

위법성이란 범죄성립요건의 하나로서 행위가 법률에 위배됨을 의미하는데, 위법성 조각사유란 구성요건인 행위의 위법성을 배제하는 데 있어 근거가 되는 사유를 말한다. 다시 말하면 범죄의 구성요건이 되는 행위일지라도 이러한 사유가 있을 때에는 범죄가 성립되지 아니한다.

형법상 규정된 위법성 조각사유로는 ① 정당방위, ② 긴급피난, ③ 자구행위, ④ 정당행위, ⑤ 피해자의 승낙에 의한 행위가 있다.

(5) 고의 또는 과실

죄의 성립요소인 사실을 인식하지 못한 행위는 벌하지 아니한다. 범죄사실의 인식을 고의(범의)라고 하고 고의가 없는 행위는 벌하지 않는다. 여기서 고의란 범죄사실의 인식을 말한다.

과실이라 함은, 정상의 주의를 태만함으로 인하여 죄의 성립요소인 사실을 인식하지 못하고 한 행위를 말한다. 여기서 정상의 주의란 사회의 보통인이 할 수 있는 주의(객관설)의 범위 내에서 다시 행위자 본인의 주의능력을 표준(주관설)으로 하여 정하여진다(절충설). 그리고 부주의로 구성요건에 속하는 위법한 사실을 부지하는 경우를 사실의 과실이라 하고, 위법의 인식이 없는 데 관하여 과실이 있는 경우를 법률의 과실이라 한다.

또한 과실을 벌함은 법률에 특별한 규정이 있는 경우에 한하고, 그 형량은 고의범에 비하여 경하다. 관세법에서는 일부 질서범에 대하여는 과실범도 벌한다고 규정하고 있다. 그리고 결과로 인하여 형이 중한 죄에 있어서 그 결과의 발생을 예견할 수 없었을 때에는 중한 죄로 벌하지 아니한다.

(6) 미수범·불능범 또는 공범

① 미수범

범죄의 실행에 착수하여 행위를 종료하지 못하였거나, 결과가 발생하지 아니한 것을 미수라 하고 미수범을 처벌할 죄는 본조에 정하도록 하고 있다.

② 불능범

행위의 성질상 구성요건을 실현할 가능성이 없고 또한 위험성도 없는 것을 불능범이라 하고, 형법에서는 실행의 수단 또는 대상의 착오로 인하여 결과의 발생이 불가능하더라도 위험성이 있는 때에는 처벌한다. 단, 형을 경감 또는 면제할 수 있다고 규정하여 불능범이라도 위험성이 있는 경우는 처벌하고 있다.

③ 공범

공범에는 공동정범과 교사범·종범·간접정범이 있다.

㉠ 공동정범

2인 이상이 공동하여 죄를 범한 때에는, 각자를 그 죄의 정범으로 처벌한다.

㉡ 교사범

타인을 교사하여 죄를 범하게 한 자는 죄를 실행한 자와 동일한 형으로 처벌한다. 교사를 받은 자가 범죄의 실행을 승낙하고 실행의 착수에 이르지 아니한 때에는 교사자와 피교사자를 음모 또는 예비에 준하여 처벌한다. 교사를 받은 자가 범죄의 실행을 승낙하지 아니할 때에도 교사자에 대하여는 음모 또는 예비에 준하여 처벌한다.

㉢ 종범

타인의 범죄를 방조한 자는 종범으로 처벌하고, 종범은 정범의 형보다 경감한다.

㉣ 간접정범

예컨대, 책임무능력자를 이용하여 범죄를 실현시키는 경우와 같이 어느 행위로 인하여 처벌되지 아니하는 자 또는 과실범으로 처벌되는 자를 교사 또는 방조하여 범죄행위의 결과를 발생하게 한 자는 교사 또는 방조의 예에 의하여 처벌하며, 자기의 지휘감독을 받는 자를 교사 또는 방조하여 범죄행위의 결과를 발생하게 한 자는 교사인 때에는 정범의 형에 장기 또는 그 다액의 2분의 1까지 가중하고, 방조인 때에는 정범의 형으로 처벌한다.

(7) 관세범에 대한 형법규정의 적용배제

형법총칙 규정은 "타법령에 정한 죄에도 적용하는 것을 원칙으로 하고, 다만 그 법령에 특별한 규정이 있는 때에는 예외로 한다."라고 규정하고 있는데, 관세법에 그 예외로서 특별히 규정된 것을 보면 형법규정의 배제, 양벌규정, 법인처벌), 미수범의 정범에 준한 처벌 등이 있다.

형법총칙 규정의 일부를 관세범이 벌금형의 경우에 대하여 적용을 배제하도록 한 것은 관세범이 재정범이고 행정범의 일종으로서, 자연범인 형사범과는 다른 특질을 가지고 있고, 관세범의 중범 취지에 의거, 일반 형사범에 적용되는 형의 면제나 경감규정의 적용을 배제하도록 하는 데 있다. 결론적으로 이는 재정범인 관세범 처벌의 합목적성을 확보하기 위한 것이라 할 수 있다.

제12장 조사와 처분

01 통칙

1) 관세범

① 관세범이라 함은 이 법 또는 이 법에 의한 명령에 위배하는 행위로서 이 법에 의하여 형사처벌 또는 통고처분되는 것을 말한다.

② 관세범에 관한 조사·처분은 세관공무원이 이를 행한다.

③ 관세범에 관하여는 이 법에 특별한 규정이 있는 것을 제외하고는 「형사소송법」을 준용한다.

2) 공소의 요건

① 관세범에 관한 사건은 관세청장 또는 세관장의 고발이 없는 한 검사는 공소를 제기할 수 없다.

② 다른 기관이 관세범에 관한 사건을 발견하거나 피의자를 체포한 때에는 즉시 관세청 또는 세관에 인계하여야 한다.

3) 관세범에 관한 서류

관세범에 관한 서류에는 연월일을 기재하고 서명·날인하여야 한다.

4) 조사처분에 관한 서류

① 관세범의 조사와 처분에 관한 서류에는 장마다 간인(間印)하여야 한다.
② 문자를 추가하거나 삭제할 때와 난의 바깥에 기입할 때에는 날인(捺印)하여야
　한다.
③ 문자를 삭제할 때에는 그 문자 자체를 그대로 두고 그 글자 수를 적어야 한다.

5) 조서의 서명

① 관세범에 관한 서류에 서명 날인하는 경우 본인이 서명할 수 없을 때에는 다른
　사람에게 대서하게 하고 도장을 찍어야 한다. 이 경우 도장을 지니지 아니하였
　을 때에는 손도장을 찍어야 한다.
② 다른 사람에게 대서하게 한 경우에는 대서자가 그 사유를 적고 서명 날인하여
　야 한다.

6) 서류의 송달

① 관세범에 관한 서류는 인편 또는 등기우편으로 송달한다.
② 관세범에 관한 서류를 송달하였을 때에는 수령증을 받아야 한다.

02 조사

1) 관세범의 조사

① 세관공무원이 관세범이 있다고 인정하는 때에는 범인·범죄사실 및 증거를 조
　사하여야 한다.
② 세관공무원이 관세범 조사상 필요하다고 인정하는 때에는 피의자·증인 또는
　참고인을 조사할 수 있다.

2) 조서의 작성

(1) 조서 작성

① 세관공무원이 피의자·증인 또는 참고인을 조사하였을 때에는 조서를 작성하여
야 한다.
② 조서는 세관공무원이 진술자에게 읽어 주거나 열람하게 하여 기재 사실에 서
로 다른 점이 있는지 물어보아야 한다.
③ 진술자가 조서 내용의 증감 변경을 청구한 경우에는 그 진술을 조서에 적어야
한다.
④ 조서에는 연월일과 장소를 적고 다음 각 호의 사람이 함께 서명, 날인하여야
한다.
　㉠ 조사를 한 사람
　㉡ 진술자
　㉢ 참여자

(2) 조서의 대용

① 현행범인에 대한 조사로서 긴급히 처리할 필요가 있을 때에는 그 주요 내용을
적은 서면으로 조서를 대신할 수 있다.
② 제1항에 따른 서면에는 연월일시와 장소를 적고 조사를 한 사람과 피의자가
이에 서명, 날인하여야 한다.

(3) 출석 요구

① 세관공무원이 관세범 조사에 필요하다고 인정할 때에는 피의자·증인 또는 참
고인의 출석을 요구할 수 있다.
② 세관공무원이 관세범 조사에 필요하다고 인정할 때에는 지정한 장소에 피의자·
증인 또는 참고인의 출석이나 동행을 명할 수 있다.
③ 피의자·증인 또는 참고인에게 출석 요구를 할 때에는 출석요구서를 발급하여
야 한다.

3) 사법경찰권

(1) 사법경찰권

세관공무원은 관세범에 관하여 「사법경찰관리의 직무를 행할 자와 그 직무범위에 관한 법률」이 정하는 바에 의하여 사법경찰관리의 직무를 행한다.

(2) 수색·압수영장

① 이 법에 의하여 수색·압수하는 때에는 관할지방법원 판사의 영장을 받아야 한다. 다만, 긴급을 요하는 경우에는 사후에 영장의 교부를 받아야 한다.
② 소유자·점유자 또는 보관자가 임의로 제출한 물품이나 남겨둔 물품은 영장없이 압수할 수 있다.

(3) 현행범의 체포와 인도

① 세관공무원이 관세범의 현행범인을 발견하였을 때에는 즉시 체포하여야 한다.
② 관세범의 현행범인이 그 장소에 있을 때에는 누구든지 체포할 수 있다.
③ 범인을 체포한 자는 지체 없이 세관공무원에게 범인을 인도하여야 한다.

(4) 총기의 사용

세관공무원은 그 직무를 집행함에 있어서 특히 자기 또는 타인의 생명신체의 보호와 공무집행에 대한 방해 또는 저항의 억제를 위하여 필요한 상당한 이유가 있을 때에 그 사태에 응하여 부득이하다고 판단되는 경우에 총기를 사용할 수 있다.

총기의 사용은 자칫하면 사람의 생명이나 신체를 해할 우려가 있는 것이기 때문에 그 사용은 신중을 기하여 필요불가결한 경우에만 사용하도록 제한하고 있다. 즉, 이를 사용할 수 있는 경우는 ① 직무를 집행하는 경우이어야 되고 사적 용무로는 사용할 수 없으며, ② 특히 자기 또는 타인의 생명, 신체의 보호와 공무집행에 대한 방해 또는 저항의 억제를 위하여 필요한 상당한 이유가 있을 경우와, ③ 그 사태에 응하여 부득이하다고 판단되는 경우이어야 한다.

4) 압수 및 수색

(1) 압수물품의 국고귀속

① 세관장은 압수된 물품에 대하여 그 압수일부터 6개월 이내에 해당 물품의 소유자 및 범인을 알 수 없는 경우에는 해당 물품을 유실물로 간주하여 유실물 공고를 하여야 한다.

② 공고일부터 1년이 지나도 소유자 및 범인을 알 수 없는 경우에는 해당 물품은 국고에 귀속된다.

(2) 검증수색

세관공무원은 관세범 조사에 필요하다고 인정할 때에는 선박·차량·항공기·창고 또는 그 밖의 장소를 검증하거나 수색할 수 있다.

(3) 신변 수색 등

① 세관공무원은 범죄사실을 증명하기에 충분한 물품을 피의자가 신변(身邊)에 은닉하였다고 인정될 때에는 이를 내보이도록 요구하고, 이에 따르지 아니하는 경우에는 신변을 수색할 수 있다.

② 여성의 신변을 수색할 때에는 성년의 여성을 참여시켜야 한다.

(4) 참여

① 세관공무원이 수색을 할 때에는 다음 각 호의 어느 하나에 해당하는 사람을 참여시켜야 한다. 다만, 이들이 모두 부재중일 때에는 공무원을 참여시켜야 한다.
  1. 선박·차량·항공기·창고 또는 그 밖의 장소의 소지인·관리인
  2. 동거하는 친척이나 고용된 사람
  3. 이웃에 거주하는 사람

② 제1항제2호 및 제3호에 따른 사람은 성년자이어야 한다.

(5) 압수와 보관

① 세관공무원은 관세범 조사에 의하여 발견한 물품이 범죄의 사실을 증명하기에 충분하거나 몰수하여야 하는 것으로 인정될 때에는 이를 압수할 수 있다.

② 압수물품은 편의에 따라 소지자나 시·군·읍·면사무소에 보관시킬 수 있다.

③ 관세청장이나 세관장은 압수물품이 다음 각 호의 어느 하나에 해당하는 경우에는 피의자나 관계인에게 통고한 후 매각하여 그 대금을 보관하거나 공탁할 수 있다. 다만, 통고할 여유가 없을 때에는 매각한 후 통고하여야 한다.

  ㉠ 부패 또는 손상되거나 그 밖에 사용할 수 있는 기간이 지날 우려가 있는 경우

  ㉡ 보관하기가 극히 불편하다고 인정되는 경우

  ㉢ 처분이 지연되면 상품가치가 크게 떨어질 우려가 있는 경우

  ㉣ 피의자나 관계인이 매각을 요청하는 경우

(6) 압수물품의 폐기

관세청장이나 세관장은 압수물품 중 다음 각 호의 어느 하나에 해당하는 것은 피의자나 관계인에게 통고한 후 폐기할 수 있다. 다만, 통고할 여유가 없을 때에는 폐기한 후 즉시 통고하여야 한다.

① 사람의 생명이나 재산을 해칠 우려가 있는 것

② 부패하거나 변질된 것

③ 유효기간이 지난 것

④ 상품가치가 없어진 것

(7) 압수조서 등의 작성

① 검증·수색 또는 압수를 하였을 때에는 조서를 작성하여야 한다.

② 검증·수색 또는 압수조서에 관하여는 조서의 작성 규정을 준용한다.

③ 현행범인에 대한 수색이나 압수로서 긴급한 경우의 조서작성에 관하여는 조서의 내용 규정을 준용한다.

(8) 야간집행의 제한

① 해 진 후부터 해 뜨기 전까지는 검증·수색 또는 압수를 할 수 없다. 다만, 현행범인 경우에는 그러하지 아니하다.

② 이미 시작한 검증·수색 또는 압수는 제1항에도 불구하고 계속할 수 있다.

(9) 조사 중 출입금지

세관공무원은 피의자·증인 또는 참고인에 대한 조사·검증·수색 또는 압수 중에는 누구를 막론하고 그 장소에의 출입을 금할 수 있다.

(10) 신분 증명

① 세관공무원은 조사·검증·수색 또는 압수를 할 때에는 제복을 착용하거나 그 신분을 증명할 증표를 지니고 그 처분을 받을 자가 요구하면 이를 보여 주어야 한다.
② 세관공무원이 제복을 착용하지 아니한 경우로서 그 신분을 증명하는 증표제시 요구에 응하지 아니하는 경우에는 처분을 받을 자는 그 처분을 거부할 수 있다.

(11) 경찰관의 원조

세관공무원은 조사·검증·수색 또는 압수를 할 때 필요하다고 인정하는 경우에는 국가경찰공무원의 원조를 요구할 수 있다.

(12) 조사 결과의 보고

① 세관공무원은 조사를 종료하였을 때에는 관세청장이나 세관장에게 서면으로 그 결과를 보고하여야 한다.
② 세관공무원은 보고를 할 때에는 관계 서류를 함께 제출하여야 한다.

03 처분

1) 통고처분

① 관세청장이나 세관장은 관세범을 조사한 결과 범죄의 확증을 얻었을 때에는 그 이유를 구체적으로 밝히고 다음 각 호에 해당하는 금액이나 물품을 납부할 것을 통고할 수 있다.
  ㉠ 벌금에 상당하는 금액

ⓒ 몰수에 해당하는 물품

　　ⓒ 추징금에 해당하는 금액

② 관세청장이나 세관장은 통고처분을 받는 자가 벌금이나 추징금에 상당한 금액을 예납(豫納)하려는 경우에는 이를 예납시킬 수 있다.

③ 통고가 있는 때에는 공소의 시효는 정지된다.

④ 벌금에 상당하는 금액의 부과기준은 대통령령으로 정한다.

2) 즉시 고발

관세청장이나 세관장은 범죄의 정상이 징역형에 처해질 것으로 인정될 때에는 통고처분에도 불구하고 즉시 고발하여야 한다.

3) 압수물품의 반환

① 관세청장이나 세관장은 압수물품을 몰수하지 아니할 때에는 그 압수물품이나 그 물품의 환가대금(換價代金)을 반환하여야 한다.

② 물품이나 그 환가대금을 반환받을 자의 주소 및 거소가 분명하지 아니하거나 그 밖의 사유로 반환할 수 없을 때에는 그 요지를 공고하여야 한다.

③ 공고를 한 날부터 6개월이 지날 때까지 반환의 청구가 없는 경우에는 그 물품이나 그 환가대금을 국고에 귀속시킬 수 있다.

④ 물품에 대하여 관세가 미납된 경우에는 반환받을 자로부터 해당 관세를 징수한 후 그 물품이나 그 환가대금을 반환하여야 한다.

4) 통고서의 작성

① 통고처분을 하는 때에는 통고서를 작성하여야 한다.

② 통고서에는 다음의 사항을 기재하고 처분을 한 자가 이에 서명 날인하여야 한다.

　　㉠ 처분을 받을 자의 성명·연령·성별·직업 및 주소

　　ⓒ 벌금에 상당한 금액, 몰수에 해당하는 물품 또는 추징금에 상당한 금액

　　ⓒ 범죄사실

ㄹ 적용법조

ㅁ 이행장소

ㅂ 통고처분연월일

5) 통고서의 송달

통고처분의 고지는 통고서의 송달하는 방법으로 하여야 한다.

6) 통고의 불이행과 고발

관세범인이 통고서의 송달을 받았을 때에는 그 날부터 15일 이내에 이를 이행하여야 하며, 이 기간 내에 이행하지 아니하였을 때에는 관세청장이나 세관장은 즉시 고발하여야 한다. 다만, 15일이 지난 후 고발이 되기 전에 관세범인이 통고처분을 이행한 경우에는 그러하지 아니하다.

7) 일사부재리

관세범인이 통고의 요지를 이행하였을 때에는 동일사건에 대하여 다시 처벌을 받지 아니한다.

8) 무자력 고발

관세청장이나 세관장은 다음 각 호의 어느 하나의 경우에는 즉시 고발하여야 한다.

① 관세범인이 통고를 이행할 수 있는 자금능력이 없다고 인정되는 경우

② 관세범인의 주소 및 거소가 분명하지 아니하거나 그 밖의 사유로 통고를 하기 곤란하다고 인정되는 경우

제13장

보 칙

01 세관의 업무시간·물품취급시간

① 세관의 업무시간, 보세구역과 운송수단에 있어서의 물품의 취급시간은 대통령령으로 정하는 바에 따른다.

② 다음 각 호의 어느 하나에 해당하는 자는 대통령령으로 정하는 바에 따라 세관장에게 미리 통보하여야 한다.

　　㉠ 세관의 업무시간이 아닌 때에 통관절차·보세운송절차 또는 입출항절차를 밟으려는 자

　　㉡ 운송수단의 물품취급시간이 아닌 때에 물품을 취급하려는 자

③ 사전통보를 한 자는 기획재정부령으로 정하는 바에 따라 수수료를 납부하여야 한다.

02 통계 및 증명서의 작성 및 교부

① 관세청장은 다음 각 호의 사항에 관한 통계를 작성하고 그 열람이나 교부를 신청하는 자가 있으면 이를 열람하게 하거나 교부하여야 한다.

　　㉠ 수출하거나 수입한 화물에 관한 사항

　　㉡ 입항하거나 출항한 외국무역선 및 외국무역기에 관한 사항

　　㉢ 그 밖에 외국무역과 관련하여 관세청장이 필요하다고 인정하는 사항

② 관세청장은 통계를 집계하고 대통령령으로 정하는 바에 따라 정기적으로 그 내용을 공표할 수 있다.

③ 제1항에 따른 통계 외에 통관 관련 세부 통계자료를 열람하거나 교부받으려는

자는 사용용도 및 내용을 구체적으로 밝혀 관세청장에게 신청할 수 있다. 이 경우 관세청장은 대통령령으로 정하는 경우를 제외하고는 이를 열람하게 하거나 교부하여야 한다.

④ 관세청장은 통계 및 통계자료를 전산처리가 가능한 전달매체에 기록하여 교부하거나 전산처리설비를 이용하여 교부할 수 있다. 이 경우 교부할 수 있는 통계의 범위와 그 절차는 관세청장이 정한다.

⑤ 관세청장은 통계, 통계자료 및 통계의 작성 및 교부 업무를 대행할 자(이하 이 조에서 "대행기관"이라 한다)를 지정하여 그 업무를 대행하게 할 수 있다. 이 경우 관세청장은 통계작성을 위한 기초자료를 대행기관에 제공하여야 한다.

⑥ 세관사무에 관한 증명서와 통계, 통계자료 및 통계를 교부받으려는 자는 기획재정부령으로 정하는 바에 따라 관세청장에게 수수료를 납부하여야 한다. 다만, 대행기관이 업무를 대행하는 경우에는 대행기관이 정하는 수수료를 해당 대행기관에 납부하여야 한다.

⑦ 대행기관은 수수료를 정할 때에는 기획재정부령으로 정하는 바에 따라 관세청장의 승인을 받아야 한다. 승인을 받은 사항을 변경하려는 경우에도 또한 같다.

⑧ 대행기관이 수수료를 징수한 경우 그 수입은 해당 대행기관의 수입으로 한다.

⑨ 제6항에 따른 증명서 중 수출·수입 또는 빈송에 관한 증명서는 해당 물품의 수출·수입 또는 반송 신고의 수리일부터 5년 내의 것에 관하여 발급한다.

03 세관설비의 사용

물품장치나 통관을 위한 세관설비를 사용하려는 자는 기획재정부령으로 정하는 사용료를 납부하여야 한다.

04 포상

① 관세청장은 다음 각 호의 어느 하나에 해당하는 사람에게는 대통령령으로 정하는 바에 따라 포상할 수 있다.

    ⊙ 관세범을 세관이나 그 밖의 수사기관에 통보하거나 체포한 자로서 공로가 있는 사람

    ⓒ 범죄물품을 압수한 사람으로서 공로가 있는 사람

    ⓒ 이 법이나 다른 법률에 따라 세관장이 관세 및 내국세 등을 추가 징수하는 데에 공로가 있는 사람

    ⓔ 관세행정의 개선이나 발전에 특별히 공로가 있는 사람

② 관세청장은 체납자의 은닉재산을 신고한 사람에게 대통령령으로 정하는 바에 따라 10억원의 범위에서 포상금을 지급할 수 있다. 다만, 은닉재산의 신고를 통하여 징수된 금액이 대통령령으로 정하는 금액 미만인 경우 또는 공무원이 그 직무와 관련하여 은닉재산을 신고한 경우에는 포상금을 지급하지 아니한다.

③ "은닉재산"이란 체납자가 은닉한 현금·예금·주식이나 그 밖에 재산적 가치가 있는 유형·무형의 재산을 말한다. 다만, 다음 각 호의 어느 하나에 해당하는 재산은 제외한다.

    ⊙ 「국세징수법」 제30조에 따른 사해행위 취소소송의 대상이 되어 있는 재산

    ⓒ 세관공무원이 은닉 사실을 알고 조사를 시작하거나 체납처분 절차를 진행하기 시작한 재산

    ⓒ 그 밖에 체납자의 은닉재산을 신고를 받을 필요가 없다고 인정되는 재산으로서 대통령령으로 정하는 것

④ 은닉재산의 신고는 신고자의 성명과 주소를 적고 서명하거나 날인한 문서로 하여야 한다.

05 편의 제공

  이 법에 따라 물품의 운송·장치 또는 그 밖의 취급을 하는 자는 세관공무원의 직무집행에 대하여 편의를 제공하여야 한다.

06 몰수품 등의 처분

① 세관장은 이 법에 따라 몰수되거나 국고에 귀속된 물품(이하 "몰수품등"이라 한다)을 공매 또는 그 밖의 방법으로 처분할 수 있다.
② 몰수품등의 공매에 관하여는 제210조를 준용한다. 다만, 관세청장이 정하는 물품은 경쟁입찰에 의하지 아니하고 수의계약이나 위탁판매의 방법으로 매각할 수 있다.
③ 세관장은 관세청장이 정하는 기준에 해당하는 몰수품등을 처분하려면 관세청장의 지시를 받아야 한다.
④ 세관장은 몰수품등에 대하여 대통령령으로 정하는 금액의 범위에서 몰수 또는 국고귀속 전에 발생한 보관료 및 관리비를 지급할 수 있다.
⑤ 세관장은 몰수품등의 매각대금에서 매각에 든 비용과 제보관료 및 관리비를 직접 지급할 수 있다.
⑥ 세관장은 몰수품등이 농산물인 경우로서 국내시장의 수급조절과 가격안정을 도모하기 위하여 농림축산식품부장관이 요청할 때에는 대통령령으로 정하는 바에 따라 몰수품등을 농림축산식품부장관에게 이관할 수 있다.

07 국가관세종합정보망의 구축 및 운영

1) 국가관세종합정보망의 구축 및 운영

① 관세청장은 전자통관의 편의를 증진하고, 외국세관과의 세관정보 교환을 통하여 수출입의 원활화와 교역안전을 도모하기 위하여 전산처리설비와 데이터베이스에 관한 국가관세종합정보망(이하 "국가관세종합정보망"이라 한다)을 구축·운영할 수 있다.
② 세관장은 관세청장이 정하는 바에 따라 국가관세종합정보망의 전산처리설비를 이용하여 이 법에 따른 신고·신청·보고·납부 등과 법령에 따른 허가·승인 또는 그 밖의 조건을 갖출 필요가 있는 물품의 증명 및 확인신청 등(이하 "전자신고 등"이라 한다)을 하게 할 수 있다.

③ 세관장은 관세청장이 정하는 바에 따라 국가관세종합정보망의 전산처리설비를 이용하여 전자신고 등의 승인·허가·수리 등에 대한 교부·통지·통고 등(이하 "전자송달"이라 한다)을 할 수 있다.

④ 전자신고 등을 할 때에는 관세청장이 정하는 바에 따라 관계 서류를 국가관세종합정보망의 전산처리설비를 이용하여 제출하게 하거나, 그 제출을 생략하게 하거나 간소한 방법으로 하게 할 수 있다.

⑤ 이행된 전자신고 등은 관세청장이 정하는 국가관세종합정보망의 전산처리설비에 저장된 때에 세관에 접수된 것으로 보고, 전자송달은 송달받을 자가 지정한 컴퓨터에 입력된 때(관세청장이 정하는 국가관세종합정보망의 전산처리설비에 저장하는 경우에는 저장된 때)에 그 송달을 받아야 할 자에게 도달된 것으로 본다.

⑥ 전자송달은 대통령령으로 정하는 바에 따라 송달을 받아야 할 자가 신청하는 경우에만 한다.

⑦ 국가관세종합정보망의 전산처리설비의 장애로 전자송달이 불가능한 경우, 그 밖에 대통령령으로 정하는 사유가 있는 경우에는 교부·인편 또는 우편의 방법으로 송달할 수 있다.

⑧ 전자송달할 수 있는 대상의 구체적 범위·송달방법 등에 관하여 필요한 사항은 대통령령으로 정한다.

2) 국가관세종합정보망 운영사업자의 지정 등

① 관세청장은 국가관세종합정보망을 효율적으로 운영하기 위하여 대통령령으로 정하는 기준과 절차에 따라 국가관세종합정보망의 전부 또는 일부를 운영하는 자(이하 "국가관세종합정보망 운영사업자"라 한다)를 지정할 수 있다.

② 다음 각 호의 어느 하나에 해당하는 자는 지정을 받을 수 없다.

㉠ 제175조 제2호부터 제5호까지의 어느 하나에 해당하는 자[1]

---

1 (운영인의 결격사유) 다음 각 호의 어느 하나에 해당하는 자는 특허보세구역을 설치·운영할 수 없다. 1. 미성년자 2. 금치산자와 한정치산자 3. 파산선고를 받고 복권되지 아니한 자 4. 이 법을 위반하여 징역형의 실형을 선고받고 그 집행이 끝나거나(집행이 끝난 것으로 보는 경우를 포함한다) 면제된 후 2년이 지나지 아니한 자 5. 이 법을 위반하여 징역형의 집행유예를 선고받고 그 유예기간 중에 있는 자 6. 이 법에 따라 특허보세구역의 설치·운영에 관한 특허가 취소된 후 2년이 지나지 아니한 자 7. 제269조부터 제271조까지, 제274조, 제275조의2 또는

ⓛ 지정이 취소된 날부터 2년이 지나지 아니한 자

ⓒ ⓗ 또는 ⓛ에 해당하는 사람이 임원으로 재직하는 법인

③ 관세청장은 국가관세종합정보망을 효율적으로 운영하기 위하여 필요한 경우 국가관세종합정보망 운영사업자에게 그 운영에 필요한 재원을 지원할 수 있다.

④ 관세청장은 제1항에 따라 지정을 받은 국가관세종합정보망 운영사업자가 다음 각 호의 어느 하나에 해당하는 경우에는 그 지정을 취소하거나 1년 이내의 기간을 정하여 국가관세종합정보망 운영사업의 전부 또는 일부의 정지를 명할 수 있다. 다만, ⓗ 및 ⓛ에 해당하는 때에는 그 지정을 취소하여야 한다.

ⓗ 지정요건에 해당되지 아니한 자가 지정을 받은 경우

ⓛ 거짓이나 그 밖의 부정한 방법으로 지정을 받은 때

ⓒ 제1항에 따른 기준에 미달하게 된 때

ⓔ 관세청장의 지도·감독을 위반한 때

ⓜ 업무상 알게 된 전자문서상의 비밀과 관련 정보에 관한 비밀을 누설하거나 도용한 때

⑤ 관세청장은 업무정지가 그 이용자에게 심한 불편을 주거나 공익을 해칠 우려가 있는 경우에는 업무정지처분을 갈음하여 1억원 이하의 과징금을 부과할 수 있다. 이 경우 과징금을 부과하는 위반행위의 종류와 위반 정도 등에 따른 과징금의 금액 등에 관하여 필요한 사항은 대통령령으로 정한다.

⑥ 과징금을 납부하여야 할 자가 납부기한까지 이를 납부하지 아니한 경우에는 제26조²를 준용한다.

⑦ 관세청장은 국가관세종합정보망 운영사업에 관하여 국가관세종합정보망 운영사업자를 지도·감독하여야 한다.

제275조의3에 따라 벌금형 또는 통고처분을 받은 자로서 그 벌금형을 선고받거나 통고처분을 이행한 후 2년이 지나지 아니한 자. 다만, 제279조에 따라 처벌된 개인 또는 법인은 제외한다.
8. 제2호부터 제7호까지에 해당하는 자를 임원(해당 보세구역의 운영업무를 직접 담당하거나 이를 감독하는 자로 한정한다)으로 하는 법인
2 (담보 등이 없는 경우의 관세징수) ① 담보 제공이 없거나 징수한 금액이 부족한 관세의 징수에 관하여는 이 법에 규정된 것을 제외하고는 「국세기본법」과 「국세징수법」의 예에 따른다.
② 세관장은 관세의 체납처분을 할 때에는 재산의 압류, 보관, 운반 및 공매에 드는 비용에 상당하는 체납처분비를 징수할 수 있다.

08 전자문서중계사업자의 지정 등

1) 전자문서중계사업자의 지정 등

① 「전기통신사업법」 제2조제8호에 따른 전기통신사업자로서 전자신고 등 및 전
　자송달을 중계하는 업무(이하 "전자문서중계업무"라 한다)를 수행하려는 자는 대
　통령령으로 정하는 기준과 절차에 따라 관세청장의 지정을 받아야 한다.

② 다음 각 호의 어느 하나에 해당하는 자는 지정을 받을 수 없다.

　　㉠ 운영인의 결격 사유의 규정의 어느 하나에 해당하는 자

　　㉡ 지정이 취소된 날부터 2년이 지나지 아니한 자

　　㉢ ㉠ 또는 ㉡에 해당하는 사람이 임원으로 재직하는 법인

③ 관세청장은 제1항에 따라 지정을 받은 자(이하 "전자문서중계사업자"라 한다)가
　다음 각 호의 어느 하나에 해당하는 경우에는 그 지정을 취소하거나 1년 이내
　의 기간을 정하여 전자문서중계업무의 전부 또는 일부의 정지를 명할 수 있다.
　다만, 제1호 및 제2호에 해당하는 경우에는 그 지정을 취소하여야 한다.

　1. 제2항 각 호의 어느 하나에 해당한 경우

　2. 거짓이나 그 밖의 부정한 방법으로 제1항에 따른 지정을 받은 경우

　3. 제1항에 따른 기준을 충족하지 못하게 된 경우

　4. 제7항에 따른 관세청장의 지도·감독을 위반한 경우

　5. 업무상 알게 된 전자문서상의 비밀과 관련 정보에 관한 비밀을 누설하거나
　　도용한 경우

④ 관세청장은 업무정지가 그 이용자에게 심한 불편을 주거나 그 밖에 공익을 해
　칠 우려가 있는 경우에는 업무정지처분을 갈음하여 1억원 이하의 과징금을 부
　과할 수 있다. 이 경우 과징금을 부과하는 위반행위의 종류와 위반 정도 등에
　따른 과징금의 금액 등에 관하여 필요한 사항은 대통령령으로 정한다.

⑤ 과징금을 납부하여야 할 자가 납부기한까지 이를 납부하지 아니한 경우에는
　제26조(담보 등이 없는 경우의 관세 징수)를 준용한다.

⑥ 전자문서중계사업자는 전자문서중계업무를 제공받는 자에게 기획재정부령으로
　정하는 바에 따라 수수료 등 필요한 요금을 부과할 수 있다.

⑦ 관세청장은 전자문서중계사업에 관하여 전자문서중계사업자를 지도·감독하여

야 한다.

2) 전자문서 등 관련 정보에 관한 보안

① 누구든지 국가관세종합정보망 또는 전자문서중계사업자의 전산처리설비에 기록된 전자문서 등 관련 정보를 위조 또는 변조하거나 위조 또는 변조된 정보를 행사하여서는 아니 된다.
② 누구든지 국가관세종합정보망 또는 전자문서중계사업자의 전산처리설비에 기록된 전자문서 등 관련 정보를 훼손하거나 그 비밀을 침해하여서는 아니 된다.
③ 국가관세종합정보망 운영사업자 또는 전자문서중계사업자의 임직원이거나, 임직원이었던 자는 업무상 알게 된 전자문서상의 비밀과 관련 정보에 관한 비밀을 누설하거나 도용하여서는 아니 된다.

09 전자문서의 표준

관세청장은 국가간 세관정보의 원활한 상호 교환을 위하여 세계관세기구 등 국제기구에서 정하는 사항을 고려하여 전자신고 등 및 전자송달에 관한 전자문서의 표준을 정할 수 있다.

10 청문

세관장은 다음 처분의 경우 청문을 실시하여야 한다.
① 자율관리보세구역 지정의 취소
② 보세사 등록의 취소 및 업무정지
③ 지정보세구역 지정의 취소
④ 지정장치장의 화물관리인 지정의 취소
⑤ 특허보세구역의 반입정지 등과 특허의 취소에 따른 물품반입 등의 정지 및 운영인 특허의 취소

⑥ 종합보세구역 지정의 취소

⑦ 종합보세기능의 수행 중지

⑧ 보세운송업자등의 등록 취소 및 업무정지

⑨ 수출입 안전관리 우수업체 공인의 취소

⑩ 국가관세종합정보망 운영사업자 및 전자문서중계사업자 지정의 취소 및 사업·업무의 전부 또는 일부의 정지

제329조(권한의 위임 및 위탁 등)

① 이 법에 따른 관세청장이나 세관장의 권한은 대통령령으로 정하는 바에 그 권한의 일부를 세관장이나 그 밖의 소속 기관의 장에게 위임할 수 있다.

② 세관장은 대통령령으로 정하는 바에 따라 제257조부터 제259조까지의 규정에 따른 권한을 체신관서의 장에게 위탁할 수 있다.

③ 세관장은 대통령령으로 정하는 바에 따라 제157조, 제158조제2항, 제159조제2항, 제165조제2항, 제209조, 제213조제2항(보세운송신고의 접수만 해당한다)·제3항, 제215조, 제222조제1항제1호, 및 제246조제1항에 따른 권한을 다음 각 호의 자에게 위탁할 수 있다.

1. 통관질서의 유지와 수출입화물의 효율적인 관리를 위하여 설립된 비영리법인

2. 화물관리인

3. 운영인

4. 제222조에 따라 등록한 보세운송업자

④ 관세청장은 대통령령으로 정하는 바에 따라 제235조제2항에 따른 지식재산권의 신고에 관한 업무의 일부(신고서의 접수 및 보완 요구만 해당한다)를 지식재산권 보호업무와 관련된 단체에 위탁할 수 있다. 이 경우 관세청장은 예산의 범위에서 위탁업무의 수행에 필요한 경비를 지원할 수 있다.

제330조(벌칙 적용에서 공무원 의제)

다음 각 호에 해당하는 사람은 「형법」 제127조 및 제129조부터 제132조까지의 규정을 적용할 때에는 공무원으로 본다.

1. 제208조제4항에 따라 대행 업무에 종사하는 사람

2. 제233조의2제2항에 따라 위탁받은 업무에 종사하는 사람

3. 제255조의2제2항 후단에 따라 안전관리 기준 충족 여부를 심사하는 사람

4. 제322조제5항에 따라 대행 업무에 종사하는 사람

5. 제327조의2제1항에 따른 국가관세종합정보망 운영사업자
6. 제327조의3제3항에 따른 전자문서중계사업자
7. 제329조제2항부터 제4항까지의 규정에 따라 위탁받은 업무에 종사하는 사람

제14장   관세환급

01 관세환급의 개념

관세환급이란 세관에 납부한 관세를 어떠한 사유로 되돌려 받는 것을 말한다. 현행법령상 관세환급제도는 관세법상의 환급, 즉 과오납환급(관세법 제24조)과 위약물품환급(관세법 제35조) 그리고 수출지원을 위한 수출용원재료에 대한 관세 등 환급에 관한 특례법상의 환급이 있다.

일반적으로 관세환급이라 할 때에는 수출용원재료에 대한 관세 등 환급에 관한 특례법상의 관세환급을 말한다.

표 14-1 관세환급의 종류

종 류	개 념
과오납환급	세관장이 징수한 관세가 세율적용의 착오, 과세가격결정착오 및 기타의 계산착오 등의 사유로 과다 징수된 경우 이를 되돌려 주는 것
위약물품에 대한 환급	수입한 물품이 계약내용과 상이하여 그 수입물품을 다시 수출한 경우 수입시에 징수한 세액을 되돌려 주는 것
환특법에 의한 수출용 원재료의 환급	수출물품의 생산에 사용된 원재료를 수입할 때 납부한 관세 등을 되돌려 주는 것

02 관세환급대상 수출

환급대상이 되기 위해서는 제품을 수출 등에 제공하여야 하는바, 이를 환급대상수출이라 한다. 일반적으로 수출이라 함은 우리나라에 있는 내국물품을 외국으로 반출하는 것을 말하지만, 환급특례법상의 환급대상수출로서 수출용원재료에 대한 관세 등을 환급받을 수 있는 수출 등은 다음의 1에 해당하는 것으로 한다.

① 「관세법」에 따라 수출신고가 수리된 수출. 다만, 무상으로 수출하는 것에 대하여는 기획재정부령(환급특례법시행규칙 제2조)이 정하는 수출에 한한다.

② 우리나라 안에서 외화를 획득하는 판매 또는 공사 중 기획재정부령이 정하는 것

③ 「관세법」에 따른 보세구역 중 기획재정부령이 정하는 구역 또는 「자유무역지역의 지역 및 운영에 관한 법률」에 따른 자유무역지역의 입주기업체에 대한 공급

④ 그 밖에 수출로 인정되어 기획재정부령이 정하는 것

1) 일반 유상수출

관세법의 규정에 의하여 수출신고가 수리된 수출을 말하며, 이러한 일반 유상수출물품이 환급을 받기 위하여는 당해 수출물품이 선(기)적된 것이 관세청의 전산시스템에 입력이 되어 있어야 한다. 관세환급의 대상이 되는 일반 유상수출의 유형은 다음과 같다.

① 신용장에 의한 수출

② D/A, D/P방식에 의한 유상수출

③ 수출 전에 미리 수출대금을 외화로 영수하는 송금방식에 의한 수출

④ 수출입이 연계된 무역거래로서 물물교환, 구상무역, 대응구매의 형태로 이루어지는 연계무역

2) 무상수출

① 외국에서 개최되는 박람회, 전시회, 견본시장, 영화제 등에 출품하기 위하여 무상으로 반출하는 물품의 수출(외국에서 외화를 받고 판매되어 그 대가가 외국환거래법 제17조의 규정에 의하여 매각 또는 예치된 경우에 한함)

② 해외에서 투자, 건설, 용역 기타 이에 준하는 사업을 행하고 있는 우리나라의 국민(법인을 포함)에게 무상으로 송부하기 위하여 반출하는 기계, 시설자재 및 공사용 장비로서 주무부장관이 지정한 자가 확인한 물품의 수출

③ 수출된 물품이 계약조건과 상이하여 반품된 물품에 대체하기 위한 물품의 수출

④ 해외구매자와의 수출계약을 위하여 무상으로 송부하는 견본용품의 수출

⑤ 해외로부터 가공임을 받고 국내에서 가공할 목적으로 반입된 수입원재료의 가공품과 해외에서 위탁가공할 목적으로 반출하는 물품의 수출

⑥ 위탁판매를 위하여 무상으로 반출하는 물품의 수출(외국에서 외화를 받고 판매된 경우에 한함)

3) 보세구역 중 기획재정부령이 정하는 구역 또는 「자유무역지역의 지역 및 운영에 관한 법률」에 따른 자유무역지역의 입주기업체에 대한 공급

"관세법에 의한 보세구역 중 기획재정부령이 정하는 구역"이라 함은 다음의 1에 해당하는 구역을 말한다.

① 보세창고: 수출한 물품에 대한 수리·보수 또는 해외조립생산을 위하여 부품 등을 반입하는 경우에 한함

② 보세공장: 수출용원재료로 사용될 목적으로 공급되는 경우에 한함

③ 보세판매장

④ 종합보세구역: 수출용원재료로 공급하거나 수출한 물품에 대한 수리·보수 또는 해외조립생산을 위하여 부품 등을 반입하는 경우 또는 보세구역에서 판매하기 위하여 반입하는 경우에 한함

4) 기타 수출로 인정되어 기획재정부령이 정하는 것

환급대상수출로서 기타 수출로 인정되어 기획재정부령이 정하는 것이라 함은 다음 각호의 1에 해당하는 수출을 말한다.

① 우리나라와 외국 간을 왕래하는 선박 또는 항공기에 선용품 또는 기용품으로 사용되는 물품의 공급

② 해양수산부장관 또는 해양수산부장관이 지정한 기관의 장의 허가를 받은 자가 그 원양어선에 무상으로 송부하기 위하여 반출하는 물품으로서 해양수산부장관 또는 해양수산부장관이 지정한 기관의 장이 확인한 물품의 수출

03 관세환급대상 수입

1) 관세환급대상 수입의 요건

관세환급특례법상 환급대상이 될 수 있는 수입은 다음과 같다.
① 수출용(외화획득용) 원재료(환급대상원재료)에 해당
② 외국으로부터 수입하는 때에 관세 등을 납부하였거나 일괄납부 및 사후정산의 규정에 의한 일괄납부승인을 받은 물품(관세 등을 납부한 수입물품)
③ 수입신고수리일로부터 일정한 기간 내에 수출 등에 제공한 물품

2) 관세환급대상 수출용 원재료의 범위

관세 등의 환급을 받을 수 있는 수출용원재료는 다음의 1에 해당하는 것이어야 한다.
① 수출물품을 생산한 경우에는 생산시의 물리적·화학적 변화과정에서 당해 수출 물품에 물리적으로 결합되거나 화학적 반응 등으로 수출물품을 형성하는 데 소요되는 원재료
② 수입한 상태 그대로 수출한 경우에는 수출물품
국내에서 생산된 원재료와 수입된 원재료가 동일한 질과 특성을 가지고 상호 대체사용이 가능하여 수출물품의 생산과정에서 이를 구분하지 아니하고 사용 되는 경우에는 수출용원재료가 사용된 것으로 본다.

3) 관세환급대상이 아닌 수입

다음의 물품은 수입된 물품이라 할지라도 환급대상이 될 수 없다.
① 환급에 갈음하는 인하세율을 적용한 물품
② 간이세율을 적용받는 물품
③ 관세감면이나 관세분할납부대상이 되는 물품
④ 농림축산물의 내수용 물품
⑤ 할당관세 적용 물품

4) 관세환급 신청자격

관세 등의 환급은 환급대상 수입물품으로 제조·가공한 생산품을 환급대상수출 등에 제공한 자에 한하여 환급을 신청할 수 있다. 따라서 원자재 내국신용장 등에 의하여 중간원재료를 수출업체에 공급한 경우에는 동 물품이 아직 수출되지 아니한 상태에 있으므로 중간원재료를 공급한 자는 환급신청할 수 없고 최종수출자만이 환급신청할 수 있다.

04 관세환급방법

1) 환급금의 산출 등

① 환급신청자는 대통령령이 정하는 바에 따라 수출물품에 대한 원재료의 소요량을 계산한 서류(소요량계산서)를 작성하고 그 소요량계산서에 의하여 환급금을 산출한다.

② 관세청장은 소요량계산업무의 간소화 등을 위하여 필요하다고 인정하는 경우에는 수출물품별 평균소요량 등을 기준으로 한 표준소요량을 정하여 고시하고 환급신청자로 하여금 이를 선택적으로 적용하게 할 수 있다.

③ 수출용원재료를 사용하여 생산되는 물품이 2가지 이상인 경우에는 생산되는 물품의 가격을 기준으로 관세청장이 정하는 바에 따라 관세 등을 환급한다.

④ 관세청장은 관세 등을 환급함에 있어서 수출용원재료의 관세율변동 등으로 수출용원재료를 수입하는 때에 납부하는 세액보다 현저히 과다 또는 과소환급이 발생할 우려가 있는 경우에는 기획재정부령이 정하는 바에 따라 환급을 받을 수 있는 수입신고필증의 유효기간을 정해진 기간보다 짧게 정하거나, 업체별 수출용원재료의 재고물량과 수출비율을 기준으로 하여 환급에 사용할 수 있는 수출용원재료의 물량을 정하여 환급하게 할 수 있다.

2) 평균세액증명

① 세관장은 수출용원재료에 대한 관세 등의 환급업무를 간소화하기 위하여 필요하다고 인정하는 경우에는 대통령령이 정하는 바에 따라 수출용원재료를 수입(내국신용장 등에 의한 매입을 포함한다)하는 자의 신청에 의하여 그가 매월 수입한 수출용원재료의 품목별 물량과 단위당 평균세액을 증명하는 서류(평균세액증명서)를 발행할 수 있다. 이 경우 당해 수출용원재료는 당해 물품을 수입한 날이 속하는 달의 초일에 수입된 것으로 보아 이 법을 적용한다.

② 세관장은 다음의 어느 하나에 해당하는 자 중 관세청장이 정하는 기준에 해당되는 자에 대하여 대통령령이 정하는 바에 따라 평균세액증명서를 발급하게 할 수 있다.

ㄱ 수출용원재료를 수입한 자

ㄴ 관세사(ㄱ에 해당하는 자로부터 위임받은 자에 한한다)

③ 세관장 또는 관세사로부터 평균세액증명서를 발급받은 자 또는 평균세액증명서를 발급한 자가 평균세액증명서에 기재된 수출용원재료와 관세율표상 10단위 품목분류가 동일한 물품으로서 수출 등에 제공할 목적 외의 목적으로 수입한 물품에 대하여는 평균세액증명서에 기재된 수출용원재료에 대한 관세 등의 환급이 끝난 경우에 한하여 관세 등의 환급을 할 수 있다. 이 경우 물품별 환급액은 당해 물품이 수입된 달의 평균세액증명서에 기재된 수출용원재료의 평균세액(수입된 달의 평균세액증명서에 기재된 수출용원재료가 없는 경우에는 당해 물품이 수입된 달부터 소급하여 최초로 당해 물품과 품명이 같은 수출용원재료가 수입된 달의 평균세액증명서에 기재된 수출용원재료의 평균세액을 말한다)을 초과할 수 없다.

3) 기초원재료납세증명 등

① 세관장은 수출용원재료가 내국신용장등에 의하여 거래된 경우 관세 등의 환급업무를 효율적으로 수행하기 위하여 대통령령이 정하는 바에 따라 제조·가공 후 거래된 수출용원재료에 대한 납부세액을 증명하는 서류(기초원재료납세증명서)를 발급하거나 수입된 상태 그대로 거래된 수출용원재료에 대한 납부세액을 증명하는 서류(수입세액분할증명서)를 발급할 수 있다.

② 세관장은 다음의 하나에 해당하는 자 중 관세청장이 정하는 기준에 해당되는

자에 대하여 대통령령이 정하는 바에 따라 기초원재료납세증명서 또는 수입세액분할증명서(기초원재료납세증명서 등)를 발급하게 할 수 있다.

ㄱ 내국신용장 등에 의하여 물품을 공급한 자

ㄴ 관세사(ㄱ에 해당하는 자로부터 위임받은 자에 한한다)

③ 기초원재료납세증명서 등을 발급할 때에 증명하는 세액은 환급금의 산출 규정에 따른 환급금 산출방법에 의하며, 증명세액의 정확여부의 심사에 대하여는 환급의 신청 규정을 준용한다.

4) 정액환급제도

① 정액환급

정액환급이란 물품을 수출하였을 때 수출물품별로 미리 정해진 금액을 환급하는 것이다. 즉, 수출물품별로 환급하여야 할 금액을 사전에 정하여 간이정액환급률표에 기재하여 놓고 물품을 수출하였을 때 수출신고필증만 제시하여 정액환급률표에 기재된 환급액을 그대로 환급받는 방법이다.

② 간이정액환급률의 책정과 적용

간이정액환급률은 수출물품 HS10단위별로 전년도 평균환급액(개별환급액)을 기초로 하여 금년도 수출물품에 대한 원재료 납부세액 산출에 영향을 미치는 요소, 즉 관세율 및 환율의 변동 등을 고려하여 수출금액(FOB) 10,000원당 환급액을 책정한다.

5) 개별환급

① 개별환급의 개념

개별환급이란 수출 등에 공한 물품을 제조·가공하는 데 소요된 원재료의 수입시 납부한 관세 등의 세액을 소요량증명서와 수입신고필증 등에 의하여 확인·합계하여 환급하는 방법을 말한다.

② 개별환급 적용대상

개별환급의 대상은 우선적으로 수출물품 중 정액환급대상으로서 정액환급률표에 게기되지 아니한 수출물품이 개별환급의 대상이 되며, 개별 수출업체가 개별환급을 원하여 개별환급신청을 할 경우 이 또한 개별환급 적용대상이 된다.

본 QR코드를 스캔하시면 관세법(제2판)의 부록을 열람하실 수 있습니다.

Reference
참 / 고 / 문 / 헌

관세법, 관세청.
관세법 시행령, 관세청.
관세법 시행규칙, 관세청.
반송절차에 관한 고시, 관세청.
보세건설장 관리에 관한 고시, 관세청.
보세공장 운영에 관한 고시, 관세청.
보세사제도 운영에 관한 고시, 관세청.
보세운송에 관한 고시, 관세청.
보세전시장 운영에 관한 고시, 관세청.
보세판매장운영에 관한 고시, 관세청.
보세화물 입출항 하선 하기 및 적재에 관한 고시, 관세청.
보세화물관리에 관한 고시, 관세청.
보세화물장치기간 및 체화관리에 관한 고시, 관세청.
수입통관 사무처리에 관한 고시, 관세청.
수출통관 사무처리에 관한 고시, 관세청.
자유무역지역 반출입물품의 관리에 관한 고시, 관세청.
자유무역지역의 지정 및 운영에 관한 법률, 관세청.
자유무역지역의 지정 및 운영에 관한 법률 시행령, 관세청.
자유무역지역의 지정 및 운영에 관한 법률 시행규칙, 관세청.
자율관리 보세구역 운영에 관한 고시, 관세청.
전자상거래물품 등의 특별통관 절차에 관한 고시, 관세청.
종합보세구역의 지정 및 운영에 관한 고시, 관세청.
특송물품 수입통관 사무처리에 관한 고시, 관세청.

저자약력

이양기(李良基)
부산대학교 상과대학 무역학과 졸업(경제학 학사)
부산대학교 대학원 무역학과 졸업(경제학 석사)
부산대학교 대학원 무역학과 졸업(경제학 박사, 국제통상거래 전공)
대외경제무역대학교 경제학원 아시아경제연구실 방문학자(중국북경소재)
한국무역통상학회, 한국국제상학회, 한국관세학회 이사
한국무역학회, 한국통상정보학회, 한국산업경제학회 평생회원
현) 부산대학교 경제통상대학 무역학부 부교수
　　부산대학교 경제통상대학원 부원장
　　부산대학교 경제통상연구원 부원장

[주요 저서 및 논문]
－ 무역실무(삼영사, 2016)
－ "Role of Delivery Order in international Container Transportation", Journal of International Trade & Commerce, Volume 12, Number 4, August 2016.
－ "관세평가의 전자적 적용을 위한 통관제도의 개선방안에 관한 연구", 「관세학회지」, 제12권 제1호, 한국관세학회, 2011 외 다수

전공분야: 국제통상거래
e－mail: yangkee21@pusan.ac.kr
홈페이지: http://trade.pusan.ac.kr

개정판
관세법

초판발행	2014년 5월 1일
개정판발행	2017년 8월 31일
중판발행	2019년 8월 10일

지은이	이양기
펴낸이	안종만·안상준

편 집	전은정
기획/마케팅	박세기
표지디자인	권효진
제 작	우인도·고철민

펴낸곳	(주) 박영사
	서울특별시 종로구 새문안로3길 36, 1601
	등록 1959. 3. 11. 제300-1959-1호(倫)
전 화	02)733-6771
f a x	02)736-4818
e-mail	pys@pybook.co.kr
homepage	www.pybook.co.kr
ISBN	979-11-303-3073-0 93360

정 가   23,000원